国家社科基金重大项目研究成果　　　　　"十三五"国家重点图书出版规划项目
教育部哲学社会科学研究重大课题攻关项目研究成果　工商管理理论与中国道路研究书系

中国特色社会主义国家审计理论研究

(第四卷)

民主政治审计论

蔡春　谢柳芳　等著

图书在版编目(CIP)数据

中国特色社会主义国家审计理论研究. 第四卷，民主政治审计论 / 蔡春等著. —上海：立信会计出版社，2022.12
工商管理理论与中国道路研究书系
ISBN 978-7-5429-7280-4

Ⅰ. ①中… Ⅱ. ①蔡… Ⅲ. ①政府审计—研究—中国 Ⅳ. ①F239.44

中国版本图书馆CIP数据核字(2022)第257729号

策划编辑　孙　勇
责任编辑　孙　勇
封面设计　北京任燕飞工作室

中国特色社会主义国家审计理论研究（第四卷）：民主政治审计论
ZHONGGUO TESE SHEHUIZHUYI GUOJIA SHENJI LILUN YANJIU DI-SI JUAN MINZHU ZHENGZHI SHENJILUN

出版发行	立信会计出版社				
地　　址	上海市中山西路2230号		邮政编码	200235	
电　　话	(021)64411389		传　　真	(021)64411325	
网　　址	www.lixinaph.com		电子邮箱	lixinaph2019@126.com	
网上书店	http://lixin.jd.com			http://lxkjcbs.tmall.com	
经　　销	各地新华书店				
印　　刷	上海盛通时代印刷有限公司				
开　　本	710毫米×1000毫米	1/16			
印　　张	20		插　　页	6	
字　　数	387千字				
版　　次	2022年12月第1版				
印　　次	2022年12月第1次				
书　　号	ISBN 978-7-5429-7280-4/F				
定　　价	65.00元				

如有印订差错，请与本社联系调换

蔡 春

西南财经大学教授（1994）、二级教授（2008）、经济学（审计学）博士（1991）、博士生导师。中国审计学会副会长、中国政府审计研究中心主任、全国先进会计工作者、财政部会计名家（2018）、中国内部审计协会学术委员、中国成本研究会常务理事。美国伊利诺大学国际会计教育与研究中心高级访问学者（1996-1997）。中国CFO好导师（2016）。被学术界誉为我国"审计领域系统研究审计理论结构第一人"。世界银行贷款资助项目、教育部哲学社会科学研究重大课题攻关项目和国家社科基金重大项目首席专家，享受国务院政府特殊津贴专家。中央军委审计署咨询专家、中央军委装备发展部财务与价格专家、审计署国家审计准则咨询专家、国务院学位委员会全国审计专业学位研究生教指委委员、中国会计学会审计专业委员会副主任委员、四川省学术和技术带头人、四川省有突出贡献的优秀专家、四川省审计学会副会长、四川省科研管理专家。教育部霍英东青年教师奖励基金经济学最高资助获得者（1996）、教育部会计学国家级教学团队负责人。担任《审计研究》《会计研究》《中国会计与财务研究》等期刊编委和《中国会计评论》理事会理事等学术职务。在《经济研究》《会计研究》《审计研究》《经济学家》和 Accounting Horizons，Managerial Auditing Journal 等期刊发表学术论文多篇。曾任西南财经大学会计学院院长和西南财经大学科研处处长等行政职务。长期致力于推动审计理论创新发展，传播审计文化。

谢柳芳

西南政法大学商学院（监察审计学院）教授、审计硕士教育中心主任、审计与法治研究中心副主任、博士生导师。西南财经大学管理学博士（审计学专业）、应用经济学博士后。国家自然科学基金同行评议专家、教育部学位与研究生教育发展中心评审专家、重庆市社会科学规划项目评审专家、重庆市审计科研项目评审专家、中国政府审计研究中心特约研究员、四川省学术和技术带头人后备人选。担任《厦门大学学报（哲学社会科学版）》《中南财经政法大学学报》《审计与经济研究》等期刊匿名审稿人。研究领域为审计理论与实务，国家（政府）审计与国家（政府）治理，审计、财务与公司治理。在《会计研究》《审计研究》《经济学动态》等期刊发表学术论文30余篇。主持国家自然科学基金项目、教育部人文社会科学研究项目、审计署重点科研课题、四川省哲学社会科学规划项目、重庆市社会科学规划项目等国家级和省部级科研项目10余项，作为主研人员参与了国家社科基金重大项目、国家自然科学基金项目、教育部人文社会科学研究项目等科研项目10余项。出版专著3部，主编教材多部。曾获四川省哲学社会科学优秀成果奖、全国优秀博士后学术成果奖等奖项。

编写委员会

主　任

蔡　春　西南财经大学
　　　　 中国政府审计研究中心

成　员

（以姓氏汉语拼音为序）

鲍瑞雪（西南财经大学）	孙　勇（立信会计出版社）
蔡　利（西南财经大学）	唐嘉尉（重庆工商大学）
陈　晔（西南财经大学）	唐凯桃（重庆理工大学）
崔　云（贵州财经大学）	王　朋（西南财经大学）
方涵若（中国建设银行乐山分行）	谢柳芳（西南政法大学）
韩梅芳（重庆理工大学）	徐　藩（西南财经大学）
何　雨（西南石油大学）	杨惠雁（西南财经大学）
黄　昊（西南财经大学）	张　筱（云南民族大学）
李江涛（中国政府审计研究中心）	张翼凌（西南财经大学）
李　明（中国政府审计研究中心）	郑开放（四川农业大学）
刘　静（四川师范大学）	郑倩雯（四川大学）
刘　雷（重庆理工大学）	郑伟宏（四川师范大学）
刘玉玉（山东财经大学）	朱　磊（西南财经大学）
马　睛（西南财经大学）	朱　荣（贵州大学）
马荔丽（西南财经大学）	周　微（成都大学）

序

蔡春同志于1988—1991年在天津财经学院攻读博士学位,师从我国著名会计审计大师李宝震教授,他是我国本土院校培养的最早毕业的审计方向的博士之一。我有幸成为蔡春同志博士学位论文的评审人之一,也见证了他从博士到著名学者的蜕变。他的博士学位论文《审计理论结构研究》于1994年和2001年由西南财经大学出版社和东北财经大学出版社分别出版,影响重大且深远,他也因此获得我国"审计领域系统研究审计理论结构第一人"的赞誉。从1988年至今的30多年时间里,蔡春同志持之以恒地坚守在推进审计理论创新发展的学术探索领域,成果丰硕卓著,堪称审计理论创新研究的大胆追求者和卓越探索者。因其在审计理论创新研究领域的突出重要贡献,蔡春同志于2014年入选财政部会计名家培养工程,2018年荣获财政部颁发的"会计名家"证书。蔡春同志已经成长为我国具有重要影响的会计审计学家。

即将呈现在读者们面前的"中国特色社会主义国家审计理论研究"是一套六卷本著作,包括《中国特色社会主义国家审计理论研究(第一卷):国家审计理论框架论》《中国特色社会主义国家审计理论研究(第二卷):公共经济权力审计论》《中国特色社会主义国家审计理论研究(第三卷):经济安全审计论》《中国特色社会主义国家审计理论研究(第四卷):民主政治审计论》《中国特色社会主义国家审计理论研究(第五卷):国家治理审计论》和《中国特色社会主义国家审计理论研究(第六卷):经济责任审计论》,共计200余万字,可谓鸿篇巨制,是系统探讨国家审计理论的创新之作和扛鼎之作。

该六卷本理论著作是蔡春同志作为首席专家承担的两个国家级重大课题——国家社科基金重大项目(13&ZD146)和教育部哲学社会科学研究重大课题攻关项目(07JZD0018)的系统化研究成果,集中展示了蔡春同志及其团队于2005—

2021年围绕推进审计理论创新研究所做的重要工作。本套著作以公共受托经济责任观和服务国家治理为研究视角,理念新颖,特色鲜明。

第一卷是对其《审计理论结构研究》的拓展,构建了包含"一个原点、四个圈层"的圈层结构式国家审计理论框架。"一个原点"是指公共受托经济责任。蔡春同志开展的国家审计理论研究是以公共受托经济责任为原点的,他认为国家审计理论研究应以公共受托经济责任为内在依据,促进和保障公共受托经济责任的全面有效履行。"四个圈层"包含"十大要素",是指:第一圈层,国家审计本质理论、国家审计假设理论、国家审计目标理论;第二圈层,国家审计行为理论、国家审计功能理论、国家审计组织理论;第三圈层,国家审计规范理论、国家审计信息理论、国家审计方法理论;第四圈层,国家审计环境理论。这种构思新颖奇妙,把国家审计理论框架的各个部分有机地联系起来。本卷的出版无疑是对国家审计基础研究的重大贡献。

第二卷深入系统地讨论分析了公共经济权力审计的内在机理与实现路径,构建了权力监督导向的审计监控体系。本卷深入地讨论了国家审计与腐败治理、权力清单审计、公共经济权力特殊领域(包括预算执行、政府采购、税收制度与政策执行、指标审批)审计问题。蔡春同志认为,经济责任的履行和经济权力的行使是一个问题的两个方面,经济责任履行与经济权力行使直接关联。自2005年以来,蔡春同志带领其团队开展"公共经济权力审计"这一新领域问题的研究,先后有多位他指导的博士生围绕"公共经济权力审计"选择研究方向并完成了博士学位论文,其本人也通过申请国家基金项目来推进这方面的研究。本卷的出版标志着蔡春同志提出并推动的"公共经济权力审计"这一审计理论创新研究的新领域正式确立,同时也为党的十六大以来党中央特别强调审计对权力制约和监督发挥重要作用,提供了重要的审计学理论解释和理论支撑。

第三卷深入系统地讨论分析了关于审计维护经济安全的一系列重要理论与实践问题,包括国家审计维护经济安全的作用机理与内在逻辑问题,金融安全审计、财政安全审计和产业安全审计问题,重大风险防控中的关键审计问题,经济安全审计监测与预警机制构建问题等。蔡春同志从2009年开始带领其团队推进"审计维护经济安全与服务风险防控问题"的研究,先后申请到多项国家级基金项目和省部级重大、重点项目支撑该项研究。他指导的几位博士生分别重点研究了审计维护金融安全、审计维护财政安全和审计维护资本市场安全的问题。本卷是对蔡春同志及其团队10余年创新研究成果的进一步系统化和升华,对学者们在新时代按照习近平总书记提出的总体国家安全观要求,研究国家审计如何服务重大风险防控、构建完善的重大风险防控机制和体系,具有特别重要的理论创新意义和实践指导价值。

第四卷深入系统地讨论分析了民主政治审计的系列理论与实践问题。"国家审计是民主政治的重要内容和推动民主政治发展的重要方式"几乎是审计学术界的共识性观点。但从理论上对审计服务民主政治的内在机理与实现方式进行探讨的研究在国内外都是缺乏的。蔡春同志带领其团队从2009年开始对这一问题的研究进行了大胆创新与深入探讨,第四卷便是研究成果之一。本卷基于中国情境,探讨国家审计如何服务中国特色社会主义民主政治的发展与完善这一重大课题。本卷基于马克思主义民主政治理论和公共受托经济责任观,系统深入地研究和探讨了国家审计服务社会主义民主政治的作用机理、内在逻辑与实现方式等重大理论与实践问题。聚焦于"维护与保障公民权利"与"制约和监督公共权力"两个维度,本卷提出并探讨了审计参与听证制度、制度合理性审计、民生审计和构建以审计为核心的问责机制等问题。我认为,本卷的出版具有特别重大的理论创新价值和实践指导作用,具有填补这一领域审计学术研究空白的意义。

第五卷全面分析了国家审计如何服务国家治理。党的十八届三中全会提出推进国家治理体系与能力现代化的总体改革目标,推动了审计学术界对国家审计服务国家治理的理论与实践问题的全面系统研究。党的十九大以来,国家治理的要求进一步提高,国家审计跃升到了国家治理体系的更高层次。新时代赋予了国家审计在国家治理中的新使命。审计学术界围绕国家审计服务国家治理的机理、机制和实现路径等重大问题的研究,推陈出新、成果丰硕。蔡春同志从2011年开始带领其团队对这一重大问题开展了大量的研究,提出了很多极具特色的思想和观点。第五卷是蔡春同志及其团队10余年研究成果的集成和深化。本卷基于公共受托经济责任观,深入系统地分析和探讨国家审计服务国家治理的机理、机制、内在逻辑和实现方式,形成了"无审计,不治理"这一核心思想和观点。区别于现有的研究,本卷主要从国家审计与依法治国、国家审计与政策措施执行、国家审计与环境治理、国家审计与责任政府建设、国家审计与经济高质量发展、国家审计与国企治理等方面探讨国家审计服务国家治理、提高治理效率的实现方式和路径等。本卷的出版有利于丰富和拓展国家审计服务国家治理这一重大研究领域的研究,具有重要的理论与实践意义。

第六卷深入讨论分析了经济责任审计的相关理论与实践问题。经济责任审计是一项极具中国特色的经济监督制度,是现代审计理论、方法、制度与中国实际相结合的重大创新,现已成为国家审计服务国家治理、领导干部考核评价、权力制约和监督、追责问责机制假设的一种必不可少的审计类型与方式。从20世纪80年代中后期算起,我国经济责任审计的实践探索、制度建设已有30多年。围绕经济责任审计理论与方法的研究成果可谓汗牛充栋。但其中一些重要的基本理论问题,包括经济责任审计的基本理论依据、领导干部经济责任履行与特定组织管理层治理层的责任履行的关系、领导干部经济责任的内涵和外延、经济责任审计运行机制、经济责任审计与其他类型审计的关系、经济责任审计评价体系的构建等一直是没有解决好的问题。蔡春同志带领其团队从2005年开始关注和推动经济责任审计问题的探索与研究,发表了多篇有影响力的论文,承担了与之相关的教育部哲学社会科学研究重大课题攻关项目和多项国家级、省部级项目。他指导的多位博士生围绕经济责任审计进行了博士学位论文选题和写作。第六卷是蔡春同志及其团队近16年的研究成果的集成与升华,主要研究了经济责任审计的功能与目标、经济责任审计的运行机制、目标经济责任确定与经济责任履行报告构建、经济责任审计评价方法与指标体系、经济责任审计报告模式与公告制度、经济责任审计与组织治理和经济责任导向审计模式等重大理论与实践问题。本卷的出版是对该研究领域的重大贡献。

据悉,本套著作还获得了国家出版基金的资助,也是"十三五"国家重点图书出版规划项目,同时还是西南财经大学"工商管理理论与中国道路研究书系"的重要成果,实在是可喜可贺!

党的二十大明确了新时代新征程中国共产党的使命任务:中国共产党的中心任务就是团结带领全国各族人民全面建成社会主义现代化强国、实现第二个百年奋斗目标,以中国式现代化全面推进中华民族伟大复兴。会计审计研究应更加聚焦于构建服务中国式现代化建设的会计审计理论与方法体系。国家审计已经成为国家治理结构中独具特色、不可或缺的重要机制,在服务中国式现代化的建设中无疑具有独特的优势。蔡春同志领衔撰写的这套著作的成功出版,必将对推动构建服务中国式现代化建设的审计理论与方法体系的研究产生重大积极的影响。在我看来,这套著作的出版本身,就代表着蔡春同志及其团队对构建服务中国式现代化建设的国家审计理论创新研究作出的重要贡献。我期待着蔡春同志为审计理论创新发展不断作出更大的贡献!

是为序!

中南财经政法大学

2022年12月于武汉

丛书自序

我们正处于一个需要创新理论、能够创新理论的新时代,国家审计领域的理论创新研究尤其重要、独具魅力!

一、国内外审计研究现状

我们团队以 The Accounting Review（TAR）,Journal of Accounting Research（JAR）,Journal of Accounting and Economics（JAE）,Contemporary Accounting Research（CAR）,Review of Accounting Studies（RAST）,Journal of Accounting,Auditing & Finance（JAAF）,Journal of Accounting and Public Policy（JAPP）,Journal of Business Finance & Accounting（JBFA）,Accounting Horizons（AH）,Auditing:A Journal of Practice & Theory（AJPT）等国际十大代表性会计、审计期刊为考察对象,统计发现,2016—2020 年国际十大期刊发表论文 2 896 篇,其中,审计领域的论文有 303 篇,占比为 10.46%,相较以前呈现增长趋势。但以国家审计或者政府审计为主题的论文只有 49 篇,按发表年度算,历年发表量分别为 2016 年 12 篇、2017 年 7 篇、2018 年 15 篇、2019 年 6 篇、2020 年 9 篇。总体来看,与国家审计相关的论文数量较小,说明国家审计领域的研究在国际上仍不被重视。

我们团队对国内审计研究现状的调研分析发现,国内学术界对审计的研究也存在不少问题,主要表现在三个方面。

(1) 学术研究水平不够高,有待大力提升。我们基于中国知网对"十三五"时期审计领域的论文发表情况做了统计,统计发现,发文总量为 42 931 篇,其中,中文核心期刊和 CSSCI 期刊两类核心期刊共发表审计论文 3 744 篇,占比只有 8.72%[①]。这一结果说明高质量审计研究确实有待进一步提升。

---

① 中文核心期刊与 CSSCI 期刊有交叉,对同一篇论文,我们只统计一次。

从我们以往调研收集的意见来看,论文质量上存在的问题主要有:研究具体细节性问题的偏多,研究我国重大现实需求问题的偏少;跟随性研究偏多,实质性创新研究偏少。在国家审计方面,部分论文理论深度不够,存在偏重政策解读、描述经验做法的现象。

(2) 从以审计为主题的基金立项分布看,明显存在"名校"与"非名校"严重不均衡的现象。"十三五"时期,以审计为主题的国家社科基金年度项目和青年项目共53项。其中,属于"名校"科研人员的只有6项,占比为11.32%;属于"非名校"科研人员的有41项,占比为77.36%;属于其他机构科研人员的有6项,占比为11.32%。77.36%这个数据说明"非名校"具有不甘示弱、勇于争先,不断提高自身审计科研水平和研究能力的精神品质。11.32%表明一些"名校"的审计学科对国家社科基金年度项目和青年项目的投入不够,重视程度不够高。"名校"相对集聚更多优质师资,如果能有更多的教师和学者参与国家社科基金审计主题类项目的申报并获得立项,必将更有利于带动整个国家社科基金项目中审计研究水平的提高。

(3) 在国家级基金的重大项目中,审计学科的项目严重偏少。"十三五"时期,国家社科基金重大项目招标公告中没有审计立项。教育部哲学社会科学研究重大课题攻关项目中,以审计为主题的项目只有2项。这说明关于审计问题的研究确实严重偏少,与国家重大现实需求不相适应。

国内外国家审计研究现状表明,在国家审计领域,尤其是中国特色国家审计领域的创新研究存在巨大空间和机会。

即将由立信会计出版社出版的"中国特色社会主义国家审计理论研究"(六卷本)是我作为首席专家承担的两个国家级重大课题——国家社科基金重大项目(13&ZD146)和教育部哲学社会科学研究重大课题攻关项目(07JZD0018)的研究成果的总结和升华,集中展现了我带领团队在2005—2021年的16年间围绕国家审计理论创新研究所做的思考和探索。

二、本套著作的研究视角

本套著作是基于公共受托经济责任观和服务国家治理的视角展开研究的。

(1) 基于公共受托经济责任观的视角。公共受托经济责任观是贯穿本套著作的主线。公共受托经济责任观是本套著作依托的重要审计动因学说。国家审计理论框架的构建以公共受托经济责任为理论原点,公共经济权力审计研究、经济安全审计研究、民主政治审计研究、国家治理审计研究和经济责任审计研究的基本理论逻辑都基于公共受托经济责任观。

（2）基于服务国家治理的视角。从广义的视角来看，服务国家治理是公共受托经济责任内涵拓展的要求。国家治理基于公共受托经济责任关系而开展，其核心是监控公共权力的阳光运行，促进公共资源合理有效配置，妥善处理或均衡各方的利益诉求，保证公共受托经济责任的全面有效履行。以保障和促进公共受托经济责任的全面有效履行为本质目标的国家审计是国家治理的主要机制之一。

从狭义的视角来看，服务国家治理是国家审计功能拓展后的最终目标。公共经济权力审计监控体系的重心在于关注公共经济权力的运行，公共经济权力运行所涉及的国家治理的各个领域是国家审计发挥功能的主要阵地。经济责任审计是公共经济权力审计监控体系的有效手段或方法；维护经济安全和推进社会主义民主政治发展是国家治理的两项重要内容，也是国家审计服务国家治理的两条重要实现路径。

三、本套著作的总体研究目标

本套著作的总体研究目标是：基于我国的基本国情，结合中国特色社会主义的基本特征，以国家审计功能拓展为逻辑主线，为实现国家审计服务国家治理的目标，深入研究国家审计领域的若干重要问题，以推动国家审计理论创新，同时为国家审计促进社会主义善治国家的建设提供政策参考。

《中国特色社会主义国家审计理论研究（第一卷）：国家审计理论框架论》以公共受托经济责任为理论原点，国家审计功能拓展为基础，探讨构建中国特色社会主义国家审计理论框架。

《中国特色社会主义国家审计理论研究（第二卷）：公共经济权力审计论》探讨公共经济权力审计监控机理、机制与实现方式，尝试构建公共经济权力审计监控体系。

《中国特色社会主义国家审计理论研究（第三卷）：经济安全审计论》以风险监控为基本出发点，以金融安全、财政安全和产业安全为切入点，探讨国家审计维护经济安全的内在机理、作用路径与实现方式。

《中国特色社会主义国家审计理论研究（第四卷）：民主政治审计论》基于社会主义民主政治的内涵，探讨国家审计推进社会主义民主政治发展的内在机理、作用路径及实现方式。

《中国特色社会主义国家审计理论研究（第五卷）：国家治理审计论》讨论国家审计服务国家治理的内在机理与作用路径，探讨国家审计促进社会主义善治国家建设的实现方式。

《中国特色社会主义国家审计理论研究（第六卷）：经济责任审计论》探讨经济责任审计的功能与目标、经济责任审计的运行机制、目标经济责任确定与经济责任履行报告构建、经济责任审计评价方法与指标体系、经济责任审计报告模式与公告制度、经济责任审计与组织治理和经济责任导向审计模式等重大理论与实践问题。

四、本套著作的研究思路

本套著作围绕公共受托经济责任内涵的拓展，按照"从国家审计功能拓展的基础（中国特色社会主义国家审计理论框架）到国家审计功能拓展的内容（经济责任审计体系、公共经济权力审计监控体系、国家审计维护经济安全、国家审计推进社会主义民主政治发展、国家审计服务国家治理）"的逻辑主线，以服务国家治理为国家审计目标，结合中国特色社会主义的基本特征，研究有关国家审计功能发挥的若干重要问题。

本套著作按如下研究思路逐层展开：

第一，探讨国家审计功能拓展的基础，构建中国特色社会主义国家审计理论框架。以公共受托经济责任观为理论基础，从国家审计理论框架的内涵及特点、构建模式、理论原点、构成要素等方面探讨并构建中国特色社会主义国家审计理论框架。

第二，围绕国家审计功能拓展的内容，分别探讨和研究公共经济权力审计监控问题、国家审计维护经济安全问题、国家审计推进社会主义民主政治发展问题、国家审计服务国家治理问题和经济责任审计问题。

五、本套著作的核心观点和主要创新贡献

在世界范围内，公认的审计基础理论及其体系尚未形成。国家审计理论研究更是非常缺乏，甚至有很多空白无人探索。现有审计教科书上的审计理论根本无法解释丰富多彩的中国特色的审计实践与制度创新。因此，推进和创新具有中国特色的审计理论特别是国家审计理论研究，构建中国特色社会主义国家审计理论体系，具有特别重大的理论和现实意义。

本套著作形成如下核心观点和原创性成果。

第一卷提出了"以公共受托经济责任为理论原点构建圈层结构式国家审计理

论框架"的原创性观点。国家审计理论框架的理论原点是公共受托经济责任。四个圈层分别是：第一圈层，国家审计本质理论、国家审计假设理论、国家审计目标理论；第二圈层，国家审计行为理论、国家审计功能理论、国家审计组织理论；第三圈层，国家审计规范理论、国家审计信息理论、国家审计方法理论；第四圈层，国家审计环境理论。本卷的研究对推进中国特色社会主义国家审计理论体系的构建具有重大意义。

第二卷原创性地提出了"公共经济权力审计"的概念并对公共经济权力审计的内在机理进行了深入讨论，重点研究了公共经济权力审计的实现路径与体系构建，包括国家审计与腐败治理、权力清单审计、公共经济权力特殊领域审计和权力导向审计监控体系的构建等。本卷的研究对党的十六大以来党中央特别强调审计对权力制约和监督发挥重要作用，提供了重要的审计学理论解释和理论支撑。

第三卷在创新性地讨论国家审计维护国家经济安全的机理和内在逻辑的基础上，重点探讨了金融安全审计、财政安全审计和产业安全审计中的关键审计问题，进一步提出了构建经济安全审计监测与预警机制的设想。本卷的研究对国家审计助力"三大攻坚战"中的"重大风险防控"，探索构建完善的重大风险防控机制具有重大理论创新意义和实践指导价值。

第四卷提出了"审计特别是国家审计是民主政治的重要内容和推动民主政治发展的重要方式""健全完善的民主政治体制机制必然要求完善的国家审计体制机制与之协调配合"的鲜明观点，讨论了国家审计服务和推动民主政治发展的内在机理与内在逻辑，提出并重点讨论了国家审计服务和推动民主政治发展的实现路径，包括审计参与听证制度、制度合理性审计、民生审计和构建以审计为核心的问责机制等问题。本卷的研究对推进中国特色社会主义民主政治制度的完善具有重大的理论意义和实践价值，具有理论上的原创性。

第五卷提出了"国家审计是国家治理结构和体系中内生的必不可少的组成部分，是国家治理机制中不可或缺的一种治理机制"，即"无审计，不治理"的核心观点，探讨了国家审计服务国家治理的内在机理和内在逻辑，重点讨论了国家审计服务国家治理的实现路径问题，包括国家审计与责任政府建设、政策执行效果审计、国家审计服务环境治理、国家审计服务经济高质量发展以及国家审计服务国家治理的其他特别问题。本卷的研究对从国家审计的视角推进国家治理体系和治理能力现代化，具有重大的理论意义和实践参考价值。

第六卷提出了"经济责任审计是一项具有中国特色的经济监督制度，是现代审计制度在中国的一种创新",探讨了经济责任审计的基本理论依据、目标经济责任与责任履行报告、领导干部经济责任履行与特定组织管理层治理层的责任履行的关系、领导干部经济责任的内涵和外延、经济责任审计运行机制、经济责任审计与其他类型审计的关系、经济责任审计评价体系的构建等问题。本卷总结了经济责任审计推动的十大审计理论创新,较为全面、系统地研究了经济责任审计推动审计理论创新的若干问题,对丰富和发展中国特色社会主义国家审计理论体系,指导经济责任审计实践,推进国家治理体系和治理能力现代化,均具有极其重要的理论价值与现实意义。

本套著作在立信会计出版社的大力支持下,获得了国家出版基金资助,也被新闻出版署列为"十三五"国家重点图书出版规划项目,在此,对立信会计出版社致以特别感谢。同时也要感谢西南财经大学将本套著作纳入其"工商管理理论与中国道路研究书系"中。

本套著作是以我所主持的两个国家级重大课题的研究为基础的,没有两个重大课题的支撑,就不会有本套著作的成功出版。

我要诚挚地感谢在2007年教育部哲学社会科学研究重大课题攻关项目申报和研究中给予过我大力支持的教授和专家,他们是:审计署原党组成员、副审计长孙宝厚研究员,北京大学王立彦教授,清华大学郝振平教授,审计署审计科研所原所长崔振龙研究员,审计署法规司原司长王秀明,中南财经政法大学张龙平教授,四川大学干胜道教授,西南财经大学党委书记赵德武教授,西南财经大学会计学院原院长彭韶兵教授,西南财经大学统计学院原院长(现西南财经大学党委常委、副校长)史代敏教授,西南交通大学经管学院原副院长黄登仕教授,英国赖皮尔大学高善生教授,纽约城市大学巴鲁学院叶建民教授,香港城市大学邹宏教授。在项目的申报和研究工作中作出过卓越贡献的团队成员包括:张勇博士、李江涛博士、徐荣华博士、刘更新博士、陈晓媛博士、赵莎博士、杨晓磊博士、谢赞春博士、朱荣博士、李明博士、刘雷博士、朱磊博士和博士研究生杨惠雁。在此表示衷心感谢!

特别感谢在我申报2013年国家社科基金重大项目过程中,武汉大学王永海教授、南开大学张继勋教授、西南财经大学会计学院院长马永强教授、西南财经大学会计学院副院长唐雪松教授和西南财经大学公共管理学院原院长唐兴霖教授的大力支持!该项目的研究工作历时8年之久,先后有多名团队成员参与其中并作出了卓越的贡献,他们是:蔡利博士、谢柳芳博士、张筱博士、刘静博士、唐凯桃博士、李江涛博士、李明博士、刘雷博士、田秋蓉博士、陈孝博士、董延安博士、车宣呈博士、饶翠华博士、苗连琦博士、毕铭悦博士、马可哪呐博士、郑伟宏博士、韩梅芳博士、刘玉玉博士、崔云博士、黄昊博士、郑开放博士、何雨博士、唐嘉尉博士、郑倩雯博士、周微博士、张翼凌博士、博士研究生鲍瑞雪、博士研究生陈晔、博士研究生王朋、博士研究生徐藩、博士研究生马睛、硕士研究生方涵若、硕士研究生马荔丽。他们的接续奋斗，保障了国家社科基金重大项目得以顺利完成！在此一并致以特别的敬意和万分感谢！

我还要特别感谢国际著名会计史学大师、著名会计审计学家、中南财经政法大学郭道扬教授，他欣然接受邀请为本套著作作序并给予本套著作极高的评价！

党的二十大吹响了以中国式现代化推进中华民族伟大复兴新征程的新号角！审计领域的创新研究应聚焦推动服务中国式现代化建设的审计理论与方法体系研究。中国的国家审计在全世界范围内都独具特色，在国家治理的最高层次和全过程都发挥着不可或缺、不可替代的重要作用。探讨和研究服务中国式现代化建设的国家审计理论，进一步推动国家审计理论创新研究，应当成为新时代审计学者的重大使命。本套著作的出版，既代表着我们团队对服务中国式现代化建设作出的部分审计学术贡献，也为我们继续大力推动服务中国式现代化建设的审计理论创新研究奠定了雄厚的基础。我们唯有踔厉奋发，勇毅前行，方能不负伟大时代！

西南财经大学/中国政府审计研究中心

2022 年 12 月于成都

本 卷 前 言

"国家审计是民主政治的重要内容和推动民主政治发展的重要方式"几乎是审计学术界的共同观点,但从理论上对国家审计服务民主政治的具体问题进行探讨的研究在国内外都是缺乏的。本卷是我们团队从2009年开始对这一领域相关问题所做的大胆创新与深入探讨的成果结晶。基于中国情境,探讨国家审计如何为推进中国特色社会主义民主政治的发展与完善服务、如何发挥国家审计在社会主义民主政治中的重要作用是一个重大课题。本卷基于马克思主义民主政治理论和公共受托经济责任观,系统深入地研究和探讨了国家审计服务社会主义民主政治的作用机理、内在逻辑与实现方式等重大理论与实践问题,聚焦"维护与保障公民权利"与"制约和监督公共权力"两个维度,提出并探讨了审计①参与听证制度、制度合理性审计、民生审计和构建以审计为核心的问责机制等问题。我们认为,本卷具有特别重大的理论创新价值和实践指导作用,具有填补审计学术研究空白的意义。

本卷提出了"审计特别是国家审计是民主政治的重要内容和推动民主政治发展的重要方式""健全完善的民主政治体制机制必然要求完善的国家审计体制机制与之协调配合"的鲜明观点,讨论了国家审计服务和推进民主政治发展的内在机理与内在逻辑,提出并重点讨论了国家审计服务、推进民主政治发展的实现路径。

本卷由10章和相关附录构成。

第1章是导论,主要包括研究背景与研究框架。

第2章是民主政治与国家审计研究述评,在归纳古代、近代和当代有关民主政治的观点的基础上,研究了民主政治与国家审计的关系,分析了国家审计推动民主政治发展的作用路径和作用效果。

第3章是民主政治审计论的理论分析框架,主要界定了民主政治的含义与维度,分析了国家审计与民主政治之间的关系。

---

① 如无特殊说明,本卷所讲之审计主要是指国家审计。

第4章是国家审计推进民主政治发展的分析模型构建、作用路径与实现方式，构建了研究国家审计推进民主政治发展的分析模型，分析了国家审计推进民主政治发展的作用路径与实现方式。

第5章是国外国家审计机关服务民主政治的经验分析与借鉴，主要分析了美国、法国和德国最高审计机关①服务民主政治的经验，并分析了我们该如何借鉴。

第6章是审计参与听证制度探讨，从界定听证的含义、介绍听证制度的起源与发展、中国的听证制度出发，系统探讨了审计参与听证制度推进民主政治发展的作用机理，创新性地构建了审计参与听证制度体系，并重点研究该体系中的审计参与听证制度的实施目标、实施内容与实施方法三个要素。

第7章是制度合理性审计探讨，从分析制度合理性审计与民主政治的关系出发，在界定制度合理性审计的含义、探讨制度合理性审计的要素与实施保障的基础上，创新性地构建了制度合理性审计机制，并重点从制度合理性审计目标、审计内容、审计评价体系、审计程序和审计结果的利用五个方面系统研究制度合理性审计的机制。

第8章是民生审计探讨，在分析民生审计含义与特点、民生审计与公民权益保障的实现基础上，围绕社会保障基金审计、保障房建设资金审计、扶贫资金审计、就业优先政策落实情况审计、卫生健康体系建设和改革推进情况审计、高质量教育体系建设和改革推进情况审计的关键问题，归纳提炼民生审计的关键点，分析民生审计存在的问题，并结合社会经济发展趋势，提出完善民生审计的相关建议，从而维护与保障人民的与生存和发展密切相关的权益，促进民主政治的发展。

第9章是构建以审计为核心的问责机制，在分析问责机制、治理机制与民主政治之间关系的基础上，从"信息鉴证"和"责任评价"两个方面归纳审计在问责机制中的地位与作用，提出了构建以审计为核心的问责机制的初步构想；着重从政府预算执行情况审计、政府信息披露审计和领导干部经济责任审计三个方面，系统研究了构建和完善问责机制的审计路径。

第10章是国外学术研究成果分享，分享了国外学术研究中有关国家审计服务与推进民主政治建设方面的研究文献，以供后续研究参考。

附录1和附录2是相关政策文件及资料。

本卷整体框架由蔡春、谢柳芳设计。各章责任分工是：第1章、第2章、第3章和第4章由谢柳芳负责；第5章、第9章由刘玉玉负责；第6章由谢柳芳、黄昊负责；第7章、第8章由崔云负责；第10章由谢柳芳、张翼凌和马晴负责；附录由谢柳

---

① 审计机关即国家审计机关。

芳负责。全书由蔡春负责统稿和审定。

  理论研究的复杂性和挑战性决定了本卷研究可能存在一定瑕疵和问题。敬请读者们不吝赐教、批评指正!

作者

2022 年 12 月

目 录

1 导论 ·· 1
　1.1 民主政治审计论研究背景 ·· 1
　1.2 民主政治审计论研究框架 ·· 7

2 民主政治与国家审计研究述评 ··· 11
　2.1 民主政治理论观点研究 ·· 11
　2.2 民主政治与国家审计的关系研究 ·································· 18
　2.3 国家审计推进民主政治发展的作用路径及效果研究 ·········· 20
　2.4 民主政治与国家审计研究展望 ···································· 26

3 民主政治审计论的理论分析框架 ······································· 28
　3.1 民主政治的含义与维度 ··· 29
　3.2 国家审计与民主政治的内在关系 ································· 42

4 国家审计推进民主政治发展的分析模型构建、作用路径与实现方式 ········· 48
　4.1 国家审计推进民主政治发展的分析模型构建 ·················· 48
　4.2 国家审计推进民主政治发展的作用路径与实现方式 ········· 52

5 国外国家审计机关服务民主政治的经验分析与借鉴 ·············· 57
　5.1 美国最高审计机关服务民主政治的经验分析与借鉴 ········· 57
　5.2 法国最高审计机关服务民主政治的经验分析与借鉴 ········· 62
　5.3 德国最高审计机关服务民主政治的经验分析与借鉴 ········· 64

6 审计参与听证制度探讨 … 68
6.1 听证制度 … 68
6.2 审计参与听证制度推进民主政治发展的作用机理 … 78
6.3 审计参与听证制度体系构建 … 85

7 制度合理性审计探讨 … 103
7.1 制度合理性审计的界定 … 103
7.2 制度合理性审计与民主政治的关系 … 109
7.3 制度合理性审计机制的构建 … 113

8 民生审计探讨 … 120
8.1 民生审计的界定 … 120
8.2 社会保障基金审计的关键问题 … 126
8.3 保障房建设资金审计的关键问题 … 132
8.4 扶贫资金审计的关键问题 … 137
8.5 就业优先政策落实情况审计的关键问题 … 146
8.6 卫生健康体系建设和改革推进情况审计的关键问题 … 150
8.7 高质量教育体系建设和改革推进情况审计的关键问题 … 156

9 构建以审计为核心的问责机制 … 163
9.1 问责机制、治理机制与民主政治 … 163
9.2 审计在问责机制中的地位与作用 … 167
9.3 构建以审计为核心的问责机制的初步构想 … 170
9.4 构建和完善问责机制的审计路径 … 174

10 国外学术研究成果分享 … 207
10.1 关于选举问责的文献分享 … 207
10.2 关于政府审计抑制腐败的文献分享 … 209
10.3 关于审计程序政治化的文献分享 … 213
10.4 关于腐败治理审计的文献分享 … 217
10.5 关于政府审计改善公共卫生政策的文献分享 … 223

附录 ·· 229
  附录1 《中国的民主政治建设》白皮书 ····················· 229
  附录2 利马宣言——审计规则指南 ························· 262

参考文献 ·· 281

1 导 论

1.1 民主政治审计论研究背景

中国经济在持续与高速增长30多年后,进入了新常态,转向高质量发展,表现为:经济增长速度由高速转向中高速,增长方式由粗放型向集约型演进,经济结构调整模式由以增量扩张为主转向调整存量、做优增量,发展动力从传统的要素驱动、投资驱动转向创新驱动。2021年是落实《中华人民共和国国民经济和社会发展第十四个五年规划和2035年远景目标纲要》(简称国家"十四五"规划纲要)的开局之年。"十四五"规划是中国全面建成小康社会、实现第一个百年奋斗目标后,开启全面建设社会主义现代化国家新征程、向第二个百年奋斗目标进军的第一个五年规划。国家"十四五"规划纲要第十七篇"加强社会主义民主法治建设 健全党和国家监督制度"的第五十八章"发展社会主义民主"指出:"加强人大对'一府一委两院'的监督,保障人民依法通过各种途径和形式管理国家事务、管理经济文化事业、管理社会事务。"2020年以来,新冠疫情与经济环境不确定性等多种因素持续冲击着全球经济社会,全球秩序加速变革,大国关系出现转折性变化,新一轮科技与产业革命重塑着全球竞争格局,世界经历着百年未有之大变局。当前既是我国发展的重要战略机遇期,也是诸多矛盾叠加、风险隐患增多的严峻挑战期,国际金融危机的深层次影响将长期存在,全球治理体系正面临深刻变革。推进社会主义民主政治建设是实现国家政治经济发展战略的重要方面,有助于维护社会和谐稳定,对深化改革开放、有效化解各种风险、促进经济可持续健康发展具有重要影响。

自中华人民共和国成立以来,我国民主政治得到了飞速的发展。在我国民主政治建设进程中,《中国的民主政治建设》白皮书的发布具有里程碑意义。2005年10月10日,国务院新闻办公室发布了《中国的民主政治建设》白皮书,这是中国政府首次发布的关于民主政治建设的政府文告,白皮书梳理了政府行政管理体制转变的轨迹,为公众展示了一幅政府民主的"全景图"。分权与制衡是民主政治最基本的原则,而国家审计是民主政治制衡机制中最为重要的一个元素,是依法用权力制约权力的重要制度安排,是国家政治制度的重要组成部分,其核心是推进民主法治建设,促进国家实现善政良治。自1983年审计署成立以来,国家审计经历了近40年的发展,在此期间,国家审计在维护人民群众根本利益、推进民主法治建设、促进深化改革、提高公共资金使用效益、反腐倡廉、完善国家治理等方面发挥了重要作用。随着我国国家治理现代化的全面推进,国家审计的核心与支柱作用日益凸显。

2002年11月8日,党的十六大报告在第五大部分"政治建设和政治体制改革"的第八项任务"加强对权力的制约和监督"中强调"建立结构合理、配置科学、程序严密、制约有效的权力运行机制""发挥司法机关和行政监察、审计等职能部门的作用"。2007年10月15日,党的十七大报告在第六大部分"坚定不移发展社会主义民主政治"的第六大任务"完善制约和监督机制,保证人民赋予的权力始终用来为人民谋利益"中提出"确保权力正确行使,必须让权力在阳光下运行",强调"重点加强对领导干部特别是主要领导干部、人财物管理使用、关键岗位的监督,健全质询、问责、经济责任审计、引咎辞职、罢免等制度"。2012年11月8日,党的十八大报告在第五大部分"坚持走中国特色社会主义政治发展道路和推进政治体制改革"的第六大任务"健全权力运行制约和监督体系"中再次强调要健全经济责任审计制度。2014年10月9日,国务院下发的《关于加强审计工作的意见》要求"发挥审计促进国家重大决策部署落实的保障作用""强化审计的监督作用"。2014年10月23日,党的十八届四中全会通过的《中共中央关于全面推进依法治国若干重大问题的决定》明确指出"完善审计制度,保障依法独立行使审计监督权"。2015年12月8日,中共中央办公厅、国务院办公厅印发了《关于完善审计制度若干重大问题的框架意见》和《关于实行审计全覆盖的实施意见》。

2017年10月18日,党的十九大报告在第十三大部分"坚定不移全面从严治党,不断提高党的执政能力和领导水平"的第七大任务"健全党和国家监督体系"中特别提出"改革审计管理体制,完善统计体制。构建党统一指挥、全面覆盖、权威高效的监督体系"。2018年3月,我国成立了中央审计委员会,由习近平总书记担任中央审计委员会主任,审计受到了空前重视,地位显著提升;2018年5月23日,习近平总书记在中央审计委员会第一次会议上强调:努力构建集中统一、全面覆盖、权威高效的审计监督体系,更好发挥审计在党和国家监督体系中的重要作用。

2019年10月28日,党的十九届四中全会指出"我国国家制度和国家治理体系具有多方面的显著优势",提出"坚持和完善党和国家监督体系,强化对权力运行的制约和监督""必须健全党统一领导、全面覆盖、权威高效的监督体系,增强监督严肃性、协同性、有效性,形成决策科学、执行坚决、监督有力的权力运行机制,构建一体推进不敢腐、不能腐、不想腐体制机制"。党的十九届四中全会把制度的自我完善放在重要位置,深刻回答了在我国国家制度和国家治理体系上应该"坚持和巩固什么、完善和发展什么"这个重大政治问题。2020年4月17日,习近平总书记在中共中央政治局会议上强调:要坚持新发展理念,坚持以供给侧结构性改革为主线,坚持以改革开放为动力推动高质量发展,坚决打好三大攻坚战,加大"六稳"工作力度。2021年1月,在全国审计工作会议上,审计署审计长侯凯指出:审计要立足新发展阶段,贯彻新发展理念,构建新发展格局;依法全面履行审计监督职责,深化审计制度改革,加强全国审计工作统筹,加快构建集中统一、全面覆盖、权威高效的审计监督体系,更好发挥审计在推进国家治理体系和治理能力现代化中的作用。

现实中,国家审计的理论研究远远滞后于审计实践的发展。构建中国特色社会主义国家审计理论体系,探讨国家审计若干重大基本理论问题,是一项意义重大且深远的课题。基于此,本卷以服务国家治理为目标,在梳理民主政治与国家审计相关研究成果的基础上,构建民主政治审计论的理论分析框架,建立分析国家审计与民主政治关系的数理模型,从逻辑理论上深入研究国家审计推进民主政治发展的作用机理,并从审计参与听证制度、制度合理性审计、民生审计、构建以审计为核心的问责机制(国家审计问责机制)四个方面,系统探讨国家审计推进民主政治发展的具体实现方式。这对于推动我国审计理论的创新、促进审计事业的发展、推进社会主义民主政治建设有着重要的理论价值与现实意义。

1.1.1 公共受托经济责任发展对民主政治与国家审计的推动

在现代社会中,任何形式的组织,不论是私营的还是公营的,营利性的或非营利性的,政府的或非政府的,都基于某些或某种特定的委托受托关系而存在,因此,任何组织都有义务全面有效地履行其受托经济责任(Michael 和 David,1983)。国家是基于政府与公民之间特殊的公共受托经济责任关系而存在的,是一个特大型的、分工精细、机构复杂的特殊组织,为了全面有效履行其承担的公共受托经济责任,解决由此产生的委托代理问题,国家需要建立相应的国家治理结构和运用适当的国家治理机制。

根据全球治理委员会(Commission on Global Governance)1995年发布的 *Our Global Neighborhood*,治理包含公众自愿遵从的、符合其自身利益的非正式制度安排的民主性。国家治理是为了满足公众的需要,协调政府、市场和公民社会三者间多重关系的过程(尚虎平,2009),核心是监控公共权力的阳光运行,促进公共资源合理有效配置,妥善处理各种利益集团的利益诉求,保证公共受托经济责任的全面有效履行(蔡春等,2012)。公共受托经济责任的发展与民主政治进程的推进具有趋同一致性。

为解决由于委托代理关系而产生的道德风险与逆向选择等代理问题,避免它们导致的利益矛盾和权力滥用,任何组织都需要治理,都需要运用适当的治理机制,建立适当的治理结构,而任何治理机制与治理结构的建立都离不开审计,就如健全的公司治理离不开外部审计和内部审计一样。国家治理具有治理主体多元化特征,政府是国家治理的核心,即现代国家治理的重心是政府治理。与其他组织治理不同的是,国家治理主要涉及对公共资源的分配利用和对公共权力运行的监督控制。国家审计作为一种特殊的监控机制,通过鉴证、监督和评价等功能,为国家治理机制的有效运行提供坚实的后盾,以促进和保证政府全面有效履行公共受托经济责任(蔡春等,2012)。随着公共受托经济责任的发展,为适应其特性并满足其需求,国家审计的功能也相应进一步拓展。

1.1.2 国家治理能力提升对民主政治与国家审计的推动

我们可以把国家治理理解为一个持续不断的过程,而且几乎可以肯定的是,只要国家存在,这一过程就永远不会停止(Guy,2001)。在新的发展阶段,为了消除新冠疫情与金融危机的损害,实现经济可持续发展,各国政府致力于从自身治理的角度,探寻预防政府"失灵"、促进建立善治国家的有效措施,国家治理成为一个全球性的重要课题,已然成为学术界关注与研究的重点。

2012年11月,党的十八大指出要"创新行政管理方式,提高政府公信力和执行力,推进政府绩效管理";2013年11月,党的十八届三中全会提出"必须切实转变政府职能,深化行政体制改革,创新行政管理方式,增强政府公信力和执行力",并首次提出"推进国家治理体系和治理能力的现代化";2014年10月,党的十八届四中全会进一步强调全面推进依法治国,建设"职能科学、权责法定、执法严明、公开公正、廉洁高效、守法诚信"的法治政府;2015年10月,党的十八届五中全会提出的全面建成小康社会新的目标要求中有一条是"国家治理体系和治理能力现代化取得重大进展",并提出要进一步转变政府职能,提高政府效能。同时,我国国家"十三五"规划把"国家治理体系和治理能力现代化取得重大进展"作为"十三五"时期我国经济社会发展的主要目标之一;"十四五"规划把"推进国家治理体系和治理能力现代化"作为发展的指导思想。

世界银行在1994年发布的《治理:世界银行的经验》报告中,将体现善治的国家治理概括为五个方面:政府决策透明(透明政府)、政府体制适当(效率政府)、政府对其行为完全负责(责任政府)、政府引导建立公民参与公共事务管理的公民社会(民主政府)、政府行为法治化(法治政府)。联合国亚洲及太平洋经济社会委员会指出,政府活动的透明、民主是国家善治的基本特征;而世界银行在《2006年全球治理指标》研究报告中指出,改善治理可以减少贫困,提高人民的生活水平,促进社会经济的发展;世界经济合作与发展组织也认为通过对公共部门进行管理、公民参与和保障人权,可以实现国家善治。可见,民主政治的发展既是体现国家治理能力的重要内容,也是评价国家治理能力提升的关键指标。

"推进国家治理体系和治理能力现代化"是党从战略角度对国家治理提出的要求,如何推进国家治理已成为我国政治经济发展的一个战略规划。世界审计组织第二十一届大会指出"日益复杂的国家治理,对国家审计提出了更高的要求,亟须采取应对措施"。《世界审计组织战略规划(2011—2016)》要求各国最高审计机关在"加强问责、坚定反腐、促进透明和强化良治"方面不断努力,以展示各国最高审计机关在国家治理中的重要作用。2011年7月,在中国审计学会第三次理事论坛中,我国审计署时任审计长刘家义指出,"国家审计是国家治理这个大系统中一个内生的具有揭示、预防和抵御功能的'免疫系统',是国家治理的重要组成部分"。2013年10月,李克强总理在世界审计组织第二十一届大会开幕式上指出"在中国,审计在促进财政可持续、改善国家治理上发挥了重要作用",大会通过的《北京宣言》强调"最高审计机关为了促进国家善治,应当继续致力于提高政府效能"。此外,2014年10月,国务院发布的《关于加强审计工作的意见》(国发〔2014〕48号文件)强调"发挥审计促进国家重大决策部署落实的保障作用,促进公共资金安全高效使用,实现审计监督全覆盖,促进国家治理现代化和国民经济健康发展"。因此,作为国家政治制度重要组成部分的国家审计是服务国家治理的有效手段与工具,国家治理能力的提升对进一步深化与拓展国家审计功能提出了新的要求。

1.1.3 民主政治发展对国家审计功能拓展的推动

民主政治一直受到世界各国的普遍关注,推进民主政治建设既是我国政治体制改革的关键任务,也是社会主义建设的核心目标。2007年10月,党的十七大报告指出"要健全民主制度,丰富民主形式,拓宽民主渠道,依法实行民主选举、民主决策、民主管理、民主监督;推进决策科学化、民主化,增强决策透明度和公众参与度;完善制约和监督机制,保证人民赋予的权力始终用来为人民谋利益"。2012年

11月,党的十八大强调"要更加注重改进党的领导方式和执政方式,保证党领导人民有效治理国家;保障人民的知情权、参与权、表达权、监督权是权力正确运行的首要保证;支持和保证人民通过人民代表大会行使国家权力,加强对'一府两院'的监督,加强民主监督,让人民监督权力,使权力在阳光下运行"。2015年10月,党的十八届五中全会通过的国家"十三五"规划提出"为推动社会经济健康持续发展,如期实现全面建成小康社会奋斗目标,必须坚持'人民主体地位'原则",强调"人民是推动发展的根本力量,实现好、维护好、发展好最广大人民根本利益是发展的根本目的,必须坚持以人民为中心的发展思想,把增进人民福祉、促进人的全面发展作为发展的出发点和落脚点,发展人民民主,维护社会公平正义,保障人民平等参与、平等发展权利,充分调动人民积极性、主动性、创造性",并把"人民民主更加健全,人权得到切实保障,产权得到有效保护"作为全面建成小康社会的目标要求。2020年10月,党的十九届五中全会通过的国家"十四五"规划(2021—2025年)也提出"坚持以人民为中心,坚持人民主体地位,坚持共同富裕方向,始终做到发展为了人民、发展依靠人民、发展成果由人民共享,维护人民根本利益,激发全体人民积极性、主动性、创造性,促进社会公平,增进民生福祉,不断实现人民对美好生活的向往",且将"国家治理效能得到新提升,社会主义民主法治更加健全,社会公平正义进一步彰显"作为"十四五"时期经济社会发展的主要目标之一。

民主,是现代审计的实质,审计,是民主政治的表现;民主,是现代审计的目的,审计,是现代民主的手段(杨时展,1997)。国家审计作为一种约束机制,主要从经济监督角度对公共部门所承担的受托经济责任实行制衡,以促进民主政治的发展。李金华(2004)提出,国家审计就是要推进民主的进程,代表公众的意愿,用公众的民主监督推动政府执政为民。刘家义在2010年的全国审计工作会议上指出"审计工作要在促进民主法治建设方面迈上新台阶";在2011年的全国审计工作座谈会上,他又强调进一步深化经济责任审计工作,对于推进社会主义民主法治建设和反腐倡廉建设,推进国家治理等具有重要意义。世界审计组织第二十一届大会通过的《北京宣言》指出,国家审计肩负着"维护民主法治"的重要责任。2014年,国务院发布的《关于加强审计工作的意见》(国发〔2014〕48号文件)也强调国家审计"要依法履行审计职责,加大审计力度,创新审计方式,提高审计效率,对国有资产、公共资金、国有资源及领导干部的经济责任的履行情况实施审计,实现审计监督全覆盖"。综上,国家审计与一国的政治体制、民主法治变迁相适应,国家审计功能的发挥应与民主政治的发展协调一致,民主政治的发展要求国家审计必须进一步拓展功能,以保障其得以持续向前推进。

1.2 民主政治审计论研究框架

本卷旨在探寻国家审计促进民主政治发展的有效路径与实现方式,从而加快国家审计推进社会主义民主政治发展的步伐,促进和谐社会发展。因而,我们在梳理研究背景(第1章)、进行研究述评(第2章)之后,确定了本卷的研究框架,拟分以下五部分对民主政治审计论进行深入系统的研究。

第一部分(第3章)是民主政治审计论的理论分析框架。本部分基于国家治理视角,构建民主政治审计论的理论分析框架。本章分两个方面探讨国家审计与民主政治的相关理论问题。一是在分析政治与民主政治含义的基础上,明确界定社会主义民主政治的内涵,结合中国制度背景,确立民主政治内容要素——民主政治的两个维度和八个要素:"维护与保障公民权利"维度(包括公民参与权、公民决策权、公民监督权和公民知情权四个要素);"制约和监督公共权力"维度(包括公共资金预算权、公共资源配置权、公共政策制定权和公共活动管理权四个要素)。二是基于公共受托经济责任理论、马克思主义民主理论和人民主权理论,从理论上详细分析国家审计与民主政治的内在关系。

第二部分(第4章)是国家审计推进民主政治发展的分析模型构建、作用路径与实现方式。本部分基于国家治理视角,构建分析国家审计与民主政治关系的数理模型;从逻辑理论上探讨国家审计推进民主政治发展的作用路径与实现方式。一是建立国家审计与民主政治的一般实证模型与基于多项选择的随机效用模型,探寻国家审计作用于民主政治的恰当切入点。二是从"维护与保障公民权利"和"制约和监督公共权力"两个维度,探讨国家审计推进民主政治发展的两条具体作用路径。三是基于审计参与听证制度、制度合理性审计、民生审计、构建以审计为核心的问责机制(国家审计问责机制)四个方面,考虑"维护与保障公民权利"维度的公民参与权、公民决策权、公民监督权和公民知情权四个要素,初步论证国家审计促进民主政治发展的实现方式。

第三部分(第5章)是国外国家审计机关服务民主政治的经验分析与借鉴。世界各国的审计管理体制包括司法型、立法型、独立型、行政型;中国的审计管理体制在审计管理体制改革之前属于行政型,改革之后为政党治理模式的审计管理体制。美国、法国和德国分别是立法型、司法型、独立型审计体制的代表性国家,基于此,本部分主要以美国、法国、德国为例,对其他类型国家审计管理体制下国家审计机关服务民主政治的方式进行分析,并总结可供我国借鉴的有效经验。

第四部分(第6章、第7章、第8章、第9章)基于"维护与保障公民权利"和"制约和监督公共权力"两条路径,侧重从"维护与保障公民权利"维度,选取审计参与听证制度、制度合理性审计、民生审计、构建以审计为核心的问责机制四个方面,探索研究国家审计推动民主政治发展的具体实现方式。

第6章是审计参与听证制度探讨。基于"维护与保障公民权利"的四要素,本章主要从以下方面进行分析:首先,明确听证的含义,并介绍英国、美国、德国、日本及我国的听证制度。其次,在梳理听证制度五功能(即参政议政功能、信息透明功能、协调和平衡利益功能、科学决策功能及强化监督功能)基础上,系统分析审计与听证的内在关系,进而推导审计参与听证制度推进民主政治发展的作用路径。最后,建立审计参与听证制度。该制度的主要内容有:审计参与听证制度的实施目标,分为总体目标与具体目标;审计参与听证制度的实施程序,包括行政听证的实施程序和审计参与听证的流程;审计参与听证制度的实施方法,主要包括比较分析法、检查、观察、询问、民意调查和穿行测试等。

第7章是制度合理性审计探讨。基于"维护与保障公民权利"的四要素,本章主要从三个方面研究制度合理性审计如何推进民主政治的发展问题。首先,侧重从"维护与保障公民权利"维度,系统分析制度合理性审计与民主政治的内在关系。其次,对政策、制度、制度合理性、制度合理性审计、制度合理性审计要素等核心概念进行详细界定。最后,探讨制度合理性审计的实施问题,主要涉及制度合理性审计目标、制度合理性审计内容、制度合理性评价体系、制度合理性审计程序与制度合理性审计结果的利用。

第8章是民生审计探讨。基于"维护与保障公民权利"的四要素,本章从界定民生审计出发,梳理民生审计的特点,分析民生审计推动民主政治进步的作用机理、民生审计的主要内容,并以社会保障基金审计、保障房建设资金审计、扶贫资金审计、就业优先政策落实情况审计、卫生健康体系建设和改革推进情况审计、高质量教育体系建设和改革推进情况审计为重点,从民生审计角度探讨推进民主政治发展需要关注的关键问题。

第9章是构建以审计为核心的问责机制。基于"维护与保障公民权利"的四要素,本章探讨以审计为核心的问责机制的构建以及中国制度背景下完善问责机制的主要审计路径相关问题。一是从问责含义的界定、问责机制与治理机制的关系、问责机制与民主政治的关系三个方面探讨问责机制。二是从国家审计与问责机制、以审计为核心的问责机制与公民权益保障两个方面阐释审计在问责机制中的地位与作用。三是从顶层目标、问责主体、问责对象三个方面提出构建以审计为核心的问责机制的初步构想。四是从公共资金、公共权力和政府信息披露相关的审计活动出发构建完善问责机制的审计路径,即政府预算执行情况审计、经济责任审计、政府信息披露审计。

第五部分(第 10 章)是国外学术研究成果分享。本章的内容主要包括:关于选举问责的文献分享,关于政府审计抑制腐败的文献分享,关于审计程序政治化的文献分享,关于腐败治理审计的文献分享,关于政府审计改善公共卫生政策的文献分享。

图 1-1 描述了本卷的研究路线,本卷的研究按以下思路逐层展开。

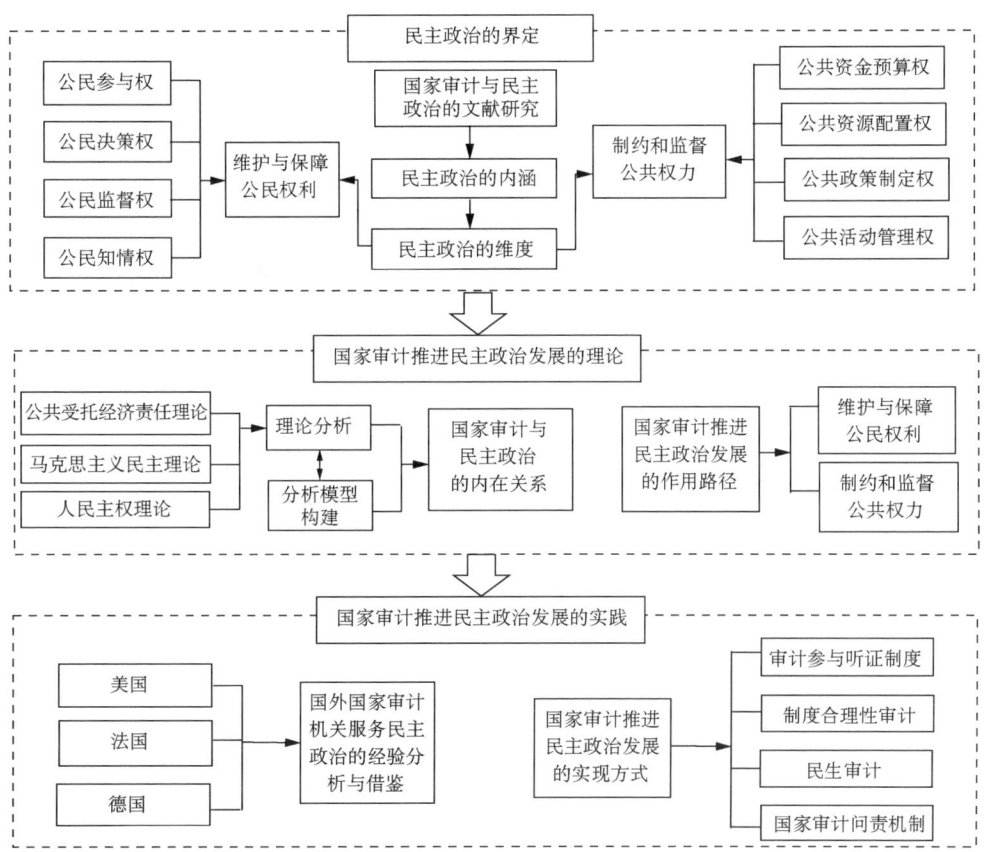

图 1-1 研究路线图

第一,全面梳理研究国家审计与民主政治的文献:分别从民主政治理论观点研究、民主政治与国家审计的关系研究、国家审计推进民主政治发展的作用路径及效果研究三个方面系统梳理研究国家审计与民主政治的相关文献,并对国家审计推动民主政治发展的研究主题进行简单评论和研究展望。

第二,界定民主政治的核心概念:在分析民主政治模式的基础上,对社会主义民主政治的内涵进行界定,从两个维度、八个要素,对社会主义民主政治的外延进行分析,并归纳中国特色社会主义民主政治的特点。

第三,系统分析国家审计推进民主政治发展的作用机理:以"公共受托经济责任观"为理论基石,结合马克思主义民主理论、人民主权理论,从理论上对国家审计与民主政治的内在关系进行系统分析;采用一般实证模型和基于多项选择的随机效用模型,为准确探寻国家审计作用于民主政治的切入点提供依据;从"维护与保障公民权利"和"制约和监督公共权力"两个维度,探讨国家审计推进民主政治发展的作用路径。

第四,分析与借鉴国外国家审计机关服务民主政治的方式及经验:以美国(立法型)、法国(司法型)、德国(独立型)为例,对其他类型国家审计管理体制下国家审计机关服务民主政治的经验进行系统分析。

第五,探讨并创新国家审计推进民主政治发展的实现方式:侧重从"维护与保障公民权利"维度,具体探讨国家审计推进民主政治发展的实现方式,即审计参与听证制度、制度合理性审计、民生审计和国家审计问责机制,以实现保障政府公共受托经济责任的全面有效履行,促进国家实现善政良治,推进社会主义民主政治的发展。

2 民主政治与国家审计研究述评

2.1 民主政治理论观点研究

2.1.1 古代民主政治理论观点

"民主"一词(democracy)最早出现在古代希腊的语言中。在古希腊语中，"demokratia"一词是由"demos"(公民)和"kratos"(统治)这两个词复合而成的，意为"人民的统治"。古希腊的民主指"由全体人民(而不是他们选出的代表)平等地、无差别地参与国家决策和进行国家管理"(王绍光，2008)。"政治"(politics)一词也起源于古希腊，是各类公共活动的总和，包括统治城邦、管理公共事务、公民的参与及斗争等，而在《荷马史诗》中，"政治"的原意仅指"城邦"。民主政治体制即民主政体的雏形产生于古希腊的城邦国家，其中最为著名的就是雅典的民主制度。雅典的民主政体是雅典在梭伦、庇西特拉图、克里斯提尼、伯里克利等政治家的领导下不断进行改革而逐步建立完善的。雅典的民主政治实践先于民主学说产生，对古希腊的思想家如柏拉图、亚里士多德等的民主政治观点产生了深远影响。

柏拉图在《理想国》中将民主制度的三大主要特征归纳为：自由，主要是指人民有掌权与不掌权的自由，也有服从命令和不服从命令的自由；宽容，在民主政体下，不论过往的行为与品行如何，从政的人只要声称自己是对人民有好心的人就能得到宽容和尊重；平等，即民主制度不加区别地把平等给予所有人。亚里士多德也在其著作《政治学》中具体地描述了民主政体的具体运行方式：官员由所有的人在所有的人中选举产生；统治包括每一个人对所有人的统治和所有的人对每一个人的统治；官员通过抽签而产生；出任官职不受任何财产资格的限制；除战争影响外，一个人不能两次担任同一官职；确保尽量多的公共职务的短暂任期；陪审团成员来自全体人民，并且审理所有的或大部分事务；公民大会对每一件事情，至少是对最重要的事情拥有主权的权威，官员对任何事情都不拥有主权权力；在公民大会、法院和办公机构服务的报酬都是统一的;任何官员都不能永久地保留他的官职。

古希腊民主政治有以下几个特点。

(1) 主权在民。古希腊政治家和学者普遍认同"主权在民"是民主的本质。伯里克利在其《丧礼上的演说词》中写道:"我们的政治制度之所以被称为民主政治,是因为政权是在全国公民手中,而不是在少数人手中。"亚里士多德在《政治学》中也主张平民拥有最高权力,政事裁决应服从多数人的意志,多数人的意志就是胜利。

(2) 权力制约。亚里士多德在《雅典政治》中指出:民众不能通过未经议事会准备和未经主席团事先以书面公布的任何法案;提出这类法案的人会被以不法行为的名义起诉并且受到处罚。除此以外,亚里士多德还提出议事会有权审查即将上任的议员和执政官的任职资格,若不能通过审查,则议事会有权拒绝被审查对象上任。

(3) 法律至上。伯里克利曾说:"在我们私人生活中,我们是自由和宽恕的;但是在公家事务中,我们遵守法律。"亚里士多德在其《政治学》中进一步强调了法律的重要性,他认为"法律应该优于个人的统治",即使城邦有时候还需要依赖个人的智慧(人治),这总得限制这些人只能在应用法律上运用其智慧,"让这种高级权力成为法律监护官的权力"。

(4) 公民意识。应克复等(1997)在《西方民主史》中提到,由于任用官职不再受到财产和门第的限制,人人皆可为证,这使雅典形成了公民集体,他们"关心雅典,参与政治",并且"城邦至上、政治为本"成为雅典公民集体的共识。萨拜因在其《政治学说史》中提到,雅典公民不会因为家务而忽视国家,雅典人把那些不关心公共事务的人看作无用的人。

古希腊对民主政体的实践是人类社会民主制度的雏形,古希腊政治家、思想家对于民主的思考、总结与展望奠定了民主政治的理论基础,他们提出的如民主、政治、政体、自由、主权在民、法律至上、权力制约、公民意识等民主政治的基本概念,为后来的民主政治理论和制度的发展奠定了基础。

2.1.2 近代民主政治理论观点

近代以来的民主政治理论,以主权论和社会契约论为其理论基础,在理论上解决了公共权力的起源及其最终归属问题。代议民主制以公共权力来自人民的委托、受托者应当对委托者负责的社会契约理念完成了对民主的理性论证,而宪政思想则以强调对政府权力的制约来保证人民的民主权利不受侵犯(孙永芬,2008)。

1. 代议民主理论

代议民主理论是近代以来西方民主理论的主流思想,代议民主理论既受到了古希腊古罗马民主思想的影响,也参考了中世纪封建议会制度的模式,同时又吸收了文艺复兴和启蒙运动的思想精华,它既是一种关于国家政权运行方式的理论基础,又是一种西方民主政治思想学说。

有的观点认为代议制体现了政治决策权利,《不列颠百科全书》认为代议民主制代表的是一种"并非由公民亲自行使,而是通过他们所挑选并对他们负责的代表来行使"的政治决策权利。有的观点认为代议制是一种政体,《美国百科全书》认为,"代议制政体是一种政治统治形式"(周叶中,2005);J. S. 密尔(1982)在其著作《代议制政府》中也提到"代议制政体就是,全体人民或一大部分人民通过由他们定期选出的代表行使最后的控制权"。也有的观点认为代议制即间接代表制度,布勒德在《英国宪法史谭》中提出代议制是"一人可以代表他人或代表多数人"的代表制度(周叶中,2005)。

代议制理论的奠基者潘恩(1982)认为"简单的民主制是社会不借助辅助手段而自己管理自己。把代议制同民主制结合起来,就可以获得一种能够容纳和联合一切不同利益和不同大小的领土与不同数量的人口的政府体制;而这种体制在效力方面也胜过世袭政府"。潘恩(1982)认为,代议制能够增进社会的各种利益,使政府成为团结社会各部分的一个中心,是人民主权原则的前提之下理想的政府形式。代议制理论的集大成者J. S. 密尔对代议制进行了进一步的阐释,他解释了代议制是理想政府形式的原因,并提出了代议制的弊端和危机,他还提出了作为代议制的具体形式之一的议会制和议会制政府具体建设的问题。随着代议制理论指导下的民主政治的发展,代议民主理论逐渐成熟。

2. 宪政民主理论

宪政民主理论强调保障人民的民主权利,防止公共权力侵犯人民权利。宪政民主的核心在于对个人权利的保障,其要旨在于保证公共权力对个人权利的保护而不是侵犯。宪政民主的理论支柱是分权学说,深受卢梭"立法至上"的分权理论以及孟德斯鸠"权力制衡"的分权理论的影响(孙永芬,2008)。

宪政主义首先在英国和法国得到探讨和实践,但最终在美国得到了发扬。在批判性地继承了英法两国早期宪政民主理论派的观点后,美国学者潘恩第一次将立宪主义与宪法作为政府合法性的渊源,他强调,"宪法是一先于政府的东西,而政府只是宪法的产物"(潘恩,1982),并且认为"一国的宪法不是政府的决议,而是建立起政府的人民的决议"(潘恩,1982)。对于宪政民主制度的实施过程,潘恩认为宪政民主应该经历立宪和宪政两个阶段。潘恩的学说对于美国1787年颁布的宪法有极大影响。

2.1.3 当代民主政治理论观点

近代以来,以代议制为核心的西方经典民主理论已经形成了较为完备的理论体系,也取得了丰富的实践经验。但随着各国政治经济形势的变化,以及两次世界大战的影响,经典民主理论逐渐与社会政治经济现状脱节。自19世纪末开始,有别于经典民主理论的民主思潮与流派不断涌现,其中,理论体系较为完善、受到广泛关注的几种理论的主要观点及代表人物如下。

1. 精英民主论的主要观点及代表人物

精英民主理论认为民主政治的主体是少数的、杰出的精英。19世纪的西方民主政治的主要观点仍然信奉民主是人民大众的权利,但学者们也开始意识到"多数专制"的危险,J. S. 密尔(1982)在《代议制政府》中指出,"只有在有教养的少数人中才能给民主制的多数的本能的倾向找到一种补充或使之臻于完善的矫正物",这已经表现出一定的精英民主论的倾向。

精英民主论的逻辑起点是对被统治阶级和统治阶级的划分,精英民主论的核心是论证社会精英尤其是统治阶级的精英们对社会的关键或是决定性作用(应克复等,1997)。莫斯卡在《统治阶级》中分析了代议制、普选制和分权制的缺陷:由于民众的一味顺从以及统治阶级的玩弄权术、迎合被统治阶级,官僚机构的权力和规模不断扩大,分权制名存实亡;并且民主政治会削弱宗教和伦理的约束、激化民族矛盾与阶级矛盾,进而影响社会稳定。而奥尔特加甚至将19世纪末被统治阶级组织起来强迫政府接受他们的愚蠢要求归咎于民主政治的过度发展。因为对民主政治出现的各种问题的担忧,精英民主论者反对将民主定义为人民的统治,但并非完全否定民主。马克思·韦伯在《经济与社会》中提到:资本主义社会的重要特征是理性化,国家行政管理理性化要求有效率的统治,但多数人的统治无法满足效率的要求,因而无法满足理性化的要求;同时,占总人数绝大多数的民众常常是非理性的,他们无法正确理解并处理公共事务。因此,他主张将民主和官僚统治相结合,希望构建一种由民众选举产生的政治家,再由政治家控制官僚的官僚民主论。这种理论实际上已经体现了现代精英民主论的思想。

20世纪精英民主论的代表人物约瑟夫·熊彼特(1999)明确地否定了"人民的统治"这一观点,并在《资本主义、社会主义与民主》中提出了精英民主理论的经典定义:"民主的方法就是那种为作出政治决定而实行的制度安排,在这种安排中,某些人通过争取人民的选票取得决定的权力。"拉斯韦尔也赞同熊彼特的精英民主论,他在《权力与社会》中提出:"民主政治的领袖是从社会广泛基础中选拔出来的,并且有赖于整个社会的积极支持。"

当代美国保守主义学者乔·萨托利在熊彼特的基础上对精英民主论作出了进一步的阐释,他在《民主新论》中提出竞争—反馈式的民主理论,他认为:精英通过竞争获得政治权力从而体现民主,这是体现了竞争;当选的统治者的决策受到选民对其决策结果的反应的制约,因此,统治者的决策也应该体现民众的意愿(乔·萨托利,1993)。

2. 技术民主论的主要观点及代表人物

第二次世界大战后的科技革命使技术精英的地位达到了一个空前的高度,将精英民主论与"技术至上"观点结合的技术民主论应运而生。技术民主论认为民主政治的主体不是政治精英,而是技术精英。詹姆斯·伯纳姆在其《管理革命》一书中提出一个新的领导阶级已经产生,他认为这个阶级包括工程师、化学家、工艺家、人事管理家以及各方面的专家。丹尼尔·贝尔在《后工业社会的来临》中也提到,在后工业时代,社会统治者是科学家和研究人员。约翰·肯尼斯·加尔布雷斯从现代企业的角度肯定了技术精英的崛起,他在《经济学和公共目标》中提到"在成熟的公司中,权力已经从股东转移到管理部门"。权力的转移也发生在政府中,丹尼尔·贝尔在《后工业社会的来临》中提到权力正从立法机关向行政机关转移,他认为是制定政策的必要性而不是制定法律的必要性使行政机构掌握了主动权。

徐鸿武等(2000)在《当代西方民主思潮评析》中归纳了技术民主论的主要观点:当代社会中一个专家阶层已经崛起,并逐步取代了资本家成为掌权者、管理者与统治者;当代社会中高科技为民主的实施提供了现代化的传播媒体;尽管操纵政治的手段不同,新的经济寡头与老富豪一样影响并控制政府的活动。

3. 多元民主论的主要观点及代表人物

精英民主论和技术民主论很少关注"单个的公民与当选的领袖之间的地带",认为"一个以精英的竞争性冲突为特征的世界是孤立无援、软弱无力的"(赫尔德,1998)。而多元民主论是指主张实行多元利益集团平等竞争的民主理论,多元论认为民主"不能只是通过国家这个唯一的权力中心而存在,而应该由社会中许多团体来分享",这一观点认为民主政治的主体是利益集团,这是因为,利益集团的崛起是推动多元民主论发展的重要历史背景(孙永芬,2008)。麦迪逊在论述派别问题时,就提出了利益集团的存在,他认为"财产所有人的感情和见解的影响,使社会划分成为不同的利益集团和党派",这也是无法消除党政的根本原因。乔·萨托利(2008)则认为"只有在小团体范围内,参与才是有意义和真正的参与"。

多元民主论的代表人物达尔在批判性地借鉴了麦迪逊民主理论与平民主义民主理论后,对多元民主论进行了系统的阐述,他超越了过去的"人民主权"与"三权分立"的争论,提出了成熟而完善的多元民主论。多元社会的现状构成了多元民主的基础,在达尔看来,一个多元社会有以下四个方面的特征:意见的多元性、利益的多元性、冲突的多元性、权力的多元性。达尔(2006)认为"多元主义"的含义是"组织的多元主义,即在国家领域中大量相对自治(独立)的组织(子系统)的存在";他还将民主分为理想的民主与现实的民主,他认为理想的民主包含五个标准:"有效的参与""投票的平等""充分的知情""对议程的最终控制"以及"成年人的公民资格"。他认为现实的民主需要一定的惯例和制度。例如:"选举产生的官员""自由公正和定期的选举""表达意见的自由""接触多种信息来源""社团自制""包容广泛的公民身份"等。

第二次世界大战后的20年内,多元主义民主理论在西方有极大的影响力,但20世纪70年代后美国社会、经济、政治的动荡使达尔对多元民主论进行了反思,他在《多元民主的困境》中提出多元民主本身存在以下四个缺陷:一是政治不平等稳定化。由于在多元社会中,组织的影响、权力、资源是不平等的,多元民主可能有助于产生各种各样的不平等,并且在面临创新性结构时具有非常保守的稳定性力量。二是公民意识的扭曲。在多元民主体制下,人们通过组织来保护自己的利益,在这种社会环境下,组织过于强调组织成员的共同利益,常常会损害公益,因此,多元主义可能导致个人与组织自私、狭隘地追求自我利益,进而导致相互损害,最终妨碍民主的实现。三是公共议事日程的扭曲。在多元民主体制下,各组织基于自身利益考量,会尝试影响公共决策与政策制定。组织鼓励更认真地考虑许给较小一部分有组织的公民以可见的短期利益的选择,而不是许给更大数量无组织的公民以真正的长期利益的选择(达尔,2006)。四是最终控制的让渡。理想的民主标准之一是人民对议事日程的最终控制,但在多元民主体制下,组织作为接受组织成员委托的代理人,可能错误地擅用公共职能,导致国家政权无法对组织进行有效的控制,使公众的权利被异化(辛向阳,2011)。

4. 参与民主论的主要观点及代表人物

参与民主是直接民主与代议民主的中间形态之一。应克复等(1997)认为:参与民主的兴起,在于人们在对代议制度缺陷的克服过程中寻求直接民主的梦想。1960年阿诺德·考夫曼首次提出了"参与民主"的概念。1970年,卡罗尔·佩特曼的著作《参与和民主理论》面世,标志着参与民主论这一民主政治理论的兴起。

参与民主论主张人民通过直接参与决策的方式而实现民主。奈斯比特(1984)在《大趋势》中阐述了参与民主的基本内涵,认为参与民主制的指导原则是"人民必须参与影响他们生活的决策过程",参与民主制主要包括政治参与、企业参与和市场参与三方面的内容。

参与民主论的出发点是肯定参与对于民主的价值。参与是参与民主论的核心概念,卡罗尔·佩特曼(2006)在《参与和民主理论》一书中指出:虽然早期的民主已经包含了参与的要求,不仅参与思想在民主理论中地位低微,而且,自20世纪以来,民主理论的一个显著特征是强调大众广泛参与的政治所具有的危险。卡罗尔·佩特曼(2006)认为,寻求更多的参与,以及参与民主理论本身,并非建立在一种危险的幻觉之上,我们仍然拥有一种现代的、富有生命力的、以参与理念为核心的民主理论。巴伯在《强势民主》一书中也强调"公民参与"是民主政治的核心,他认为应将"强势民主"建立在公民的参与和义务上,而非建立在个人的良好品行和利他主义上(江明修,1997)。

参与民主论认为参与民主对于培养公民的政治兴趣和提高公民的政治能力有着重要作用(孙永芬,2008)。参与民主论主张公民参与政治的最恰当的领域是与人们生活息息相关的领域,如与社区和工作场所相关的领域,并重点研究了工业领域,尤其是工厂(应克复等,1997)。卡罗尔·佩特曼(2006)认为,"在其他领域中进行的参与活动使个人能够更好地理解公共领域与私人领域的关系",也能够使个人"更有能力评价国会议员在关于他自己的生活和周围环境的事务方面所作出的决策的效果"。

5. 协商民主论的主要观点及代表人物

协商民主论认为西方的竞争式民主并没有使社会公众享有广泛参与公共决策的机会,因此,需要通过协商方式扩大民主的范围(李良栋,2011)。

约瑟夫·比赛特在《协商民主:共和政府的多数原则》一文中,正式将"协商民主"的概念引入学术界。1987年,伯拉德·曼宁(Bernard Manin)在《政治理论》上发表的《论合法性与政治协商》一文掀起了西方学界对协商民主论研究的热潮。关于协商民主的概念,西方学界主要有以下几种观点:协商民主是一种决策模式,是通过公开的讨论的过程来达成决策的模式,这种观点的接受度最广;协商民主是一种政治治理模式,其本质是以公共利益为取向,通过对话达成共识、明确责任,从而得到普遍认同的决策;协商民主是一种决策程序,强调决策过程中的公民权利及自我意识的充分表达;协商民主是宪政民主的代名词(应克复等,1997)。Bernard Manin①(1987)认为协商民主具有以下几种特征:"协商是参与协商各方观点相互比较的过程;协商过程既是集体的,也是个人的,它展示话语权和理性决策的过程。政治协商和辩论以相对理性的听众为前提,协商过程是公众教育和培训自己的过程。政治协商概念不应该排斥任何人投票和参与协商的权利,以及有效行使这种权利所必需的基本自由。协商理论仅仅提供了一种不完善的、尽可能合理地作出决策的方式。"

从新民主主义革命至今,协商民主一直是我国人民民主的重要形式,我国学者也对协商民主进行了大量研究。马德普(2014)将协商民主与选举民主进行了对比,认为选举民主是一种"弱意义的民主",协商民主不是选举民主的补充,而是一种更高的形态。陈家刚(2007)通过将协商民主与我国的政治协商相对比,认为两者是不同社会形态下的协商政治,而我国以人民政治协商会议为平台的政治协商制度更为成熟和完善。

2.2 民主政治与国家审计的关系研究

杨时展(1997)指出:"民主,是现代审计的实质,审计,是民主政治的表现;民主,是现代审计的目的,审计,是现代民主的手段。没有现代审计这一手段,就很难达到现代民主这个目的;而没有现代民主这个目的,现代审计也就失去其意义。"直接探讨国家审计与民主政治两者之间关系的现有文献非常少,但现有文献普遍都认同国家审计与民主政治之间存在紧密而深刻的联系,应采用辩证统一的思想阐述两者之间相互影响、相互促进的关系。

部分研究者从国家审计的起源、本质和动因的角度阐述两者的关系,认为国家审计是民主政治发展到一定阶段的产物(刘家义,2008)。杨肃昌(2010)从政治学和法学的角度深入理解政府审计的本质,认为现代意义上的审计制度虽然仅有100多年的历史,却是现代民主政治制度和市场经济发展的结果。孙永尧(2006)基于对国家审计本质的认识,提出国家审计包括监督、评价、司法和民主四大职能,审计的民主职能是审计这一学科的应有之义,现代国家审计的本质是维护民主和促进法治。赵小明(2005)则认为民主政治、权力制衡和财政监督是现代国

---

① 即伯拉德·曼宁。

家审计发展的动因,这决定了现代国家审计与民主政治有着天然的联系。也有学者认为国家审计来源于公共受托经济责任,国家审计对民主政治具有推动作用的根源在于现代民主政治基于公共委托代理关系,而国家审计存在的目的恰恰就是保证和解除受托者的公共受托经济责任(田秋蓉,2012)。

关于民主政治的发展进程与国家审计的结构、范围、内容和模式之间的关系,不同政治制度下的审计有不同的表现。专制政治制度下的传统审计是一种向上的审计结构,监督权逐级向上负责,最后集中到一人或数人之手;民主制度下的现代审计是一种向下的审计结构,监督权对下负责,代表"民"对"官"进行审计监督制约。民主政治对于国家审计发展具有重要意义,民主的范围越大、民主的权力越真实,人民通过国家审计机关对政府的制约也就越强,因此,民主政治的发展会改变中国国家审计的发展走向(文硕,1996)。王会金和王素梅(2010)认为要实行民主政治,多数人对少数掌握具体行政权力的人进行监督成为必要。同时,民主作为表达人们对政治结构及其组织活动方式的"应然性"思维的话语之一,有一个不断发展的历史过程。随着民主政治的不断发展,国家审计的内容不断扩充深化。吴秋生和上官泽明(2016)通过选取不同审计体制、经济发展水平、民主程度的81个国家的面板数据,在对国家审计本质特征、审计结果公告能力与国家治理能力的相关指标进行界定和测度的基础上进行实证研究,研究发现民主程度对审计结果公告能力有正向的影响。

从民主政治制度与国家审计制度的关系角度来说,审计制度是民主政治中的一个组成部分(赵小明,2005),理所当然地同民主政治发展有着密切的联系。民主政治的发展制约着审计制度的发展,审计制度的发展也影响着民主政治的发展。没有民主政治为审计开辟道路,审计现代化的进程也会举步维艰;没有现代化审计为民主政治扫清路障,民主政治的现代化也很难不受官僚主义的干扰,从而影响民主政治的现代化进程(秦荣生,2003)。

国内外学者还探讨了国家审计在推进民主政治发展中所发挥的具体作用。关于国家审计推进民主政治的发展,由于国家审计与民主政治在西方国家的实践时间较长、成果丰富,国外学者已经开始从国家审计的具体实施过程和效果来分析国家审计对民主政治的影响。Harte和Owen(1987)从当地国家审计限制工业化、保护环境的视角,探讨了国家审计对民主政治的推进作用。Beetham和Weir(1999)、Beetham等(2003)以及Arter(2000)分析了英国民主政治与国家审计的关系,认为国家审计能够加强对国家政治权力和民主的监控。Allan Tupper(2007)以加拿大为例,考察国家审计对民主政治的促进作用。在已经建立定期选举、分权等基本制度的成熟民主国家,也存在特殊利益集团浪费公共资源的问题,而强化公共审计机构对预算草案及相应政策的事前审计,能够缓解信息不对称,减少公共开支,降低税收负担,从而减少过度使用公共资源的现象,克服大型城市集体决策导致的低效问题,提升治理效率(Mark 和 Reiner,2010)。

我国国内学者对国家审计在民主政治中发挥的具体作用,研究得最多、也最深入的是政府审计对公共权力的制约和监督作用(田秋蓉,2012)。实行任何形式的民主政治,多数人对少数掌握具体行政权力的人进行监督是非常必要和重要的事情,以一种权力来约束另一种权力,就必须有相应的手段和机制,而审计监督便是这样的手段和机制之一,审计监督则是从经济的角度对权力进行的监督(赵小明,2005)。审计是领导决策和民众的眼睛,国家审计就是要推进民主的进程,代表公众的意愿,让政府接受公众或纳税人的监督,用公众的民主监督推动政府执政为民(王娜,2004)。杨肃昌(2010)认为大多数国家把对政府的审计监督定位在宪政范畴中,并在国家政权建设中加以安排,其职责就在于对政府行政权加以制约和监督,这是国家审计的政治属性的自然表现。秦荣生(2003)认为我国国家审计机关成立 20 多年来,作用不断增强,从财务查账到财政监督,从企业管理审计到成为国家宏观调控的间接控制手段,从经济监督到对权力的监督,审计监督的范围在扩大,力度在加强,影响在增长。

2.3　国家审计推进民主政治发展的作用路径及效果研究

2.3.1　国家审计推进民主政治发展的作用路径研究

1. 国家审计对公共权力的制约和监督作用

公共受托经济责任是国家审计产生和发展的重要动因。因此,对于国家审计与民主政治的关系,很多学者都是从国家审计与公共受托经济责任关系的角度展开论述的,特别是国外的文献,鲜有文献直接研究国家审计与民主政治,而现有文献多着眼于公共受托经济责任。综观政治学研究,不难发现,无论人们对政治如何理解,国家及其公共权力一直是政治学稳定的、普遍的研究范畴(肖滨,2009)。在给政治下定义时,离不开国家机关和它所运用的权力(杨光斌,2004)。权力是政治的核心。国家审计作为政治范畴中的一种制度安排,其功能就应针对政治的核心问题——对权力的制约(杨肃昌,2012)。国家审计是一种维护公共利益的政治工具,它在复杂的政治权力结构中,以政治立场与视角监督政府的财政行为,作为一种制度安排,它可以有效地矫正"政府失灵"行为(冯均科,2003)。因此,诸多学者围绕国家审计对公共权力(特别是经济权力)的制约和监督展开研究。

David(1988)在其《审计哲学与原理导论》中提到,审计的社会概念是一种由独立于有关方面的人员所实施的旨在将绩效水平与预期目标进行比较并报告其结果的特殊检查,它是监督保证受托经济责任有效履行的公共部门与私营部门控制机制的组成部分。蔡春(2000)认为"受托经济责任乃现代会计审计之魂",受托经济责任的存在使审计的存在成为必要,审计从本质上来讲是一种特殊的"经济控制",这种控制过程实质上就是对受托人权力使用的控制。美国审计署(Government Accountability Office,简称GAO)[①]认为公共资源的受托责任(accountability)概念对于国家的治理过程非常关键,立法者、其他政府官员和社会公众需要了解:第一,政府资源管理是否适当,是否符合法律法规;第二,政府项目是否达到了其目标并获得满意的结果;第三,政府所提供的服务是否有效率、经济、有效果。Chennai(2004)明确地指出了对公共经济权力进行控制是审计的重要职能,"有效地运用权力来向任何一个需要帮助的人提供合法的服务,是人们对审计形成的另外一个基本要求,这个基本要求将使公众对公共服务机构和行使权力的官员都产生积极的印象"。David和Carlyn(2018)认为代表国家执行审计任务的最高审计机关在确保公共部门接受问责方面有着重要作用,国家对公共管理部门财务报表进行审计,同时向公民、议会和其他利益相关方解释审计结果,以督促政府更加民主地对审计效率负责,同时公正使用权力。

国家审计机关通过经济责任审计对公共权力受托责任人进行监督。国家审计对行政官僚履行经济责任有关信息的独立检查、评价与反馈,是保证公共资源有关委托-代理合约安排的谈判、确定、实施、完善的必要条件(马学斌,2007)。赵小明(2005)认为在民主法制建设中国家审计可以通过开展经济责任审计,强化对权力的制约和监督等路径,建立、健全与其他监督主体间的协调机制。刘更新(2010)指出经济责任审计不仅仅是一种审计监督形式,而且肩负着强化对权力的制约和监督、完善领导干部选拔任用和考核管理制度、促进民主政治的发展的重任。

国家审计是政府组织体系内的一个组成部分,审计署作为庞大的组织机构中

---

① 美国于1921年在国会之下设置独立的国家审计机构——会计总署(General Accounting Office)。1937年,会计总署改名为审计总署(General Auditing Office),2004年又更名为政府问责署(Government Accountability Office),人们习惯上仍称其为美国审计署。

的一个部门,在对权力的制衡和监督中,执行的是机构检查任务,其制约能力取决于法律所赋予的相应权力(张立民和张阳,2004)。要防止公共权力的属性异化,维护公共利益,在委托人弱势和代理人强势的格局不可能打破的前提下,只有通过相对独立的审计与监察机构,实施目标经济责任审计,可靠地确定经济责任受托目标并进行奖罚,强化对公共权力配置与使用的制约和监督才得以实现(彭韶兵和周兵,2009)。国家审计与公共权力机构间存在着密切联系:一方面,国家审计要以透明、公开的方式体现出对人民利益的尊重和维护,并将公共权力机构及其受托责任的履行情况向纳税人披露,实现纳税人对公共权力机构和对"纳税人钱的使用"情况和效果的监督的目标;另一方面,公共权力机构受托责任的履行情况也须通过独立的审计进行证明(杨肃昌,2012)。

2. 国家审计具有防范和遏制腐败的功能

审计署科研所课题组(2003)认为,审计监督作为廉政建设的一个重要手段,对权力进行监督应当成为它的一项重要职责。审计实施过程实际上是对权力的错用和滥用的确认和纠偏,能及时发现决策、审批、指挥等权力运用方面的问题,发现当权者和掌握资金管理权的人在经济上是否有问题;审计建议则是从政策、体制、管理、运行机制、决策程序等环节上指出权力运行中的问题,从宏观上对权力进行监督;向司法机关和纪检监察部门移送各类违法犯罪案件线索是对权力监督的具体体现。强化国家审计结果公告,不仅可以通过"问题资金"查处腐败分子,还能形成威慑力,对那些想违纪违法的人起到警示作用,还可以帮助违规部门堵死制度上的一些漏洞,使腐败分子"不敢为""不能为"(赵小明,2005)。董延安(2007)提出了经济权力审计控制的概念,并对经济权力审计控制进行了开创性研究。他认为经济权力审计控制是指利用审计对经济权力的行使者所进行的制约和监督,目的是防止经济权力的腐败和异化,保证和促进受托经济责任得到全面有效的履行。经济权力审计控制的途径大体上有两种:一是经济权力审计制约;二是经济权力审计监督。两者各侧重不同的角度并相互作用,对经济权力进行规制,以确保经济权力运行的合法性和安全性。我国国家审计机关每年开展领导干部经济责任审计,对加强党风廉政建设、构建和谐社会起到了积极的作用。经济责任审计的结论为国家治理提供了依据,对服务国家治理具有重要意义。例如,法国审计法院的司法性审计可以对公共会计的腐败问题直接进行判决;美国、德国的国家审计机关提供的信息则兼顾合规性与效益性,不光提供贪污犯罪等直接腐败证据,还会提供公职人员在职期间效率低下、不作为等间接腐败证据(李嘉明和刘永龙,2012)。

此外,惩治腐败是国家审计服务国家治理的重要方面,强化对公共经济权力的审计监督,能够防止公共权力的异化与腐败,确保公共权力施行者有效全面地履行其所承担的公共受托经济责任(蔡春和陈晓媛,2007)。关于腐败行为的审计信息披露对选举负责制至关重要,选民拥有更多候选人的审计信息以及当地媒体的披露对加强地方政治选举具有重要作用(Claudio 和 Frederico,2008)。选举问责制度能够有效抑制腐败行为,地区的信息透明度越高,腐败的成本越高,选举对腐败的抑制作用越明显(Claudio 和 Frederico,2011)。国家审计增加了候选人和非选举人员进行腐败的成本,加大了对腐败人员的惩处力度和潜在腐败人员的威慑力度,致使腐败率降低(Eric 等,2018)。国家审计在起到防止腐败作用的同时还具有检测腐败的能力,商业和政治腐败会导致腐败方以及腐败受益方的财务报表出现错误陈述。国家在制定国家审计标准时考虑腐败治理、私营和公共部门审计师合作和交换信息、采用审计技术及时发现和检测腐败等,有助于促进国家审计在反腐败斗争中发挥更突出、更全面的作用,进而推动民主政治发展。

3. 国家审计结果公告有助于提高政治透明度

审计结果公告是政府或国家审计机关主动或依据相对人的申请向社会公开,或通过其他方式使行政相对人和利益相关者知晓国家审计机关对政府及其经济组织审计结果的一种制度安排(张立民和聂新军,2006)。从本质上来看,国家审计机关的设置是为了解决信息不对称问题。委托代理理论认为,代理方拥有信息优势,可能产生道德风险和逆向选择问题,委托方为了防止代理方基于其信息优势可能作出的危害委托方的事项,因此消除或者降低信息不对称的程度就成为一个必要的选择。随着民主政治的发展,民众对知情权的要求必然提高,民众只有知晓真实的情况,才能参政议政。把审计作为提高民众知情权的专业手段是国际上的通行做法(陈尘肇等,2009);审计结果的公开配合了西方社会对财政透明度的要求,有利于公共财政的全民监督(杨肃昌,2004);主权在民的政治体系必然要求政府是透明的,透明政府是实现人民参政权及知情权的必然要求(吴传毅和尹淑兰,2004)。推行审计结果公告制度,可以增强审计结果透明度,把审计监督与公众舆论监督有效地结合起来,从而推动政府部门行为的公开透明,有利于公众了解政府,增强对政府的信心(赵小明,2005)。颜廷锐(2003)和向佐群等(2007)分别从现代民主政府的内涵、行政法、宪法的角度分析了政府通过信息披露推进民主政治的必要性。Lord(2004)探讨了在国家审计中怎样运用信息技术促进加拿大、欧盟的民主政治发展。李嘉明和刘永龙(2012)认为提高政府透明度是各国国家审计服务国家治理产生的最直接作用。政府信息公开,尤其是财政信息公开,可以使政府受托经济责任的履行情况公开化,将其代理民众治理国家的权力置于监督之下。

周期性的经济衰退和国家对地方政府援助的减少使许多公共管理人员寻求改善财务监督和运营效率的方法,Stephen(2011)认为政府内部审计是评估财务资源利用效率和改进监督的有效方式,国家审计通过提升地方管理机构内部控制和改善运营效率,能够直接或者间接地对地方政府财政绩效产生积极影响。同时,政府财务透明又是政治透明建设的关键组成部分,Manuel Pedro Rodríguez Bolívar(2015)认为提高政府财政透明度是应对公共财政危机的一个重要手段,而提高国家审计质量、构建合理的会计模型和审计体系,能够有效提高政府财务透明度。

4. 国家审计推动法治建设

法治将民主制度化、法律化,为民主建立可操作的、稳定的运行基础。法治可以保障公民的合法权益,规范和制约权力的运行,预防和打击贪污腐败,促进社会民主和公平(吴秋生和上官泽明,2016)。法治强调了约束政府以及政府手中的公共权力,因此,作为以财政财务监督为主要内容的国家审计,就应该把监督的矛头指向国家财权的受托运用者,即国家财政预算的实际管理者或执行者——政府(杨肃昌,2004)。张立民和张阳(2004)结合发达国家国家审计的发展经验,提出强化我国国家审计机关的制约能力应着眼于法律赋予国家审计机关的权力的细化并随环境变化不断完善,审计涉及国家和大众利益程度的深化、透明度的改善,以及制约与合作的有机结合。张俊民等(2013)通过对我国1995—2012年共18份审计工作报告的分析发现,审计工作报告中提出的建议或意见中"推进民主法治"类意见最多(44条),占总意见数(77条)的一半以上。晏维龙(2015)总结了国家审计的法治效能主要表现:一方面,作为对国家财政公共权力的专门监督方式,国家审计在政府权力架构中发挥权力制约和监督作用,能积极推动政府权力的优化配置和良性运行,进而推进政府的法治化和民主化;另一方面,国家审计机关通过履行审计监督职能,揭露违法违规问题,促进审计对象的整改落实,规范和维护财政经济的秩序与安全,推动法治政府建设。

2.3.2 国家审计推进民主政治发展的作用效果研究

目前,在国家审计推动民主政治发展的作用效果方面缺乏直接的、系统的研究,且现有成果大多比较分散,一部分国外学者开展了关于国家审计推进民主政治发展作用效果的研究。Beetham等(2003)以2002年英国审计数据实证检验了英国的民主进程。Derek(2007)考察发现政府管理者通过提高审计独立性等措施实现民主。Melo等(2009)通过调查33个国家的审计机构,分析了在新民主制度下,国家审计机构审计绩效的影响因素,发现政治选举不稳定与审计绩效负向相关。

我国部分学者通过实证研究分析了影响国家审计作用效果的因素。董延安(2007)通过对我国审计署发布的审计结果公告中关于预算执行的审计结果进行实证分析后发现,国家审计的独立性是影响权力审计控制效果的关键因素,独立性越强,权力审计控制的效果就越好。田秋蓉(2012)对影响政府审计推动民主政治发展作用的因素进行了实证检验,发现政府审计投入越大,质量越高,审计结果利用越充分,对公共权力运行和公共资源使用的制约和监督越有力,在民主政治运行机制中发挥的作用也越大。吴秋生和上官泽明(2016)以审计体制、经济发展水平、民主程度不同的81个国家为样本进行实证研究,发现国家审计独立性和审计对象确定权对审计结果公告能力有显著的正向作用,审计结果公告能力对国家治理在政府效能、法治水平和财政预算透明度方面也有显著的正向作用。

有学者研究了国家审计防范与遏制腐败的效果。李江涛等(2011)从领导干部腐败预防与惩治和财政财务收支绩效两个角度对经济责任审计的运行效果进行了实证检验,发现经济责任审计力量越强大,经济责任审计的执行力度越强,越能够预防领导干部腐败案件的发生,审计人员数量越多,审计力量越强大,单位国内生产总值耗费的行政管理费越少。田秋蓉(2012)认为我国国家审计模式决定了我国的国家审计机关不具有否决或阻止政府特定行为的充分的权力,因此,要保障我国政府审计的结果,还需要其他监督机构的配合和执行力度,如行政监督、司法监督、纪检监督等,主要的形式是将查处的经济违法行为移交具有处罚权的相关部门。例如,仅2009年我国国家审计机关就向司法、纪检监察机关移送事项1 456件,涉及人员1 839人,充分体现了政府审计监督对腐败防治的重要作用。

还有学者对经济权力审计监控的效果进行了研究。蔡春和李江涛(2009)认为国家审计独立性、国家审计权限、国家审计力量以及经济发展水平等因素都会影响经济权力审计监控效果。李江涛等(2011)分别从中央政府部门和地方政府部门两个层级对经济权力监控以及县处级以上领导干部经济权力的经济责任审计监控进行了实证分析。实证检验结果表明,审计人员数量越多、质量越高,审计效果越好,能够使被审计的责任人节约开支,最终达到节约使用经费的效果。经济责任审计发现的违规金额越大,对县处级以上领导干部犯罪的查处效果越好。

国内外现有文献对国家审计执行效果和影响因素的研究非常少,其中实证研究更少,主要原因在于国家审计的质量与民主政治的成果难于量化,也没有直接的数据来源,这类研究大多只能采用替代变量,其检验效果的可信度十分有限。在当前复杂的政治经济环境下,对民主政治产生影响的因素众多,彼此之间也是盘根错节,国家审计只是其中的一个组成部分,而且其作用会受到其他诸多因素的干扰。因此,国家审计执行效果和影响因素的研究是当前的一大重点和难点。

2.4 民主政治与国家审计研究展望

从本章梳理的文献可见,国家审计与民主政治之间存在本质的天然联系这一观点是理论界和实务界都普遍认可的。从国家审计的本质出发探讨国家审计与民主政治的关系是国家审计基本理论研究的重要内容,也是我们继续深入研究各种国家审计的具体问题的理论基石。但是,当前理论界对这一内容的研究尚不够深入,仅止于最基础的理论分析,远没有深入展开进而形成系统的理论体系,也不能够指导具体的审计实践。究其原因,可能是我们对民主政治本身的认识不够深刻,难以将国家审计与民主政治的研究落到实处。

国内外直接研究国家审计与民主政治问题的文献非常匮乏,但是已有的研究成果对于本卷系统、深入地开展国家审计与民主政治研究仍然具有一定的借鉴意义与参考价值。我国的社会制度、政治体制、历史文化与西方国家存在巨大差异,民主政治也极具特殊性,因而借鉴和运用国外已有研究成果有一定的局限性;此外,目前的研究成果既匮乏又不够深入,缺乏完整性、系统性,无法有效指导审计实践工作。

为此,我们将从以下几个方面探讨民主政治审计相关问题。

(1) 对社会主义民主政治内容进行明确界定。理论研究的缺失,致使人们对社会主义民主政治的认识不够深入,现有文献从政治学、经济学、公共管理学等研究视角分别切入,缺乏协同性,例如,政治学将民主政治界定为"人民统治",经济学将民主政治界定为"公民对公共资源的配置权",导致相关研究发展缓慢,少有突破。同时,已有研究内容分散、相互联系不强。我们只有在对社会主义民主政治的概念形成广泛而统一的认识的基础上,才能将不同领域学者对社会主义民主政治相对分散的研究结合起来,为民主政治审计提供较为系统的理论基础。

(2) 构建国家审计与民主政治关系的理论框架体系。目前的研究既缺乏深入细致的理论探讨,也未构建严密的理论体系。现有文献主要从历史学、政治学角度以推导方式阐述两者的关系,虽然得出国家审计能够推进民主政治发展的结论,但研究内容缺乏逻辑体系,显得较为空泛。

(3) 加强国家审计推进民主政治发展作用路径的系统研究,以指导审计实践工作。现有研究主要从绩效审计、经济责任审计、政府信息披露等方面分析国家审计的作用路径,分析结果零碎、散乱,缺乏严密性与系统性。无论是基于理论上的研究还是实务上的探索,现有的文献均缺乏系统性、完整性与可操作性,因此,加强对国家审计推动民主政治发展作用路径的系统研究可以为我们进一步的探索指明方向,并指导审计实践工作。

(4) 加强国家审计推进民主政治发展实现方式的系统研究,以增强实务操作的可行性。目前的研究仅仅是停留在理论层面的简略分析,而有效发挥国家审计对民主政治发展的推动功能,必须建立系统严密的理论构架基础,从多维度、全方位视角分析并创新审计方式方法,构建系统完整的审计监控机制,从而增强实务操作的可行性。

(5) 提高研究方法的多样性。目前的文献主要采用规范研究方法对国家审计如何推进民主政治发展进行分析阐述,缺少以数据作为支撑的经验证据,即使有少量的实证检验,也主要从公共权力审计监控方面着手,研究问题的视角比较单一,研究方法缺乏多样性,研究内容也缺乏完整性,致使研究结论有一定的偏差,未能有效解决实务工作遇到的难题,如何引入新的研究方法来丰富关于民主政治审计的研究成果是一个亟待解决的问题。

基于此,本卷按以下逻辑思路展开研究。首先,清晰界定民主政治发展进步的表现形式,不同的历史演进阶段呈现诸多民主政治形式,在凝练民主、精炼民主政治内涵的基础上,概括社会主义民主政治的核心内容,即"四权"——公民参与权、公民决策权、公民知情权和公民监督权。"四权"的实现也就代表社会主义民主政治的实现。其次,构建基于国家审计推动民主政治发展的一般实证检验模型和随机效用模型,从数理角度检验国家审计与民主政治的关系。最后,在对美国、法国和德国国家审计机关服务民主政治的经验进行分析与借鉴的基础上,结合前文的逻辑推导,系统论证国家审计推动社会主义民主政治的作用路径与实现方式,并详细探讨以下四种具体的实现方式:审计参与听证制度、制度合理性审计、民生审计和国家审计问责机制。

3 民主政治审计论的理论分析框架

要厘清国家审计与民主政治之间的内在关系并试图构建一套整体的分析框架,其重点在于如何从哲学的高度抽象出影响这两者的最主要的因素并透过这些因素寻求两者本身的内在关联,其核心在于考察国家审计通过何种路径、以何种方式或手段促进民主政治的发展进步,其关键或首要问题在于如何界定民主政治发展进步的表现形式。基于前文梳理的关于民主政治的理论观点研究,本章在对人类历史演进过程中出现的诸多民主政治形式进行分析凝练、总结的基础上,考察了政治、民主政治的内涵,精炼出实现社会主义民主政治的核心内容——公民参与权、公民决策权、公民监督权和公民知情权,社会主义民主政治的实现通过该"四权"的实现得以反映。在界定了"社会主义民主政治"这一关键概念之后,本章分别从公共受托经济责任理论、马克思主义民主理论、人民主权理论等多个视角深入阐述了国家审计推动社会主义民主政治发展进步的内在逻辑,为第4章构建国家审计与民主政治的关系模型以及探索国家审计推进民主政治发展的作用路径和实现方式奠定理论基础。国家审计与民主政治(民主政治审计论)的理论分析构架如图3-1所示。

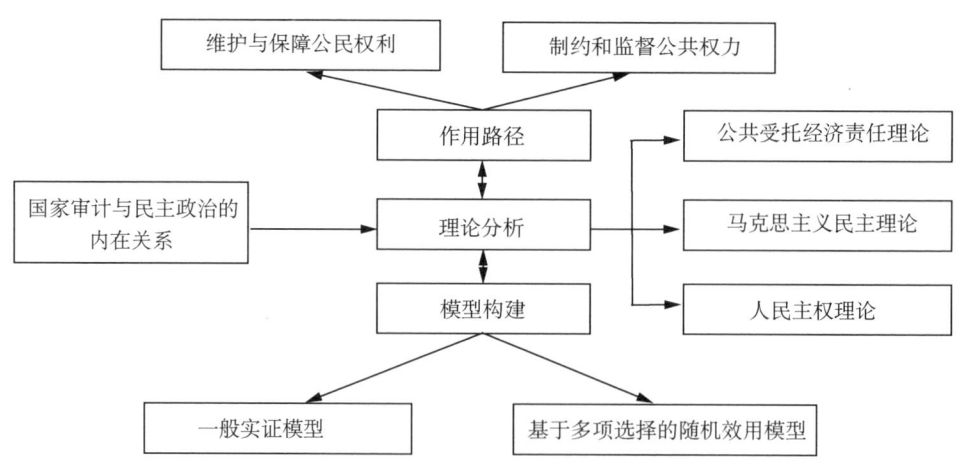

图3-1 国家审计与民主政治的理论分析构架

3.1 民主政治的含义与维度

3.1.1 民主政治的含义

1. 政治

中国古代先秦诸子表达其观点时曾涉及"政治"这个词汇。例如,"道洽政治,泽润生民"出自《尚书·毕命》,"掌其政治禁令"出自《周礼·地官·遂人》。但他们在更多的情况下是将"政"与"治"分开使用。在古代中国,"政"一般表示朝代的制度和秩序,主要指国家的权力、制度、秩序和法令;"治"则一般表示安定祥和的社会状态,如"贞观之治"等,也指管理人民和教化人民。"政治"这个词多用来指政府、政党等治理国家的行为,社会学家也用它来表示包括各种利益机构、学校、宗教机构在内的各主体相互之间的关系。

就人类社会学而言,政治是人类社会中存在的一种非常重要的社会现象,它影响人类生活的各个方面。该社会现象非常复杂,因而基于不同历史时期、不同文化、不同语言及不同学科角度,不同的学者对它的论述也不相同。并且,政治内涵本身也在不断地变化,因此,对政治的阐释也充满了争议,始终没有一个确切公认的定义。不少西方语言中的"政治"一词(法语 politique、德语 politik、英语 politics)均来自希腊语 πολι,可以考证出的"政治"一词最早文字记载为《荷马史诗》,《荷马史诗》中"政治"最初的含义指城堡或卫城。古希腊的雅典人将修建在山顶的卫城称为"阿克罗波里",简称为"波里"。城邦制形成后,"波里"就成了具有政治意义的城邦的代名词,后同土地、人民及其政治生活结合在一起而被赋予"邦"或"国"的意义。之后又衍生出政治、政治制度、政治家等词。因此,"政治"开始就是指城邦中的公民参与统治、管理、斗争等各种公共生活行为的总和等。英文"politics"一词从日本传入中国时,人们在汉语中找不到与之相对应的词,因而现代中文里的"政治"一词来自日本人翻译西方语言时用汉字创造的相同的"政治"词条。孙中山先生认为,应该使用"政治"来对译,即"政就是众人之事,治就是管理,管理众人之事,就是政治",他的这一观点在当时的中国非常具有影响力。从马克思主义观分析,人类社会发展至一定阶段会产生政治这种社会现象,政治的基本内容是以国家政权为中心,协调阶级关系的所有社会活动,属于以经济为基础的上层建筑的主要部分。

由于人们在不同时代面临的历史任务不同,需要政治发挥作用的侧重点和着力点不同,加之受不同历史观的影响,不同人在解释政治含义时所强调的内容也就不同,于是产生了关于什么是政治的各种各样的观点,形成了丰富的关于政治的定义。

2. 民主政治

中国的"民主"一词最早见于古代战国时期《尚书》中的"天惟时求民主",意思是上天会选择时机来为人民求取主人,在这里民主的实际意思是人民的主人。人民的主人在古代社会中的一般理解就是君主、帝王、天子。在西方,"民主"一词源于希腊语"demos",亚里士多德在划分政体形式时使用了民主政体,民主政体主要区别于君主制、贵族制等政体形式,体现出多数人执政的政体特征。马克思主义理论认为,民主首先是一种国家形式和政治制度,列宁编撰的《国家与革命》指出,民主是一种政治制度,属于国家形态的类型之一,民主的国家形式包含人人平等的"意识",即公民享有平等的权利参与国家公共事务的管理,以及国家制度的决策和拟制。换而言之,马克思主义观下的民主体现的是一种国家政治制度和组织形式的类型。民主的内涵随社会的发展不断变化发展,且从不同的角度可以有不同的解释,因此,学术界对民主缺乏统一权威的界定。政治理论界主张通过理解民主的原则和要素来把握民主的内涵,用于判断社会制度的民主性。民主制度的基本原则归纳起来有如下几点:选举原则、法治原则、有限权力原则、多数原则、参与原则、妥协原则(田秋蓉,2012)。

民主政治从不同的角度解读有不同的含义,它是一个宽泛的概念。

民主政治的核心内涵有以下三个方面。第一,选举。现代民主政治生活的典型方式是代议制,即民众无法直接掌握和管理政权,只能选择民众中的少数精英分子代行权利。因此,选举领导人是民主政治的第一个核心内涵。第二,各政治主体的专门化、自主化及其相互关系的制约化。从横向上看,政党、行政、立法、司法等政治机构是相互独立的机构,即专门化了的、角色边界清晰而明确的、互不相属的结构。从纵向上看,不同层级的政治机构都是相对自主的机构,而不是只听命于上级机构的下属机构。第三,不同意见的合法化。民主是共同体成员以普遍认同的程序和规则为依托,和平地解决利益冲突,使各利益主体追求利益的积极行为得以持续进行的制度安排和实际行为过程。民主政治是由多种要素组成的完整而复杂的系统,是一种高级形态的政治生活方式。在第一个层面上,民主是原理体系。例如,人的尊严原理、平等原理、自由原理、主权在民原理等。在第二个层面上,民主是一系列的原则体系。例如,讨论原则、妥协原则、多数原则等。在第三个层面上,民主是宽容的心态和遵守规则的习惯。

基于本卷的分析框架,本卷基于"权力""权利"这两组概念界定民主政治的概念。在社会系统运行中,为了实现社会福利的整体改善,人民赋予政府"公权力",反过来政府对人民的"权利"负责。实现民主政治在宏观上可以理解为,合理地限制"公权力"的滥用,同时有效地保障公民"权利(权益)"的实现。因此,民主政治是建立在规范、有效的国家治理基础上的,以现代化的制度体系为保障,以促进公民参与权、公民决策权、公民监督权、公民知情权的实现为目标的一种社会状态。综上,本卷认为民主政治指"为保障公民权利与监督公共权力,利用各种治理机制与手段方式,管理各类公共活动与协调各种社会关系的特殊过程"。

3. 社会主义民主政治

民主是社会主义的本质特征,是社会主义的应有之义。发展社会主义民主政治是社会主义的本质要求,是推动科学发展、促进社会和谐的重要条件。马克思主义认为,民主是一种国家形态和国家制度,社会主义国家必须实行民主制度。只有坚定不移地发展社会主义民主政治,才能体现社会主义的本质,才能保证社会主义现代化建设和社会主义和谐社会建设的顺利进行。

发展社会主义民主政治是社会主义物质文明、精神文明、政治文明和生态文明建设的必要条件。发展中国特色社会主义的伟大事业,实现中华民族的振兴腾飞,既要靠物质文明的发展进步,又要靠精神文明、政治文明、生态文明的支持配合。发展社会主义民主政治,要从中国的实际出发,要与物质文明、精神文明、政治文明和生态文明配套进行、协调发展,不能急于求成、盲目超前,但也不能消极滞后。只有坚定不移地发展社会主义民主政治,才能更好地推进决策科学化、民主化,完善决策信息和智力支持系统,增强决策透明度和公众参与度。制定与群众利益密切相关的法律法规和公共政策原则上要公开听取意见。党的十七大报告特别强调对权力的制约和监督,要求"完善制约和监督机制,保证人民赋予的权力始终用来为人民谋利益",首次提出"必须让权力在阳光下运行",强调"要坚持用制度管权、管事、管人,建立健全决策权、执行权、监督权既相互制约又相互协调的权力结构和运行机制"。

社会主义民主政治的内涵极其丰富,但我们对其本质特征可以从"维护与保障公民权利"和"制约和监督公共权力"两个维度进行分析界定。为了实现整体社会福利的改善,人民赋予政府"公权力",这实质上形成了"委托-代理"关系。由于信息不对称,代理人往往会以实现自身利益的最大化为目标,偏离委托人的意志,这也就是信息经济学中经常提及的"道德风险"和"逆向选择"问题,解决这两个问题的基本途径是监督机制和激励机制。因此,为了让政府的行为更好地反映全体人民的意志,人民必须要对赋予政府的"公权力"进行有效制约和监督。实现社会主义民主政治的最终目的是社会的进步和人民生活水平的提高,这也就体现出人民权利(权益)的实现。可见,无论是通过限制政府"公权力"的滥用,还是直接促进"人民权利"的实现,最终都是为了提高人民生活水平,这就是社会主义民主政治内涵的本质内容和基本体现。

一方面,中国的民主是以人民民主专政作为可靠保障的民主。人民民主专政要求在人民内部实行最广泛的民主,尊重和保障人权,保证国家权力掌握在人民手中,为人民服务;也要求对破坏社会主义制度、危害国家安全和公共安全、侵犯公民人身权利和民主权利、贪污贿赂和渎职等各种犯罪行为,依法使用专政手段予以制裁,以保障最广大人民的根本利益。

另一方面,中国的民主是以民主集中制为根本组织原则和活动方式的民主。民主集中制是中国国家政权的根本组织原则和领导原则。我国实行民主集中制,就是要求充分发扬民主,集体议事,使人民的意愿和要求得到充分表达和反映,在此基础上集中正确意见,集体决策,使人民的意愿和要求得以落实和满足。实行民主集中制,还要求"尊重多数,保护少数",反对无政府主义的"大民主",反对把个人的意志凌驾于集体之上。

基于此,本卷界定的社会主义民主政治是指由全体社会公民共同倡导的,基于现代国家治理理念,以政府部门公共受托经济责任为逻辑起点,以保障公民参与权、公民决策权、公民监督权、公民知情权"四权一体"的实现,以及制约和监督政府公共权力的履行为基本目标,借助现代治理手段与方式,协调社会公共利益的过程。

3.1.2 民主政治的维度

社会主义民主政治包括"维护与保障公民权利""制约和监督公共权力"两个维度。公民的权利主要体现为公民参与权、公民决策权、公民监督权、公民知情权这四个方面,这四个方面是从宏观层面上对人民权利的概括,是实现社会民主政治的重要目的和内容,只有当一个社会体制下的公民拥有该四项权利时,才可以理解为民主政治得到实现。保障公民权益,提高人民生活水平,进而实现社会民主政治的关键也在于公民拥有上述的四个权利。民主政治还意味着对政府公共权力运用的限制。

社会主义民主政治的根本目的在于保障公民权利的实现,提高全体人民的生活水平。一方面,通过制度规范直接促进公民权利的实现;另一方面,通过约束和限制政府"公权力"的滥用,进而间接地促进公民权益的实现。公民权利是一个内容极其宽泛的概念,本卷试图在宏观层面上把握其构成。首先,参与政治生活是人民实现当家作主的直接方式,由于人民和政府之间存在"委托-代理"关系,要想政府从根本上顺从民意,最重要的是民众通过自己的意愿,选择能代表自己利益诉求的人员进入政府公共部门,以及在政府履行公共职能时参与"听之",这体现了"公民参与权",即通过公民参与权表达自身意愿、维护自身权利。其次,当政府公共部门行使公共权力进行重大决策或选择,并形成法规制度时,公民通过决策权在规则制度及政策方案中表达和明确自身权益,这体现了"公民决策权"。此外,政府公共部门按确定的规则、制度、政策等履行公权力时,公民行使监督权以实现对公民通过参与权和决策权确定的关乎公民切身利益的重大事项、政策及制度等的执行情况的监督,以保障公民各项基本权益得以有效实现。例如,监督与公民利益密切关联的衣食住行等民生政策的贯彻执行。最后,为缓解公民与政府公共部门之间的信息不对称,维护其合法权利,必须赋予公民知情权,公民通过行使知情权,了解政府各职能部门开展公共活动的具体情况,对违背其意愿、损害其权利的行为或活动进行追责问责,从而保障权利得以实现。法律、民主政治以及四要素之间的内在关系如图3-2所示。

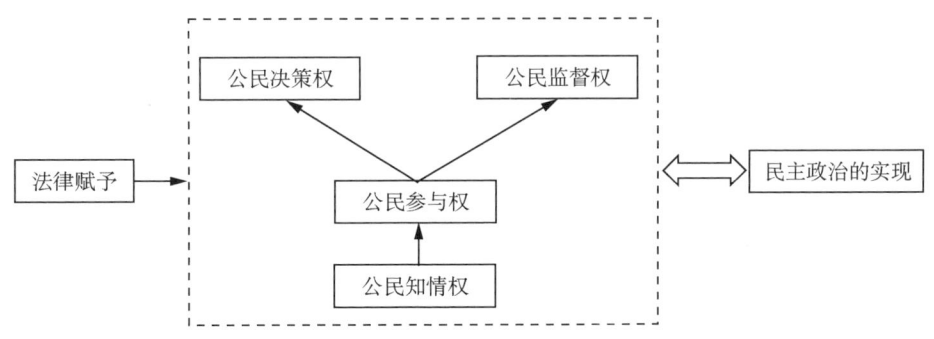

图3-2 法律、民主政治以及四要素之间的内在关系

在社会主义民主政治框架下,公民的权利的主要体现为"公民参与权""公民决策权""公民监督权""公民知情权"这四项,这四项权利从宏观层面对人民权利进行了概括,四项权利并非彼此割裂,而是相互联系、互为补充的关系;四项权利是实现社会主义民主政治的重要目的和核心内容,当一个社会体制下的公民拥有了这四

项权利,便可以理解为民主政治得到了实现。

1. 维护与保障公民权利

(1) 公民参与权。公民参与权是公民具有的基本政治权利,保障公民参与权是实现民主政治的关键。《中华人民共和国宪法》(2018 修正)规定,中华人民共和国是人民民主专政的社会主义国家,一切权力属于人民,全国人民代表大会和地方各级人民代表大会是人民行使国家权力的机关;人民通过各种形式与途径,依照法律规定有权参与管理国家事务、经济文化事业及社会事务。我们可以对政府公共决策中的公民参与权从实体意义和程序意义两个角度加以分析。我国政府公共决策中的公民参与权利体系主要包括公民知情权、公民动议权、公民听证权、公民监督权、公民救济权五项权利。政府公共决策是指政府机关在法定的权力和职能范围内,对所面临的相关问题制定行动方案和行动准则以实现公共利益的活动。建立参与型的政府公共决策机制是现代行政民主的核心。政府公共决策中的公民参与状况与公民自身的实际参与能力密切相关。公民参与能力受诸多因素影响,其中体制和制度环境是首要因素,在一定程度上,体制和制度环境集中体现了公民的政治地位以及公民在多大程度上获得参与政府公共决策的相应权利保障。公民取得作为民主的政治共同体之平等成员的权利,不仅意味着国家有责任确保公民在法律形式上的平等,而且也是实现行政民主的前提和基础。在政治学的视野中,公民是指在民主政治中按照法律或制度享有政治权利并承担政治义务的个人。

公民是民主政治的主体,公民在政治生活中的主体性表现为三个方面:公民是政治系统的主要支持者,公民是政治参与的主体,公民是制约和监督政府权力的重要力量。在社会治理体系中,必须确立公民的主体地位,政府的正当性和合法性要体现公民意愿。在一个不具有公民主体性的政府里,公民参与便可能流于形式。宪法对公民政治权利的规定与保障,就是对公民政治地位最根本的法律确认。公民参与权是指公民能够以国家主人的身份,依照法律的规定,通过各种途径和形式,参与管理国家和社会事务,以推进决策科学化、民主化。如果公民有作为公民而积极行动的实际权利,即当公民享有一系列允许他们参与政治活动的权利并将其视作一种权利时,民主便名副其实。公民参与权的行使是民主实践的重要形式,是公民获得政治知识、培养政治能力、形成和提高民主意识、学会发挥自己政治主体作用、成长为具有民主观念和民主能力的现代公民的有效途径。

改革开放以来,党和政府一直强调公民的有序政治参与,并把它作为推进我国民主政治建设的主要内容。继党的十七大报告提出保障人民当家作主的公民"四权",即知情权、参与权、表达权和监督权后,党的十八大报告强调"坚持用制度管权管事管人,保障人民知情权、参与权、表达权、监督权,是权力正确运行的重要保证"。随着我国社会的发展和改革的深入,我国公民的权利意识和民主意识逐渐增强,自身价值实现的追求意识也进一步提升,公民通过自身或社会组织合法地积极参与社会事务和国家事务的管理,对促进民主法治建设具有重大意义。

(2) 公民决策权。现代民主政治的重要特征之一是实施参与型公共决策机制。政府公共决策是政府机关开展公共管理活动的核心环节,是其依据法律规定在履行行政管理职能过程中作出的选择与决定,公共决策的效果与效率直接影响着民主政治的发展进程。政治参与既是宪法赋予公民的政治权利,也是政府对公共事务实现科学决策、民主决策的内在要求。政治参与作为公民个人或公民团体通过一定方式和渠道对政治系统决策、公共事务决策及执行过程实施影响的行为,有着多样的形态、众多的渠道和极广的范围,无论公民是作为非政治职业者而作出政治行为还是作为政治职业者而作出非角色化的政治行为,是出于自身利益的目的还是出于其他何种目的,是否合乎政府或组织制定的相关规则,结果是否直接影响政策的制定或政策的执行,都属于政治参与的范畴。然而,政治参与本质上是一种公民参政议政性决策活动。因为,从行为特点上分析,公民政治参与过程蕴含一系列个体(包括公民个人、团体组织)决策思维活动,关于是否进行政治参与、持何种态度进行政治参与、在何种时机和程度上实行政治参与,以及在政治参与中提出决策建议、判断问题情形、明辨问题是非、表达愿望要求等决定,公民自身必然要进行相应的思想上和行动上的决策活动。

从民主决策的内涵分析,民主决策包含领导决策和公民决策两类不同主体的决策,领导发扬民主、集中民智的决策属于民主性的领导决策;公民群众参与民主决策,虽然最终的决定权掌握在领导、政府手中,但公民群众在公共决策不同阶段的参政议政本身,如参加听证会、提出意见、表达愿望、投出选票等,属于多方共同参与的民主性的公共决策行为。作为公共性、公益性、公民性决策活动,政治参与的内在需要是信息与智力方面的支持和服务。公民政治参与尤其是参与重大公共事务的决策的内在要求是遵循客观真实和信息完备的原则、尊重人类的知识和理性。公民只有对社会和政治事务有了全面而深入的了解,才能够客观地分析问题、理性地参与讨论和决策、正确地作出最有利于决策对象的决定和表达。面对复杂的公共问题,公民只有掌握了相应的知识、原则乃至分析工具和决策模型,具备了相应的思想境界、道德素养、政治意识，才能以开阔的眼界和思路、宽广的胸怀、较高的决策能力和水平进行参政议政。公民政治参与的业余性及时间精力的有限性，决定了公民政治参与尤其需要得到及时准确、好取易用的信息与知识系统的支持。面对复杂的公共事务问题，公民个人可能在某一两个点上有比较具体真切的认识和体会，但对总体情况难以有全面而深入的了解，即公民"没有充足的时间或精力来寻找问题的答案"；如果公民没有相应的信息和智力支持，对制度化的政治参与就自然容易产生要么轻易放弃、要么随意应付、要么偏颇过激的言语行为。因此，从某种意义上来说，公民政治参与尤其需要得到来自政府、公共事业单位、社会组织的正确、权威、系统的信息与智力服务和支持。在思想多元化、社会信息化的今天，要推进公民政治参与的有序扩大，必须增强对公民政治参与的信息和智力支持。只有提供切实的信息和智力支持，才能有效地引导公民群众合法合理地参政，排解和减缓对政府的抵触情绪、不满情绪，弱化对抗性、暴力性政治参与行为；才能切实畅通公民群众政治表达渠道，疏导和解决公民群众政治参与中表现的思想、认识、信息缺陷问题，提高其制度性参与的兴趣、信心和质量。

公共行政决策是国家行政机关在其管辖权限内所制定的决策，是国家行政机关及其领导者在行政管理活动中，为履行自己的职能、依法处理行政事务而进行的决策活动。公共行政决策的落脚点是社会公共事务，其结果以追求公益性为主要目的。公民政治参与是广大公民直接或间接地影响政府公共行政决策的选择，从而实现自身利益的有效途径，也是政府治理实现决策民主化和科学化的一种重要手段。公民政治参与能力的水平直接影响和制约了公共行政决策中公民参与的程度与效果，提高公民政治参与能力，是实现行政民主的前提和基础，也是社会主义民主政治发展的现实要求。

(3) 公民监督权。民主监督权指公民依法享有的监督政府公共部门及公职人员公共管理活动的权利。完善和保障公民监督权是我国宪法的基本要求，更是社会主义民主政治建设中的关键问题之一。公民通过行使监督权，参加国家事务的管理，参与民主政治建设，参与经济建设。宪法规定了公民对国家权力及行使活动的监督权，这是由社会主义的民主政治建设所决定的。党的十七大报告指出："人民民主是社会主义的生命。发展社会主义民主政治是我们党始终不渝的奋斗目标。"党的十八大报告指出："保障人民知情权、参与权、表达权、监督权，是权力正确运行的重要保证。"人民是国家、社会和自己命运的主人，也是宪法和法律所确认和保障的民主政治权利的主体；人民依照法律规定，通过各种途径和形式管理国家和社会事务,管理经济和文化事业。

宪法规定中国实行依法治国。要建设社会主义法治国家,关键问题是要制约和监督政府行政部门的公共权力的行使,使其依法行权、依法行政。强化监督是加快建设法治政府的重要保障之一,各级政府及部门既要自觉接受人大、政协、司法机关、国家审计机关等依法实施的监督,还应积极创造条件,让人民群众更好地了解政府运行,更广泛地参与政府管理,更直接地监督政府行为。因此,保障公民监督权是社会主义法治政府建设的必然要求,是推进民主政治建设的重要途径。公民行使民主监督权主要有两种形式:一是公民通过批评、控告、检举等方式直接行使其监督权;二是公民通过选举代表组成的国家机构(例如,国家审计机关)间接行使其监督权。

(4) 公民知情权。知情权来源于英文"right to know",可译为"了解权"或者"知道的权利"。美国联合通讯社记者肯特·库珀在1945年1月的一次讲演中提到"知情权"一词,并把它看作公民知道、熟悉和获取信息的权利。公民具有知情权既能够保障其基本的民事权利、推进民主政治发展,而且能促进公民共享信息资源、高效使用信息,从而有效监督政府行为,预防腐败。公民知情权也是对侵害公民合法权利的行为进行追责问责的基础,有利于促进公民权益得以保障与有效实现。

国家的一切权力属于人民,人民依法通过各种途径和形式管理国家事务、经济文化事务、社会事务,一切国家机关及国家机关工作人员必须倾听人民的意见和建议,接受人民的监督,努力为人民服务,而广大公民还拥有批评、建议、申诉、控告、检举等权利。同时,公民还享有言论、出版、集会、结社、游行、示威的自由。此外,中国还是《国际人权宣言》《公民权利和政治权利国际公约》等的缔约国之一,公民知情权在我国得到极大的重视与保护。简而言之,保障公民知情权有助于减少、避免信息资源的闲置与浪费,保证社会全体成员充分共享政府信息,满足社会各界对政府信息资源的需求;保障公民知情权有助于减少信息阻塞与信息资源的浪费,使政府信息能够及时地转化为现实的社会物质财富,促进政府机关依法行政;保障公民知情权有助于打破政府部门对信息的垄断,提高管理透明度,将政府履职过程置于广泛的监督之下,从而有效遏止腐败。

2. 制约和监督公共权力

民主政治的另一个维度是对政府等公共部门公权力的制约和监督,本节将从"钱——公共资金运用情况监控""权——政策审批权力监控""物——公共资源配置权监控""行——公共活动管理权监控"四个方面来阐释社会主义民主政治背景下的公共权力监控。

(1) 公共资金运用情况监控。随着经济社会的发展，公共财政资金规模迅速扩张，公共财政活动日趋频繁，对公共财政的监督也变得越来越重要而复杂。公共财政的核心功能是满足人民的公共需求，直接涉及民众生计，公共财政的投入方向、产出水平，既是民主政治的体现，又是推动民主发展的内在源力，因此，公共财政资金的准确投向与有效使用便显得尤为重要。同时，公共财政资金使用范围越广、过程越复杂就越容易滋生寻租腐败等行为，因此，监控的必要性也更突出。为切实保障财政资金安全规范、有效使用，财政部出台了《中央财政国库动态监控管理暂行办法》(以下简称《办法》)，于2014年1月16日施行。《办法》的出台是财政部贯彻落实《党政机关厉行节约反对浪费条例》关于"建立预算执行全过程动态监控机制"要求的重要举措，对于强化预算约束、维护国家财经纪律、进一步推进中央"八项规定"的贯彻落实、从源头上防治腐败等具有重要意义。

(2) 政策审批权力监控。中国的行政审批制度源于计划体制，最初作为资源配置手段用于解决政府与企业(全民所有制)之间的资源配置问题，后逐渐演变为整个经济与社会的管理手段，成为计划经济体制下政府管理最核心的制度。改革开放后，虽然经济体制从计划经济逐渐走向市场经济，然而以审批为中心建立起来的行政体制并没有打破。行政审批作用的范围很广，涉及的事项十分繁杂，为了进一步规范政府等公共部门的审批行为，我国2014年公布了权力清单，让公众更加深刻地认识到国家的权力制度对国家治理能力的影响，更具有根本性、全局性和长期性。权力清单让公共经济权力在阳光下运行，通过合理配置明确责任履行人的职责范围，厘清各级政府及其部门的权力作用边界，从而加强政府处理国家事务和提供公共服务的能力。

(3) 公共资源配置权监控。本卷所称资源主要偏重于自然资源，如水资源、土地资源等。随着环境问题的不断恶化，雾霾和水污染成为中国重大的民生问题之一。2014年1月，中国31个省份立下"治霾军令状"，与原环保部签署《大气污染防治目标责任书》，污染治理的各项行动与官员的"乌纱帽"挂钩。我国"铁腕治霾"的决心与行动反映了环境保护及治理的刻不容缓。因此，针对政府等公众部门对自然资源的调度使用及保护的监控日益重要。

(4) 公共活动管理权监控。公共活动主要是指公民集会、游行、示威或者参与其他公共性质的活动。《中华人民共和国集会游行示威法》规定集会、游行、示威举行地的市、县公安局以及城市公安分局对公民申请的集会、游行、示威等活动进行管理。公民拥有集会、游行、示威等权利,这也是民众表达集体诉求的重要方式之一。表达合理诉求是宪法赋予公民的重要权利。这些公共活动是公民享受权利的重要方面,对这些权利的顺利行使要求对政府等公共部门权力实行有效监控。

社会主义民主政治的两个维度——"维护与保障公民权利"及"制约和监督公共权力",从不同的视角审视了社会主义民主政治发展的方式,两者不是彼此分离的而是有机联系的,公民各项权利的实现从实质上改善及规范了政府的公共行为,而限制公共部门权力的滥用最终还是为了保障公民各项权利得到较好实现。

本卷是"中国特色社会主义国家审计理论研究"丛书的第四卷,丛书中的《中国特色社会主义国家审计理论研究(第二卷):公共经济权力审计论》将专门讨论审计如何制约和监督政府部门使用公共权力。本卷将着重从保障公民的参与权、决策权、监督权、知情权的角度探讨国家审计推进社会主义民主政治建设的相关问题。

3.1.3 中国特色社会主义民主政治的特点

"民主是人类政治文明发展的成果,也是世界各国人民的普遍要求。各国的民主是由内部生成的,而不是由外部强加的……中国共产党和中国人民根据自己的国情进行了新民主主义革命,……实行有自己特点的社会主义民主。几十年来的实践证明,走中国人民自己选择的这条民主政治发展道路,中国人民不仅实现了当家作主的愿望,而且正在逐步实现把国家建设成为社会主义现代化强国的共同理想。"[①]中国的社会主义民主政治具有鲜明的中国特色,中国特色社会主义民主政治正在不断健全、完善和发展,主要特色如下。

1. 坚持中国共产党领导和人民当家作主

"社会主义制度是中华人民共和国的根本制度。中国共产党领导是中国特色社会主义最本质的特征。"[②]中国的民主政治制度是中国共产党领导中国人民创建的,是以人民为中心的民主,是中国共产党领导的人民民主。中国的民主是在中国共产党领导下进行的,只有坚持中国共产党的领导,中国民主政治制度才能得到完善和发展。中国的民主是由最广大人民当家作主的民主。在中国,公有制经济是社会主义制度的经济基础,从经济基础上决定了中国的民主不受资本的操纵,不是少数人的民主,是最广大人民的民主,享有民主权利的人民范围包括一切未被法律

---

① 《中国的民主政治建设》白皮书,2005年,第1页。
② 《中华人民共和国宪法》(2018修正),第一条。

剥夺政治权利的人。人民当家作主是中国社会主义民主的本质,中国共产党的领导从根本上保证了人民当家作主。

中华人民共和国的一切权力属于人民,这是中国民主政治建设的根本准则,也是中国共产党领导和执政的本质要求。因此,中国共产党领导和执政的本质是领导、支持和保证人民当家作主。中国共产党领导、支持和保证人民当家作主的具体实现形式主要表现为以下四个方面:一是领导人民通过人民代表大会制度掌握国家权力,以此保证国家制定的法律和方针政策能够体现人民的共同意志,维护人民的根本利益;二是领导人民依照宪法和法律规定,通过各种途径和形式,管理国家事务和社会事务、经济和文化事业,以此保证国家各项事业的发展符合人民的意愿、利益和要求;三是领导人民实行基层民主,由群众依法办理自己的事情;四是领导人民严格贯彻公民在法律面前一律平等的原则,使公民享有法律上、事实上的广泛的自由和权利,尊重和保障人权,维护公平与正义。可见,通过这些制度和法律保障,人民真正以国家主人的身份运用属于自己的公共权力和各项公民权利去维护和实现自己的利益。

2. 坚持人民代表大会制度

人民代表大会制度是中国人民当家作主的根本政治制度,代表人民行使国家权力的机关是全国人民代表大会和地方各级人民代表大会。人民依照法律规定,通过各种途径和形式管理国家事务,管理经济和文化事业,管理社会事务。中央和地方的国家机构职权的划分,遵循在中央的统一领导下,充分发挥地方的主动性、积极性的原则。全国人民代表大会和地方各级人民代表大会都由民主选举产生,对人民负责,受人民监督;国家行政机关、监察机关、审判机关、检察机关都由人民代表大会产生,对它负责,受它监督。国家的重大事项由全国人民代表大会决定,行政机关负责执行人民代表大会通过的法律、决议、决定,法院、检察院依照法律规定分别独立行使审判权、检察权。人民代表大会主要有立法、监督、人事任免、重大事项决定四项职权,这也是中国人民通过人民代表大会制度行使当家作主权利的主要体现。因此,坚持和完善人民代表大会制度,加强人民代表大会对"一府一委两院"的监督,能够有效维护与保障公民权益,促进社会主义民主政治的发展。

3. 尊重和保障人权

中国的社会主义民主,是建立在公民各项权利得到保障和不断发展基础上的民主,人民切实享有宪法和法律规定的公民权利。尊重和保障人权,保证人民依法享有广泛的权利和自由,是发展社会主义民主的内在要求。2004年3月,中国十届全国人大二次会议审议通过的宪法修正案,将"国家尊重和保障人权"载入宪法,揭开了中国人权事业发展的新篇章。中国共产党和中国政府始终尊重和保障人权,人民充分享有人权是人类社会的共同奋斗目标[1];民主和人权是人类共同追求,同时必须尊重各国人民自主选择本国发展道路的权利[2];人权事业必须也只能按照各国国情和人民需求加以推进,中国人民愿与包括广大发展中国家在内的世界各国人民同心协力,以合作促发展,以发展促人权,共同构建人类命运共同体[3]。

中国宪法全面规定了公民的基本权利和自由,以宪法为依据,中国制定了一系列保障人权的法律,建立了较为完备的保障人权的法律制度,主要表现在:人民的生存权和发展权得到保障;公民权利和政治权利得到保障;经济、社会、文化权利得到保障;妇女、老年人、未成年人等特殊群体和残疾人等弱势群体的合法权利得到保障;少数民族权利得到保障。

2018年12月10日,习近平总书记致信纪念《世界人权宣言》发表70周年座谈会强调:时代在发展,人权在进步,中国坚持把人权的普遍性原则和当代实际相结合,走符合国情的人权发展道路,奉行以人民为中心的人权理念,把生存权、发展权作为首要的基本人权,协调增进全体人民的经济、政治、社会、文化、环境权利,努力维护社会公平正义,促进人的全面发展。

中国共产党作为中国人民根本利益的忠实代表,始终将维护国家主权和独立、保障和发展人民的各项权利作为根本任务,并将生存权、发展权作为首要人权;中国共产党坚持把发展作为第一要务,贯彻以人为本、全面协调可持续的科学发展观,努力促进经济发展和社会进步,不断满足人民的多方面需求,实现人的全面发展,进而推进社会主义民主政治的发展。

4. 全面推进依法治国

中国实行依法治国,建设社会主义法治国家。中国坚定不移地走中国特色社会主义法治道路,坚持依法治国、依法执政、依法行政共同推进,一体建设法治国家、法治政府、法治社会,实施法治中国建设规划。健全保障宪法全面实施的体制机制,完善立法体制机制,完善以宪法为核心的中国特色社会主义法律体系;实施

---

[1] 出自2015年9月16日习近平致"2015·北京人权论坛"的贺信。
[2] 出自2015年9月25日习近平在华盛顿同奥巴马共同会见记者时的讲话。
[3] 出自2017年12月7日习近平致首届"南南人权论坛"的贺信。

法治政府建设实施纲要,坚持和完善重大行政决策程序制度,深化行政执法体制改革;深化司法体制综合配套改革,加强对司法活动监督,深化执行体制改革,促进司法公正;实施法治社会建设实施纲要,加强社会主义法治文化建设;全面加强人权司法保护,促进人权事业全面发展。①

中国特色社会主义民主政治的发展线路,是中国共产党和中国政府通过积极稳妥地推进政治体制改革,坚持和完善社会主义民主制度,加强和健全社会主义法制……改革和完善政府决策机制,推进行政管理体制改革……加强对权力的制约和监督,努力维护社会稳定,促进经济发展和社会全面进步。

5. 不断完善党和国家监督体系

按照全面建设社会主义现代化国家的战略安排,展望2035年,中国将基本实现社会主义现代化。到2035年,基本实现国家治理体系和治理能力现代化,人民平等参与、平等发展权利得到充分保障,基本建成法治国家、法治政府、法治社会。人民生活更加美好,人的全面发展、全体人民共同富裕取得更为明显的实质性进展,充分展现中国社会主义民主政治的特色与优势。为此,需要健全党统一领导、全面覆盖、权威高效的监督体系,形成决策科学、执行坚决、监督有力的权力运行机制;推进纪律监督、监察监督、派驻监督、巡视监督统筹衔接,以党内监督为主导、推动各类监督贯通协调,形成常态长效的监督合力,使监督体系更好地融入国家治理体系;完善权力配置和运行制约机制,健全发现问题、纠正偏差、精准问责有效机制,构建全覆盖的责任制度和监督制度;坚持无禁区、全覆盖、零容忍,一体推进不敢腐、不能腐、不想腐,营造风清气正的良好政治生态和发展环境。②

3.2 国家审计与民主政治的内在关系

国家审计推进社会主义民主政治的发展是其适应中国特色社会主义政治制度的表现,国家审计与民主政治存在着天然的、本质的联系。国家审计与民主政治的内在关系是多层次的,要深刻理解国家审计如何推动社会民主发展的作用机理就必须要借助哲学、公共管理学、审计学等多学科的理念系统分析两者的内在关系。简而言之,国家审计是推进社会主义民主政治发展的有力手段和工具,是社会主义民主政治的重要组成部分;国家审计推进社会主义民主政治发展的核心内容在于

---

① 出自《中华人民共和国国民经济和社会发展第十四个五年规划和2035年远景目标纲要》第十七篇"加强社会主义民主法治建设 健全党和国家监督制度"第五十九章"全面推进依法治国"。

② 出自《中华人民共和国国民经济和社会发展第十四个五年规划和2035年远景目标纲要》第十七篇"加强社会主义民主法治建设 健全党和国家监督制度"第六十章"完善党和国家监督体系"。

国家审计促进公民参与权、公民决策权、公民监督权和公民知情权的实现。本部分主要从公共受托经济责任、马克思主义民主理论和人民主权理论的角度展开分析。

3.2.1 基于公共受托经济责任理论的分析

审计服务民主政治是受托经济责任内涵拓展的必然要求。

1. 公共受托经济责任理论的基本要义

受托经济责任(accountability)指按照特定要求或原则经营受托经济资源并报告其经营状况的义务;受托经济责任内容的实质是指经营和报告行为必须按特定要求和原则行事(蔡春,2007)。美国审计署将公共受托经济责任定义为受托管理、并有权使用公共资源的机构向社会公众说明其全部活动情况的义务。最高审计机关亚洲组织认为,公共受托经济责任指受托经营公共财产的机构或人员有责任汇报对这些财产的经营管理情况,并负有财政管理和计划项目方面的责任。因此,公共受托经济责任处于受托经济责任含义内,其经营和报告行为必须符合公共利益要求,是对公共财产管理所承担的一份责任和义务。

在西方理论界,公共受托经济责任常用"public accountability"或"government accountability"等词汇表示。例如,美国审计署的英文全拼"Government Accountability Office"中的"Accountability"就体现了公共受托经济责任含义,可见,美国的国家审计是基于公共受托经济责任开展的。公共受托经济责任涵盖面十分广泛,具体内容包括财产保全责任、经济节约责任、效率效果责任、环境保护等社会责任以及人身安全等一系列关乎国家公民的利益的责任。基于这些具体责任,国家审计细分为经济效益审计、财务审计、环境审计等不同内容。

2. 公共受托经济责任理论框架下的国家审计与民主政治

公共受托经济责任是受托经济责任在社会公共管理领域的运用与拓展,对国家审计理论框架的构建具有十分重要的意义。国家机制的运行离不开公共受托经济责任事项的开展,公共权力机构接受人民的委托管理公共财产、维护集体利益、推进集体发展,其功能是否有效发挥,在日常的公共事务中是否因某些少数团体的利益而损害广大群众的利益等都会与人们的日常生活息息相关,涉及人民的根本利益。民主政治角度的受托经济责任,要求政府等公共管理部门和组织从人民的公共利益出发,妥善管理与经营公共财产,履行各自应有的责任。受托经济责任是现代审计的基础,审计以公共受托经济责任关系的存在为前提,实施审计是为了保障公共受托经济责任的全面有效履行。审计存在的意义就是维护人民群众的利益,监督、监察和确保公共受托部门按照人民的意愿行事,维护公共财产的安全。

整个社会的有序运转离不开委托代理关系。政府等公共管理部门受托管理人民的公共财产,一方面能有效整合资源,最大化社会效益,另一方面有助于建立一套有序的资源管理机制,维持公共资源的长久生命力。然而,政府等公共管理部门由少部分人组成,他们代表大部分人的利益,手握公共资源,拥有重大事项的决策权,一旦他们中间某个人或某些人出于自身利益考虑,假公济私,公权私用,人民的公共财产权益会不可避免地受到损害。此外,委托代理中还存在着由于信息不对称导致的逆向选择等代理问题,对其所作出的决策及开展的活动,在无他方介入、缺少信息披露情况下,政府公共管理部门缺乏主动传递履职情况及信息的动力,且可能转而追求"私利",损害公共利益。审计的出现,主要为了解决两个方面的问题:一是有效规范公共部门的行为,实现公共资源效益最大化;二是解决信息不对称问题,使权力在阳光下运行,优化受托经济责任体系。关于公共权力运行问题,一个民主政治发达的国家,要求合理运用公共权力,充分保障人民利益,促进人民参政议政,积极管理公共事务。基于受托经济责任关系的审计,从产生开始便与国家政治权力相挂钩,并随着民主政治的发展而发展。因此,审计推进民主政治发展是受托经济责任内涵拓展的必然要求。

3.2.2 基于马克思主义民主理论的分析

审计是民主政治的重要组成部分及主要形式。

1. 马克思主义民主理论的基本要义

马克思主义的民主理论指出,民主不是抽象的、纯粹的和绝对的,它作为一种意识形态、国家制度及政治制度,属于上层建筑的范畴,归根到底是由一定的经济基础决定的;民主属于政治上层建筑,从唯物史观出发,它产生和发展的根源是经济的发展,是生产力与生产关系、经济基础与上层建筑矛盾运动的结果。

无论是古代民主制还是近现代资产阶级民主制,乃至社会主义初级阶段国家的民主制,都是民主与专制相斗争的民主制。马克思主义并非抽象地讨论民主,而把民主看作一种历史现象。马克思主义认为,国家是社会历史发展的产物,作为国家形式的民主也是社会历史发展的产物。民主具有相对性。民主不仅在资本主义国家和社会主义国家之间存在性质上的区别,而同一类型的国家也存在着形式上的不同,即使在同一个国家,在不同的发展阶段,民主的形式也存在差异。一个国家根据其特殊的国情来制定、选择其民主形式,每个国家都有其特殊的历史传承、文化背景和经济文化发展水平,不同时期面临的历史任务也不同,这些均会制约与影响其民主形式。因此,根据不同的历史时期、不同的国情制定的适合国家发展的民主形式才是真正的民主的体现。

2. 马克思主义民主理论框架下的国家审计与民主政治

马克思主义民主理论是社会主义民主发展的理论基石。在社会主义初级阶段,马克思主义民主理论的民主实质即人民民主主义。人民民主主义是相对于资本主义资产阶级民主而言的,是大多数人的民主。人民民主是绝大多数人享受的民主,是不同于资产阶级民主(剥削者、资本家、富人的民主)的社会主义民主(劳动人民的民主)。

中国特色社会主义理论是当代马克思主义理论发展的典型代表。我国的人民民主是发展了的结合中国实际和国情的马克思主义民主理论,无论是生产资料所有形式,还是国家方针政策的出发点,都充分尊重人民的民主利益。以公有制为主体的生产资料所有制形式符合社会主义初级阶段生产关系的需要,国家方针政策的出发点在于民生。国家政治权力运行机制乃至国有企业的生产运营与发展都围绕着民生问题,而国家审计的存在能够有力规避和遏制私欲行为,推动民主利益的实现。

马克思主义民主理论指导下的审计与民主相辅相成,相互影响,现代审计是实现现代民主的手段,而现代民主是实行现代审计的目标。在民主社会中,审计是规范政府公共权力运行的重要手段。审计推动民主政治的作用机理主要体现在完善公共权力委托机制、制约和监督公共权力的行使、维护人民合法权利、提高政治建设透明度以及促进基层民主建设上。一方面,审计在政治经济中的具体作用表现为有效加强对国家和政府部门公权力的监督和制衡,代表人民的意志对公共资源的使用施以监控。另一方面,审计还能从专业的角度为国家机制的运行出谋划策,提供相关方面的经济信息,有助于政府部门更加高效地利用公共经济管理资源,将社会效应发挥到最大。近年来,审计的内容逐渐拓展,关注政府部门国民经济管理的经济性、效率性、效果性,评价各地对维护生态系统与可持续发展等方面国家重大政策措施的落实情况等。经济作为民主政治这一上层建筑的基石,其健康发展对民主政治的发展是具有巨大支撑作用的,审计通过规范政治经济运行中公共权力行权行为,为民主政治发展扫清障碍。

综上所述,审计和民主政治相辅相成,审计既是民主政治的重要组成部分,又是展现民主政治的主要形式。

3.2.3　基于人民主权理论的分析

审计是推进民主政治发展的重要工具与有效手段。

1. 人民主权理论的基本要义

人民主权思想由早期的资产阶级思想家提出，对世界民主政治的发展起到了巨大的推动作用。所谓人民主权，即主权、统治权归属于人民。人民主权理论的先驱洛克从契约论出发，较为系统化、理论化地阐述了人民主权思想。洛克认为，人民通过契约建立起国家，就是为了保护个人的权利，只有由人民委托和认可的政府才是合法的政府。卢梭是人民主权理论的集大成者，他在洛克思想的基础上进一步系统、缜密地发展了人民主权理论。卢梭的人民主权理论的基础是：国家是按照社会契约建立的，国家主权应当属于人民，为人民的"公意"所指导。人民主权的基本属性体现在人民主权是"公意"的具体表现，不可分割与转让。卢梭的人民主权理论的核心是：人民是国家权力的来源，享有国家立法权，立法者需公正，按人民的意愿立法。卢梭等人的人民主权理论的不足之处在于过于理想，当人民的界限不清晰时这一理论容易被独裁者加以利用。

早期思想家的人民主权理论即使存在诸多局限，仍然有力推动了资产阶级民主革命的发展，人类政治文明开始迈向高级阶段。经过不同时代各国政治思想家的构思以及各国社会实践的锤炼，人民主权思想已形成一套完整的理论体系。人民主权业已成为当今世界占主导地位的政体组织原则。当今人民主权表现出资本主义人民主权和社会主义人民主权两种形态。两种形态人民主权最本质的区别在于：前者的主体带有明显的阶级性，所谓人民是指资产阶级人民，人民主权是资产阶级的主权；后者则体现的是大众的民主，是最广泛的民主。

2. 人民主权理论框架下的国家审计与民主政治

民主、法制、人权是人民主权理论发展到今天所形成的基本要义，也是各国发展的共同政治理想。国家的一切权利都来源于人民，一切权利属于人民。为维护自身权利，人民会以某种形式直接或间接参与对国家、政府权力的行使，即实现民治。由于历史原因和政治体制差异，不同历史时期、不同国家呈现出不同的民主形态。正如科恩所说，"民主即民治，民主决定于参与——即受政策影响的社会成员参与决策，但如何衡量参与是一个复杂的问题。在一定社会内，一定问题上，以某些方式可能会实现较充分的参与，而以另一种方式只可能实现不充分的参与。在这些方式中，哪些是最重要的，并一定能清楚划分；用于衡量民主的尺度绝对不能简单化""民主可能存在于不同方面，而且在每一方面存在程度也有所不同；民主就是这样一种事件"。现代国家不同的政治组织形式，无论是资本主义国家的议会制、总统制，还是中国的人民代表大会制，都是人民参与民主政治的具体形式，这种形式的差别主要体现在尺度上,这种尺度上的差异也是人民主权理论差异的结果。

民主是现代审计的实质,审计是民主政治的表现①;审计作为国家基本政治制度的重要组成部分,通过发挥预防、揭示和抵御的"免疫系统"功能,推进社会经济的可持续发展,从而实现国家治理目标(刘家义,2012)。根据人民主权论,国家的一切权力属于人民,为保障人民的权益,人民会以各种方式参与国家政治和国家治理。审计以保障人民权利的充分实现为目标,审计在国家政治与国家治理之中发挥重要作用。但是,人民无法直接行使属于自己的各种权力,委托少数人行使权力就成为必然选择。人民委托行使的权力形成公共权力,为了保障公共权力的行使,委托人必须借用国家机制精心挑选各领域公共事务的代理人;挑选合适的代理人对民主权力的实现和民主政治的发展至关重要,审计是促进公共权力委托机制得以实现的一种形式。无疑,审计是推进民主政治发展的重要工具与有效手段。

---

① 引自杨时展为文硕所著《世界审计史》(企业管理出版社,1996年版)所作的序。

4 国家审计推进民主政治发展的分析模型构建、作用路径与实现方式

4.1 国家审计推进民主政治发展的分析模型构建

4.1.1 一般实证模型的构建

影响社会民主进步的基本因素较多,本卷基于以下几个方面建立相关分析模型,对国家审计推进民主政治发展的相关理论加以佐证。

(1) 民主参与主体(公民)的素质水平。民主即公民作为经济政治生活的主体,直接参与或委托部分人代表自身利益参与社会集体组织决策,建立和维护社会生活的制度。公民作为民主制度的主体,其文化素质水平和思想觉悟状况决定着民主制度的发展高度。早期民主思想的形成是实践发展到一定程度的结果。同时,实践的发展推动了理论基础和公民思想水平的提高,理论思想家最先提炼总结出了民主思想。当实践发展到一定阶段时,公民的素质水平进一步提高,民主思想得到宣扬和普及,又会促进民主实践的发展。公民素质水平的高低是社会发展进步的标尺,也决定了公民的思想觉悟,对民主进步起决定作用,决定民主发展的深度与广度,也成为各国民主发展差异的最根本缘由。

(2) 政治环境。政治环境因素是民主发展状况的一个直接影响因素。政治立场、政治利益范围、政治清廉与透明度关系到国家民主发展的方向和水平。在剥削制度下,政治的本质在于维护部分人的利益,站在少数人的政治立场上,维护既得利益者利益,也无政治清廉与透明可言,民主发展受到限制。在人民当家作主的社会主义制度下,人民群众的立场即整个社会政治立场,政治活动代表着整体人民群众的利益,人们追求政治清廉,打击和反对腐败,民主思想和民主实践在整个社会得到发展和宣扬。我国较先进的政治环境能充分发挥社会协调、基层自治、民主协商的优势,维护和发展广大人民群众的利益,成为民主发展的强有力后盾。

(3) 经济发展状况。从经济发展与民主进步角度看,在民主制度普及的早期,

经济发展能够增强人民对民主的期望,人民需要有与收入水平相对应的民主程度、有更夯实的经济基础对权威制度进行挑战。此外,随着经济的发展,社会对劳动力的需求不断提升,不同种族、不同性别人群都能在社会劳动中寻找自身位置,实现人生价值,这提高了普通劳动者的社会地位,也解放了广大妇女,她们的政治权利意识不断增强,积极地参与民主政治生活。从科学发展与民主进步角度看,科学建立在实践的基础上,并随着实践发展而不断总结出新的理论与思想体系,推动着人类文明的进步,促进民主思想的发展。科学发展能够进一步解放思想,孕育出新的创造力,丰富人类社会民主思想宝库。

(4)信息技术水平。信息技术特别是互联网的发展,极大地压缩了获取、发布、传递、交换信息的层次,对公民参与社会活动进而推动民主进步产生了重要影响。在高效的信息技术支持下,通过移动互联网,公民身份确认、意见表达已经不需要到某一集中的现场,足不出户就可以发言、投票、表决,深居家中就可以和各个阶层的其他公民顺畅交流,公民民主的参与方式与载体极大地拓展了。

(5)审计力量。在公共受托经济责任机制下,审计作为实行监督和审查权力的第三方力量,是实现和维护民主的又一中坚力量。审计能有效抵制不良之风,规范政治、经济生活活动,揭露民主生活中的缺陷,推进民主发展的进程。

根据以上论述,本章设计了研究民主进程与国家审计的相关变量,如表4-1所示。

表4-1 民主进程与国家审计变量定义

变量名称		变量衡量指标	相关指标
因变量	民主进程	市场公平度	地区市场管制力度等
		政治清廉度	腐败查处人数、违规金额等
		司法透明与公正度	立案率、地区律师人数等
		公共预算公开度	年度预算、决算的公开程度
		公民政治参与度	政治选举参与率等
		民生保障程度	贫困发生率、收入差距(基尼系数)、社会保障覆盖程度等
		以上6因素的综合指标	
自变量	国家审计力量	国家审计机关的人数	国家审计机关工作人员数量
		审计人员的学历	国家审计机关工作人员学历
		审计公告的质量	审计公告后的整改力度、媒体报道强度等

（续表）

变量名称		变量衡量指标	相关指标
控制变量	民主进程的影响因素	公民的素质水平	公民整体受教育水平等
		政治环境	是否存在战争、突发的政权更迭
		信息技术水平	互联网人口占总人口的比重
		经济发展状况	经济总量、质量、增速等

建立分析模型，能更好地剖析审计如何服务于民主建设，并在一定程度上为以后的实证研究提供较为宏观的启示。为了更直观地进行分析，假设前述关于"民主政治进程"的衡量指标可以整合成一个测度——简称为"Y"，其中容纳了上述分析的市场公平度、政治清廉度、司法透明与公正度、公共预算公开度、公民政治参与度、民生保障程度。在影响民主进程的因素中考虑了诸如民主参与主体公民的素质水平、政治环境、信息技术水平、经济发展状况等因素。引入上述因素的机制如下：公民的整体素质提高了，更加懂法、守法，这会促进整体市场公平有效；政治环境主要是当地政府的干预程度，当一个地区政府比市场的力量还要强大时，腐败问题往往非常严重，常言道"绝对权力导致绝对腐败"，由于政府的干预，寻租行为自然就会产生，寻租行为影响社会的廉政程度；信息技术水平的提升为公民政治参与提供了更为简单、可行的载体，因而有助于促进民主政治状况的改善；我们还引入了经济发展状况因素，原因在于随着公民物质生活水平的提高，其政治参与水平也会提高，会更加关注社会的公平正义。因此，上述的三个因素会对社会的整体民主进程产生显著的影响。基于此，建立模型如下：

$$Y = \alpha + \beta \times 公民的素质水平 + \gamma \times 政治环境 + \delta \times 经济发展状况 + \tau \times 国家审计力量 + \theta \times 信息技术水平 + 年度固定效应 + 地区固定效应 + \varepsilon$$

该模型从"市场公平度""政治清廉度""司法透明与公正度""公共预算公开度""公民政治参与度""民生保障程度"等6个维度来衡量民主进程。我们在分析的时候也可以运用标准化得分的手段（主成分分析、熵值法等），将这6个维度的指标进行整合形成一个综合指标，衡量社会民主化的进程。

我们在应用此模型时，主要关注国家审计力量这个变量的系数 τ，根据前述理论部分的分析，我们能够预期国家审计力量的加强会使公共预算公开度、政治清廉度等方面的指标得到进一步的改善。此外，对于国家审计力量指标，实证研究往往从"国家审计机关的人数""审计人员的学历""审计公告的质量"等多个维度来衡量。在实证分析这个模型时,可能存在严重的"互为因果"的内生性问题,而这给检验国家审计促进民主进程的系数估计带来一定的干扰,目前能解决此类问题的方法主要包括:寻找合适的工具变量、寻找引起国家审计力量变化的外生冲击等。在研究这类问题时也可以采用多国比较方法研究,此时可能产生的问题是各个国家的差异和无法克服特殊的异质性带来的噪音影响。

4.1.2 基于多项选择的随机效用模型的构建

我们还可以从不同国家审计模式选择的角度出发分析国家审计与民主政治之间的关系。从更宏观的角度而言,国家审计力量的投入、其他相关制度的完善以及民主政治发展程度之间的状态,是一个国家或地区在特定情况下的均衡状态。特定的民主政治发展水平决定了特定的国家审计力量的强弱;反之,特定的国家审计力量也反映其所适应的民主政治发展水平。如果以国家或地区为分析个体,那么任何国家在选择审计模式时都是为了实现效用水平的最大化,在这一思路下,我们可以建立如下模型:

$$V_{ij} = \alpha_{1j} + \alpha_{2j} \times S_i + \beta X_j + \theta \quad (1)$$

其中,i表示国家,如美国、德国、中国等;j表示不同的国家审计组织形式;V_{ij}表示第i个国家选择第j种国家审计组织形式所带来的整体社会效用;S_i表示第i个国家特定的因素,诸如上文所提及的公民的素质水平、政治环境等;X_j表示第j个国家审计模式下审计力量的投入因素;θ表示随机扰动项。

对上述模型进行估计,假设θ服从第二类极值分布(double exponential),便可以得到式(2):

$$P_{ij} = \frac{eV_{ij}}{\sum_{l=1}^{j} eV_{il}} \quad (2)$$

根据式(2)构造极大似然函数:

$$\ln L = \sum \sum Y_{ij} \ln P_{ij} \quad (3)$$

Y_{ij}取值为0或1,当第i个国家选择第j种模式时取值为1,否则为0。将式(1)代入式(2),再将P_{ij}带入式(3),即可估计出α_{1j}、α_{2j}、β等各个系数。之后,便可根据各个系数的方向,判断出各项因素对各个国家选用不同国家审计模式的影响。这个模型的难点在于,确定哪些变量应该包含在模型中,当然,还需要搜集不同国家的数据。

4.2 国家审计推进民主政治发展的作用路径与实现方式

社会主义民主政治的根本目的是提高人民生活水平、保障人民的权利。从宏观层面看，公民应该享有的权益可以概括为公民参与权、公民决策权、公民监督权、公民知情权"四权"，追求民主政治实现的关键内容和核心要义是保障"四权"的实现，即实现了"四权"，民主政治便得以实现；公民拥有了上述权利，国家也就实现了"善治"。公民具有参与权、决策权使人民的主体地位得以保证。公民行使监督权、知情权便可通过限制政府"公权力"的运用，保障政府等公共部门始终按照人民的意志行事，实现社会主义民主。当然，"四权"之间是互为支撑和彼此联系的，无法单独割裂开来。通常情况是，如果公民的知情权得到更好的实现，就会促使公民更好地行使参与权、决策权和监督权；公民的监督权得以保障之后，反过来又会增强政府对关键信息的及时披露并影响公民知情权，进而影响公民参与权与决策权的实现。

4.2.1 国家审计推进民主政治发展的作用路径

国家审计作为国家治理体系的重要组成部分，对民主政治的实现有着不可或缺的作用。一方面，国家审计可以直接影响公民"四权"的实现；另一方面，国家审计通过限制政府公共部门的权力滥用也可以实现公民"四权"。换而言之，国家审计通过"维护与保障公民权利"和"制约和监督公共权力"两条作用路径促进社会主义民主政治的发展。

(1) 维护与保障公民权利。国家审计直接影响公民权利的实现，主要是指国家审计部门在参与国家治理过程中可能会针对直接涉及公民参与权、公民决策权、公民监督权、公民知情权等的相关事项进行审计，在这一过程中审计师往往能对上述公民权利的实现起到直接的作用。例如，当政府有关部门需要提高公共服务品（水、天然气等）的定价时，往往就需要召开听证会。此时，听证会是否真的反映了各方利益诉求，尤其是相对弱势的一般民众是否有充分、合理的话语权？国家审计有助于我们理解这些问题。随着国家审计对听证过程的参与，审计人员检查听证会参与者的代表性，检查参与者表达意见的机会、参与者的意见是否得到了合理的回应或解释，即对听证的整个过程进行审计，最终发表审计意见，从而直接保障公民的参与权、决策权、监督权、知情权的实现。

(2) 制约和监督公共权力。国家审计促进民主政治发展的另一条路径是指国家审计通过监督政府及相关公众利益机构的公权力运用,从而间接保证公民的各项权利的实现。例如,人民赋予公共权力机构制定法规、条令等的权力,那么这些受托机构制定出的各项规章制度是否真的体现了全体公民的集体意志?或者说这些规章制度是否符合最广大人民的根本意愿?国家审计部门通过对各项制度在制定前的讨论、制定中的合规性、制定后的意见反馈等各个过程进行审计,发表审计意见与咨询建议,进而合理保证各项制度确实体现公众的意志,反映公众最根本的利益诉求。

国家审计促进公民权利实现的两条路径是相辅相成、同时发挥作用的,国家审计在促进社会主义民主政治过程中借助的主要工具、手段就是具体的审计方式(或审计类型)。这些具体的审计类型包括财政审计、金融审计、民生审计、资源环境审计、投资审计、领导干部经济责任审计、重大政策贯彻落实情况审计、绩效审计等,或者本卷探索的审计参与听证制度、制度合理性审计、民生审计及国家审计问责机制,它们贯穿于审计"维护与保障公民权利"和"制约和监督公共权力"两条作用于民主政治的路径中。两条作用路径交相辉映并依靠具体的审计实施方式从根本上保障公民各项权利实现,从而推进社会主义民主政治发展。

4.2.2 国家审计推进民主政治发展的实现方式

国家审计在促进社会主义民主政治过程中借助的主要手段或工具就是具体的审计程序,这些审计程序和我们常见的财务报表审计中运用的方法既有区别又有联系。这些审计程序同样也是贯穿于作用路径当中的,一项审计程序可以既涉及直接作用方式又涉及间接作用方式。总体来看,国家审计在推进民主政治发展的进程中可以依靠审计参与听证制度、制度合理性审计、民生审计加之以国家审计为核心的问责机制等手段发挥效果。审计参与听证制度充分维护公民参与权的实现,以确保公民更好地表达自己的观点、维护自身权益;制度合理性审计促进公民决策权的实现,进而在法规制度或政策方案中体现自身权益;民生审计倒逼监督权的实现,以对前两者确立的直接关系自身权益的政策或制度的监督(民生工程主要与人民群众的衣、食、住、行等相关,民生审计直接体现公民的权益是否得到实现);以国家审计为核心的问责机制实现对公民知情权的保障,对损害公民权益的行为进行追责问责。最终,基于这四种实现方式,国家审计重点通过"维护与保障公民权利"作用路径,促进民主政治的发展。

(1)保障公民权益:审计参与听证制度。审计参与听证制度是审计促进社会主义民主政治的重要手段之一,其主要特点是在听证的过程中引入"审计师"这一独立的第三方对整个听证过程进行鉴证。一方面,审计师在听证前能够审核参与听证的人是否具有代表性,这就直接促进了公民参与权的实现。另一方面,审计师参与听证能对听证过程进行监督,这将有利于保障公民的辩诉权,充分地保证公民的话语权,在一定程度上保护普通民众等弱势群体的利益,也很好地监督了政府等公共部门的公权力,进而间接地促进社会主义民主政治的发展。

(2) 保障公民权益:制度合理性审计。制度合理性审计通过审计师对政府部门发布的规章、制度的合理性进行第三方鉴证,从而确保政府制定的法令等符合人民的利益,这主要是通过间接路径来实现社会主义的民主政治。制度合理性审计的实质是从制度层面发现问题,因此,制度合理性审计可以从根本上解决公民决策方面所存在的制度制定、执行等问题。此外,制度合理性审计还可以消除公民决策制约因素的影响,如关注制度对保障公民决策权规定不详细的地方、关注公民决策的"搭便车"行为、关注公民决策意见的被采纳情况、关注公民决策程序的有效性、关注公民决策过程的完整性等,从而保证公民决策权得以实现。

(3) 保障公民权益:民生审计。民生审计是指国家审计机关以维护国家和社会安定和谐为目标,依法对与人民群众利益最为密切的民生资金、项目和政策等进行审计监督。它是公民权益是否得到保证的直接体现。民生审计的目标是促进政府深化改革,保障和改善基本民生,维护人民利益,确保政策要求、预算安排、资金拨付和民生项目落地生根、不断完善和发挥实效,推动提高民生保障水平。民生审计是将对与人民群众利益最为密切的公共资金使用效益情况进行的监督作为国家和审计部门生存和发展的生命线,着重对与广大人民群众生产、生活和劳动力再生产密切相关领域的公共资金管理使用情况进行监督和鉴证的行为。因而,国家审计通过民生审计直接保障了公民监督权的有效履行。

(4) 保障公民权益:构建以审计为核心的问责机制。构建以审计为核心的问责机制则是实现公民知情权的重要手段。国家审计通过提高公共部门所披露的信息质量,对政府不当行为进行动态的有效纠偏和控制,而审计问责是保证最终实现审计效果的基础性条件。通过全面构建以审计为核心的问责机制,让公民更好地了解事务发展的过程,及时获知相关信息,有助于实现公民知情权。

本卷选取美国(立法型)、法国(司法型)、德国(独立型)三个具有代表性的国家,对其最高审计机关服务民主政治的经验进行分析,在借鉴国外最高审计机关服务民主政治的方式及经验的基础上,基于"维护与保障公民权利"和"制约和监督公共权力"两条作用路径,侧重从"维护与保障公民权利"维度,探讨并创新审计推进

4 国家审计推进民主政治发展的分析模型构建、作用路径与实现方式

民主政治发展的实现方式。具体而言,本卷通过系统地探讨研究审计参与听证制度、制度合理性审计、民生审计、国家审计问责机制4种方式推进民主政治发展的实现方式,围绕"维护与保障公民权利"维度的"公民参与权""公民决策权""公民监督权""公民知情权"4个要素进行分析,有助于保障政府公共受托经济责任的全面有效履行,促进国家实现善政良治,从而推进社会主义民主政治的发展。国家审计推动民主政治发展的作用路径及实现方式如图4-1所示。

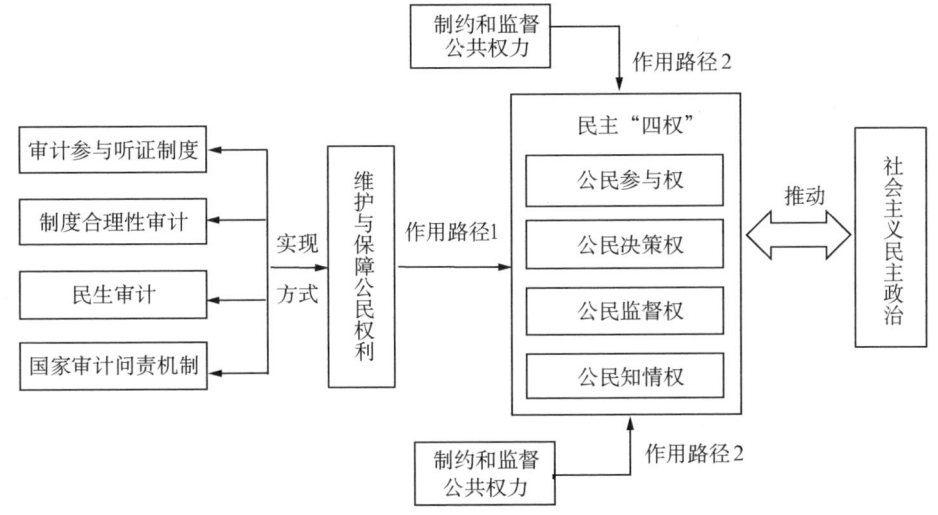

图4-1 国家审计推动民主政治发展的作用路径及实现方式

民主的基础在于公民的参与,只有充分调动公民参与民主政治,保障公民的这一权利,国家的治理才能完善。公民行使政治参与权的最终目的是确保国家治理符合公民自身的利益,即实现国家的良治。国家审计自产生以来,就是为了确保公民委托政府代理行使的权力不被滥用,是服务于公民参与国家治理的。综观国内外国家审计理论与实践的发展,一方面,国家审计的诸多形式与内容的实施都有效地保障了公民在国家政治与治理中的参与权;另一方面,实施国家审计的过程也是一项公民参与的过程,公民参与有力地拓展了国家审计的信息源,确保了诸多信息的及时揭露。

公民参与国家行政事务需要适当发挥公民的决策权,否则公民参与便无任何意义,民主也就名存实亡。民主决策权的发挥一直是民主实践中较为棘手的问题。为体现人民的意志、实现国家民主政治,公共权力机构鼓励公民更多地参与政治,赋予公民更多的公共权力,其中就有各种决策权。然而,政府等公共部门作为公共

权力的受托管理部门,其管理层作为受托决策执行者,在公共事务中履行各项职责时能有效地整合社会各种资源包括领袖的执行魅力,并以此作出更有效、更有执行力的决策。毫无保留地将一切决策权都交予公民行使是不可取的,是有失效率的,这便需要对公民决策权进行恰当的安排。

审计是基于受托责任对特定主体所从事事项的流程与结果,也就是其事前、事中和事后的经济性、效率性、效果性等的审查与控制活动。审计的性质决定了它是一项公开的而非私密的、动态的而非静止的流程活动,能够维护利益相关者信息知晓的权力。从国家审计层面来说,就是能够维护公民对国家重大事务的知情权。国家审计要以透明、公开的方式体现出对人民利益的尊重与维护,并将公共权力机构及其受托责任的履行情况公之于众,以确保整个社会公民能够实施有效的监督。民主监督是公民参与国家政治权力的重要形式之一。公民对国家机关及其人员所从事的公共事务进行监督,确保其受托责任的有效履行。公民监督国家机关及其人员的途径主要有公民信访举报制度、人大代表或政协委员联系群众制度、舆论监督制度、行政听证制度、民主评议制度、网络评议政府及审计监督等。世界政治文明发展史证实,一个民主的法制社会离不开公民对权力的监督。随着民主政治的发展,民主监督的力度不断加强,传统的自下而上的监督形式也出现多元化,公民的监督权普遍受到国家最高法律保护。1994年发布的《中华人民共和国审计法》规定我国实行审计监督,当时,审计主要针对财政收支进行监督检查,体现了民主监督的特点。在中国,国家审计属于行政监督的一种方式,与其他监督形式共同构成了中国的民主监督体系,有效促进了公民监督权的实现。

公民对党和国家重大决策、政府部门重要事务、相关的国有企事业单位以及社会上发生的与公民权利和自身利益密切相关的重大事项,都有了解与知悉的权利。这种了解与知悉权利的落实是贯穿事前、事中与事后整个过程的,即"知情权"。列宁认为"只有当群众知道一切,能判断一切,并且自觉地从事一切的时候,国家才有力量"(中共中央马克思恩格斯列宁斯大林著作编译局,1995),列宁把公民知情权、参与权看作国家力量的源泉,可见公民知情权的重要性。保障公民知情权是公民参与国家政治、维护公民合法权益的最基本条件和前提。公民知情权是公民监督公共权力的有效手段,是公民保护自身利益的需要。保障公民知情权是减少受托责任信息不对称、消除权力实施与民情意愿鸿沟、稳定社会秩序维护社会发展的需要。

5 国外国家审计机关服务民主政治的经验分析与借鉴

世界各国的审计管理体制包括司法型审计管理体制、立法型审计管理体制、独立型审计管理体制、行政型审计管理体制。在2018年审计管理体制改革之前,我国的审计管理体制是典型的行政型审计管理体制。我国2018年改革审计管理体制,组建了中央审计委员会,加强了党对审计工作的领导,建立起政党治理模式的中国特色的审计管理体制。美国、法国和德国分别是立法型、司法型、独立型审计管理体制的代表性国家,本章主要以美国、法国、德国为例,对其国家审计管理体制下最高审计机关服务民主政治的经验进行分析,并总结可供我国借鉴的经验。

5.1 美国最高审计机关服务民主政治的经验分析与借鉴

5.1.1 美国最高审计机关的职责与定位

美国是典型的立法型审计管理体制的国家,其最高审计机关是美国审计署。美国颁布的《预算与会计法》(1921年)要求总统公布年度联邦预算并决定设立审计署(GAO),独立调查联邦资金的开支情况。早期的审计署主要审计付款凭证,但在第二次世界大战后,开始实施更加全面的财务审计,对政府运营的经济性与效率性进行检查。1950年至1960年被称为"注册会计师/财务审计年代"。到了1970年,斯塔茨开启了项目评估时期,延续至今。目前GAO对联邦政府机构实施财务审计,开展了大量的项目评估工作。GAO开展项目评估,检查政府项目是否实现预期目的,如今,这一领域的工作让GAO赢得了广泛的声誉。

GAO是一个服务于国会的独立的非党派机构,通常被称为国会的审计调查部门或国会监督机构,主要审查联邦资金的使用情况,并就如何促使政府更好地工作,向立法者和机构负责人提供建议。通俗地讲,GAO的工作就是审查纳税人的钱是如何花费的,并为国会和联邦机构提供客观、无党派倾向、基于事实的信息,以帮助政府省钱,使政府工作更有效率。随着时间的推移,GAO的任务从审核会计凭证发展到更全面的项目和绩效评估。GAO 以"责任、诚信、可靠、价值、尊重、公平"为核心价值观。GAO 最终的成果形式包括报告、证词、信息、技术援助及特殊性成果。根据 GAO 官网披露，GAO 在 2020 年的财政收益约为 776 亿美元，每投资它 1 美元，回报约为 114 美元。同时，GAO 在新冠疫情审计中也发挥了重要作用，并就政府如何提高处理公共卫生危机事件的效率性和经济性提供了建议。

5.1.2 美国最高审计机关服务民主政治的经验分析

1. 美国审计战略规划与民主政治

2018 年 2 月，美国审计署公布了《美国审计署 2018—2023 年战略规划》，该规划显示，其为国会和国家服务的总体目标之一就是"提升美国人民福利和政府财政安全，以应对当前的挑战"。该规划提出，鉴于国会和联邦政府在公民福利和财政安全方面面临的风险和不断变化的需求，GAO 需要做到以下四点：一是审查影响公民总体福利的最紧迫问题，确定公共投资的优先次序和目标；二是管理和监督联邦政府改善公民总体福利的做法；三是探索和评估提供福利和保护措施的替代办法；四是平衡各目标的需求，以确保当前作出的决策不会与未来的需求相冲突。该规划同时提出了九大战略目标：为满足人口老龄化和多样化医疗保健的需要而提供资金和项目，为提高美国国家竞争力而提供终身教育，提供工人、家庭和儿童的福利和保护，提供老年人口的经济保障和福利，提供住房融资和可持续社区，维持稳定的金融体系和充分的消费者保护，有效地管理自然资源和环境，提供安全的、有保障和可利用的国家有形基础设施等。这些体现了美国审计署是以维护公共利益为目标的，这与民主政治的要求是一致的。

2. 美国审计内容与民主政治

截至 2019 年 8 月 26 日，美国审计署共发布了 55 407 份报告和证词，涵盖农业和食品、审计与财务管理、预算和支出、商业管制和消费者保护、经济发展、教育、就业、能源、公平、金融市场与机构、GAO 的任务和运作、政府运作、医疗服务、国土安全、住宅、人力资本、信息管理、信息安全、信息技术、国际事务、司法与执法、国防、自然资源与环境、退休保障、科学技术、航空、税收政策与管理、通信、交通运输、退伍军人等方面，具体如图 5-1 所示。首先从图中可以看出，美国审计署的审计范围涵盖了政治、经济、民生等多个领域。其中，审计与财务管理领域相关的报告和证词最多，其次是政府运作、司法执法、国防，再次是就业、预算和支出、医疗服务，可见美国审计署关注较多的是与政府财务管理、内部控制、国防和民生相关的领域。

5 国外国家审计机关服务民主政治的经验分析与借鉴

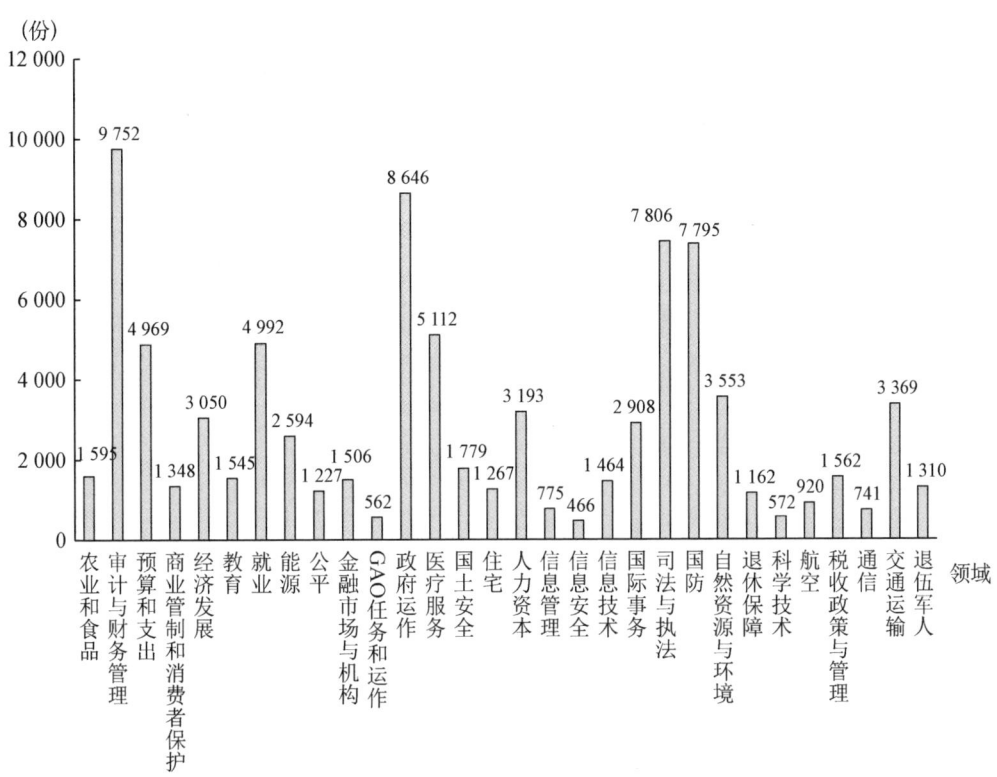

图5-1 美国审计署审计报告与证词统计(截至2019年8月26日)

美国审计署审计报告和证词的披露为保障公民的参与权、决策权、知情权、监督权提供了较好的信息基础。公民可以依据其中关于教育、就业、医疗服务、人力资本等的内容为参加政府选举获取信息,可以依据其中关于GAO任务和运作、政府运作等了解政府机关的运行成本、资源分配、政府采购、绩效评估等多方面的内容,从而对政府运作实现监督,可以通过国防、司法与执法、能源等方面的内容了解政府的宏观政策,实现决策层面的参与。

美国审计署在每一个领域中又开展了具体问题的审计,本部分以政府运作为例。与政府运作相关的审计报告和证词涵盖了成本分析、联邦政府采购、财务管理、军事、绩效评估、人事管理、邮政服务、采购、项目评估、项目管理、报告要求和战略计划等内容,如图5-2所示。这些审计内容基本涵盖了所有与政府内部控制和日常运作相关的内容,对于公民了解政府预算支出、资源配置、决策流程、未来规划都具有重要意义。

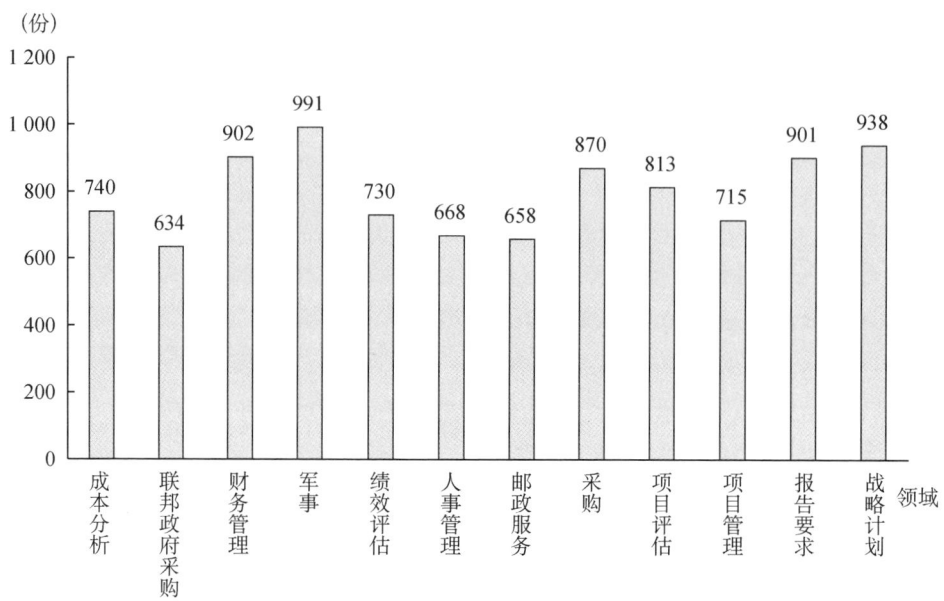

图 5-2　美国审计署与政府运作相关的报告和证词统计(截至 2019 年 8 月 26 日)

3. 美国审计署的审计报告要素与民主政治

美国《质量控制手册》对审计报告的内容作了详细规定,要求审计署报告以充分的事实阐明项目的目标是满足需求者或是使用者的要求并且解释完成工作的方法和工作的范围。经批准后的报告包括审计结果、结论和适当的审计建议、对遵循GAGAS情况的说明、代理机构官员的观点等。审计报告还应该包括内部控制的重大缺陷、所有的舞弊和违法事件、重大的违反合同条款或拨款协议行为以及严重的滥用资金行为。美国审计署官网发布的审计署的审计报告,基本都包含全文版和摘要版。其中,摘要版是对审计活动更为简洁的表述,有利于报告使用者更为快速地对审计活动进行了解,一般包括审计发现、审计背景和审计建议三个部分。全文版是对审计活动的详细报告,包含所有要素,如审计目标、审计范围、审计方法、审计结果、审计结论和审计意见、遵循准则情况的说明、被审计单位的意见等。审计报告还有其他部分,比如收件人、附录、列表、图示、审计署的职责、联系方式、获得审计报告的方式等。

美国《政府审计准则》和《质量控制手册》对审计报告的载体形式也进行了规定,提出审计报告采取的形式应当与预定的用途相适应,一般是书面或其他可重复取得的形式,如采用电子介质的形式。《质量控制手册》规定了章节报告、文件报告、信件和证据陈述四种书面形式的审计报告。

信息获取的便捷度是保障公民行使权利的基本前提。审计报告是一个信息的载体,是公众了解政府运作、政策制定、政府预算、民生等相关问题的重要窗口。美国审计署的审计报告无论是报告要素的设计还是审计报告载体形式的选择都是以便于公民获取信息为基本评判标准的,这为民主政治的发展提供了有力保障。

5.1.3 美国最高审计机关服务民主政治的经验借鉴

从前文的总结来看,美国最高审计机关在推动民主政治发展中的诸多做法对我国国家审计机关具有重要启示,本节将其概括为三点。

(1) 提升审计业务的层次。按照美国审计署提出的国家审计机关成熟度模型来看,美国审计署的很多工作已然达到最高成熟度国家审计机关的工作范畴,能够发挥前瞻功能,站在国家安全、人民利益、政府和国会履职绩效的角度定位审计方向,从宏观大局出谋划策,并注重微观环节和领域。相比之下,我国审计署以往更注重预算执行等传统业务领域。我国国家审计机关自2015年起开展重大政策措施落实情况跟踪审计,开始涉及对政府政策制定的服务,即通过基于政策措施落实情况审计过程中发现的问题,优化政策,增强政策的合理性。然而,我国国家审计机关尚未参与政策制定之前的环节。进入新时代以后,党中央、国务院要求审计署进一步优化职责,扩大了审计署的职责范围,可见我国国家审计机关将在推动民主政治发展中扮演着越来越重要的角色。借鉴美国审计署的经验,我国国家审计机关应加强自身建设,提高审计业务的层次,积极拓展国家审计在实现公共利益中的重要作用。

(2) 丰富审计报告的要素和披露形式。优化国家审计机关审计报告的信息披露质量和形式是强化国家审计在促进民主政治发展进程中的作用的第一关。美国通过法律法规的形式对审计报告的形式和要素等多个维度都作了细致的规定,其中最核心的标准便是方便信息使用者获取信息。然而,我国国家审计机关依旧面临严重的国家审计信息披露障碍,如审计机关报告披露严重不足、披露周期不规律、披露内容信息含量低等多重问题。在我国,这一现象的存在有复杂的政治历史因素,要想改善这一状况,我国需要借鉴国外的先进经验,应该从制度上适当减少对国家审计工作保密性的要求。

(3) 加强审计结果公告的公开,扩大国家审计的溢出治理效应。美国审计署的工作成果包括报告、证词、信函以及法律决定和意见书,这些都可供公众和媒体公开获取。目前我国国家审计报告的形式主要是审计结果公告和审计结果公告解读。未来我国可探索多形式的审计工作披露,以满足不同类型公民的信息获取需求,为公民获取信息进而行使民主相关权利提供基础。

5.2 法国最高审计机关服务民主政治的经验分析与借鉴

5.2.1 法国最高审计机关的职责与定位

法国是典型的司法型审计管理体制的国家,其最高审计机关是法国国家审计法院。拿破仑于1807年9月颁布第16号法令成立审计法院,但那时的审计法院是独立集权的,仅对君主负责和报告。1982年,法国建立地方审计法院,以分担国家审计法院的繁重案件工作。法国审计法院的职责范围在逐步扩展,尤其是在对官员进行判决的授权、国家预算审计和政策评价等方面。

法国审计法院的价值观是独立、公平听证(fair hearing)和集体责任。审计法院是与立法机关和行政机关地位平等的独立机构,其独立性基于其作为法院的地位而形成,自其成立起一直如此。机构的独立性也源于其成员的独立性。审计法院由法官组成且法官不能被罢免,同时法官拥有判决权等对被审单位影响较大的权力。如法官有权查阅被审单位的所有文件,包括需要履行特定程序方能查阅的保密文件;法官还可以处罚公共会计人员。这种独立性主要体现为独立决定年度审计计划、独立编制向公众公开的审计报告。虽然审计法院也会按照议会相关委员会的要求实施审计,并汇报审计结果,将审计结果公布在年度报告中,向政府、议会提交报告,向公民公开报告,但议会或政府要求的审计在审计法院所有工作任务中所占比例非常低。同时,审计法院的预算具有较强的独立性,由总理负责监督,由法院、议会和政府商议后决定,受到外界的约束较少。公平听证适用于审计法院的所有程序。集体责任是审计法院运作的一个重要原则。虽然审计法院的审计工作是由个人完成的,但是最后的裁决都是合议的。合议裁决有助于消除个人偏好对裁决结果的影响,同时在此过程中每个人的立场都受到秘密保护。

审计法院的四项任务是评价(assessment)、控制(control)、评估(evaluation)、认证(certification)。一是评价公共会计官员的账目,检查收入和支出的合理性,如果合理即可解除会计师的受托责任,如果存在违约情形则确定其会计责任;二是通过审核控制公共资金使用的合规性、效率性和有效果性;三是评估公共政策;四是通过认证向公众提供更为明确、更易于理解的财务和会计信息的确切来源,以及更加透明的国家和社会保障的实际财务情况。

5.2.2 法国最高审计机关服务民主政治的经验分析

法国作为司法型审计管理体制的国家,其最高审计机关服务民主政治的最大优势是具有较大的处理处罚权和较强的独立性。

法国审计法院在一般审计内容上并无太大的优势。然而,国家审计法院对总统和议会等最高行政权力机构的审计在推动民主政治发展方面具有重要意义。在地方审计法院的协助下,国家审计法院得以领导几乎所有公共机关的绩效审计和财务审计,包括总统办公室、总理办公室、议会各部门等的绩效审计和财务审计。在2008年以前,国家审计法院对总统办公室的审计频率基本是3~5年一次。在2008年以后则是每年审计一次,审计的目的主要是提高公共资金使用的合法合规性和效益性,评价以前年度审计意见的整改情况,不断完善总统办公室的财务管理,使其起到表率作用。对总统办公室的年度审计大大提高了总统办公室管理的透明度和严格控制成本的能力,比如车辆使用、总统出差、采购招标和调查研究费等费用控制方面。

此外,法国审计法院主要通过对公共资金、公共政策等进行审计,使公民具有知情权,进而为其行使参与权、决策权、监督权提供保障。法国宪法第47条规定:"审计法院应协助议会监督政府的行为,协助议会和政府对财经法律的执行情况进行审计监督,对社会保障金融法案(Social Security Finance Acts)的执行情况进行审计监督,对公共政策进行评价。审计法院以公开公共报告的方式让公民获得知情权,了解公共行政机构的账目是否合理真实,并是否真实反映了公共管理、公共资产和财政财务状况。"可见,法国审计法院主要有两项使命:一是协助议会监督政府行为,协助议会和政府对财经法律和有关社会保障融资的各项法律的实施进行审计,并对公共政策进行评价;二是对公共资金的正确使用情况进行审计并告知公民。为了实现这一使命,法国审计法院通过媒体及其网站(www.ccomptes.fr)和Twitter(@Courdescomptes)发布越来越多的工作报告。这些成果都是可在线公开获取的,这些出版物的一些文件或信息也发布在法国审计法院的英文网站上(www.ccomptes.fr/en),满足了"人权和公民权利宣言"第15条的要求:公民有权询问任何公职人员职责内的事务。

5.2.3 法国最高审计机关服务民主政治的经验借鉴

从上述分析可知,作为典型的司法型国家审计管理体制的代表,法国最高审计机关服务民主政治的经验中值得我国借鉴的经验主要有以下三方面。

(1) 适当增加审计的处理处罚权,增强审计的威慑效应。国家审计机关具有较强的处理处罚权是司法型审计管理体制的重要特色。基于我国的基本国情,我国的审计管理体制是政党治理模式的中国特色的审计管理体制,在该体制下,国家审计机关是政府的组成部分,审计更多地发挥着信息鉴证的作用,在多数条件下无法对被审计对象采取处罚措施,只能将审计发现的问题和发现的有问题的官员移送到司法、纪检监察和有关部门进行处理,这大大削弱了我国国家审计的执法能力和威慑效应。国家审计机关处理处罚权的大小往往和审计的效果呈正比,我国未来可以尝试在现有的审计管理体制中增加国家审计机关的处理处罚权。

(2) 探讨国家审计机关对政治高层领导进行审计的可能性。公民对政治高层领导资金使用情况和履责情况的了解是民主政治的重要体现。我国国家审计机关的审计内容虽涵盖了所有的预算资金,但是尚未涉及对国家主席办公室、国务院总理办公室等有关部门的审计,因此,审计署可探索尝试定期对重要和敏感部门,包括国家主席办公室、国务院总理办公室进行财务和效益审计并在适当时候公布其审计报告。

(3) 提高审计工作成果的公开程度、获取的便利程度和可读性。我国审计署的审计结果公告的公开力度自 21 世纪以来逐步增加,公开方式也逐渐规范,但是目前还是存在诸多亟待改进之处。例如,地方国家审计机关的审计结果公开程度参差不齐,严重缺乏统一的口径和规范;各级国家审计机关的审计结果公告内容存在信息含量较低、可读性差、缺乏可视化处理等问题;国家审计数据可获得性差。通过前文的总结我们知道,保障公民对审计结果的知情权是法国宪法赋予法国审计法院的重要使命之一,这是法国最高审计机关促进民主政治的重大亮点。在这一使命的推动下,法国在审计报告的公开程度、审计报告获取的便利程度和可读性等方面都值得我国借鉴。

5.3 德国最高审计机关服务民主政治的经验分析与借鉴

5.3.1 德国最高审计机关的职责与定位

德国是典型的独立型审计管理体制的国家,其最高审计机关是联邦审计院。联邦审计院负责审计联邦政府的所有财产管理,包括联邦政府的特殊财产和联邦事业单位、社会保险机构以及联邦政府在私企中的股份。联邦审计院的突出特点可以概括为法律地位的超然独立性、审计质量控制程序的严谨周密性和咨询功能的主导性。

法律地位的超然独立性主要体现为联邦审计院依据 1985 年 7 月《联邦审计院法》设立,作为独立的国家审计机关,联邦审计院既不是行政、立法或司法机关的一部分,也不是其附属机构,只对法律负责。

联邦审计院在审计质量控制方面做得尤为细致和突出。联邦审计院对质量的控制机制贯穿审计计划、现场审计和报告编报等审计全程。审计的组织、目标、标准和程序等内容,在《联邦预算法》(第88条等)、《预算原则法》(第53条等)和其他法律,如德国《铁路改革法》和《联邦广播电视法》中有更加详细的规定。此外,联邦审计院的审计指南还制定了统一的审计标准和程序,并对所有被审计单位依据相同的质量标准执行审计工作。联邦审计院实行合议制原则,即与审计工作相关的决策通常由联邦审计院的工作人员"合议"作出。如果合议组无法就某一问题达成一致意见,需要将问题提交不同级别的决策会决定。某些特定的决策,如年度报告应包含的内容,则由院决策会决定。在国家审计机关职责方面,由院长和院决策会常务委员会根据法定程序协商起草的联邦审计院内部职责分工决定各审计局的责任范围。这种安排的主要目的就是要实现审计的全覆盖,避免任何可能出现的审计死角。

咨询功能的主导性是指联邦审计院越来越多地扮演联邦议院和政府的建议者角色,促进了联邦政府的高效运行。联邦审计院可在联邦议院实施计划之前为其提供咨询,促使立法机关修订法律,避免出现政策漏洞,尤其在开展风险较高的政府项目和计划时,联邦审计院的专业知识和建议对德国联邦议院及其拨款委员会的决策有重大影响。然而,联邦审计院不评判政策优劣,只是评估和报告决策的合理性和实际影响。也就是说,联邦审计院不可对政策是否应该执行发表意见,只是在政策实施前对执行的后果进行预期评估,在政策执行中检查政策的落实情况和预期效果的实现程度,并不作事后的评价。

5.3.2 德国最高审计机关服务民主政治的经验分析

联邦审计院在保障公民知情权、推进民主政治中最有代表性的经验便是联邦审计院的年度审计报告及其信息公开。该年度审计报告的形成过程如图5-3所示。

联邦审计院在开展每个审计项目时会将审计结果通报各有关被审计单位,两者共同协商核实报告内容。到年度末,联邦审计院以年度内开展的所有审计项目为基础,挑选出一些重要或有代表性的审计报告及审计意见进行汇总,形成审计报告草案,寄发给各有关被审计单位,让被审计单位再次核查相关事实和有关数据,收到被审计单位的回复后确定审计报告的内容。如果被审计单位对报告中的内容持有不同的意见,将在报告草案中进行说明。审计报告经联邦审计院的大决策①通过后方可成为正式的年度审计报告。

---

① 也有材料意译为"最高审计委员会",该委员会由16名成员组成:联邦审计长、副审计长、各审计局局长、3名审计处处长和2名指定的报告起草人。根据《联邦审计院法》规定,该委员会是最重要和必需的永久性机构。

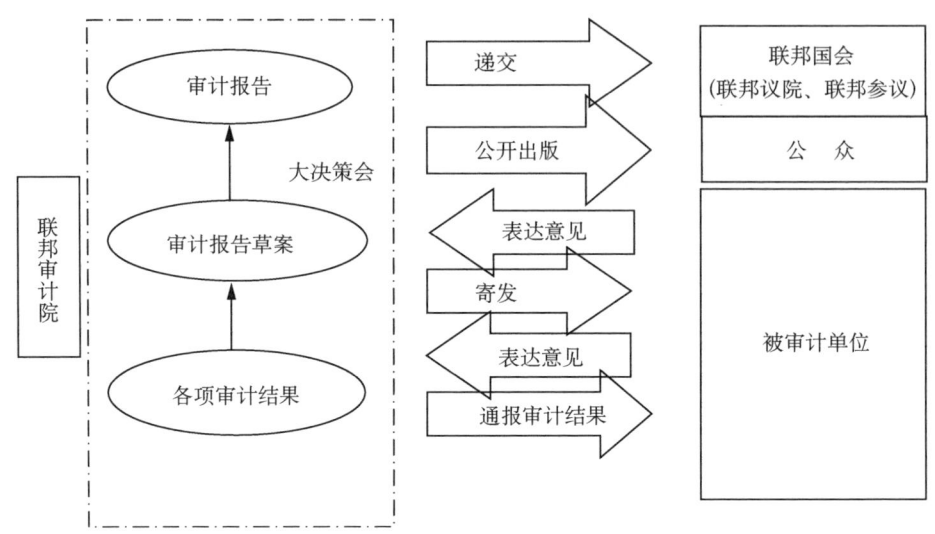

图 5-3 联邦审计院年度审计报告产生流程图①

联邦审计院每年在 11 月以召开新闻发布会的形式向公众介绍审计报告的重点,并在公开刊物上登载。同时联邦审计院会公开出版年度审计报告,并将其审计报告上传到其网站,公众可以公开获取审计报告的具体内容。这对于保障公民的知情权,促进公民政治参与、监督国家治理等具有重要意义。

年度审计报告在可读性方面也做得较好。联邦审计院出版的年度审计报告内容全面具体,采用图表与文字相结合的方式展现问题,并引入数据分析,这为公众理解、认同和使用审计报告提供了较大的便利。

联邦审计院对审计人员的素质要求十分严格,设立了严格的职业准入制度,如《联邦审计院法》第 3 条第 3 款明确规定:"成员必须具备高级公务员的资历。此外,他们还要有多方面的职业经验。审计长或副审计长以及至少三分之一的其他成员必须具有担任法官的资格。一定数量的成员应为经济学家或技术人员。"同时,联邦审计院为工作人员设立了操作性较强的在职学习和岗位培训制度。这对于提高联邦审计院的服务质量、为公民提供质量更高的信息提供了有效保障。

5.3.3 德国最高审计机关服务民主政治的经验借鉴

如前文所述,德国最高审计机关即联邦审计院主要通过公布年度审计报告的形式实现对公民知情权、参与权、决策权和监督权的保障。这一保障得以实现有赖

---

① 资料来源于审计署官方网站公布的国外审计动态第 13 期。

于年度审计报告的高质量、可获得性和可读性,这对我国国家审计机关的审计报告公开制度具有重要启示。

在报告质量方面,随着我国审计署业务范围的逐步扩大,尤其是在党和国家机构改革实施之后,国家发展和改革委员会的重大项目稽查、财政部的中央预算执行情况和其他财政收支情况的监督检查、国务院国有资产监督管理委员会的国有企业领导干部经济责任审计和国有重点大型企业监事会的职责划入审计署。我国也相应地对派出审计监督力量进行整合优化,旨在构建统一高效审计监督体系。面对新的形势,我国面临政府审计人员严重不足、政府审计人员素质参差不齐等问题,我国可以借鉴德国对政府审计职业准入,审计人员的招聘、分层设计和培养等制度提升我国现有的政府审计人员的工作胜任能力,为提供高质量的审计报告提供基础。

在报告的可获得性和可读性方面,我国可以借鉴德国联邦审计院的做法,定期对审计报告的要点进行整理汇总,用尽可能通俗易懂的语言向公众传达一段时期的审计结果。同时,在报告的设计中,改进现有纯文字和叙述性的表述方式,尽可能地引入图表甚至动态图阐述审计的重要要素,便于公众快速吸收审计报告的要点。

6 审计参与听证制度探讨

6.1 听证制度

6.1.1 听证的含义

《辞海》将"听证"(hearing)解释为:一项安排或处置须经相关者对其必要性、合理性和合法性进行质证才能设定和实施的制度。听证也称听取意见,其内涵非常丰富。从程序内容方面看,听证制度是行政机关在作出与当事人有利益关系的事情的决定前必须听取当事人意见的一种程序;从制度功能方面看,听证制度是行政机关在行使权力时保证公平、公正以及公众自身利益的重要制度。

当前,听证是公共权力部门获取意见的一种方式。听证的形式可分为正式听证和非正式听证,其中正式听证包括审判型听证、准司法听证、证据听证、裁决听证,而非正式听证有辨别听证、准立法听证、陈述听证等(Davis,1982)。前者一般是指在制定法规、条例或就具体案件作出裁决时所采取的程序;后者则属于非审判型听证会,与审判型听证会相比,在非审判型听证会上利害关系人的陈述对决策机关没有约束力(刘勉义,2004)。基于听证参与人范围的不同,听证可分为公共听证和私益听证。公共听证亦称行政公听,涉及多方利益,会有公众参与,主要包括立法性公共听证和准司法性公共听证或行政决策听证;私益听证则具有防御功能,以自然正义原则和正当法律程序原则为基础,是与特定个体的利益直接相关的听证。此外,听证制度依据举行时间不同,可分为事前听证、事中听证和事后听证;依据表达方式不同,可分为书面听证和口头听证。

听证作为一种制度安排,其要素包括:当事人享有官员公正主持的权利;当事人享有听证重要事项的知情权;当事人享有辩护的权利;当事人享有通过正当手段对不利证据进行驳斥的权利;当事人享有律师陪同的权利;当事人享有行政机关只能根据记载的证据作出裁决的权利;当事人享有取得全部案卷副本的权利(刘勉义,2004)。

除涉及国家秘密和法律限制听证外,行政机关必须举行公开听证会。美国最高法院指出,确定听证的形式需要考虑以下三因素:行政决策时对私人利益带来的影响;利益损失风险以及利益保障;政府利益以及政府负担。在听证实施过程中,内容涉及听证通知、听证参与人、听证前的准备工作、听证举行时的事项以及听证记录等(席涛,2006)。行政机关在进行听证邀请时,应说明时间、地点、规章草案的主题、听证目的、问题说明、成本—收益估算、净收益、相关的法律条款等要素。听证的参与人主要有公众、独立政策研究机构的专家学者、政府相关监管机构的公务员以及主动报名要求参加的民众。听证前需准备的文件包括现实中存在的市场失灵的某种表现方式的陈述报告、规章草案、成本—收益分析报告、相关的法律法规、学术论文等。听证程序一般包括:听证主持人就听证会的内容进行介绍,让参与听证的人员了解本次听证情况;对听证过程的内容作详细记录;听证结束,整理归档听证文件以便今后查证。例如,云南省人民政府法制办公室公告(2014年第17号)"关于以省政府名义举行《云南省水上交通安全管理办法(草案)》立法听证会的公告(第1号)",主要包括听证事项、听证时间和地点、听证陈述人(听证代表)和旁听人、报名时间、方式和要求、听证会参会通知、附件(草案)等内容。

听证是一个带有现代民主色彩的制度,随着社会经济的不断发展,它在人民的生活中扮演着越来越重要的作用。听证通过监督权力机关的行为来督促权力机关以身作则,依法公平公正地行使权力,让权力机关的活动在公众的监督下进行,为人民民主提供保障。2014年,《江西省人民政府办公厅关于印发江西省重大行政决策事项听证办法的通知》指出"听证会一般以现场会议形式举行,也可以通过视频、网络等形式举行"。

听证的实质是给利害关系人维护自己合法权益提供机会的一种方式。听证制度极大提升了行政活动的透明度,体现了行政相对方参与行政活动的原则;同时,听证制度减少了执法成本,为作出正确的行政决策提供了有力保障,有利于提高行政效率,保障行政相对方的合法权益(许传玺和成协中,2002)。利害关系人可以通过听证的形式,发表自己的意见,陈述事情的情况,当面进行质证,反击非法侵害行为。由于不同的听证涉及的利害关系人不同,因而听证参与人也有所不同。以价格听证为例,2008年,《政府制定价格听证办法》中第九条规定"听证会参加人由以下人员构成:消费者、经营者、与定价听证项目有关的其他利益相关方、相关领域的专家、学者、政府价格主管部门认为有必要参加听证会的政府部门、社会组织和其他人员"。同时,听证会参加人的人数和人员的构成比例由政府价格主管部门根据听证项目的实际情况确定,其中消费者人数不得少于听证会参加人总数的五分之二。

综上,听证主要分为以下两类:一是广义听证,即行政机关为了能够作出科学合理的决策,广泛听取当事人意见的程序,如利息税听证、婚姻法听证、房产税收取听证等;二是狭义听证,即为维护利害关系人的合法权益,给利害关系人提供表达意见的机会,使其能够对事情进行质证,如个人违规处罚听证。

6.1.2 听证制度的起源与发展

1. 英国的听证制度

英美法系不同于中国大陆法系,大陆法系的法律为法典化的成文法形式,而英美法系的法律是判例和法律文本相结合的形式。英国虽然是程序正义原则发展最早的国家,但缺乏严格的程序正义法律,它以单行的法律法规为主,以判例和立法形式确立的行政程序规则为听证原则的发展奠定了坚实的根基。

"听证"(hearing)一词最早源于英国古老的自然正义原则,在该原则下英国皇家法院为了保证权力的公正行使,要求其下级法院和行政机关严格行使职权。该原则包括两个程序规则:一是任何个人或团体在作出影响他人利益的决策时,必须听取当事人意见,目的是保障当事人有为自己辩护的基本权利;二是任何个人或团体不能担任牵涉自己案件的法官,目的是避免个人或团体出现为了包庇自己而损害他人利益的行为,以实现社会的公平公正(王名扬,1997)。

听证制度是现代行政程序法的核心制度,也是现代民主的标志。伴随着行政权力的不断扩张,听证制度也渐渐在行政领域运用。20世纪后听证制度广泛运用于行政领域,主要原因在于立法机关的立法活动存在局限,行政立法迅速发展。然而,依据自然公正原则,行政机关的行政立法权等同于立法机关的立法职能,需要按照立法听证的要求举行行政立法听证。同样地,行政机关带有司法性质的职能,需要按照司法听证的要求举行行政司法听证。因此,行政听证涵盖了立法听证和司法听证,目的在于让行政机关秉承公正、合理以及科学的原则行使立法权和司法权,同时保护当事人的合法权益,提高行政效率。随着社会经济的发展,行政权力不断扩大,国家必须加强和完善听证制度,以预防行政人员利用手中职权谋取私利,损害人民群众的合法权益。同时,国家也可以将听证制度作为自己行政控权和民众参政的重要手段,从而实现国家的良好治理。

2. 美国的听证制度

起源于英国的听证制度在美国得到迅速推广和发展,现今,美国的听证制度已经形成较为完备的制度体系。在美国,听证制度被广泛应用于审计领域。美国审计署发布的审计报告数量大,形式多样,涉及主题广泛,反映内容翔实,综合使用文字与图表,其正文与附录前后呼应,能较好地满足利益方对信息的多样化需求。鉴于此,本部分将详细介绍美国审计署在国会听证的证词。

(1) 绩效审计报告与证词。审计署发布的绩效审计报告中,有一部分被称为"证词"(testimony),即"证据支持",是美国审计署根据国会有关委员会的要求提供的,目的是向该委员会或其成员说明有关事项,为该委员会职责范围的事项提供证据支持。

证词有两种类型:第一种是美国审计署官员在国会的听证会上,采用发言稿所表述的证词。这种证词通常需要考量国会相关委员会听证的需求,针对某一方面的专题进行讨论,相关行为具有动态连续性及系统性,该类证词以前期有关的审计报告和审计证据为基础,结合当期具体情况进行详细分析,据此作出总结,能够为国会提供较为全面系统的相关信息。2009年,代理审计长多达罗就"问题资产救助计划"向国会发表了"增强监督救市资金的透明度和责任"的证词,其背景是:《经济稳定紧急法案》于2008年10月3日批准问题资产救助计划,要求美国审计署至少每60天要汇报监督"问题资产救助计划"行动状况的调查结果。审计署还负责审计金融稳定办公室的年度报表,并对履行这些监督职责中所发现的问题发布专项审计报告。多达罗该项陈述的依据首先是2009年1月30日的报告,其次是《经济稳定紧急法案》,及有关审计署在2008年12月2日报告中提出的九项建议的后续行动。陈述还提供了有关最近发展动态的其他信息,包括财政部最新的财政稳定计划。其他证词诸如,2007年审计长沃克在美国参议院军事委员会的证词"美国审计署质疑驻伊美军作用"、2009年代理审计长就金融监管体系改革向国会所作的证词"金融监管:制定和评估,美国金融监管体系改革提案的框架"、2011年审计署财务管理与保证部主任加列·T.恩格尔在国会的证词"2011年黄金储备透明度法案"等。第二种证词针对某一具体的审计事项,在每个月度与其他类型的审计报告同时发布,该类证词的格式与一般审计报告相同,编号的后缀为"T"。例如,2006年5月,美国审计署向美国参议院的联邦财政管理、政府信息和国际安全小组委员会、国土安全和政府事务委员会于会议前发布了"更好的透明度、控制、启动和债务拖欠处理机制,将帮助应对巨大和增加的长期财政挑战(GAO-06-761T)"的证词报告。报告指出:由于目前国家缺乏有效的预算控制机制和其他相关机制,导致我们应对预算挑战的能力正不断削减,从而使长期财政前景堪忧。为此,美国审计署提出四项审计建议:修订现有的预算程序和财政报告要求;重建现有的授权程序;重新检查可自由支配支出和其他支出的基础;检查和修订税收政策和实施程序。美国审计署还强调:根本的措施是自上而下地检查政府的活动以确保平衡,且重点优先关注适应21世纪与透明相关的事项。例如,2014年2月12日在会议之前向美国参议院的国土安全和政府事务委员会发布的"极端天气事件:有限的联邦财政揭示与逐渐增加的国家适应性(GAO-14-364T)",2014年3月在会议之前向众议院的高等教育和劳动力培训小组委员会、教育和劳动力委员会发布的"联邦学生贷款:关于违约贷款修复需要加强的监督报告(GAO-14-426T)"等大量审计证词报告。

2010年,美国审计署向国会提交了67份证词。2012年,美国审计署在各个国会委员会会议之前作证159次。美国审计署在为纪念其成立80周年的关于美国审计署发展历史的文章中指出:2000年财政年度,GAO监督检查了社会安全改革、国防采购、军队维和行动、税收政策、计算机政策、管理人力资本和联邦机关违反安全纪律的情况;在以往的财政年度,GAO的官员们为国会104个不同的委员会和分委员会作证,共向国会提交263份证词,涉及的内容包括武器控制、卫生保健、社会安全、人力资本、核废料清除、野火、计算机安全、航空安全和保证、国际贸易、预算问题和财政管理改革。2007年至2009年,在美国应对金融危机的过程中,美国审计署围绕金融监管、不良资产救助计划、复苏与再投资法案等方面的问题,及时开展了一系列分析研究和跟踪审计工作,截至2009年年底,已累计向国会发表了10余次证词。

(2)财务审计报告与证词。财政部部长以及管理和预算局长每年都要按照要求向总统和国会提交美国政府的财务报表,美国审计署负责对联邦政府年度合并财务报表的审计。1990年颁布的《首席财务官法案》规定,美国联邦机构监察长、受托独立外部审计师对联邦机构财务报表进行审计,审计署审计长被授权复核这些审计工作,审计长必要时可以直接对联邦机构财务报表进行审计。这类财务审计报告同样放置于"报告与证词"栏目。美国审计署的财务审计报告非常详细,不仅有审计署的具体审计意见和说明,还将每个联邦机构和主要实体获得的审计意见类型用表格列出,方便阅读者得到更多信息。

自1997年以来,在对联邦政府年度合并财务报表的审计过程当中,美国审计署无一例外地出具了"拒绝表示意见"的审计报告,理由大致雷同,即联邦政府财务报表存在重大控制缺陷及审计工作范围受到限制,支撑结论的事情有:国防部的财务管理问题存在严重缺陷,会计和审计制度的混乱导致审计工作无法正常开展;联邦机构间的内部活动不协调,资金运转不透明;综合财务报告编制流程的不科学使报告信息的真实性较差。审计署坚持认为,综合财务报告的编制质量有待进一步提高,以改善联邦政府的财务管理水平。此外,在 24 个主要联邦机构中,多数机构获得了无保留审计意见,但有些部门得到的是非无保留意见,其中国防部被出具了"拒绝表示意见"的审计意见。

2014 年 2 月,美国审计署对 2012—2013 年联邦政府合并财务报表进行了审计。由于内部控制的重大缺陷、重大的不确定性、审计范围的限制等原因,美国审计署出具了"拒绝表示意见"的审计报告。审计报告指出了三个主要问题:一是国防部严重的财务管理问题;二是联邦政府不能很好地协调政府部门间的行动和保持联邦机构之间的平衡;三是联邦政府编制合并财务报表的流程无效。这些问题导致以下结果:一是限制了联邦政府对资产、负债、支出的重要部分和其他相关信息的可靠反映;二是影响了联邦政府对全部支出以及某些项目和活动的财务与非财务绩效的准确评估;三是降低了联邦政府保护重要的资产和记录各种大小事务的能力;四是妨碍了联邦政府以可靠的财务信息为基础开展有效的运营。美国审计署还进一步指出,长期财政预测表明,若缺乏政策变化,联邦政府将继续面对不可持续的长期财政道路。

3. 德国的听证制度

在形式上,由于行政规则包含在行政立法程序中,德国明确规定采用司法型听证程序;在程序上,《德国联邦行政程序法》并没有对行政立法做严格的程序要求。立法听证的会议在什么时间、哪个地点召开,以及听证的事项和参与人员等均由议会决定。此外,同日本听证类似,《德国联邦行政程序法》对听证是否公开作出了明确规定:大多数听证都不对外公开,只有在个别特殊情况下才公开。德国听证制度在对适用范围的规定上是从总体再到特殊,即先对听证制度作出总体规定,然后针对特殊事项进行精细规定。同韩国《行政程序法》类似,行政机关应当给当事人提供发表意见的机会。对于听证程序,由于德国注重听证的效率,因此,其以非正式程序为主,并且程序简单、目的性强。

德国的听证主要有以下五种类型:征询听证(行政听证),如针对城市建设与规划相关事项征询公众意见;立法听证或参与式听证,如党团(党组)就法律草案举行听证;立法调查听证,如就政府行为、腐败问题、严重的渎职行为或其他法律问题等举行的听证;立法政策听证,如就是否应当把保护环境写入宪法举行的听证;由议会之外的其他组织举行的非立法听证(亚历山大·隆德留司,2004)。

从听证组织者角度来看,主要有联邦政府听证(hearings in the federal government)、议会听证(hearings in the parliament)、立法外的听证(hearings outside the legislative process)、州议会听证(hearings in state parliaments)、地方议会听证(hearings in local parliaments)。总体来看,德国听证主要有两种模式,即正式听证和非正式听证。

一般而言,听证主要的参与人员可分为直接利害关系人和间接利害关系人。然而,在德国,代表各方利益的社团是听证的重要参与方。社团是从事不同社会服务活动的社会组织,涉及政治、经济、文化等领域,代表了不同的利益主体。德国联邦议会的官员可以以顾问、代表等身份参与社团,但是在听证过程中,议员所涉及的利益团体参与听证时,议员应当回避,且听证委员会可以限制社团参与的人数。另外,若行政程序对第三人的权利造成影响,行政机关可主动通知其参与听证,从而保障其合法权益不受损害。在听证记录方面,各国对于最终决定是否要以听证会上的记录作为依据的规定有所不同。例如,德国规定的是行政官员须综观全局,对整个程序的结果进行再三考量方可作出最终决策;换而言之,德国的听证记录并不是唯一的决策依据。而美国规定最终决策须以正式听证中的听证记录为依据。

4. 日本的听证制度

同美国、德国的听证制度相比,日本听证制度的特点之一是"再听证",即鉴于第一次听证已结束,在必要的情况下,行政厅可退回听证报告书,令相关部门重新听证。"再听证"的使用并非无条件,其主要适用于当行政厅认为未经听证审理的部分证据使其作出不利处分的判断时,才会进行再听证,行政厅不能强制作出不利判断。日本在2005年修订的《行政程序法》中新设三项行政立法程序,即公开征集意见程序、对提出意见的考虑义务与结果公示义务。其中,公开征集意见程序意味着公众参与,但实际上,这一程序属于"例外条款",公众参与的初衷是保证公平。然而,基于制度和行为经济学,考虑到成本,所有公众无法直接参与,因而由公众代表参与,当公众代表代表不同的利益团体时,公众参与存在相互的博弈。如果利益团体的实力不均衡,那么占据优势地位的利益团体会对最终结果造成影响,从而造成不公平的现象发生,严重的甚至可能产生管制俘虏效应(The Capture Theory of Regulation)。

听证通知是行政机关在作出行政决定前,将有关听证的重要事项告知相关利害关系人的程序。行政程序法对需告知的事项有详细的规定,目的是保护公民的权利,以防行政机关随意决定。日本规定在举行听证的 10 天前,行政机关应送达通知,特殊情况下,在通知送出两周后视为通知已送达。在听证程序上,美国未对回避人进行规定,以自由决定为主,而日本在这方面的规定更详细、更谨慎。对于听证的相关资料,听证参与人在听证全过程中可参阅相关的资料档案,行政机关不得随意拒绝。与英美国家相比,日本的听证主持人认为当事人的陈述不必要时,有权决定禁止当事人陈述,英美国家的听证主持人则无权决定当事人的陈述范围。

综上所述,各国听证制度存在一定的差异,在相互借鉴的同时,体现了各自的特色,如美国听证制度相对健全,但行政效率和行政连贯性较差,而日本则更注重听证的适用性和操作性。表 6-1 总结了各国听证制度概况。

表 6-1　　　　　　　　　各国听证制度概况

英国的听证制度	美国的听证制度	德国的听证制度	日本的听证制度
听证起源的时间相对比较早。 两条基本原则:一是任何个人或团体在作出影响他人利益的决策时,必须听取当事人意见;二是任何个人或团体不能担任牵涉自己案件的法官	起源于英国的听证制度,在美国发展相对完善。 GAO 参与听证审计的程序、报告等都非常成熟;最终决策须以正式听证中的听证记录为依据;未对回避人进行规定,以自由决定为主	对听证适用范围的规定从总体再到特殊。 听证主要有两种形式,即正式听证和非正式听证;听证记录并不是唯一的决策依据	鉴于第一次听证已结束,在必要的情况下,行政厅可退回听证报告书,令组织方重新听证;对回避人的规定更详细、更谨慎

6.1.3　中国的听证制度

中国是典型的社会主义国家,而社会主义倡导人民当家作主,人民民主是社会主义民主政治的核心。听证制度是人民民主的体现,虽然中国的宪法没有对听证制度作出相关规定,但是中国的国家体制为听证制度的发展提供了良好的平台。另外,《中华人民共和国立法法》《中华人民共和国行政许可法》《中华人民共和国行政处罚法》及《中华人民共和国价格法》等法律在不同层面为听证制度的发展提供了依据。

1. 中国确立听证制度的宪法依据

人民民主原则为听证制度发展奠定了基础,也是我国听证制度的宪法依据。我国宪法中没有明确条文对听证制度作出相关规定,但是,宪法第二条第 3 款规定"人民依照法律规定,通过各种途径和形式管理国家事务,管理经济和文化事业,管理社会事务"。宪法第三十三条第 2 款规定"中华人民共和国公民在法律面前一律平等",我国公民在法律面前享有人人平等的权利,这也是民主的充分体现。宪法第二十七条第 2 款规定"一切国家机关和国家工作人员必须依靠人民的支持;经常保持同人民的密切联系,倾听人民的意见和建议,接受人民的监督,努力为人民服务"。2002 年 11 月,中共十六大报告提出"各级决策机关都要完善重大决策的规则和程序,建立社情民意反映制度,建立与群众利益密切相关的重大事项、社会公示制度和社会听证制度,完善专家咨询制度,实行决策的论证制和责任制,防止决策的随意性"。以上规定,为中国听证制度的确立提供了法律依据。

2. 行政处罚法中的听证

行政处罚法是我国最早对听证制度作出明确条文规定的法律,不仅在听证制度发展上具有重要的历史意义,且克服了我国行政程序的缺陷。我国原有的行政程序是一种封闭状态,从行政处罚实施之前到最终行政程序结束,都不对外公开,即全程都是一个封闭过程,未能体现民主。民主政治要求行政程序做到公开透明,为维护公民的合法权益提供保障。听证制度是在民主的基础上发展起来的,行政处罚法加强听证制度就是对民主的推进。同时,行政处罚法也为我国修正原制度的缺陷提供了良好机制。在行政处罚法设立听证制度之前,为避免出现侵害公民合法权益的现象,我国实行了行政诉讼制度、行政复议制度以及国家赔偿制度等。虽然这些制度在对公民权益受到侵害时提供了一些补救措施,但事后补救存在诸多缺陷。行政处罚法规定的听证制度能够在事前进行预防公民权益免受侵害,有效保障了公民的合法权益不受侵害。听证制度让公民参与行政决策和社会治理,是对公民权益的更好保障,同时也是促进我国人民民主、实现社会主义民主的有效途径。

3. 价格法中的听证

价格法第二十三条对价格听证作了明文规定,要求政府部门在对与公众切身利益相关的商品和服务进行定价时必须举行听证,接受各方不同利益者的意见,使定价具有合理性。2008 年 1 月,中华人民共和国国家计划委员会签署的《政府价格决策听证暂行办法》开始实施。《政府价格决策听证暂行办法》中对听证项目实行目录管理,同时对需要举行价格听证的商品和服务作了明确规定,对价格听证中的其他内容也进行了相应的说明。《政府价格决策听证暂行办法》提到对列入目录的项目的定价必须举行听证会,以保障公平公正;而对其他未列入的项目则需视情况而定,行政机关以及个人不得随意决定。此外,《政府价格决策听证暂行办法》特别强调参与听证的人员的范围必须涉及各种利益相关的公民,听证会的内容必须公开透明,充分体现了民主政治。

价格法对价格听证做了明确说明,目的在于以法律条文形式对价格调整进行控制,最终达到保护公民合法权益的目的。实践证明,举行听证会不仅是对公民权益的保障,也是对政府决策与履职活动的监督。让公民参与价格听证是推进国家治理的有效方法,维护了国家公正形象,也极大地降低了政府运行成本。价格法的实施是我国价格决策听证制度正式确立的标志,公民参与价格决策,代表着我国听证制度的进一步发展,是听证制度不断深入经济社会各个领域的象征(顾长浩,2007)。

4. 立法法中的听证

立法法中也有关于举行立法听证的相关条文,第三十六条和六十七条分别要求:列入全国人民代表大会常务委员会会议议程的法律案件和起草行政法规的过程,都必须以举行听证会等形式听取各方不同利益者的意见。此外,《行政法规制定程序条例》和《规章制定程序条例》也要求将听证会形式运用到行政立法领域。

立法法是我国立法听证制度的法律基础,将听证运用到立法领域对建立民主法治社会有着积极的推动作用。法治建设是我国的战略重点,要让国家做到有法可依、有法必依,听证就起到了非常关键的作用。听证制度使人民可直接参与各项法治活动,有了人民的监督,法治活动将能更好地促进民主政治。自《立法法》实施以来,各部门相继制定了立法听证规则,推进了听证制度在立法领域的迅速发展。

5. 行政许可法中的听证

行政许可法中的相关条文有对听证制度的明确规定,第四十六和四十七条提到在实施行政许可时,应当根据利害当事人的要求举行听证,这也为利害当事人提供了维护自身权益的手段,利害当事人有举行听证的要求,行政机关必须举行听证会,且听证会必须公开透明。行政许可法对听证制度的适用范围作了进一步的推广,要求行政机关作出重大公共利益决策必须举行听证会议。行政许可法对听证的其他方面进行了改善,进一步完善了听证制度。

上述法律法规从不同的领域对听证制度作了有关规定,为我国的听证制度提供了法律依据,同时,也让听证从行政领域逐步扩大到立法等领域,为国家治理提供良好的社会机制,为促进人民民主提供了有力保障。中国的听证制度已经得到了一定认可,但是听证制度体系仍处于初级发展阶段,各方面都亟待进一步修正与完善。

综上所述,实施听证制度是民主政治发展的需要,是保证公共权力部门公正行使公权力、彰显民主化的一种表现。现实中,听证过程仍会存在相应问题,日本以举行"再听证"的方式来尽量规避这些问题,英国则对没有做到公平公正的决定进行撤销,中国采取的是行政复议制度和国家补偿制度。而美国审计署在听证制度的实施过程中起到了非常重要的监督作用,美国审计署的监督和控制有效保证了听证程序。可见,听证过程的每一个环节都非常重要,听证前对当事人的通知是否到位、各方信息是否准备充分等都是听证能否顺利举行的关键所在。同时,听证过程中,各方能否提供有效的证据且证据的真实性问题、相关关系人的回避问题等需要解决。听证后听证决策的有效实施问题也十分重要。事后救济对当事人来说是滞后的措施,且损失可能已经无法挽回。要想尽量规避这些问题带来的损失,最好的办法是让审计参与到听证当中来。例如,在美国,审计参与听证是保障听证制度过程能够顺利有效进行的一种方式,有了审计的参与及监督,有助于促进听证过程的公正、合理、科学。

6.2 审计参与听证制度推进民主政治发展的作用机理

6.2.1 听证与民主政治

2014年10月,中国共产党第十八届中央委员会第四次全体会议首次专题讨论了依法治国问题,依法治国需要加强法治建设,完善立法制度,促进政府科学、民主的决策。听证制度是政府科学、民主决策的一个重要的辅助工具,是依法治国的重要手段。民主政治的原则主要包括法治原则、选举原则、参与原则、有限权力原则、多数原则、妥协原则等(田秋蓉,2012)。民主是随着社会的变化而不断变化的,民主政治的核心是人民民主,而我国的社会主义的本质就是人民当家作主,即人民民主。从听证的功能来看,听证能体现人民民主,促进民主的实现。

具体来说,听证制度主要有以下五个功能。

(1) 实现人民参政议政功能。民主是指人民当家作主,成为国家和社会的主人。随着政治经济的不断发展,公民的民主意识不断增强,他们要求享有参政议政的权利,而听证制度是人民民主的体现,听证制度为公民参政议政提供了良好的平台。在各个不同领域建立听证制度,举行听证会议,使公民参与其中,有利于公民对自身利益的维护,是有效的民实践。听证制度实现人民参政议政的功能不仅是对公民权益的维护,也是对社会主义民主政治的推动。

(2) 促进信息透明功能。相关机构在举行听证会议之前需要对听证相关内容进行采集,即收集信息,听证制度的信息收集功能在立法和行政听证中得到了良好的体现。在立法听证过程中,权力机关为了确保最后决策的准确性,必须通过大量收集相关案件信息全面了解整个案件过程。与立法听证收集信息功能类似,行政听证向当事人提供陈述意见的机会,当事人也需要提供证据,从而使行政机关获取信息。无论何种听证,目的都是充分收集信息,了解事实真相。举办听证过程不仅是对民众负责,也是国家权力机关在民众中树立良好形象,传播政府部门科学、公开执政理念的途径。

(3) 协调和平衡利益功能。民主政治是公共权力公正行使的主导因素,听证制度为公共权力的公正行使提供了良好的契机。中国的公共权力主要体现在立法和行政两个方面,听证制度在这两个方面起到了协调和平衡利益的作用。听证制度为有不同利益诉求和意见的人提供了一个可以各抒己见的平台。同时,公共权力机关作出决策时,也需听取当事人的意见以及考虑当事人提供的证据。由此可见,听证制度有协调和平衡利益的功能,可减少利益冲突的发生。

(4) 提高决策水平功能。政府机关通过公正行使公共权力为人民造福,但随着人民民主意识的不断提高,对公共权力行使的科学性有一定的要求,为此,我国在决策程序中引入听证制度。决策程序中的听证有助于提高决策的科学水平。例如,行政决策程序中的价格听证通过公民的积极参与以及对各方利益的权衡,提高了政府定价行为的科学性、合理性。除此之外,立法型听证和其他听证行为通过听证活动充分了解民众的合法诉求、获取各类相关信息,借助合理高效的听证程序步骤提高了决策的科学水平。

(5) 强化监督效用功能。实际上,听证制度的实施也是对立法和行政等公共权力机关履职行为的一种监督。听证制度的公开透明机制为外界监督提供了便利。同时,听证制度让公民参与决策行为,对公共权力机关进行直接监督;公众可以在听证过程中阐述自己的意见,为维护自身权益同利益相对方进行辩驳。听证制度的强化监督效用功能给公众提供了保障自身权益的权利,同时也为政府机关行使权力营造公平的环境。

6.2.2 审计与听证

从审计与听证的关系看,与审计相关的听证活动主要有两类:一是审计活动中的听证(审计听证),主要针对审计处罚权的实施;二是审计参与听证,即有审计参与的听证活动,如审计参与的价格听证(目前审计参与听证较少)。对于审计听证,当前有法可依。根据《中华人民共和国审计法》第四十五条,审计机关具有一定的处罚权。行政处罚法第三十二条规定"当事人有权进行陈述和申辩。行政机关必须充分听取当事人的意见,对当事人提出的事实、理由和证据,应当进行复核;当事人提出的事实、理由或者证据成立的,行政机关应当采纳",也就是说,审计机关实施处罚前应听取当事人的意见,即审计听证。特别地,《审计机关审计听证的规定》(中华人民共和国审计署令第 1 号,2000 年)规定"审计机关对被审计单位和有关责任人员作出下列审计处罚前,应当向当事人送达审计听证告知书,告知当事人在收到审计听证告知书之后三日内有权要求举行审计听证会"。审计听证中审计机关是主体,具有处罚权,而被审计机关陈述证据。审计听证是审计机关的一种调查方式。对于资本市场而言,也存在另一种审计听证,即审计人员是陈述证据的主体,而这时的调查主体是监管部门,如证监会、财政部等对会计师事务所或上市公司出具行政处罚公告前的听证。然而,在中国,针对审计参与听证,相关的学术研究较少,审计听证在实践中的应用也较少。因此,本部分主要对审计参与听证进行理论探讨。

概括而言,审计与听证的关系可从以下两个方面理解。

1. 审计参与听证是审计功能的拓展

审计是一种依靠法律、用权力制约和监督权力的方式,可以起到预防、揭示和抵御不良侵害的作用,是国家治理大系统中的一个良好的"免疫系统";审计是国家政治制度中不可或缺的重要组成部分(刘家义,2012)。国家审计可以理解为在一国法律系统内与民主法治体制下,为公民评价政府受其委托从事公共事务或提供公共产品的责任履行情况而由单独设立机关所实施的监督,这种监督一般以经济监督为核心并向外延伸。国家审计在政府的责任履行过程中也起到举足轻重的作用。国家审计的根本特征在于监督,监督政府的行为,监督政府作为全体公民的代表是否依据公民的意愿履行相应职责,尤其是与经济相关的职责,并通过这种监督实现政府间权力的分配与相互制约。毫无疑问,在代议制或类似代议制政府模式中,政府应受监督的内容非常广泛。

国家审计的根本目标是实现人民福祉,国家审计关注的重点必然是与人民幸福息息相关和最能发挥审计效率的方面,即国家审计应重点关注民生、腐败和政府透明三大问题。民生问题是人民民主的重要体现,解决民生问题可以发挥审计的监督和评价职能;腐败问题是当前人民最关心和亟待解决的问题,解决腐败问题可以发挥审计的监督作用;政府透明问题是国家治理的基础问题,解决政府透明问题可以发挥审计的鉴证和评价职能。

总而言之,国家审计通过参与听证活动,为人民监督和参政议政提供了重要的信息,从而促进了民主政治的发展。首先,国家审计及时、有效地向公众公开审计结果信息,这不仅使社会公众对政府责任履行的知情权得到了保障,也促进公众对政府部门财政收支等情况的监督。其次,国家审计能够在促进预算民主和重大决策民主方面起到重要的监督作用。预算民主保证了财政资金的合理使用,而重大决策民主则促进了民主政治的有效实施。必须加强国家审计在评价和解析财政预算中的作用,以更好地实现对预算的民主监督。最后,国家审计评价重大决策的透明度并发挥其监督职能,为更好地实现民主政治服务,为人民民主提供保障。

2. 审计参与听证是公共受托经济责任的本质要求

审计的产生和发展源于受托经济责任,国家审计因公共受托经济责任而产生,主要对公共受托经济责任进行监督和评价,从而促进公共资源的有效使用,保障公民的切身利益。随着公共受托经济责任内容的不断丰富,国家审计功能也将随之不断拓展。

听证制度包括立法听证、行政决策听证和具体行政行为听证。其中,立法听证包括与国家法律和地方性法规、自治条例和单行条例相关的听证;行政决策听证包括与行政法规、规章、规划等相关的听证;具体行政行为听证包括与行政处罚、行政许可和行政强制等行政处理决定相关的听证。听证制度让公民有了参与行政权力机关(公共权力部门)决策的权利,公民参与决策,对公共权力部门行权行为进行监督,不仅维护了公民的切身利益,同时也保障了公民的民主权利——参与权,并为实现决策权、监督权和知情权提供基础,最终促进民主政治的发展。听证制度的发展旨在预防行政权力机关滥用职权危害公民的相对权益。审计参与听证制度是指审计人员参与听证活动,对听证程序的合法合规性、听证过程的公平公开性与听证结果的公正严明性等实施监督与提供保障,从而确保制度公平、公正、公开,促进民主政治发展的一种制度安排。此外,公共受托经济责任是基于政府与公民之间的相对关系而形成的,政府实施听证制度是对人民负责,也是公共受托经济责任的充分体现。

6.2.3　审计参与听证制度与公民参与权的实现

"民主"一词最初意为"人民的统治"(the rule of the people),它由希腊语的 demos(人民)和 kratia(统治或权威)演变而来。可见,"民主"其实是一个政治概念,是一种政治制度,它代表了人民的权利。人民具有管理国家的权利,并且这个权利并非只属于某一个人,而是属于国家的每个公民。也就是说,民主给了人民一个不一样的社会环境,民主的国家由人民自己当家作主,全体人民都有参与政府决策的权利。然而,民主作为一种制度,其最大特点在于以人民的意志作为政治合法性的基础。现代国家审计是民主政治的产物。民主政治的发展制约着国家审计的发展,如果没有民主政治,也就不会有公共受托经济责任的产生,当然也不会有国家审计的现代化,同时亦不存在现代国家审计。相应的,现代国家审计反过来也促进了公共受托经济责任的发展,进一步地推进了民主政治的发展。现代国家审计是人民的眼睛,它对权力机关进行监督,为维护人民的权益提供机制保障,其代表着广大人民的利益,为人民工作,对人民负责。

随着社会制度和治理体系的不断完善,民主政治的制度建设持续健全,人民对于参与社会公共事务的愿望和需求不断增强,为了确保国家治理及经济活动等关系民生和民主的事务在公平、公正、公开透明的环境下进行,听证制度起到了至关重要的作用。我国的听证制度包括立法听证、行政决策听证和具体行政行为听证,这些听证制度在很大程度上满足了公民对于参与社会治理、国家治理和行使民主权利的诉求。例如,举行国家审计领域相关法律法规施行前的听证。国家审计本身是一种监督机制,公民参与该项法律法规的听证活动直接行使了参与权,公民的决策权、监督权和知情权的实现也因此间接得到保障。然而,由于制度运行过程中缺少相关的制约和监督措施,听证制度的有效性未能得到保证,公民某些合理建议没有得到采纳,部分合法权利也没有得到保障,导致其民主功能未能充分发挥。审计作为一种有效的监督与反馈机制,若将审计具有的制约和监督功能融入听证制度,使人民参与社会或者国家治理的权利得到保证,便能推动民主政治的实质性发展,从而完善社会主义民主制度。因此,审计参与听证制度作为国家法治体系及审计体系的一部分,监督权力运行,促进政府履行责任及营造透明的政治环境,保障公民行使参与权,为充分保障公民的决策权、监督权和知情权提供基础和前提,并巩固政府在国家治理主体中的主导地位,提高政府的社会管理能力,确保公共受托经济责任的有效履行,以促进国家治理体系的完善及民主政治的发展。审计参与听证制度通过实现公民参与权,为公民行使决策权、监督权和知情权奠定基础,进而推动民主政治发展,如图6-1所示。

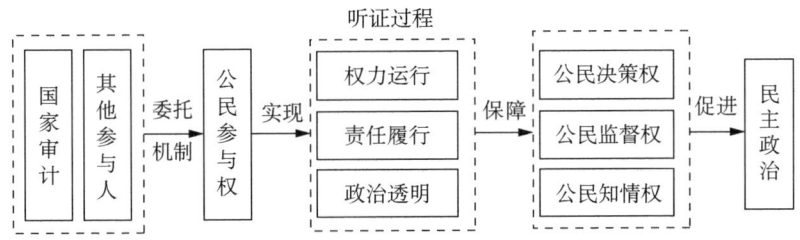

图6-1 审计参与听证制度促进民主政治发展的逻辑

1. 委托机制

完善现行的委托机制,实现公民参与权。公共权力的委托是指将属于公民的权力集中起来,通过法定的程序,交予值得信赖的人来掌握和行使。完善委托机制,是现代民主制度的重要任务。在现代民主制度下,公民是国家权力的所有者,并未直接管理国家社会的事务,而是把权力交给受委托者代为行使。公共权力就是基于委托而产生的,如果没有委托,就无法实施公共权力。为了保证公共权力的有效行使,保证受托人或代理人合理、高效地使用公共资源,委托人首先需要精心挑选代理人,即政府官员。在现代民主制度下,公民主要通过选举来选择自己所信赖的代理人掌握权力。公民一般将公共权力委托给能够维护其权益的政府公共机构,因而公民需要选择优秀的、能够代表他们利益的、有能力而且愿意为他们服务的人作为官员来行使公共权力。听证制度作为政府履行公共权力的一种方式,可以通过审计的介入确保委托代理机制的有效性。审计参与听证制度通过保障公民行使参与权能够揭示政府履行公共受托经济责任中出现的问题,以确保公共资源有效委托;审计人员作为独立的第三方,其本质属于人民的范畴,审计人员是实现公民参与权的利益相关者之一;听证制度的实施需要各方利益相关者的参与,审计参与听证制度可以确保利益相关者真正参与,保证听证过程体现公平公正。

2. 权力运行

公民参与权的有效行使有利于监督公权力的运行,促进公民决策权的履行。孟德斯鸠指出"一切有权力的人都容易滥用权力,这是万古不变的一条经验"。如果缺乏约束,没有牵制,就可能导致公权力越轨执行,侵犯民众的公共利益。因此,需要建立对公共权力的监督和制约机制。是否实施听证制度,也是政府权力的内容之一,因而,审计参与听证制度也是为了制约权力的运行。当决策需要听证时,主要是因为决策的实施将会影响公民的切身利益,审计参与听证在制约权力的同时,也是为了保障公民对听证行使决策权。

审计参与听证制度通过保障公民参与权,进而为公民决策权的实施提供条件的机理在于:国家审计利用其自身的监督和评价职能,通过参与听证,为听证制度的正常运行提供保障机制。一方面将监督和评价结果反馈给政府部门,指出不足,并提出相应建议,帮助其更好地履行公共受托责任;另一方面将听证事项披露给社会公众,让社会公众充分了解公共权力的使用情况,为公众监督政府提供必要的信息。对审计参与听证过程中发现的违法违规行为,审计机关可以行使其审计处理权,对已出现的违法违规情况予以纠正;如果情况严重超出审计处理权的范畴,审计机关则通过与其他权力监督机制相配合,及时纠正错误后果,弥补损失,处罚违法违规人员,将已经偏离运行轨道的公共权力导入正轨。在参与听证的过程中,国家审计通过评价听证制度执行的合理性,保证公共权力运行规则符合社会经济生活的客观要求,从源头上约束公共权力的运行。

3. 责任履行

公民参与权的有效行使可以确保公共受托经济责任得以高效履行,实现民主监督;听证制度是对政府行为的制约,审计参与听证制度通过执行公民参与权对听政行为进行监督,进而监督政府公务活动。公共受托经济责任的履行通过听证制度得到保障,而审计参与听证又为其保驾护航。公共受托经济责任的监督形式多种多样,有司法监督、行政监督和社会监督等,行政监督中的审计监督也起到了关键作用。审计机关依据法律的相关规定,按照一定的程序对政府部门的行为决策进行监督,为公共受托经济责任的全面有效的履行提供条件,审计监督的全面性为政府有效运转打下基础。审计参与听证制度保障公民参与听证,行使民主监督权,以确保公共受托经济责任的有效履行。

政府在国家治理主体中处于主导地位,公共领域的制度供给主要来源于政府,公共服务和产品也以政府提供为主。加强政策执行审计是"十四五"时期国家审计工作规划的重要任务,对国家经济政策、民生政策等政策措施的审计,关注经济社会领域中体制不完善、机制不健全、管理不到位的问题,揭露各类风险和隐患,既有助于监督与民主政治密切相关的制度、政策的落实情况及执行效果,也有助于为政府提高社会管理能力发挥决策参谋作用。

4. 政治透明

公民参与权的有效行使有助于提高政治透明度,促进公民知情权的实现。政治透明指行政机关行政活动的公开程度,人民对政治权力机构及其权力运行状况的了解,是确立对政治权力机构及其权力运行信任的前提条件,也是公民有效监督政治权力机关及其权力运行的基本条件。"阳光政治"才是可信的政治,这是民主政治的表现形式,也是民主政治的必然要求。

在现代民主制度下,公众具有广泛的参政、议政的民主权利,知情权就是其中之一,随着公民的民主意识和参政议政的意识不断增强,对知情权的要求也不断提高。知情权是人民参与民主政治的基本权利,人民拥有知情权可以获取至关重要的信息,对自身利益也是一种保护。

政治透明度是民主政治中信息沟通与传递机制是否有效的重要体现,反映政府能否及时有效地向公众传递必要的信息,它直接反映信息传递与沟通机制是否健全。国家审计关注提高政治透明度,推进公民知情权的实现,是完善民主政治运行机制中信息沟通与传递机制的本质要求。审计参与听证制度全过程,一方面可以及时披露听证信息,另一方面则可以将公众反映的问题提交有关部门,因此,审计参与听证制度可以有效提升政治透明度。审计在与社会公众、政府的三方互动中能有效地传递各方的信息,建立有效的沟通机制,保障公民知情权。

随着社会的发展,公众的知情、维权等各方面意识不断增强,对关系自己切身利益的事项尤为重视。例如,关注教育、养老基金等专项资金的使用情况,关注政府工作人员的廉洁奉公情况等。审计机关为了确保审计责任的全面有效履行,实行了审计结果公告制度,有助于公民知情权的落实。为了切实有效地开展审计结果公告,审计机关需要重视以下几个方面:对审计结果公告的具体内容进行明确规定,构建一个良好的运行环境;通过贯彻落实审计署关于加强审计质量的相关制度,加强审计结果公告组织建设,建立公告责任追究制度,确保公告的内容真实可靠;加强信息反馈和结果追踪。审计参与听证制度能够促进公民的政治参与,提高政治透明度,保障公民权利,为推进民主政治发展夯实基础。

6.3 审计参与听证制度体系构建

中国的听证制度于 20 世纪 80 年代末开始实施,1996 年颁布的行政处罚法首次以立法形式确立了听证制度,随后听证制度被广泛引入公共领域。然而,目前的听证制度存在以下问题:一是听证适用范围较窄。行政处罚法中规定的听证只针对与公民财产权相关的事项,对与公民人身自由相关的事项涉及极少,在依法治国背景下,司法听证可以全面推进司法公开,让司法权力在阳光下运行,在社会各界的有效监督下公开、公平、公正地行使。二是听证制度有待完善。现行的听证制度需要细化听证参与人的权利和义务。例如,听证参与人涉及的不同利益、听证主持人的责任、听证记录的法律效力等。三是听证监督体系有待强化。行政机关执行听证程序是公权力运行的过程,该过程涉及权力的使用和运行,需要对其进行监督,以保障听证过程的公平、公正。完善监督机制不仅是对政府公权力运行的保证,也是对公民权利的维护。四是听证可信度有待提升。目前,听证会重形式轻实质,公众的部分诉求得不到有效回应,听证的可信度受到削减;而公众的维权意识总体上较为薄弱,对政府缺乏关注和监督。

中国的听证制度虽然存在诸多问题,但正在逐渐完善。为改进与完善听证制度,我国在行政听证范围的立法上宜采用概括式立法与列举式立法相结合的立法技术;听证主持人应区别于利害当事人,具有第三方的地位;建立监督、制约机制;听证记录的法律效力以及其格式、内容等需要进行说明(刘士平和肖艳辉,2004)。同时,我国要改变听证制度的现状,需从性质上明确公共听证的定位与价值,使各方懂得如何有效地运用公共听证手段,最为关键的是需要健全和完善公共听证的程序(许传玺和成协中,2012)。此外,完善听证制度的手段与方法主要包括:健全政府信息公开制度,加强公民的维权意识,提高其参与公共事务的兴趣;深化行政体制改革,让更多不同利益代表者参与听证过程;建立严格的审查制度,维护程序的公正合理。例如,2008年,深圳市人大常委会在举行《深圳经济特区无线电管理条例(草案)》立法听证会时首次引入了辩论机制。

审计人员是独立的第三方,且是听证制度的利益相关者,让审计人员参与听证本质上也是实现公民参与权的一种方式,且能够解决现行听证制度缺乏有效监督的问题。一般的公众参与听证更多依赖经验,而理性的公共决策则需要技术专家类型的公众参与。从制度功能的角度来看,相对于一般的公民而言,审计人员具有更专业的知识以及对制度和过程的专业认识,可以更有效地实现公民的监督权。此外,审计参与听证制度也是有据可循的,我国古代就有"听其审计"这一做法,即"听审"(蔡春,2000),审计的监督职能为听证制度提供了有效保障,审计参与听证制度可以更好地维护和实现公民的权益。

基于此,本节构建了审计参与听证制度体系,内容主要包括审计参与听证制度的实施目标、审计参与听证制度的实施内容、审计参与听证制度的实施方法三个要素。

6.3.1 审计参与听证制度的实施目标

审计参与听证制度的实施目标分为总体目标和具体目标两个层次,两者相辅相成、密不可分。具体目标是总体目标的基础,总体目标为具体目标指明方向;总体目标是制定具体目标的依据和理论基础,具体目标则是对总体目标的细化和实践体现。审计参与听证的总体目标从宏观的角度阐明了为什么听证程序需要审计的介入,表明政府的一切权力都是人民赋予的,审计的介入是为了对人民赋予政府的公权力进行监督,直接实现民主政治中公民的参与权,并间接保证公民决策权、监督权和知情权的实现。具体目标则从听证所涉及的不同情况选择切入点,从实践层面指出审计参与听证的目标,即保证听证前、听证中、听证后各方利益相关者的诉求得到合理回应,且听证组织者针对利益相关者的质疑给予合理的回复或处理。

1. 总体目标

世界审计组织在"利马宣言"中指出国家审计有促进公共资金有效管理的作用,并在《北京宣言》中丰富并深化了这一审计理念,提出国家审计应当通过提高政府绩效、增强透明度、落实问责制、维护信誉等方式,促进国家良治。国家审计作为国家治理的重要组成部分,需要提高权力机关的决策水平,充分发挥国家审计职能,促进国家治理现代化。随着经济社会的迅猛发展,国家审计被赋予了新的职能。例如,《国务院关于全面推进依法行政的决定》中赋予了审计机关依法开展行政监督方面的职能,要求审计机关切实履行自身责任,恪尽职守;加强了审计机关对权力的制约和监督,强化了对行政行为的监督等。可见,加强对政府部门依法行政情况的制约和监督成为现期国家审计的主要职责,这是国家审计适应环境变化的需要,也是国家审计回归本源、实现其价值和功能的根本所在。同时,当前的社会经济发展进入新时期,即新常态,政治、社会、文化也呈现新常态,国家审计也应该适应新常态,推进民主法治建设。

民主与法治是国家治理在政治制度上的优化选择。民主是法治的基础和前提,而法治是民主得以实现的保障。国家审计是国家治理的不可或缺的部分,其适应民主法治的要求,通过审计追责,做到有法可依、违法必究,促进政府部门对现行法律法规的有效实施;通过深入分析现行法律法规中存在的漏洞和问题,提出健全和完善的建议,为增强公民法治观念、加强法治建设、提高法治化水平作出贡献;通过依法提高审计公开透明度,为社会公众全面充分了解政府履行职责的情况以及参与国家治理提供机会。国家审计关注"责任"是推动民主法治建设的关键,在法治社会里,政府、企业和个人等主体都享有国家法律赋予的权利,与此同时,也必须承担法律赋予的相应责任,因此,国家审计在面对民主法治时以"责任"为切入点是必要与重要的。

综上,现代国家审计适应民主政治的要求,必须随着政府责任的不断深化而不断拓展其审计领域,包括深化审计监督内容,将审计内容由财政管理扩展到政府公务活动,并进一步扩展到国家治理等。同时,国家审计应将审计结果公告人民,促使人民了解政府活动以及责任的履行情况。

2. 具体目标

目前,中国所进行的听证主要为关于重大政策和决策制定的听证、行政处罚时的听证、价格法中的听证、立法法中的听证等,分为两种类型:一是具有具体相对人的听证,如面向个人、单个组织或团体,所针对事项是影响较小范围的、具体事件的听证;二是针对抽象行为的听证,如针对拟发布的一项规定或调整城市的公共产品价格而举行的听证,此类听证不针对某个具体的受众,影响的范围比较广。

对于上述两种类型的听证,审计在参与听证时的目标有显著区别。第一种,针对有具体相对人的听证,审计参与听证的直接目标是确保相对人拥有合理的申辩权,听证过程透明、公正,根本目标是确保对具体相对人作出的决定或处理意见公正、合法。第二种,针对抽象行为的、无具体相对人的听证,审计参与听证的直接目标是确保听证参与者具有较强的代表性、听证参与者的意见被组织听证者给予了合理的答复,根本目标则是确保实施的抽象行为(如制定的重大决策)是合理、合法的、符合公众利益的。

6.3.2 审计参与听证制度的实施内容

审计参与听证的工作基础为整个听证的过程,所利用的一切审计技术和方法最终都是为了确保听证工作在合理、合法、公正的环境下进行,各利益相关者的诉求得到了合理的申诉。审计参与听证制度的实施内容主要包括以下六个方面。

1. 审计参与听证的委托与介入

听证制度是一种程序安排,必须有与之相适应的相对完整的程序制度,才能够保证听证制度的有效实施。我国的行政处罚法就对行政听证进行了明文规定。听证依照以下程序组织:当事人要求举行听证的,应当在行政机关告知后 3 日内提出。行政机关应当在听证的 7 日前,通知当事人举行听证的时间、地点,除涉及国家秘密、商业秘密或者个人隐私外,听证需要公开举行。听证由行政机关指定的非本案调查人员主持;当事人认为主持人与本案有直接利害关系的,有权申请回避。当事人可以亲自参加听证,也可以委托 1~2 人代理。举行听证时,调查人员提出当事人违法的事实、证据和行政处罚建议;当事人进行申辩和质证。听证应当制作笔录；笔录应当交当事人审核无误后签字或者盖章。听证结束之后，行政机关依据法律等规定对整个听证过程的结果做决策。

审计关系人理论提到审计行为涉及审计人、被审计人和审计委托方三方的利益关系(Herbert，1979)。审计人是第一关系人，他有监督和评价被审计人受托经济责任的履行是否有效的职责；被审计人是第二关系人，也是财产资源的受托方，为审计委托方管理财产资源；而审计委托方由于将财产资源委托给被审计人管理，有权力了解财产的管理情况。基于公共受托经济责任关系产生了审计委托，在审计委托的基础上发展出了我们现有的审计参与听证制度。审计关系人理论告诉我们，审计参与听证制度也面临上述三方利益关系，其中审计人是参与听证过程的审计工作人员，被审计人为听证实施组织的负责人，审计委托人则是利害相关者。

审计参与听证过程的利害关系人之间的关系：一是审计委托人将公共资源委托并授权给被审计人管理，并要求其承担相应责任；而被审计人接受委托与授权并承担先前约定好的公共受托经济责任。二是审计委托人为了了解被审计人履行责任的效果，委托授权审计人对被审计人进行监督检查；而审计人接受委托授权对被审计人工作进行审计。三是被审计人接受审计人的监督检查，证实自己如实履行责任；而审计人将审计结果制成审计报告呈现给委托者，对被审计人的责任予以证明。

就具体层面而言，审计介入两类不同听证过程中的条件是有差异的。当审计参与第一类听证，也即有具体相对人、影响的范围相对比较小的听证时(例如，对某单位或某人的行政处罚举行的听证)，此时审计参与听证的必要性和申请委托审计在一定条件下是分离的，但这绝不意味着两者是割裂的。审计是否参与这类听证，需要满足两个条件：第一，听证参与者或组织者向政府提出申请，并给出合理理由，并说明在听证过程中需要审计的参与以维护听证公正、合法；第二，政府部门根据听证参与者提交的申请，组成联席会议讨论审计介入的必要性、社会成本和效益，就申请的合理性进行裁决。当同时满足这两个条件时，审计便可以介入这类听证，这也就完成了第一步。但是，对于第二类听证事项，没有具体相对人，这类事项关乎社会的公众利益、影响面可能非常广，往往牵涉的利益相关者很多，针对这一类听证事项，听证组织者应当主动向政府主管部门汇报，并申请审计介入。也即针对重大决策制定、影响范围广泛的事项进行的听证，国家审计部门的介入是必需的、无条件的。

目前，听证的事项涉及价格听证(水价格、公交价格、地铁价格、出租车价格等)、政府决策听证(生态环境保护、政府投资、产业规划)等。听证主要涉及与人民群众的切身利益密切相关、人民群众普遍关注的焦点问题和热点问题,或者对环境、资源、社会经济发展有重大影响的问题。因此,从国家治理的角度看,审计参与听证是提高国家治理水平的途径之一,也就是说,审计参与听证的委托人为公共资源的所有者,即公民。但是,就一般的涉及个人处罚的听证而言,其委托人可以是被处罚人,因为审计参与听证可以保证听证的公正。从机制设计的角度来看,为了更好地体现民主,或保证权力运行的有效,审计参与听证也是一种必然。

2. 审计参与听证的计划

审计参与听证应贯穿整个审计过程,包括听证前准备、听证中的参与、听证后的跟踪,因此,审计参与听证一方面依赖于实施听证的行政机关对听证的安排,另一方面依赖于审计部门的年度工作计划[①]。若审计参与听证等同于一般的外部审计,审计参与听证将成为一种事后审计,那么将无法控制听证过程是否合理、合规、合法。因此,审计参与听证的审计工作计划以行政部门听证安排为基础,由审计组织部门来确定。

审计参与听证可以促进政治民主发展、完善国家治理,因此,在审计参与听证的委托方面可以根据我国审计工作的实践工作情况,构建由人民代表大会和政府机关共同组成的审计参与听证工作联席会议。人民代表大会、政府机关参与,一方面,有利于人民代表大会实施审计委托权,从而更好地履行人民代表大会监督政府工作的职责;另一方面,纪检监察部门和审计部门的共同参与有利于审计委托权集中于工作联席会议,从而利于年度内审计工作计划的制订。

审计参与听证工作联席会议按照有关法律法规以及国家的政策、方针拟订审计工作任务。审计工作任务的拟订,既要遵循相关法律法规的规定,即"凡听必审"的原则,又要同时考虑审计工作力量与审计工作任务的匹配性,避免由于审计人员不足无法胜任繁重的工作从而导致审计质量下降的问题。

据审计署信息中心统计,我国目前从事国家审计的机构共有1万个,从业人员有6万人左右。国家审计机构除经济责任审计工作外,还有法定的财政审计、投资审计、绩效审计、环境审计、社保审计以及金融审计等工作。在我国国家审计工作人员相对不足、领导干部数量又相对较多的情况下,审计参与听证工作任务就比较重,尤其对于基层审计机关而言,更是如此。另外,我国从事社会审计的机构(会计

[①] 由于审计参与听证尚无实践可循,因而本卷尝试对此进行探索。

师事务所)共有 8 331 家,从业人员约有 210 509 人,其中注册会计师有 100 601 人①。因此,可以考虑构建以政府为主导的多元审计监控体系,从而充分发挥社会审计机构的作用。

3. 审计参与听证的组织

审计参与听证的组织是指按照审计参与听证项目的目标,审计机关及项目负责人将具有相关技能的专业人才集合起来,选择适当模式进行组建与凝合,并将项目中可供利用的人财物等各类资源进行协调和配置,从而在既定时间内完成项目内容,达成项目预期目标的过程。审计参与听证的组织是审计参与听证项目各构成要素相互作用的基础,是为促进审计资源的绩效与价值最大化,采用各种技术与手段优化和整合各项资源的过程。

审计参与听证工作联席会议根据"凡听必审"的原则拟订审计参与听证工作任务,并下达项目委托书,委托国家审计机构实施参与听证。审计机构根据年度审计工作的总体安排、听证事务的需求等开展审计参与听证工作,并加强审计参与听证的风险防范和质量监督,具体措施包括:签订审计参与听证项目委托合同;依据不同对象成立相应的审计参与听证小组,小组成员由国家审计人员组成;制订审计参与听证项目具体实施方案;配备审计参与听证项目需要的人财物,并制订时间计划;确定完成审计参与听证项目的方式方法;加强对审计参与听证过程的监督,以保证审计参与听证的质量等。

4. 审计参与听证的方式

审计方式是组织开展审计工作的具体方法,审计参与听证的方式按听证程序可以划分为听前审计参与、听中审计参与和听后审计参与。

听前审计参与是审计在听证开始之前对听证注意事项的监督检查。一方面,举行听证是当事人的要求;另一方面,行政机关决定听证时需要收集相关的证据材料、确定主持人、确定听证的公开性等。因此,审计的听前参与有利于听证会议的顺利举行,有助于保障当事人的权利,防止行政机关损害当事人的利益或滥用职权(随意确定主持人或不公开听证)。也就是说,当审计只参与听证过程时,无法确保公共权力运行的公正性,而且容易导致行政机关弄虚作假,因而需要听前审计参与。

听中审计参与是指审计参与听证的全过程。听中审计参与相对于听后审计参

---

① http://www.cicpa.org.cn/news/201507/t20150708_47300.html.

与而言,能够更好地发挥对听证过程的监督作用,及时发现行政机关履职过程中存在的问题,及时提出整改意见,有利于避免由于行政机关履职不当而产生的经济损失。而且,听中审计参与有利于加强对领导干部的监督,有利于确保当事人在听证过程中的申辩。因此,听中审计参与可以防止听证过程流于形式,确保听证目标得以实现。

听后审计参与主要是指审计对整个听证过程进行复查。审计参与听证结束后可能存在关于听证违规方面的投诉等,因而,需要对整个听证过程进行复查。此外,听证结束后,行政机关会作出听证决定,那么相关部门是否执行决定需要审计参与跟踪,而听证决定的社会影响也可以为未来的听证提供借鉴。

从一定程度上来看,听后审计参与是一种事后监督评价方式,其缺陷是容易使得审计参与听证的功能不能充分地发挥,行政机关履职不当所造成的经济后果无法得到挽回。但是,听后审计可以对听证进行追溯,发现听证中存在的问题,为今后类似的听证提供借鉴。听后审计参与主要指听证结束后的审计参与,其主要方式为跟踪审计方式①。跟踪审计是指审计人员在听证结束后针对听证执行及听证社会影响等进行跟踪监控的一种审计参与工作方式②。

具体而言,跟踪审计方式相比其他审计方式,主要有以下特征:①跟踪审计对受托责任人履行责任的整个过程进行追踪审计,从而能够尽量避免过程责任履行不当所导致的损失。②确定审计重点的复杂性。跟踪审计依据跟踪的整个过程的阶段来划分审计重点,在其他审计方式下,审计重点不需要分阶段来确定,一般可根据被审计单位审计风险评估情况一次确定。③跟踪审计针对的是整个过程,所以审计的周期较长,耗资巨大,对审计人员的要求高,审计风险大,若某一环节出了问题,将会影响整个审计的结果。④对工作人员工作连续性要求高。由于受托责任人的责任履行过程本身具有连续性,因此,在实施跟踪审计的过程中,要求审计工作人员必须具有连续性,即在跟踪审计的各个阶段,主要审计工作人员应参与跟踪审计的全过程,否则将会降低审计工作的效率,并难以划分各阶段审计工作人员之间的审计责任。

为保证听后审计的顺利进行,可以设立跟踪审计小组,保障审计工作人员工作的连续性。跟踪审计小组人员可由重要的审计骨干人员组成,跟踪审计小组审

---

① 从本质来看,听中审计属于跟踪审计,但此处主要指听证结束后的审计跟踪。
② 此处有关跟踪审计方式的探讨得益于作者在中国审计学会(2009,济南)"跟踪审计专题研讨会"上同与会专家的交流。

人员一经确定,无特殊情况,不进行调整与更换,以保障审计工作人员工作的连续性。如此,则可以提高审计工作的效率,同时可以解决各阶段审计工作人员审计责任难以划分的问题。

另外,在操作层面上,对于两种不同的听证方式,审计参与时所针对的侧重方向是有所差异的。就第一类有具体相对人(或不涉及公共利益)的听证(例如,对某单位或某人的行政处罚举行的听证)而言,其主要侧重在听证中进行审计,审计师应该对申辩人的辩诉机会和听证组织者是否对申辩人的申诉给予合理答复进行合理保证,同时兼顾听证前、听证后处理意见的发布等各个方面。但针对第二类无具体相对人(或涉及公共利益)的听证而言,审计工作则要做到三个方面并重:第一,在听证前要对听证参与者的选择机制进行监督,需要合理保证听证参与者确实能在一定程度上代表相关团体或利益方,也即审计参与听证的前提就是要监督"听证参与者",什么样的人应该参加此次听证、听证组织者对听证参与者是否能施加影响,进而干扰听证的公平、公正,还要关注应该参加的参与者是否都参加了,以确保听证的范围更加全面。第二,严控听证过程的公正、合法性,这与国家审计对第一类听证的听证审计侧重别无二致,主要就是合理保证在听证过程中各利益代表都有充分的申辩权,听证的组织者对听证参与者提出的疑问作出了明确、合理的答复。第三,听后审计对于第二类听证即针对那些抽象的行为如政府拟实施某项重大决策举行的听证或许就显得尤为重要了。试想,任何重大决策颁布的目的都是为了更好地为人民服务,改善人民的生活质量,使人民过得更加幸福,因此,对于听证后政策执行效果的反馈意见进行审计参与就很有必要。在听证结束后,审计人员需定期对政策执行的效果进行审计监督,及时将评估结果呈报给决策者,以便更好地完善相关制度,进而达到造福人民的目的。

5. 审计参与听证的重点

由于审计参与听证工作贯穿整个听证过程,根据听证的程序,在听证开始前,审计参与听证人员应重点关注:行政机关准备是否充分;听证通知是否完整、是否及时发放、是否得到及时反馈;听证公开与否是否充分;听证主持人的确定;听证涉及委托的,委托是否符合程序;确定的听证代表是否合理、充分等。在听证过程中,审计参与听证人员应重点关注:行政机关是否按规定执行听证程序;处罚与证据是否符合要求;当事人申辩权利是否实现;听证笔录是否完整;听证当事人是否被胁迫等。在听证结束后,审计参与听证人员应重点关注:行政机关是否及时有效地执行听证决策;行政处罚的社会影响如何;审计参与听证建议是否落实;听证结果是否及时公告等。

另外,从云南省人民政府重大决策听证的听证程序上来看,听证主要分为听证事项、听证通知、听证结果。《云南省人民政府重大决策听证制度实施办法》(云政办发〔2009〕41号)指出,听证机关应当在听证会举行的10个工作日前,以网络或者新闻媒体等方式向社会公告听证事项、听证代表名额及其产生方式等相关内容。因此,审计人员还应关注听证前相关事项是否向社会公布。审计关注的重点应符合相关的法律规定。

以云南省为例,云南省人民政府法制办公室关于落实《云南省人民政府办公厅关于深入贯彻重大决策听证制度的通知》的意见(云府法发电〔2010〕12号)指出,听证需要注意以下几点:本单位的重大决策听证年度工作计划制订、实施情况和省政府重大决策听证工作任务量化指标的完成情况;本单位重大决策听证工作实施细则制定和其他配套制度的建设情况;省政府重大决策听证制度及其实施办法(云政发〔2009〕40号、云政办发〔2009〕41号)、云府办明电93号和本通知的执行情况;以《实施办法》第四条和第十八条为标准,对照检查常务会议和办公会议议目录、所制定的各项政策措施和所作出的各种重大的具体行政行为是否存在应当听证而未听证的内容;听证程序是否符合规定,听证报告的内容是否客观公正、合法有效和全面完整,听证档案卷宗的装订整理是否完整、规范、及时;是否按要求报送重大决策听证计划、统计报表、听证档案备案和其他有关材料;对下级政府、部门的监督指导、培训和宣传情况;重大决策听证的工作人员、经费等保障情况。

6. 审计参与听证的报告

审计参与听证报告是审计参与听证人员在听证结束后,针对听证整个过程所出具的一种意见,它反映了审计参与听证的工作质量。审计参与听证报告一方面要符合审计准则对审计工作报告的界定和要求;另一方面又要突破现行审计报告仅涉及财务报表信息的局限,体现针对听证全过程的状况进行评价的特殊性。因此,审计参与听证报告是指审计人员按照审计参与听证授权或委托人的要求,依据审计参与听证相关准则、国家法律法规制度的规定、听证评价指标体系等相关标准,对被参与听证人的责任履行情况进行综述并给出参与听证意见。审计参与听证报告是审计机关经过严格的参与听证过程、收集充分适当的听证证据所形成的结果,具有权威性、客观性和公正性等特点。基于此,我们可以从目标、主体、客体以及依据等方面详细理解审计参与听证报告。

审计参与听证的目标主要在于评价或鉴证听证活动是否得到全面有效的执

行,行政机关的履职行为是否符合特定要求,从而保障和促进利益相关人的权利。这不仅明确了审计人员实施的参与听证活动应达到的基本要求,贯穿于审计参与听证流程始终,而且决定着审计参与听证报告的内容和格式。因此,在审计参与听证过程中,审计参与听证报告的目标必须与审计参与听证总目标及具体目标保持一致,才能便于报告使用者理解审计参与听证目标和恰当利用参与听证报告所提供的信息,不断缩小审计(参与听证的)期望差距。

在审计参与听证行为中,审计参与听证报告的主体可以概括为"审计参与听证人员",根据需要可以是各级审计机关的审计参与听证项目组成员,也可以是社会审计机构的审计参与听证小组成员。审计参与听证人员的主要任务是通过严格的参与听证过程,充分把控整个听证过程的状况,从而形成审计参与听证报告,发表审计参与听证意见。

在审计参与听证过程中,审计参与听证客体是行政机关的听证全过程以及相关责任人的履职情况(包括权力的运行)。根据公共受托经济责任理论,行为责任的扩展引起了报告责任与报告体系的扩展,因而,审计参与听证报告已不能局限于传统财务报表审计的审计报告,而应该扩展为整个受托经济责任报告体系。具体而言,听证全过程涉及听证的准备、执行及公告,责任人的履职则涉及权力的使用是否合理、公正。

在审计参与听证过程中,审计参与听证报告的依据既包括审计参与听证人员据以发表审计参与听证意见的审计参与听证准则、相关责任人的权利和义务、国家法律法规制度等方面的标准,又包括审计参与听证人员据以作出评价的审计参与听证评价指标体系等标准。

由于审计参与听证正处于探索阶段,目前尚无实践可借鉴,因此,在听证过程中,审计人员也并没有可以遵循的统一规范的审计评价标准体系。为此,针对审计参与听证,国家可以出台全国统一的专项审计准则和审计指南,并对审计报告的编写作出规定和要求。借鉴社会审计和国家审计报告,听证审计报告内容应包括如下要素。

标题。审计报告的标题可以写为"听证审计报告"。

收件人。审计报告的收件人在业务约定书中有明确要求,一般审计报告的收件人是业务委托人。需特别强调,审计报告的收件人名称需写全称。

引言段。审计报告的引言段应写明听证的名称、说明审计已经参与、构成报告的材料名称、提及其他辅助材料、听证期间等。

审计师的责任段。审计报告应含有"审计师的责任"部分。审计师的责任段应强调审计师的主要任务、审计师涉及的工作范围以及审计师需要承担的相应责任等重要内容。

审计意见段。审计报告应含有"审计意见"部分。审计意见段应当说明听证全过程中听证执行是否公允,责任人履职是否公正。

审计师的签名和盖章。审计报告应该由审计人员签名并盖章。

审计机构的名称、地址及盖章。审计报告应当明确写有审计机构的名称和地址,并加盖机构公章。

报告日期。审计报告应当注明报告日期。

报告附件。审计报告应附有审计意见等重要附件信息。

一般而言,当审计师认为有其他的事项需要向审计报告的使用者披露时,可以增加强调事项段或另外附说明事项段。我们认为,听证本身可以理解为一个过程,审计参与听证就是参与听证的全过程,是一个动态的复核和查验的过程。因此,审计参与听证后所出具的报告应该与注册会计师年报审计报告存在一定差异,其差异可以体现在"说明事项段"中。以下分别就审计参与两类听证出具的审计参与听证报告的说明事项段来展开论述。

审计参与第一类听证时,因为存在具体相对人,所以在说明事项段应该披露具体相对人在听证过程中的重大利益关切和疑问,并披露听证组织者对具体相对人疑问的处理和回复,以便更鲜明地反映听证的核心过程。当审计参与第二类听证时,面对的可能是无具体相对人的政策和决定的颁布和实施行为,因此,在说明事项段应该阐明该项政策、决定的颁布可能引发的不利后果。也即基于谨慎的角度对政策实施的后果作一个粗略的估计,以便更明晰地反映政策执行的最坏结果。

总而言之,审计参与听证是一个系统的过程。在听证开始之前,审计师应该获取充分、适当的审计证据证明听证的参与者能合理地代表各利益相关方来参与听证,这要求那些应该参加的利益相关团体代表都参加听证。在听证过程中,审计师应该全程参与,并将听证过程中的各流程和代表的发言记录下来形成文字资料,以合理保证各参与者都能合理、有效地表达其自身的利益关切。在听证结束后,审计师应该对整个听证过程进行系统分析,综合考虑形成审计报告。同时在报告中需强调听证结束后审计的重要性并且对审计时间等重要事项进行规定说明,这对第二类听证是至关重要的,有利于各方及时了解政策、规定产生的经济后果,更好地作出相关的决策。

此外，审计报告的形式可以进一步拓宽，在美国等发达国家，国家审计最终的报告是以"证词"的方式呈报的。所以，听证审计报告也可以借鉴这种模式，形成对所审事项的全方位的评价体系。

6.3.3 审计参与听证制度的案例拓展

2012年年底至2013年年初，湖南衡阳发生大范围破坏选举事件，此案涉及人员众多，金额庞大，影响极其恶劣。

2012年12月28日至2013年1月3日，衡阳市举行人大会议，出席会议的市人大代表共有527名，在进行差额选举湖南省人大代表的过程中，有以贿赂手段破坏选举的案件发生，此严重违纪违法案件对社会造成了极大的不良影响。

衡阳破坏选举案发生后，最高人民检察院加强对办案的指导工作，并会同湖南省检察机关深入开展案件查办工作，对涉案人员坚决依法严肃查处。2013年年初，湖南省检察机关对原衡阳市人大常委会副主任左慧玲等涉案嫌疑人进行立案调查，随后，又陆续对其他18名犯罪嫌疑人立案侦查。从2013年6月16日起，湖南省检察机关对立案侦查的衡阳破坏选举案68人陆续提起公诉。2013年8月18日，68名被告人分别被判处有期徒刑、拘役或剥夺政治权利等刑罚。

选举由程序作为支撑，选举如果没有法定程序，选民普遍充分参与选举就没有保障，选举结果的公正性也无法得到保证，选举也可能被少数的既得利益者所利用。既保利益者可能肆意歪曲选举程序，以假选举来实现某种政治目的。这样的话，选举徒具躯壳而无民主的内容，成为欺世盗名、攫取国家权力的游戏。但是，即使选举程序存在，要想保障公民的普遍参与，保证选举结果的公正客观，也需不断地完善选举程序，使其科学合理。可见，"法即程序"对于选举法来说具有更大的合理性。

民主是社会主义国家的标志，是衡量国家公民权利的重要标准，是政治文明的集中体现。建设社会主义国家关键在于民主政治的建设，而选举制度作为民主政治的突出表现，可推进民主政治的发展。完善选举程序是对民主的推进，所以说选举程序的完善是民主政治建设的起点。不必讳言，我国的选举程序尚存诸多可改进之处，例如选民平等方面、选区划分方面、候选人的提出和确定方面、预选方面、竞选及竞选经费方面、计票唱票方面、选举监督与诉讼方面、当选者的权利保障方面、直接选举方面等（蔡定剑，2002），完善我国的选举程序，成为现实之需。什么样的选举程序是公正的、科学的，什么样的选举程序能够保证选民顺利参与，这是选举实践中非常重要的问题。一个重要的解决问题的途径便是实施听证制度。为保障听证制度的顺利进行，应当由独立的第三方实施监督，以充分发挥听证的作用，审计参与听证制度将是一个合理的选择。审计参与听证制度应体现在选举的各个方面,选举程序至少应关注以下几个方面。

第一,健全的参与机制。选举最关键的是公民是否能够充分积极地参与选举程序,如果选民没有普遍参与,那么选举就不具备正当性。普遍参与是选举的生命。选举程序是公民实现民主参与权的基础,其对切实有效地维护公民权益起着非常重要的作用。然而要实现选民的普遍参与,让选民有机会表达自己的选举愿望和观点,就需要健全选举制度的参与机制。若参与机制没有完善,就可能使选举成为不法分子牟取暴利的途径,从而损害民主。此外,选举的候选人需要具备怎样的品质?什么样的人被排除在候选人范围之外?取舍的标准是什么?这都必须由法律规定。审计参与听证制度要维护公民的权利,须保障选举具有健全的参与机制,促进公民的充分参与。

第二,竞选机制。普遍参与和竞争是现代选举的两大基本元素(赵成根,2001)。普遍参与促使选举实现公平公正,然而普遍参与可能导致候选人的数额众多,因而选民要挑选符合条件的候选人。那么,选民如何才能够知道候选人的参政观点是自己认同的呢?选举组织者可以通过媒体网络等形式进行宣传,让选民充分了解每个候选人的参政观点以及当选后的施政方针,从而选出自己满意的人选。审计参与听证要保证现代选举制度两大基本元素的贯彻落实——普遍参与和竞争,从而使选民选出符合自己意志、代表自己利益的候选人,充分行使自己的选举权。

第三,投票、计票、监票机制。大多数选举都以投票的方式进行,公开投票也可能导致选举结果的不真实。因此,秘密投票即非实名制投票将是比较有效的一种方式。它不仅维护了选举制度的公正公平性,同时也保障了选民的权益。与投票一样,计票也是非常关键的环节,采用什么样的计票方式、计票人员需要具备何种素质是计票过程中的重要问题,为了减少统计中的多种"变数",确保选举结果的公正性,法律法规对这两个问题必须明确规定。理想的计票做法是当场宣布选举结果,使其免受其他因素的干扰。审计参与听证应严格保证投票机制的贯彻落实,保证选民表达其真实意志;监督计票人员的选择,保证计票人员的独立性,监督计票过程,保障计票的准确、合法。

第四,监督和救济机制。通过选举产生的代表都是会对国家和社会生活产生极大影响的人,对选举必须加以监督。然而,由于选举的全面性,监督的范围需要涵盖选举的每一个环节。从表面上看,选举只是候选人之间的普通竞争,实质上候选人都会有其支持者,选举的结果对不同支持者的切身利益有着非常重要的影响,因而选举过程中有可能出现徇私舞弊、违纪违法的现象。为预防此类现象的发生，确保选举结果符合广大人民的要求，选举制度中需要设置和完善救济机制。救济机制的设立和完善能够保证选民及时有效地参加选举活动，同时促进选举制度更加科学合理。保障选举顺利进行的审计参与听证制度同时也要保证选民救济渠道的畅通，对阻碍选民寻求救济的行为应当加以制止。

6.3.4 审计参与听证制度的实施方法

政府绩效的本质是一种管理能力的体现，主要是指政府在社会经济管理过程中体现出来的效率及效能。政府绩效包含政治绩效、经济绩效、文化绩效和社会绩效四个方面，它们分别从不同层面显现政府的管理能力。其中政治绩效是政府绩效的中枢，为政府实现经济绩效和社会绩效提供法律和制度上的保障（王家新等，2013）。政府绩效管理属于前沿问题，被喻为"新一轮政府管理创新的驱动器"。

现代国家审计对权力机关的行为决策进行监督和评价，对改善和强化政府绩效管理也非常有效。国家审计通过监督和评价职能，对政府绩效管理进行监督，确保其公正合理；为政府绩效管理提出切实有效的方案，有助于提高政府绩效管理水平。一方面，合规性审计的审计结果确保了政府绩效管理基础信息的真实性和合规性；另一方面，政府部门将自我绩效成绩评估报告提交给国家审计机关进行再评估，以保证结果的客观真实性，这体现审计的鉴证职能；或由国家审计对政府的职责履行情况直接进行绩效审计，揭示不足并提出改进意见，政府绩效管理是否有绩效由国家审计来评判。

随着社会的高速发展，关于转变政府职能，提高政府效能，建设法治政府、责任政府、透明政府和服务政府的呼声越来越高，民主政治已然深入人心，公民对各项民主权利的行使也变得极为积极，社会主义民主政治建设成为未来国家关键任务之一。党的十七届二中全会通过的《关于深化行政管理体制改革的意见》指出，要推行政府绩效管理和行政问责制度，建立科学合理的政府绩效评估指标体系和评估机制。国家审计机关要在推动民主化进程和深化政治体制改革方面发挥作用，必须关注政府责任履行情况和政府绩效，关注政府行政效率和效果，关注政府在实现目标过程中面临的风险，揭露和反映政府行政过程中存在的问题，提出整改意见，为提高政府的管理水平做贡献（刘力云，2008）[①]。

对于传统的财务（合规）审计而言，取证是其主要的审计方法，通过取证的审计

[①] 刘力云：《关于我国绩效审计发展问题的思考》，《中国审计研究报告》2008 年第 5 期，第 28 页。《中国审计研究报告》为审计署官网发布的专题研究报告，不是正式出版物。

程序收集"实然"信息,并与"应然"信息比较,判断其合规、真实及公允性,取证方法在相关审计准则中有具体规定,相对于绩效审计,财务(合规)审计为非强制性审计,是有限的独立审计。经济评价和建议是绩效审计的主要职能,绩效审计对证据的要求相对宽松,往往运用座谈、审阅、比较、统计分析等方法获取审计证据。审计参与听证的方法主要在于对听证的全过程及其结果进行绩效评价,具体的方法主要是指审计参与听证的技术方法,包括审计参与听证取证和审计参与听证评价方法等。审计参与听证正是通过对听证的绩效评价来实现的,关键点在于保障政府听证过程的合规性以及结果的合理性和可接受性,因此,审计参与听证主要采用的方法包括比较分析法、检查、观察、询问、民意调查和穿行测试等。

1. 比较分析法

所谓比较分析法,是指在对听证的审计评价过程中,根据一定的标准,对某类评价对象在不同情况下的不同表现进行比较,找出它们之间的异同,从而提出科学合理的方法来确定最终评价结果。

在审计参与听证过程中,比较分析法既可用定性比较,也可用定量比较。定性比较依据审计参与听证过程中的某一属性进行定性分析,从而得出结果。当然,除了定性比较,我们也可以进行定量比较,通过对审计参与听证过程进行量化,对其进行评估,然后给出综合分析报告。在听证过程中,如果发现听证程序未得到有效执行、责任人滥用职权等,则可以判定该听证未合理合规地进行。

采用比较分析法,需要注意两点:一是审计证据的综合;二是审计标准的应用。审计证据的综合是对相关证据进行分类整理,综合各方面因素对其进行全面分析归纳,最终形成一份强有力的证明材料。特别地,在整理证据时需格外注意互相矛盾的证据。审计标准的应用也是一个非常需要注意的问题,若运用稍有不当就可能无法体现审计评价的公正性,所以对审计标准的应用尤其重要。然而要想促进审计标准的适当应用,需要提升审计人员的整体素质。

比较分析法主要有四种类型。

求同比较与求异比较。顾名思义,求同是在多种情况下寻求相同之处。求同比较是以不同找相同,找到事物之间的相同之处。而求异比较是比较事物的不同之处,发现它们之间的区别。

纵向比较与横向比较。纵向比较是从时间上对事物变化进行的比较,而横向比较则是从空间上对事物的变化进行的比较。

定性分析比较与定量分析比较。定性分析比较是事物本质属性的比较,而定量分析比较是对事物进行量化，从而进一步判断事物的变化情况。

单向比较与综合比较。单项比较专门针对事物的某一种属性进行比较，而综合比较从事物的多个属性出发进行比较，综合比较由单项比较综合而成。虽然单项比较简单方便，但只有通过综合比较才能达到真正把握事物本质的目的，所有我们采用最多的还是综合比较。

2. 检查

检查是指一种对记录和文件进行审查的方式。审计师通过对行政机关保存下来的文件或者会议记录进行检查，提取可靠且有用的信息，为听证提供证据。在检查内部记录或文件时，内部记录或文件的可靠性取决于生成该记录或文件的内部控制的有效性。检查的方法主要用在听前审计过程中对听证准备的资料进行的审查，也用于对听证记录文件的检查。

3. 观察

观察是指审计师对听证过程进行全程监测。观察可以使审计师了解整个听证过程的细节情况，但是观察人员观察得到的结果可能不准确，被观察人员可能会因为观察人员的观察而故意进行伪装。观察的地点使观察具有局限性，不能够真正做到全方位。

4. 询问

询问是审计师获取信息的一种方式。审计师通过口头或者书面形式对相关情况人进行调查咨询，并对得到的结果进行整理判断。审计师通过咨询得到的信息可能是目前尚未获得的信息，即事情的新线索，亦可能与事实真相截然相反，导致混乱。询问的方法主要用于听后审计，主要用于评价听证所造成的社会影响。

5. 民意调查

民意调查是指审计人员通过科学的调查和统计方法，针对听证的问题了解民众的意见和态度。民意调查使审计机关能够充分了解广大人民群众的真实想法，也能够知道听证参与方是否很好地关注了民意，是一种很好的监督听证的方法。同时，它也存在弊端，民意调查信息取之于民，所以能否听到民众的真正心声将是关键，这也就意味着审计部门的执法力度必须得到保障，从而保障人民的合法利益。

6. 穿行测试

穿行测试是指审计师对听证的整个过程进行追踪跟进的方式。我们知道听证的每个环节都非常重要，任何一个环节有了差错都可能会对听证结果造成影响，然而穿行测试对听证过程进行追踪,它可以使审计师更好地了解听证的全过程,对每个环节都进行审计,从而能够更好地保障听证的顺利开展以及听证结果的顺利实施。

综上所述,审计参与听证的实施方法在一定程度上使审计人员能够更好地对听证进行监督,从而达到审计参与听证的目的。为了强化审计参与听证的效果,还应对审计参与听证工作进行综合反馈分析,即党中央强调的"回马枪""回头看"。综合反馈分析能够使审计师了解整个听证过程中民众的看法和意见,可以确定听证中的民意回复是否得到了全面履行。由于听证的目的是保障人民群众的合法权益,实现民主化,使国家的权力取之于民用之于民,因而,对民意的了解便是最关键的一步,综合反馈分析可以有效实现这个目的,不仅可以达到听证的目的,也能够保障审计参与听证工作的质量。

7 制度合理性审计探讨

法律是强制和公平的,通常对政府和公民的权利和义务具有约束力;它是制约政府权力和行为的重要手段;法治将使民主制度化和合法化,为民主奠定可操作和稳定的基础(刘家义,2011)。国家审计作为一种有效的监督机制和手段,在推进民主政治发展中发挥着重要的作用,并一直受到党和政府的高度重视,其推进法治建设有以下两种方式:一是通过对政府部门财政收支的审计,揭露和查处一些执法不严、违法违纪等行为,从而更好地保护和维护公民权利,积极推动法律法规的实施;二是通过审计,发现法律法规体系和执法的缺陷和不足,及时将这些信息反馈给有关部门,以便这些部门更好地完善法律法规和保障公共权力的正确行使。

7.1 制度合理性审计的界定

7.1.1 制度与政策

1. 制度

面对经济建设过程中所存在的问题,邓小平(1994)同志认为,"最重要的是一个制度问题""制度是决定因素""必须从根本上改变这些制度",特别是对社会政治中存在的问题"都要当作制度问题、体制问题提出来,作进一步的研究"。在《新华字典》中,"制"有规定、约束、法规等含义,"度"有法则、事物所达到的境界等含义。而制度有一定历史条件下形成的法令、礼俗等规范,制订法规等含义。

从经济学角度来看,制度是制定生产、分配、交换、消费等活动的各种规则。康芒斯(1983)认为,制度是集体行动控制个人行动,并对个人行动提供指引。道格拉斯·C.诺斯(1994)认为,制度是社会中的一个游戏规则,它是人为设定的并制约人们之间的相互作用,旨在约束个人行为。青木昌彦(2001)认为,制度是在博弈规则下,共有信念的自我维系系统。Greif(2006)认为,制度是由规则、信念、规范和组织构成的系统。从一般意义上来看,制度的特点有:制度可以规制经济行为且不由个体决定;制度是基于习俗、信任、法律规定而形成的共识,它具有公共物品的属性。

从社会学角度来看,制度基本上等同于文化,不仅包括正式的规则、程序或规范,而且还包括象征系统、认知模式和道德模板。针对制度,马克斯·韦伯从法律、组织和经济行动的比较分析中发现,必须在特定的社会历史背景、特定的制度框架下理解理性和选择,这些制度框架包括习惯、传统、社会规则、宗教文化信仰、家庭关系、亲属关系、伦理约束、组织、社团、阶级、身份等级、市场、法律和国家(赵靖伟和司汉武,2008)。哈贝马斯从社会交往的角度认为,人们在日常交往实践的有效范围内,形成了一种跨越多层面的交往理性,这种交往理性同时还为彻底被扭曲的交往和生活方式提供了一种准绳(李松玉,2005)。

从政治学角度来看,亚里士多德认为,国家要达到善治的目的需要完美的体系来维持。彼得·豪尔等(2003)认为,制度在某种程度上是社会和(或)政治组织的正式或非正式结构特征。张立荣(2002)认为,行政制度是以一定的行政思想和观念作指导的、由国家宪法和法律规定的有关国家行政机关的产生、职能、权限、组织结构、领导体制、活动规程等方面的准则体系以及政府体制内各权力主体的关系形态。行政制度与政治结构相适应,如西方资本主义国家的行政制度深受分权制衡、多党制、议会制、文官制等政治结构的影响和制约,而社会主义中国的行政制度则受中共领导、多党合作和政治协商制、人民代表大会制、议行合一制、民主集中制等政治结构的影响和规制。

制度是涉及社会、政治及经济的行为规则,如降低交易费用的制度、风险配置制度、组织与个人收入分配的制度、公共品和服务的生产与分配制度。一般来说,宏观制度是对社会活动和社会关系秩序和结构的总体状况的反映,如社会经济制度、政治制度、思想文化制度等,它们具有宏观的规范和约束功能。微观制度是对社会组织较为具体的生产、运行和管理过程,以及社会关系的结构和秩序的反映,如生产管理制度、领导制度、工作制度等,它们具有较强的针对性和较为具体的操作性。制度化的功能包括正功能(秩序功能、控制功能、强化组织功能)和负功能(僵化、保守)。

制度是受托责任人行为活动的准绳,同时也是其监督微观经济活动的依据。而制度本身就存在失误或不合理的客观可能性。制度一旦本身缺乏科学性、客观性和可行性等,势必会导致受托责任人的行为产生偏颇,自然不能全面有效地履行受托经济责任。在一定程度上,制度的缺陷就是风险的源头。因此,实施制度合理性审计,从源头上控制风险,有利于防止错误的蔓延。

2. 政策

在《新华字典》中,"政"有"治理国家事务""国家某一部门主管的业务"的含义。"策"有"鞭打""激励""促进"的含义。政策是国家、政党为完成特定的任务而规定的行动准则,是路线、方针的具体化。张金马(1992)、陈振明(1997)也持相同的观点。在《辞海》中,政策的解释是:"国家、政党为实现一定历史时期的路线和任务而规定的行动准则和具体措施。是一切实际行动的出发点,并且表现于行动的过程和归宿。不同性质的国家和政党,常有不同的政策,体现在各个不同的方面,如经济发展政策、外交政策等。"政策需要实践检验其正确与否,并在实践中得到丰富和发展。

伍德罗·威尔逊将政策界定为公共政策,即具有立法权的政治家制定出来的由公共行政人员执行的法律和法规(伍启元,1989)。它是政治系统作出的权威性决定的体现,是对全社会价值所作的权威性分配(戴维·伊斯顿,1999)。而从动态的角度来看,它是在某一特定的环境下,个人、团体或政府有计划地实现或达到某个既定目标的活动过程。

3. 制度与政策的辩证关系

(1) 政策与制度的联系。从制度与政策的定义来看,两者有相似之处。特别地,当制度与政策侧重于宪法和法律时,两者表现基本一致。从目标来看,制度与政策都是为了实现社会目标,是人类活动的一种手段。从适用范围来看,制度与政策互为补充,当制度无法详细规定相关内容时,政策可以起到补充约束作用。从效力来看,随着时间的推移,制度与政策会发生动态的变化,而且部分制度与政策会消失或优化。

政策与制度相互依存,相互影响。从一般意义上来说,政策往往服务于制度,而制度也会随着政策的调整而不断变化。当政策与制度的价值目标一致时,政策可以弥补制度执行过程中暴露的缺陷,从而达到优化制度的目的,最终实现价值目标。当政策与制度的价值目标存在差异时,制度的合理性会受到质疑或者政策会发生变化,最终导致价值目标无法实现,政策和制度面临修复和优化。在执行过程中,制度会约束政策的实施,即政策受制于制度环境:制度系统构成政治环境,从而约束政策的制定和执行;制度的价值目标限制了政策的价值导向;制度的社会影响决定了政策实施的有效性。

(2) 政策与制度的差异。一是制度与政策的时间差异。一般来说,制度是人们在实践中长期经验积累而形成的,因此,制度具有稳定性,短期内发生变化的可能性不大。虽然政策也具有稳定性(政策不能朝令夕改),但是政策往往随着其面临的问题的变化而变化,且具有灵活性。

二是制度与政策的区域差异。从制度与政策的制定来看,制度和政策一般由国家权力部门制定,但是对于地方权力部门而言,其政策的适用范围存在区域差异。如各省、自治区、直辖市的招商引资政策不同。而制度的适用范围往往较大,如会计制度适用各行各业的法人主体。

三是制度与政策的操作性差异。从定义上来看,制度可分为正式制度和非正式制度,它是人们行为的宏观指导,如货币制度是对货币的有关要素、货币流通的组织与管理等加以规定所形成的制度,而货币政策是为实现既定的目标所采取的各种措施。也就是说,政策是制度在某一方面的具体化。

7.1.2 制度合理性

2013年1月22日,习近平总书记指出,要加强对权力运行的制约和监督,把权力关进制度的笼子里,形成不敢腐的惩戒机制、不能腐的防范机制、不易腐的保障机制[①]。对于制度的笼子来说,最重要的是制度具有合理性,一旦其缺乏科学性、客观性和可行性,受托经济责任人的行为活动便容易产生偏差,可能使受托经济责任得不到有效履行。从一定程度上来说,制度的缺陷就是风险的源头。

从形态看,制度合理性包括"形式合理性"与"程序合理性"两个方面。制度的形式合理性是最基本的制度合理性要求,用来判断不同事实之间的因果关系,它是客观的、纯形式的,不涉及价值判断的合理性,主要表现在形式的逻辑性和手段、程序的可计算性上(即判断理性)。就制度而言,它的规则不会因为时间、地点和对象的变化而改变。如果制度的形式合理性缺失,那么制度就很难发挥其应有的作用和功能。在外化过程中,制度合理性还存在着另一种形式的合理性,就是制度实施中的程序合理性。程序合理性是指在一定时期内,对一个制度而言,无论其内容、公平性、形式和逻辑如何,只要能对任何一个所适用的主体始终如一地适用,它就具有合理性。

从实质内容看,制度合理性包括"合目的性"与"合规律性"两个方面。现代控制论认为,合目的性是"一切趋达目标的负反馈调节",在负反馈调节过程中,基于对控制结果和目标的不断比较,负反馈调节会不断缩小控制结果与目标之间存在的目标差,使控制结果与目标趋同。而合规律性指制度运行遵循自然规律与社会历史规律。社会历史的发展有一定的趋势和方向,具有内在的合理性,这是符合社

---

① 习近平总书记在十八届中央纪委第二次全会上的讲话。

会历史发展趋势的事物共性。在人们的观念中,历史的合理性是可以把社会引向某一个方向的一种默默的、不可动摇的力量,如果需要说明这种合理性是合理的,只能通过整个社会历史来证明。

7.1.3 制度合理性审计的含义

制度合理性审计是为了实现组织目标、规范人员行为而按照一定的审计程序确定需要评价的制度是否合理,是对制度的健全性、符合性、有效性以及公平性所进行的动态测试与评价。换而言之,制度合理性审计是指国家审计机关依据一定的法律法规或某种标准,对制度的合理性进行的监督、鉴证和评价的活动。

在某种程度上,制度合理性审计是一种关口前移性审计,强调审计的事前监控作用,即更早地审查出制度的合理性,从源头防止风险的滋生。需要指出的是,制度合理性审计中的"制度"也可以指审计的依据,即在审计过程中,审计人员可能发现,由于经济和社会环境的变化,审计所遵循的标准已不适应现实需要。

制度合理性审计强调组织行为规范,即组织中各层级的职工所遵循的准则等。制度合理性审计强调适用性,在组织中,除了宏观制度相对稳定外,其他制度的制定和实施与组织的经营密切相关,因而,不同组织的制度合理性具有共性,也有差异性。制度合理性审计强调治理性,即制度合理性审计具有审计的治理作用,它能完善组织的治理,是一种外部治理手段。制度合理性审计强调合理性,即制度合理性审计只能在合理保证的条件下完善制度。制度合理性审计强调动态性,即制度合理性审计是一个动态的评价过程。

制度合理性审计并不是通过政策执行、跟踪审计等来反映制度的合理性,它是常态化审计之外针对制度的相关内容而单独实施的一项审计,旨在发现制度中的漏洞,揭示制度中的缺陷,防范制度风险,推动制度的完善。

7.1.4 制度合理性审计的要素

基于受托经济责任,制度合理性审计的要素主要包括制度合理性审计的三方关系、制度合理性审计的对象、制度合理性审计的证据、制度合理性审计的标准、制度合理性审计的报告。

1. 制度合理性审计的三方关系

审计因受托经济责任而产生,并随着受托经济责任内涵的拓展而不断发展。从受托经济责任观来看,审计产生于所有权与经营权之间的分离,人民是资源的拥有者,政府是资源的管理者。因而,国家层面的制度合理性审计(宏观制度或政府部门制定的制度)是对公共受托经济责任是否有效履行的独特经济监督活动,而公司层面的制度合理性审计是对组织内部受托经济责任是否有效履行的监督活动。制度合理性审计的三方关系包括审计主体、责任方和预期使用者。

2. 制度合理性审计的对象

制度合理性审计侧重于机制运行，即制度合理性审计针对基础制度本身，在制度制定、运行、完善过程中，发现和揭示制度缺陷，从而确立制度的权威性和科学性。

针对不同的审计主体，制度合理性审计对象存在差异性。第一，国家审计机关的制度合理性审计的对象主要是宏观层面的政治、经济、法律、文化、生态等制度的合理性。第二，内部审计机构的制度合理性审计的对象可以是组织的各项管理制度。如涉及人事的薪酬制度合理性、聘用制度合理性、绩效考核制度合理性等；涉及组织经营的营销制度合理性、渠道管理制度合理性等；涉及组织财务的财务管理制度合理性、投融资决策制度合理性等。第三，由于微观主体经营活动的逐利性以及社会经济资源的稀缺性，国家总是通过立法机关制定的法律和政府制定的一系列政策、法律、行政法规等来实施对经济的调控，如货币政策、财政政策、人力政策、收入政策等。会计师事务所正是根据这些政策、法律和其他规范来审计市场微观主体的行为和经营成果，从而实现国家在社会经济活动中的意志，使"法制"转化为"法治"，由"以法治国"过渡到"依法治国"，在法治轨道上规范企业的经营活动，最终实现优化资源配置、充分利用社会资源的目标。

3. 制度合理性审计的证据

制度合理性审计的目标是通过恰当的方式设计和实施审计程序，获取充分、适当的审计证据，以得出合理的结论，形成审计意见。在审计过程中，审计主体获取证据时，如果需要利用外部专家的力量，则审计主体应评价专家的专业胜任能力、专家工作内容以及专家证据的适当性。

4. 制度合理性审计的标准

就制度合理性审计而言，审计的标准包括原有制度、关于制度修订的法律规定等，如听证制度合理性审计，其审计标准包括了现有听证制度、关于听证制度修订的相关法律。审计需要根据制度执行的结果作出对制度合理性的判断。

5. 制度合理性审计的报告

审计人员需要根据审计主体和审计对象的差异性，以及使用者的需求编制制度合理性审计的报告。具体来说，国家审计机关执行制度合理性审计时，其审计报告要素包括标题、基本情况、审计发现以及审计建议；会计师事务所（注册会计师)和内部审计机构执行制度合理性审计时,其审计报告要素包括标题、收件人、审计意见、形成审计意见的基础、关键审计事项、签章、报告日等。

7.1.5 制度合理性审计的实施保障

制度合理性审计需要国家审计机关从体制机制层面分析问题、提出建议。目前,制度合理性并未完全被纳入国家审计的范畴。国家审计起到预防与预警的作用,要从源头上保障审计制度的制定、评估、执行和修订等环节的合理性。具体而言,主要可以通过以下方式施行制度合理性审计:将制度合理性审计作为常规审计;构建全面管理体系,推进制度合理性审计;拓展审计力量,形成审计合力;强化方式方法创新,提升审计效率。

7.2 制度合理性审计与民主政治的关系

制度合理性审计是审计领域创新的重要内容之一,国外已有审计机关开始探索制度合理性审计相关问题。例如,美国审计署对所有规章制度(重要的和非重要的)进行审计,出具立法程序合规性报告,并报告制度制定机构遵循立法程序的情况。2008年全球金融危机后,GAO开始关注金融监管体系改革,并从制度、机制层面评估监管模式的适当性和金融监管效率,从而为金融监管改革提供方案框架。对于制度层面的审计,美国可追溯至20世纪60年代。2011年7月,GAO调查了《银行破产法》的合理性;2011年11月,GAO评估了金融服务改革的规章制度及其影响;2012年1月,GAO调查了《全球研究分析师法案》的有效性。2011年,俄罗斯联邦审计院对2007年至2011年社会经济长期发展规划以及金融市场竞争力发展状况实施战略审计,战略审计本质上是一种关于制度政策分析的"顶层设计",它从宏观战略的视角,综合评价在确定的期限内,政策主导方向、国家战略规划目标实现的可能性,以及关于经济、社会资源分配等方面的内容,分析现实中存在的风险,预测相应的结果和影响。

《关于加强审计工作的意见》(国发〔2014〕48号文件)中提出,审计要"注重从体制机制制度层面分析原因和提出建议"。2021年,第十三届全国人民代表大会常务委员会第三十一次会议审议通过的新审计法要求,审计要关注贯彻落实党和国家重大经济政策措施和决策部署,关注经济社会运行中的风险隐患以及新情况、新问题、新形势,这为中国制度合理性审计的开展提供了法律依据。

中国正处于经济转型时期,和谐社会的构建主要体现在政治和谐、经济和谐、人与自然和谐、社会发展和谐等方面,具体表现为弱势群体需求的满足,财经秩序的规范,良性市场机制的建立,合理的资源和收入分配机制的建立与实施,分配中效率与公平的实现,资源与环境的补偿机制的完善,立法的透明,腐败的治理,配套政策的完善等。民主政治是政治和谐的重要内容和实现途径。为促进民主政治的发展,需要创新审计领域:一是重点关注权力运行,建立透明政府;二是重点关注体制机制,优化法制制度;三是重点关注公平正义,促进共同富裕;四是重点关注权益保护,保障公民权利。而防止权力异化、体制改革、维护公平和权益保护的根源是对制度的优化。制度合理性审计关注的是个人行为的制度规范,制度合理性审计保障了制度的质量,制度质量的提高有利于民主的实现。因此,从本质上来说,制度合理性审计与民主政治有着天然的联系。

7.2.1 制度合理性审计与维护保障公民参与权利

宪法规定,中华人民共和国的一切权力属于人民,对公民参与权的维护与保障是人民主权原则的体现。《中共中央关于全面推进依法治国若干重大问题的决定》提出了全面推进依法治国,在法治环境下,公民参与权的实现有赖于合理的制度。那么,相应的制度中是否维护了公民参与权呢?在经济发展过程中,利益主体的多元化决定了各种利益主体之间的冲突广泛存在。在化解利益矛盾、实现利益整合的过程中,政府需要公民的积极参与。这也是建设和谐社会和民主政治的体现。

公民参与权是公民的一项民主权利,公民的参与行为是公民在社会生活中行使参与权的具体实践,而制度合理性审计可以保障公民参与制度建设的全过程。具体表现为:一是通过制度合理性审计,审计人员可以关注公民是否参与制度的设计、执行和发展的过程,并发现制度在各个环节可能存在的问题;二是在制度合理性审计中,审计监督制度制定者是否考虑公民提出的建议,也体现了公民参与制度设计的一种形式。

选举权是公民的基本政治权利之一。以公民参与选举权为例,宪法规定了公民拥有选举权和被选举权,公民积极主动地参与选举有利于保护公民权益,有利于人民民主的实现。但是,如果公民参与选举的实现机制受到阻碍,机会主义者就可能过度利用公民的选举参与,从而导致公权力的异化。为了维护和保障公民的选举权利,制度合理性审计应关注候选人是否具有选举资格,非候选人是否不具有选举资格,选举过程是否合理,选举结果是否准确,选举结果是否被篡改,选举是否顺利,选举是否公平等。也就是说,制度合理性审计的监督应当是全方位的,不仅要对选举组织进行监督,还要对选民行为和资格进行监督;不仅要对投票环节进行监督,而且要对选举的全过程实现全覆盖。没有监督,选举就有可能被人利用,结果就可能不公正。而且,在选举之外,是否存在选举的不正当竞争,如贿选等。制度合理性审计有利于保障公民选举权利的顺利行使,保证选举结果的真实性和有效遏制各种舞弊现象,打击那些破坏选举的行为。

7.2.2 制度合理性审计与公共权力的制约和监督

中华人民共和国一切权力属于人民,人民当家作主。公民监督权具有人民主权的性质,它是民主政治的重要内容之一。本卷认为,国家审计实质上是一种保障和促进公共受托经济责任全面有效履行的特殊的经济控制方式,其本质功能是通过对政府经济活动的监控来保证和促进公共受托经济责任的全面有效履行。也就是说,制度合理性审计的实施,一方面可以对政府公共受托经济责任进行监控,另一方面可以实现公民对政府活动的监督,从而保障公民监督权。

基于制度合理性审计实现公民监督权的途径主要有以下几个方面。

制度合理性审计与权力监控。2010年9月1日公布的国家审计准则强调了国家审计对权力运行的制约和监督,明确国家审计执行法定监督、揭示、评价等职能。同时,强调将政府机构及官员权力的行使置于人民授权范围的约束中,并将其履行公共受托责任的程度、水平进行公开披露,以接受人民的监督。党的十六大报告指出,要"加强对权力的制衡和监督",而党的十七大报告则进一步明确运用经济责任审计进行权力监督。党的十八届三中全会通过的《中共中央关于全面深化改革若干重大问题的决定》也强调"强化权力运行制约和监督体系""构建决策科学、执行坚决、监督有力的权力运行体系,健全惩治和预防腐败体系,建设廉洁政治,努力实现干部清正、政府清廉、政治清明""加强和改进对主要领导干部行使权力制约和权力监督,加强行政监察和审计监督"。公民监督权的实现可以制约权力腐败和权力滥用,并保障公民自身权利不受侵害。而制度合理性审计关注制度缺陷,努力实现制度完善。制度合理性审计的有效实施可以强化对权力的制约。

制度合理性审计与权益保护。制度是公民权益的法律保障,制度的合理性可以直接影响公民的权益,可以说制度合理性审计也是公民权益保护的途径之一。权益保护,一方面是指对权利的保护,另一方面是指对利益的保护。制度合理性审计可以发现公民监督权方面的制度缺陷,从而优化对公民监督权的制度保障,发现在制度执行过程中公民利益是否受到损害。

制度合理性审计与公平正义。公平正义是和谐社会的重要特征之一。公平正义,就是社会各方面的利益关系得到妥善协调,人民内部矛盾和其他社会矛盾得到正确处理,社会公平和正义得到切实维护和实现(胡锦涛,2005)。从现代意义上来说,公平指的是一种合理的社会状态,它包括社会成员之间的权利公平、机会公平、过程公平和结果公平。正义是指社会的是非观与荣辱观,它呼唤和弘扬社会正气。党的十六届六中全会通过的《中共中央关于构建社会主义和谐社会若干重大问题的决定》指出,制度是社会公平正义的根本保证。那么,制度的不完善、不成熟会影响公平正义的实现。因此,制度合理性审计对公平正义的实现具有重要的意义。为了实现公平正义,制度合理性审计通过关注制度的制定是代表了个别人的利益,还是集体的利益,从而修正制度以协调各方利益,实现权利公平。公民监督权有宪法的维护,制度合理性审计可以保障公民的监督权。公平正义的实现离不开监督,而对监督权的保障也是为了实现公平正义。

总之,制度合理性审计是实现公民监督权的一种方式,从本质上来看,制度合理性审计的委托人是社会公民。制度合理性审计的监督具有针对性,其监督范围主要是对制度的设计、执行和发展。制度合理性审计可以完善制度,规范行政行为,防止权力滥用,还可以帮助被审计单位改善管理,提高行政效益,实现公民的参与权、决策权、知情权、监督权,最终有利于民主政治的发展。

7.2.3 制度合理性审计与公民知情权的实现

知情权有广义和狭义之分。广义的知情权是指公民获取信息的自由和权利,即公民有接受信息和寻求获取信息的权利以及不受公权力阻碍和干涉的权利。狭义的知情权是指公民获取行政信息的自由和权利,即获取公权方面信息的自由和权利。公民知情权是宪法中的一种隐含权,宪法规定:"中华人民共和国公民对于任何国家机关和国家工作人员,有提出批评和建议的权利;对于任何国家机关和国家工作人员的违法失职行为,可向有关国家机关提出申诉、控告或者检举的权利。"公民知情权是公民实现参与管理国家事务的基础性权利,是公民作为社会成员享有广泛政治权利和自由的基本前提,为人民主权宪法原则的制度性要求(张琼,2007)。因此,公民知情权是实现民主政治的前提和基础。

2008年5月1日,《政府信息公开条例》正式实施,该条例要求政府对涉及公民、法人或者其他组织切身利益的政府信息,涉及公众利益调整需要社会公众广泛知晓或需要公民参与决策的政府信息,反映行政机关机构设置、职能、办事程序等情况的政府信息,其他依照法律、法规和国家有关规定应当主动公开的政府信息,应该主动公开。政府信息公开为实现公民知情权迈出了实质性的一步,但是信息公开的内容是否完整、是否符合公民需求、是否有效等是值得关注的问题。

提高公民知情权的方法之一是实施制度合理性审计。制度合理性审计对制度进行评价,并将审计结果向公众公开,使信息能够顺畅地在政府和公众之间进行有效传递,这是提高政府公信力和透明度的必然选择。这是因为,制度合理性审计结果公告制度使审计机关向公众提供真实充分的信息,揭露政府在信息公开方面的隐藏行为,使信息不对称的程度降低,为减少代理人的逆向选择和道德风险问题创造条件。实施制度合理性审计结果公告制度,加强对权力的制约和监督,有利于政府更好地履行宏观调控职能,适应现代市场经济发展的需要,降低政府行政成本,维护国有资产安全;有利于树立审计机关的权威,提高审计质量,推动国家审计的发展;有利于建立科学的政绩评价机制,遏制权力寻租;有利于提高政府公信力和透明度。因此,制度合理性审计结果公告制度成为我国社会经济发展的内在需求,是推动民主政治发展的重要途径。

以"三公经费"为例,2011年国务院首次要求98个中央机关部门披露其"三公经费"事项。"三公经费"指履行政府行政职能的各类行政管理部门及组织,在履职过程中所涉及的因公出国出境费用、公务用车购置及运行费用和公务接待费用三项经费支出。"三公经费"是政府行政经费的组成部分,属于政府的行政成本,是政府运转必然发生的支出,而涵盖"三公经费"的财政预算及决算报告被列为政府信息公开中应重点公开的部分。制度合理性审计,一方面可以评价当前"三公经费"信息披露制度的合理性,以及"三公经费"披露制度决策的合理性,另一方面可以评价"三公经费"信息披露的真实性、完整性、有效性。基于制度合理性审计,"三公经费"信息披露的完善有利于实现公民的知情权。以审计听证为例,2021年,审计署发布《审计机关审计听证规定(修订征求意见稿)》,该规定指出,审计机关进行审计听证应当遵循公正、公平、公开的原则,当存在对被审计单位处以10万元以上、对自然人处以1万元以上罚款,对被审计单位处以没收10万元以上违法所得的情况时,审计机关应当向当事人送达审计听证告知书,告知当事人有权要求举行审计听证会。审计听证是为了规范审计机关的审计处罚程序,提高审计质量,维护公民、法人或者其他组织的合法权益,最终也是为了实现公民的知情权,让审计处罚得到社会监督。

7.3 制度合理性审计机制的构建

7.3.1 制度合理性审计的目标

在特定的历史环境下,审计目标是指审计主体通过恰当的审计行为,预期可以实现的理想状况或最终结果。制度合理性审计目标包括基本目标、具体目标和中长期目标三类。

1. 基本目标

基于公共受托经济责任理论,行为责任是受托经济责任的重要内容,而制度的制定和执行是行为责任的重要内容,审计是保证行为责任的合理性,因此,制度合理性审计的本质目标是促进制度制定和执行中公共受托经济责任得到全面有效的履行,最终提升制度的合理性。

2. 具体目标

具体目标是针对特定对象可实现的结果。制度合理性审计的具体目标是确定制度制定及执行过程的合理性,如判断相关主体是否建立了根据目标客体设定的相关制度,检查相关制度的实施状况,并针对不足之处提出改进意见和建议。制度合理性审计主要关注现行制度的充分性及其执行程度,试图通过审查制度的制定及执行情况,来评价制度是否合理、是否满足该制度设置的初衷。制度合理性审计是一种制度运行监督系统,提供制度合理性信息,可提高制度运行效率,判断制度实施是否达到了目标、满足社会需求。制度合理性审计的目标可具体表述为四个方面:判断制度设计是否合理,判断制度是否得到经济、高效或有效执行,判断制度影响是否合理,判断制度发展是否合理,根据制度评价为决策机构提供相关的意见。

3. 中长期目标——完善国家治理

国家审计对促进我国的改革与发展具有非常重要的作用,社会在进步,时代在不断地发展,国家的治理离不开改革与发展,要想实现国家治理能力和治理体系的良好发展、经济社会科学发展机制的不断发展和完善、资源的合理利用和配置,就需要通过改革来进一步对生产关系和上层建筑中与生产力和经济基础不匹配的部分不断地进行改变和完善。国家审计是国家治理的一项重要制度安排。只要存在国家活动和国家治理,就必然离不开公共权力的配置和运行,以确保"有权必有责,用权受监督"目标的实现,而国家审计作为党和国家监督体系的重要组成部分,通过依法行使对公共权力的制约和监督,来推进国家治理体系和治理能力的现代化。

制度合理性审计是我国国家审计的重要内容之一,它可以从宏观的角度来看问题,针对审计过程中发现的问题,提出改进和完善的建议。国家审计有责任也有义务促进国家治理的不断发展。在中国特色社会主义制度下,制度合理性审计主要是为了发现我国在发展的过程中存在的有关政策和制度等方面的问题,通过对责任履行的监督和责任的追究,从体制、机制等方面研究解决问题的办法和措施,进而对促进各项改革的顺利进行发挥积极作用。

7.3.2 制度合理性审计的内容

优良的制度会对经济社会发展产生巨大的推动作用,关于制度科学有效性的审计以及制度执行的审计有利于完善国家治理(李齐辉,2013)。制度合理性审计的内容主要包括制度设计合理性、制度执行合理性、制度发展合理性三个方面。

1. 制度设计合理性

制度设计是将可能实现的情形,通过进一步改进和完善,最后形成正式的文件的过程。随着社会的不断发展和进步,人们对制度的产生在民主科学等方面要求越来越高。在制度设计的过程中,制度的产生过程可能存在不民主的地方,或者即使制度设计采用民主的方式,也可能存在被人为操纵的情况,从而只体现为一种形式上的民主。制度是一切活动和行为的准绳,若制度设计本身存在不科学、不合理的地方,就会使经济行为活动与人们的预期产生较大的偏差,滋生潜在的重大风险。对于制度设计合理性,审计应关注制度制定的主体是否符合法定资格,制度制定的程序是否合理,制度的对象是否合理,制度是否符合社会公众的要求,制度是否与宏观政治、经济、社会、文化等环境相匹配,制度体系是否完整,制度改革是否可行等内容。

2. 制度执行合理性

由于人们在对复杂事物的认知方面存在一定的局限性,这会导致人们对一些事物和情况的认识出现一定的偏差。执行对制度来说非常重要,它关系到制度的目的能否真正实现。制度执行合理性审计将制度与经济行为活动进行对比分析,看是否能达到制度的目标。制度执行合理性审计主要是评估政策制定和执行的经济性、效率性、效果性、公平性、生态性。

经济性是指以最低的资源耗费获得一定数量和质量的产出,主要关注的是投入和整个过程的成本,强调的是资源的节约程度,追求成本最小化。效率性是指投入资源与产出之间的因果关系,主要关注的是在一定资源投入下获得最大产出,强调的是产品、劳务或其他成果与消耗资源之间的关系。效果性是指既定目标的实现程度,指的是实际完成的程度与目标之间的关系。公平性强调服务、产出和结果的分配过程应反映平等性,主要强调资源分配和社会发展中的差异。制度执行的公平性主要强调制度执行是否体现了公平原则,是否满足人民的要求,人民是否得到了公平公正的服务和待遇。生态性是指对自然资源的有效利用和生态环境的有效维护,主要关注土地资源、水资源、森林资源以及矿山生态环境治理、大气污染防治等领域的问题。制度执行的生态性主要是指对制度实施过程中所产生的污染防治、生态恢复与建设、资源的可持续开发与利用等等,如制度执行是否以牺牲生态、自然资源资产为代价,是否存在负面社会影响,是否公平等。

3. 制度发展合理性

制度的本质是社会实践的产物,非常稳定。但是社会在进步,时代在发展,万物都在不断地变化。现代社会的制度并没有完全随着实践发展的速度和方向的变化而变化。关注制度发展合理性就是要保障制度的优化符合实践发展的需要,促进制度的完善,强调制度是否得到及时更新、对制度的监督是否全面、制度的适应性等。

7.3.3 制度合理性审计的评价体系

制度合理性审计的评价体系是由制度合理性审计的内容决定的,它包括制度设计合理性评价指标、制度执行合理性评价指标和制度发展合理性评价指标。

1. 制度设计合理性评价指标

在制度设计层面,合理性评价指标应当考虑完整性、合法性和规范性。

完整性:制度制定的参与者的资格是否适当;制度的设计是否存在缺失、设计中是否存在职能交叉以及管理控制是否薄弱;制度的设计是否有可行性研究报告;制度的设计是否具有普适性;制度制定过程是否有监管;制度设计的程序是否符合规定。

合法性:制度的设计是否符合实际、行业规定及法律规范;涉及业务的制度设计是否为业务策略导向;目标制度的设计是否容易执行,并充分考虑执行环境和执行能力;制度的制定或修改是否有法律依据;制度制定的参与者是否被威胁;制度制定的参与者的意见是否得到真实表达。

规范性:目标制度中的权责利是否对等;制度设计的载体是否符合相关规定,是否具备配套的管理制度;制度设计的相关材料是否正规;制度制定的参与者是否积极参与制度的设计;制度制定的参与者选择是否规范;制度设计的标准是否规范。

2. 制度执行合理性评价指标

制度执行合理性评价主要是对制度执行过程中所涉及的内容进行的评价,包括制度执行的经济性、效率性、效果性、公平性、生态性。

经济性。在制度执行过程中,各方以较少的人力和物质资源投入,有效发挥制度的作用。审计主要关注:制度执行是否符合成本—收益原则;制度执行的外部性是否经济;制度执行是否简洁合理;制度持续的成本如何。

效率性。在制度执行过程中,各方在相同时间内用同样的投入得到的制度的效果或作用更明显。审计主要关注:制度执行是否更高效,是否节省时间;制度执行者的认知与执行意愿是否一致,是否有人为因素为制度执行力带来阻力或引发问题;制度的协调性与各部门之间的联系密切相关,各部门对存在的问题是否进行协调处理。

效果性。在制度执行过程中,制度所达到的目标更显著。审计主要关注:制度执行是否达标;制度执行的社会满意度如何;制度执行是否符合当前的客观环境,是否会同时产生一些负外部性问题;实际执行的制度与预期是否有偏差,设置的关键点是否真正达到了该制度设置的初衷,客观环境对整个制度有效性的影响。

公平性。在制度执行过程中,制度的实施兼顾各方利益。审计主要关注:制度执行的受益者是否只涉及部分民众;制度执行的社会投诉情况;制度执行是否存在冲突;制度执行是否明确制度管理、制度审计、制度责任等相关接口部门。

生态性。在制度执行过程中,保障制度落实的自然资源不受影响。审计主要关注:制度执行是否对自然资源资产产生影响;制度执行是否有利于提升生态水平;民众对生态的满意度如何;制度执行的可持续性如何。

3. 制度发展合理性评价指标

制度发展合理性评价关注制度更新过程中的组织、保障、优化所产生的问题。制度发展与制度设计既有区别,又有共同点,区别在于它是原有制度的更新过程,共同点在于制度发展也是一种制度设计的过程。

制度组织是指对制度承担管理责任的主体,即拥有制度解释权的部门或组织。审计主要关注:是否建立制度管理组织且制度管理组织是否有效履行其管理职责;制度发展的灵活性;是否有专门的组织对制度推广进行培训。

制度保障的目的在于保障制度的顺利实施。审计主要关注:是否建立制度运行的保障机制并有效履行其辅助职能;制度发展是否能够适应不断发展、变化的外部环境;制度是否设置了信息反馈环节。

制度优化的目的在于促进制度的完善。审计主要关注:发展后的制度是否比旧制度更具有优势;制度缺陷是否被弥补;是否存在未弥补的缺陷。

7.3.4 制度合理性审计的程序

制度合理性审计的程序主要包括项目选择与确定、审计前的准备工作、审计实施、编写审计报告和制度合理性审计后评价五个步骤。

1. 项目选择与确定

制度合理性审计对项目的选择与确定有助于提高审计效率,降低审计成本。项目选择与确定包括以下几点:第一,初步了解制度的总体框架,确定制度参数和管理目标,检查现有制度,并确定相关目标,采用文字说明、调查表、流程图或检查表等方法对制度进行记录和描述。审计在制度的选择与确定阶段需要考虑两个方面:一是制度背景及发展状况,是否与环境不适应;二是制度实施是否较困难,而且不能很好地指导实践。第二,了解制度运行的环境,包括制度出台的背景、制度运行状况、制度配套措施、制度监管等。第三,与相关单位或部门签订业务委托书,明确制度合理性审计的责任和义务,促进双方之间的理解。第四,评估制度合理性审计的风险,识别制度设计与执行过程中的所有风险,确定重要性水平,以便发现制度缺陷。

2. 审计前的准备工作

审计人员在该阶段需要根据审计目标等内容来规划审计的具体目标和内容,以及合理有效地分配审计资源。具体的内容包括:明确审计目标、审计范围、审计的重点,制定详细的审计程序,明确人力、物力以及资源的合理有效分配。

3. 审计实施

审计人员在该阶段的主要工作是评估风险,找出审计风险点,并且实施一定的控制测试程序和实质性测试程序,进行审计评价,形成审计证据。在该阶段,审计主体主要进行如下几项工作:获取与制度运行相关的资料,将制度相关规定与制度运行结果进行比较,确定产生的差距是否与制度缺陷存在关联,从制度层面提出建议。实施分析程序,分析制度合理性实施分析程序旨在发现制度运行是否存在异常现象,如制度实施的成本与收益是否合理、制度效果是否与目标相背离、制度运行效率是否较差等。

4. 编写审计报告

审计人员在该阶段需要根据审计证据和目标出有具针对性的审计意见。具体包括以下两方面的内容:一是明确直接审计的具体对象,即让委托人全面充分了解制度履行的实际情况;二是将当前制度与期望制度进行比较,对制度进行检验,在分析、综合审计证据的基础上,评估该制度是否有效地实现了为其设定的目标以及在实践中是否得到遵守。在此基础上分析存在的问题并提出针对性的审计意见和建议。在制度评价过程中,需要对制度本身是否健全进行评价、对制度的有效性进行评价及对制度发展进行评价。

5. 制度合理性审计后评价

制度合理性审计后评价是对已完成的制度合理性审计所进行的审计跟踪,主要对审计整改落实情况进行评价。

7.3.5 制度合理性审计结果的利用

制度是行为的指导,制度强化有利于约束权力运行,制度创新有助于民主政治的实现。制度合理性审计通过对制度的评价有利于制度的完善和强化,前提是有效地运用制度合理性审计结果。为促进各方对制度合理性审计结果的利用,各方主要可以从以下几个方面入手:促进制度的完善,加快问责机制的落实,提供腐败治理线索,丰富审计案例信息库。

8 民生审计探讨

8.1 民生审计的界定

8.1.1 民生审计的含义与特点

1. 民生审计的含义

民生审计是国家审计的重要内容之一,是指审计机关及其组成体系依照国家法律法规对民生资金、项目及政策等与人民群众利益紧密相关的事项实行审计监督,它旨在保障和促进公共受托经济责任全面有效履行。民生审计关系国家和社会安定和谐,民生审计的目标是推动改革的深化、保障及改善人民的基本生活质量、维护人民权益,使国家政策要求、预算配置、资金发放及民生项目得以落实、完善及发挥其应有的效应,并使人民生活的保障水平得以提高。公共资金的使用与相应的民生审计监督和人民群众的利益紧密相关,是国家及各个地区审计部门关注的重点。民生审计需对公共资金进行重点管理并监督,检查和鉴证公共资金的使用情况。通常公共资金是指与人民群众生活、生产及劳动力再生产紧密相关领域的资金。因此,民生审计的最终落脚点是人民的生存和发展,而这也是中国特色社会主义民主政治的根本任务,也是为了更好地满足人民群众对美好生活的需要,实现人的全面发展。

民生审计的主要对象包括与水利、农业、扶贫、卫生、教育、环境保护、交通、住房与城乡建筑设计、社会保障、财政、发展改革等相关的行政主管部门或单位,以及从事项目施工、建设、监理的企业和事业单位,这些部门的一个共同特点是它们参与了救灾、医疗、教育、文化、科技、社会保障、就业、卫生等相关民生政策的制定及执行。民生审计围绕民生改善、社会公平、资源环保等问题,重点关注就业、社会救助、保障性安居工程、资源环境、农业农村等领域中政府关心、社会关注的重点民生项目及民生资金的管理使用,深入开展审计监督,加大问题查处力度,助力推进民生政策贯彻落实,全面保障民生资金的安全和效益。

民生审计的主体是审计机关,客体是财政资金、社会及城乡居民筹集的公共资金,这些公共资金是与人民生活、生产及劳动力再生产有关的领域的资金。各级财政部门和基层地方政府是民生审计的重点对象,项目规划、资金的管理、分配、使用、有效性以及政策落实是民生审计的关键环节。

在审计实务中,民生审计主要有就业优先政策专项审计、就业补助资金审计、保险基金审计、保障性安居工程跟踪审计、重点机场建设项目专项审计、工业企业结构调整专项奖补资金审计、资源环境专项审计、农业农村审计、水利专项资金审计、高质量教育体系建设和改革推进情况审计、卫生健康体系建设和改革推进情况审计等。

2. 民生审计的特点

民生审计具有阶段性、综合性和服务性三个特点。

阶段性。民生涉及一个国家的经济、社会、政治、文化、生态等多个方面,在财力有限的情况下,政府无法面面俱到。因此,政府在执行保障民生职能时,需要做到以下几点:务必考虑我国现阶段财政的保障能力;不能顾此失彼,要同时兼顾短期和长期利益;设计科学得体的民生保障系统,设置恰当的保障标准。在不同的发展阶段,民生保障的基本内容和重点都有不同程度的差异,民生审计的内容也在不断变化,呈现明显的时代特征和阶段性。

综合性。民生问题涉及广泛,民生审计的综合性主要是由民生需求多层次、多种类的特点决定的。民生审计综合性的范围主要包括保障性住房、医疗卫生、社会保障、就业及教育等内容,涉及工程、生态环境、人口、社会管理、财务、财政等科学领域。

服务性。民生审计的服务性主要体现在两方面。一是有效推动国家治理。民生审计有利于推进我国社会保障体系的建设,促进民生资金分配、管理和使用的有效性,从而有利于完善国家资源的优化配置和政府的管理效力,健全国家治理体系。二是切实维护人民群众基本利益。民生审计能够推动全社会对涉及民生的重点领域、重点资金、重点部门及重点项目的监管,保障各种惠民政策措施的全面落实,推动政府增强公共服务意识和能力,从而为最广大人民根本利益的实现提供了保障。

8.1.2 民生审计与公民权益保障的实现

宪法规定,公民的监督权包括批评权、建议权、申诉权、控告权、检举权,而民生审计的执行有利于为公民提供与民生相关的政策、制度、项目、效益更充分的信息,更有利于公民对民生项目全过程的监督。公民在信息对称的条件下，才会对民生相关的问题提出批评和建议，才能对不合理的情况提出申诉，才能对主管部门或人员提出控告和检举，因而，民生审计有利于公民监督权的实现。

民生审计关注民生政策和制度，推动相关民生政策和制度的落地落实。民生审计围绕民心和民意，服务经济大局，重点关注民生政策和制度的执行环节，监督政策和制度的目标是否实现，从制度和政策方面发现问题，营造良好的民生环境，为公民监督权的实现护航。民生审计通过推进就业政策审计、住房保障审计、高质量教育审计、卫生健康审计等多类型的审计工作，从体制、机制上解决问题，并通过审计问责和审计公告把政府问题向社会公布。民生审计对民生相关的政策、制度、项目、资金的监督能够促进政府有效履行公共受托经济责任。民生审计是推动党风廉政建设的重要手段，在风险导向审计模式下，民生审计对腐败问题进行识别、评估，同时对腐败风险进行预警、控制、应对。民生审计与廉政建设的关系源于宪法和审计法赋予的审计权利，通过对政府工作进行的全面审计，聚焦主责主业，对被审计单位具有一定的威慑力。另外，民生审计基于对政府财政资金的运行的监督，可以发现权力行使过程中存在的徇私舞弊、化公为私、贪污受贿、挪用公款等行为。

民生审计关注民生项目，促进民生项目管理规范化。民生审计重点关注农业农村农民、就业、社会保障、住房、教育和卫生健康等领域，旨在发现政府在项目建设程序、管理、决算等方面的问题，确保民生项目为民、富民。民生审计有利于解决农民基本生活问题，有利于建立覆盖城乡居民的社会保障体系，依法维护群众基本生活的合法权益，为公民监督权的实现营造环境。

民生审计关注民生效益，创造美好生活。民生审计关注民生资金的管理、分配和使用，重点在于民生效益，从资金配置的科学性、资金使用的效益性方面发现问题，对于效益低下和危害民生权益的问题进行揭露，为公民监督权的实现创造条件。民生审计要求审计机关和审计人员树立诚信观念和责任观念，将是否有利于人民利益的实现作为民生审计工作业绩的衡量标准，按照"全面审计，突出重点"的工作方针，围绕公民普遍关心的问题开展工作，以维护公民的根本利益为准则，坚持把广大公民最关心、最直接、最现实的利益问题，如就业、社保、医疗、教育、住房等作为审计工作关注的重点，把党和政府对人民生产、生活的关怀落到实处，让公民切实享受到改革发展的成果，对美好生活的需求得到满足。民生审计促进审计机关把保障和改善民生作为主导的评价标准，建立起公开、高效的运行机制，把"民生至上"的审计理念真正转化为具体的审计制度,以适应经济社会和谐发展的要求。

8.1.3 民生审计的主要内容

民生审计与人民群众切身利益联系紧密,具体来说,主要体现为补助、医疗、失业、养老、工伤等社会保障,保障性安居工程,扶贫等与重点民生资金和项目相关的审计。

1. 社会保障资金审计

在"十二五"规划中,社会保障建设有着至关重要的地位,该规划明确指出要进一步推动全面建设城乡居民社会保障体系。党的十八大报告也提出了要统筹推进城乡社会保障体系。党的十八大报告提出要统筹推进城乡社会保障体系。《中华人民共和国国民经济和社会发展第十四个五年规划和2035年远景目标纲要》提出,为增进民生福祉,提升共建共治共享水平,需要健全多层次社会保障体系。社保基金的规模随着我国经济和社会事业的飞速发展也逐年扩大,社会公众对于社会保障的关注度越来越高,因此,出现了很多新问题、新矛盾,所以社会保障基金审计应发挥作用。在促进社会保障体系建设、规范基金运作秩序、提高基金使用和管理效率等方面,社会保障基金审计对审计师的知识、经验、分析能力和创新思维能力提出了更高的要求。社保基金审计主要是为了推动党中央社会保障有关决策部署落地生效,有效维护社会保障基金安全("养老钱""保命钱""救助款""慈善款"等风险),促进不断提升社会保障治理效能(常态化监督震慑和权力制约),有序推进社会保障领域审计全覆盖(审计频率和覆盖周期、资源整合和优化),系统构建社会保障大数据审计工作模式(大数据应用)。

由于中国社会保障制度建立时间较晚,存在覆盖范围不完全、社会保障基金筹集方式不规范、社会保障的法律体系不健全、社会保障基金的收缴不标准等问题。实施社会保障基金审计,有利于中国社会保障体系的建设,使社会保障工作按照现行制度规定有序开展。社会保障基金审计不仅监督管理社会保障资金的使用,而且要把发现的问题与中国的实际情况结合起来进行更进一步的研究,提出更加符合实际的审计意见,不断健全中国社会保障体系。

《审计署关于提升社会保障审计监督效能的指导意见》(2021)指出,聚焦主责主业,加大就业优先政策落实,社会保险制度改革,住房保障体系建设和改革推进,社会救助、社会福利等社会保障兜底机制,社会保障公共服务和经办管理方面相关的重大政策措施贯彻落实情况跟踪审计力度。同时,进一步加大对重点民生资金和项目的审计力度,如社会救助、社会福利和优抚安置资金审计,应对人口老龄化、慈善捐赠等公共资金审计。社会保障基金审计监督主要是为了以零容忍态度严肃查处群众身边的微腐败和违纪违法问题,揭示影响社会保险基金可持续运行的重大风险,揭示影响公共安全和社会稳定的风险隐患。

社会保障基金审计的加强是促进中国改革发展的迫切要求。当前中国经济体制改革已进入关键阶段,这就要求我们从根本上入手,加强社会保障基金的审计,尽快建立健全社会保障制度。政府只有不断地加强对社会保障基金的审计,维护社会保障基金的安全运行,加快建立健全社会保障体系,才能有效维护社会稳定。社会保障资金审计主要围绕养老、医疗、失业、工伤等社会保险基金和应对人口老龄化的相关资金管理使用情况,以促进社会保险制度公平和可持续发展。社会救助、社会福利等兜底保障政策落实和资金使用情况审计主要围绕最低生活保障、特困人员供养、医疗救助、残疾人补贴、优抚安置、彩票公益金等专项资金管理使用情况,以促进完善和优化分层分类、城乡统筹的社会救助体系。

2. 保障房建设资金审计

保障房是社会保障体系的重要组成部分,是国家对低收入家庭的一种补贴,有利于保障二次分配的公平性和提高低收入家庭的生活水平。保障房的主要分类有经济适用房、廉租房、公共租赁房、定向安置房等。中国保障房建设始于20世纪90年代的住房体制改革。国务院2008年下发的《国务院办公厅关于促进房地产市场健康发展的若干意见》提出要加大保障房建设力度。"十一五"期间,中国的住房保障制度初步成型。"十二五"规划中提出3 600万套保障房的建设目标,以期在"十二五"末基本解决城镇低收入家庭住房困难问题。"十三五"规划中提出了建设和谐宜居城市、健全住房供应体系、推动城乡协调发展等目标,对建设项目的要求进一步提升。随着保障性住房建设规模的迅速扩大,保障房建设资金的筹集、使用和监管受到广泛关注,保障房建设项目资金审计也成为国家审计机关一项重要的工作内容。

完成保障房建设目标所需要的保障房资金的来源非常广泛,主要包括中央和地方政府资金、土地出让收入、住房公积金增值收益、地方融资平台筹集的资金、保障房出租出售的回收资金等。复杂的资金来源增加了保障房建设筹资管理的难度,资金不按规定拨付、使用或管理等问题经常出现。此外,我国有些地方对保障房建设资金使用和管理较为混乱,存在不足额提取或安排保障性安居工程资金、不完全落实相关政策、建设招标过程不透明、虚报工程造价等问题。为规范保障房建设资金的管理,提高建设资金的使用效率,应加强对保障房建设资金的审计监督。保障房建设项目资金审计主要围绕保障性安居工程、住房公积金、住宅专项维修资金等住房保障资金管理情况,以提高保障住房有效供给和解决居民住房困难问题。

《审计署关于提升社会保障审计监督效能的指导意见》(2021)指出,在住房保障体系建设和改革推进方面,围绕让全体人民住有所居目标,聚焦城镇老旧小区改造、保障性租赁住房和共有产权住房建设、住房租赁市场发展等重大民生工程、重要政策措施推进情况,促进保障性安居工程、住房公积金、住宅专项维修资金等资金资产的公平善用,促进完善住房保障体系,提高保障性住房有效供给,推动城市更新建设,促进困难群众和大城市新市民、青年人等重点群体住房问题。

3. 扶贫资金审计

财政扶贫是一项利用国家公共资源帮助贫困人口脱贫致富的重大民生工程。中国设立了专项财政扶贫资金用于扶贫开发工作,旨在改变贫困地区、偏远地区及革命老根据地的落后面貌,提高贫困百姓的经济收入,进而促进社会的全面发展和增强综合国力。财政扶贫资金是财政支出的重要组成部分,如果财政扶贫专项资金得不到有效管理和使用,则会导致扶贫工作失败,进一步还会影响社会稳定和国家长治久安。由于国家财政收入的持续增加,财政扶贫资金逐步增加,有力地促进了贫困地区的经济发展和人民生活的改善。我国贫困人口逐年减少,到2020年年底,我国已消灭绝对贫困,原先的贫困人口的工作生活条件得到明显改善,扶贫资金审计在其中发挥了非常重要的作用。但是扶贫资金审计仍然发现了诸多问题,如在扶贫项目申报和审批过程中存在重复申请、虚假申报等问题,在资金的分配、管理和使用上存在管理和使用不规范、资金闲置、虚报冒领、挪用和浪费等问题,甚至有个别人员涉嫌贪污、侵吞和挪用扶贫资金,这在很大程度上影响了扶贫资金的使用效率和国家扶贫政策的有效实施。扶贫资金审计是扶贫资金监管的重要途径之一,然而扶贫资金使用中存在的大量问题表明其监管效果欠佳。扶贫资金运作中项目审批不科学、资金使用不到位、挪用与贪污腐败等现象与扶贫资金审计监管不力有关,扶贫政策方面存在的"重扶贫开发、轻安全网建设,重扶贫工程建设、轻人力资本开发,重实物扶贫、轻文化精神扶贫,重新制度建设、轻现有制度整合"等问题也与扶贫资金审计监管不完善有关。扶贫资金审计中存在的常见问题有:注重事后审计、忽略事前监督,注重财经法纪审计、忽略绩效审计等。即使在财经法纪以及审计方面也存在着盲区。

习近平总书记强调,要增强扶贫资金的阳光管理,增强审计力度和监督力度,聚焦整顿和查处扶贫领域的犯罪,严厉惩处挪用、层层截留、虚报冒用、挥霍浪费扶贫资金的行为。李克强总理强调,要保证资金管理的严格,对违反法律法规的行为要严惩,尽快完善制度的安排,保证扶贫资金有效运行、真正用于扶贫开发。对于农业农村和乡村振兴问题,扶贫资金审计主要聚焦惠农政策落实和涉农资金安全绩效,包括农产品、土地建设、农业发展、乡村建设、农村制度、乡村振兴等专项审计。

4. 其他项目审计

民生项目涉及专项资金或者公共支出,而直接用于改善人民生活的资金通常是以财政转移支付形式拨付或向基层群众发放的,因而涉及财政分配、无偿使用的资金以及国债资金必然需要民生审计,以督促有关部门把与人民生产生活密切相关的专项资金管好和用好,从而保障人民群众的切身利益。其中,公共支出用于公共设施的建设和提高公共服务质量,其重点是解决公共问题。社会公共性资金不仅指财政一般预算资金,还包括水利建设资金、粮食收储资金、惠农资金,这需要不断增强对资金投入效益的审计监督,进一步发挥公共财政的再分配功能,推动公共服务公平发展原则在不同地区和不同群体中的落实,促进社会的和谐稳定,保障人民群众的基本生活。通常,因特殊目的而形成的审计称为专项审计,民生审计中的专项审计范围还包括对社会救助、社会福利、优抚安置及社会捐赠等社会救助资金进行审计。除此之外,公共领域还涉及就业、教育、卫生、生态等方面。如就业优先政策落实情况审计以提高就业补助资金使用效益为目标,主要围绕减负、稳岗、扩就业等资金管理使用情况进行审计监督;高质量教育体系建设和改革推进情况审计以推进一流人才培养和创新能力提升为目标,主要围绕基础教育、职业教育、普通高等教育等领域专项资金管理使用情况进行审计监督;卫生健康体系建设和改革推进情况审计以促进提升公共卫生服务水平和医疗资源有效配置为目标,主要围绕公共卫生体系建设、医疗服务与保障能力提升、国家基本药物制度等资金投入和管理使用情况进行审计监督;生态环保资金审计也是民生审计的重要内容,它是全面协调可持续发展的基本要求,是推动环保政策有效执行、进一步提高人民居住环境质量的监控机制。

8.2 社会保障基金审计的关键问题

8.2.1 社会保障基金审计存在的问题

(1) 社会保障基金审计的法律基础尚需完善。社会保障基金审计的依据是与社会保障相关的法律以及审计法律,而目前我国的社会保障方面的法律尚不完整。统一和完善的法律规范可以防止社会保障相关部门仅仅考虑本部门的利益,相关政策或制度的执行和落实就会比较顺畅,这样更能保障社会保障政策和制度的权威性和强制性。由于没有强有力的法律,我国对社会保障机构的职责没有严格约束,一些基金运营者利用法律的空隙,非法套取社保基金,而审计部门也缺乏法律作为依据,审计监管形同虚设。从审计署对企业进行的关于为职工缴纳社会保险的财务专项调查结果中可以看出,企业财务中存在占用社会保障基金并挪作他用的现象。

(2) 监管机构独立性有待提高。政府审计部门是社会保障基金审计的主体,而劳动保障部门以及社保基金管理机构是审计的对象。基金的日常监管机构是被审计对象劳动保障部门的下级机构。劳动保障部门同时拥有基金运营和监管的权力,既是基金管理者,也是基金监督者。因此,监管与运营重合,运营和监督同属一个系统,导致了权责不分、监管不明现象的产生。

(3) 基金的绩效评价体系不健全。绩效审计评价指标体系是进行绩效评价的前提和标准,是关乎社会保障基金绩效审计能否深入有效进行的关键因素之一,是完整意义上的社会保障基金绩效审计必不可少的技术要件,主要为审计人员的专业判断的一致性和客观性提供保证。但是我国缺乏相应的社会保障基金绩效审计理论研究,而且实务操作较少,还未建成一套完整的绩效评价体系,影响和制约了社会保障基金绩效审计工作的有效开展。

(4) 数据统计口径不利于审计证据的获取。社会保障基金审计需要大量的内部和外部数据,审计人员一般采用调查或统计抽样法取得数据,有些结论甚至是靠统计推断得出的,因此,社会保障基金审计证据的充分性和准确性与传统的财务收支审计相比要差一些。而且社会保障基金相关管理部门之间的相互沟通不顺畅,各自的统计口径不统一,审计工作人员很难对相关数据进行准确对比,这削弱了审计分析的力度。

(5) 社会保障基金审计人员素质有待提高。社会保障基金审计需要的是既具有审计知识和财务知识,又具备经济学、其他社会科学、法律、工程、计算机方面知识的全方位的复合型人才。而我国基层审计机关人手有限,且以审计、会计及相关专业人员为主,缺乏其他相关学科专业人才,人员结构很不合理。

8.2.2　社会保障基金审计关键点

社会保障基金有利于促进我国金融市场的发展,促进经济结构的调整,与国家经济社会发展密切相关。社会保障基金审计涉及就业补助资金审计、失业保险基金审计、基本养老保险基金审计、医疗保险基金审计等。

社会保障基金审计重点关注以下几个方面。

（1）社会保障基金的筹集。在社会保障基金的筹集方面，审计人员应重点关注：是否存在少缴少征资金；财政补助、补贴资金是否足额拨付；是否存在未及时上缴收入；减免政策是否符合规定；是否有拖欠缴费的情况；是否有省级机构统筹保险基金；是否存在无隐性收入和私设"小金库"的行为。

（2）社会保障基金的支出。在社会保障基金的支出方面，审计人员应重点关注：是否存在基金的对外借款情况；各项社会保障基金之间的交叉支出；社会保障基金账户是否存在提现、日常支出、薪酬发放等；基金的支出范围是否符合标准；是否存在以物抵费等其他业务管理不规范问题；是否存在虚假就医、分解住院、虚假异地发票等方式的骗保；是否存在资金管理部门的挤占挪用情况；资金支出是否专款专用；资金支付是否及时，有无拖欠；资金支付是否超出预算和支付计划；重大资金支出是否经过集体决策，支付环节有无审核与监督岗位、人员。

（3）社会保障基金制度的完善。在社会保障基金制度方面，审计人员应重点关注：业务管理是否规范；是否存在社会保障资金未纳入财政专户管理的情况；是否存在社会保险基金预算编制不规范的情况；是否存在社会保险基金未纳入当地社会保险基金决算的情况；是否存在调剂金管理不规范的情况；是否存在会计记账和核算错误等问题；是否存在未参加社会保障人员；是否存在保障对象待遇低于社会保障水平的情况；缴费基数核定和缴费比例是否存在政策与实际不符的情况；是否存在信息化建设滞后的问题；是否存在制度衔接不到位的情况；基金的监管制度是否规范；相关管理机构是否完善。

（4）社会保障基金的绩效。在社会保障基金的绩效方面，审计人员应重点关注：社会保障资金是否实现保值增值，社会保障资金保值增值是否合法合规；各类人员的参保情况，如参保率、缴存率；社会保障政策执行效果满意度；社会保障政策的落实情况。

8.2.3 完善社会保障基金审计的建议

（1）完善社会保障法制建设。严格的法律规范是我国社会保障基金审计工作有效进行的保证。我国不仅需要以基本法的形式颁布社会保障法，还要出台配套的更为详细的法律文件，将社会保障的征收与使用范围、缴纳额与发放额的计算、基金的投资管理、基金管理部门的权利和义务与惩处机制等以法律条文的形式加以规定,以此来建立完整的社会保障法律体系,为基金审计工作提供法律依据,实现基金审计工作有法可依。人力资源和社会保障部要加强审计监督制度建设,加大行政执法力度,严格对违法行为进行惩处,杜绝一切徇私枉法、知法犯法行为,做到依法审计。

(2)健全社会保障基金审计监管体系。第一,完善社会保障基金审计监管体系。将法律作为社会保障基金安全运营的保障,以基本法的形式对社会保障基金审计提供依据;通过依法设立的行政机构对社会保障基金进行监管;重要的审计报告必须送交国家权力机关审查。建设与完善社会保障基金审计监管体系:一是完善审计监管制度,提高审计质量,如围绕医疗、医事立法,围绕医保基金立法,围绕医保基金的审计进行立法,从政策型监管转变为法律型监管;二是加强对社会保障基金使用的相关信息公示,提高社会保障基金管理的透明度。第二,强化社会保障基金内部审计,确保审计活动严格遵照审计法律文件的相关规定进行,任何审计项目的规范性、权威性、准确性、强制性都能有法律作为保障。第三,推进社会保障基金社会审计。通过内部监督与外部监督相结合来确保审计效率,社会审计人员独立于社会保障基金管理部门和国家审计部门而存在,其在审计工作过程中的公正公平性可以得到保证。

(3)创新社会保障基金审计方法。一是构建以绩效审计为主的社保基金审计评价新模式。社会保障基金审计就是以社保制度运行过程为主线,以社保基金及其使用与管理的真实、安全、规范为切入点,在审查财务收支合法合规性的基础上,重点对业务控制、政策制定、执行等方面进行分析评价,分析现行社保政策的运行效率,揭露社保制度的缺陷和实施过程中阻碍制度落实、执行的原因,确保社保基金的使用效果,促进社会保障工作绩效的提高。二是运用大数据分析技术,使数据分析由数据验证向数据挖掘转变。运用大数据分析技术能够使审计数据分析逐渐由传统的验证型向挖掘型转变。数据挖掘指的是采用大数据处理技术,利用数据仓库、数据挖掘和模型预测工具进行审计分析,从大量的数据中发现隐藏的数据模式和规律,包括分类分析、聚类分析、关联分析和序列分析等。审计运用大数据分析模式,可以实现由发现问题导向向风险预警导向的转变。根据动态关注模式和要求,审计过程应充分利用现有技术对宏观经济社会风险问题进行判断,综合分析政府债务类型是重点。此外,要做好社保资料审计工作,多数据分析和管理是重要的过程,审计人员应结合数据报道和要求等,做好领域分析工作,将结构化数据评价作为基础,不断将半结构化和非结构化的跨领域数据加入分析的框架,以此来提高大数据审计的分析能力。

（4）构建计算机联网审计的信息化新格局。社会保障基金的审计监管工作是一个非常复杂的过程，推进社会保障基金审计信息化的标准与规范，有利于更好地发挥审计监管的作用，实现基金利用率最大化。审计信息化的标准与规范包括审计数据的规范、流程的规范、审计信息披露的规范等，只有制定了标准的、健全的规范化体系，才能确保审计结论的客观性、公正性。通过将审计数据标准化、制度标准化、流程标准化、文书标准化、模板标准化、方法标准化、权限管理标准化，将审计计划、审计作业、项目管理、信息披露和成果应用处于规范化状态，这样能够在审计监管下更好地发挥社会保障基金价值最大化的功能。具体来说：一是从事后审计向事前、事中和事后审计相结合转变，数据采集达到随需随取，大幅缩短审计数据涵盖的周期；二是从静态审计向静态和动态审计相结合转变，实时数据成为被审计对象，使审计预警成为可能；三是从现场审计向现场和远程审计相结合转变，将审计软件系统处理后的原始数据重新整合，有效提高跟踪核查和现场取证的审计效率；四是从财务审计向财务和业务审计相结合转变，将大量业务数据纳入审计视野后，将更加有效地防范审计风险。

（5）整合各类审计资源。审计机关力量不足成为困扰社会保障基金审计工作的大难题，必须采取有效措施，在整合审计资源、完善监督机制上有所突破。一是横向联合，创新优化审计项目组合。积极探索社会保障基金审计与财政预算执行审计、领导干部经济责任审计、企业审计、行政事业审计捆绑开展，将社会保障基金审计作为财政预算执行审计的重要内容，把社会保障基金审计等民生政策执行的审计纳入领导干部履行经济责任审计范畴。二是上下联动，提高审计效果。将审计工作上下联动，分别向一二级单位项目预算编制和执行结果的两头延伸，通过审查项目支出的实际情况，发现预算执行中存在的突出问题，对现行社会保障制度体系的制度缺陷和管理漏洞，提出意见和建议。三是点面结合，突出审计重点。在全面审查预算执行、财务收支的真实性与完整性的同时，强化对重点单位、重点资金、重点预算项目的审计，查明重点预算项目预算的编制及执行等方面存在的突出问题，实现由面到点紧密结合，互为补充。社会保障基金审计的复杂性意味着审计机关不仅需要关注扶贫项目、社会保险等诸多社会保障政策和资金本身，而且要关注与社会保障密切相关的医疗、教育等保障性兜底内容，以及绿色发展、生态保护等乡村振兴内容。同时，将社会保障基金审计统筹纳入政策措施落实情况跟踪审计、领导干部经济责任审计以及财政收支审计等项目，形成审计合力。

8.2.4 社会保险基金审计案例

基本医疗问题频现

2016年8月至9月,审计署组织地方审计机关对基本医疗保险和城乡居民大病保险等医疗保险基金进行了专项审计。① 审计抽查了28个省级(含新疆生产建设兵团)、166个市级和569个县(市、区)2015年和2016年上半年的基金管理使用情况,抽查资金金额3 433.13亿元,延伸调查了3 715个定点医疗机构、2 002个定点零售药店以及其他相关单位。

审计发现情况如下。第一,部分地区和单位医保基金筹集不到位。2.65万家用人单位和47个征收机构少缴少征医疗保险费30.06亿元;部分地区的医保财政补助、补贴资金26.72亿元未及时足额拨付到位;部分征收机构未及时上缴医疗保险费等收入44.36亿元;截至2016年6月,审计地区有95.09万名职工未参加职工基本医疗保险。第二,部分地区医保基金支出使用不够规范。9个市级和24个县将医保基金1.20亿元挪用于对外借款等支出;8个省级、64个市级和186个县将医保基金22.86亿元扩大范围用于其他社会保障等支出;1.4亿元医保个人账户资金被提取现金或用于购买日用品等支出,涉及539家药店。第三,制度衔接不到位和部分企业医疗保险基金封闭运行。由于制度间衔接不到位,305万人重复参加基本医疗保险,造成财政多补助14.57亿元,305万人中有5 124人重复报销医疗费用1 346.91万元;109个企业医疗保险基金仍在封闭运行,涉及职工776.76万人,其中23个企业由于生产经营困难等原因,存在欠缴医疗保险费、拖欠定点机构结算款和职工医疗费等问题。第四,部分定点机构和个人骗取套取医保基金。923家定点医疗机构和定点零售药店涉嫌通过虚假就医、分解住院等方式,骗取套取医疗保险基金2.07亿元,并将其作为本单位收入核算,也有少数自然人涉嫌通过虚假异地发票等方式骗取医疗保险基金1 007.11万元。第五,部分医疗和经办机构违规加价或收费。474家医疗机构违规加价销售药品和耗材5.37亿元;1 330家医疗机构采取自立项目、重复收费等方式,违规收取诊疗项目费用等5.99亿元;64个医保经办机构违规收取网络维护费等1.05亿元。

出现这些问题的主要原因有两个:一是一些单位或人员主观上法纪观念淡薄、未严格执行相关规定;二是医疗保险管理体制未理顺、医保制度间衔接不到位等。同时,政府对医疗机构、医保基金使用的监管不到位、对骗保行为追责力度不大等

---

① http://www.audit.gov.cn/n5/n25/c92641/content.html.

也是导致上述问题的重要原因。

8.3 保障房建设资金审计的关键问题

8.3.1 保障房建设资金审计存在的问题

1. 缺乏审计法律基础

发达国家政府通过一系列法律制度、财税制度和金融制度安排,引导金融机构通过金融市场共同参与保障房建设资金供给和运作。而我国现行的保障房建设政策均是以规范性文件的形式发布的,虽有一定的约束力,但尚未形成完善的制度体系,也不具有法律约束力。我国保障房建设资金审计缺乏统一的法律基础,没有统一的住房保障标准、范围、方式,审计证据收集困难。各地政府与审计机关自行制定的政策不具有普遍性和法律约束力,保障房建设资金管理的权力与责任划分没有明确,这就造成了各地保障房建设资金管理混乱。审计机关对与保障房建设资金能不能审计、应该采用何种方式审计均没有统一的行为标准和法律依据,各地政府和审计机关各行其是,审计监督效果大打折扣。

2. 审计评价体系不健全

从审计署公布的保障性安居工程审计结果公告中可以看出,审计机关着重审计保障房建设资金是否被套取挪用、工程建设过程是否合法合规、税费减免和金融支持优惠是否到位、保障房资源分配是否合规等,而对于建设资金的使用效率和效果缺乏有效合理的评价指标。随着保障房建设规模的跨越式增长,部分保障房项目成为地方政府的"政绩工程",一些地方项目建设与实际需求不符,违背经济发展规律,导致保障房空置率高、质量问题突出,只有建立健全审计评价体系,对保障房建设资金进行绩效审计,才能实现对保障房建设资金使用的效率性和效果性的有效监督。

3. 涉及的审计对象较广

实施保障房政策涉及社会保障部门、财政部门、民政部门、人民银行、工商部门等多个部门,保障房政策处于多头管理的局面中,不同部门权责划分不明确,审计问责对象不明确。由于保障房建设工作涉及多个部门,审计人员需要耗费大量的经历来收集和整合数据,增加了审计工作的成本。

保障房建设往往涉及资金筹集、工程招投标、资金拨付、土地供应、工程建设、住房分配使用等多个环节,保障房建设具有周期长、建设资金投入大、惠及城镇居民多等特点,因此,保障房建设资金审计工作的重要性和复杂性并存,审计风险大。

4. 审计问责机制不完善

近几年,审计署公布的保障性安居工程审计结果公告中,审计机关发现的问题重复率很高,主要包括专项资金被套取挪用、工程建设管理监督不够严格、税费减免和金融支持优惠不到位、住房保障资源分配使用不合规等。审计署在公告审计发现的问题时,仅仅公告了审计对象、所发现的主要问题以及初步整改情况,未披露责任人以及责任追究措施。

5. 审计人员的素质有待提高

近年来,随着我国对政府审计的重视程度大大提高,审计机关的工作量大幅提高、工作范围大大拓展,但保障房建设资金审计受人员编制、审计经费等因素的制约,审计力量严重不足。保障房建设项目又具有多样性、复杂性、长期性和社会性,这使保障房建设资金审计工作所要求的审计内容更加丰富、审计频率高、需要耗用的审计资源多,更凸显了审计力量不足的问题。此外,由于保障房建设资金审计工作涉及金融、建筑、法律等多个领域的专业知识,这对审计人员的综合素养提出了更高的要求。

8.3.2　保障房建设资金审计关键点

在审计过程中,审计人员应主要关注以下几个方面。

1. 建设资金的用途

关于资金的使用,审计人员需要注意的是资金是否存在被挪用、侵占或出借等问题。如园区开发、城市建设的拆迁安置和土地征收与棚改之间的联系;棚改融资与其他项目的关系;土地补偿标准是否高了;保障对象资格是否符合要求,是否存在违规扩大保障范围(人员资格);保障对象的动态变化,如收入、住房等(保障退出机制);资金使用效率如何,如资金使用率、资金超付率等;不同类型资金的使用是否符合规定(财政资金、市场融资)。在审查保障性安居工程建设资金筹集情况时,应摸清项目资金中中央财政专项、市级财政补助、地方配套等补助的规模,摸清银行信贷融资规模,揭示通过发行地方政府专项债券以外方式违规举债或违规担保融资、违规收取融资费用等问题,关注银行等暂停向处于贷款合同期内且符合条件的棚改项目发放贷款影响项目正常建设的问题。同时,还审查资金管理和使用情况,了解资金去向及结存情况。审计人员应特别注意摸清城镇老旧小区改造项目资金情况,重点对资金使用情况进行跟踪审计,揭示违规使用资金方面的问题,特别关注在拆迁补偿、房源收购、供地审批等权力集中环节以权谋私、贪污受贿、利益输送等重大违纪违法违规问题等。

2. 建设资金的管理

对于资金的管理，审计人员需要注意是否存在资金的来源、分配等方面的问题。如项目的手续是否齐全；预算安排是否合理；相关的准备金及风险储备用途是否合理；保障房收入是否符合规定，是否专款专用；土地出让及收益；项目是否存在闲置或挪用；资金分配是否及时或分配是否合理；项目招投标程序是否履行；后续监管是否及时跟进；保障房管理分配办法是否规范。同时，审查棚改项目货币安置发放等过程中资金使用情况，揭示单位和个人利用虚假资料等骗取拆迁补偿款或安置住房，侵占挪用棚改专项债券等财政资金或其他融资资金，违规将中央财政专项资金用于支持住房租赁市场发展负面清单事项，借安居工程名义搞商品房、福利房建设等问题。

3. 建设资金的绩效

审计人员应关注建设资金使用的效率性、效益性和经济性。在效率方面，关注以下问题：建设项目是否及时完成；保障房是否达到入住标准；保障房空置现象；保障房是否验收备案；保障房建设项目是否达到目标；是否存在资金与项目统筹管理不合理；是否存在未竣工或长期未交付使用情况。在效益方面，关注以下问题：项目的社会认可度如何；配套设施是否符合标准；是否有违反规定擅自改变保障性住房建设规划、设计的行为；保障房后期使用情况，如入住率、使用率等，以及保障房的退出机制是否完善、执行是否科学；因规划、地址等导致保障房无法使用的情况。在经济方面，关注以下问题：项目的税收减免政策落实如何，是否存在多支付或少缴纳的情况；是否存在虚假申报安置补偿资金的情况。

4. 项目质量情况

对于项目质量的评价，审计人员应从三方面着手：一是项目的制定；二是项目的执行；三是项目的验收。具体来说，在项目制定过程中，主要关注项目选址、立项依据、报批程序等，如申报与计划是否相符、审批程序是否公允。在项目执行过程中，主要关注招投标、勘察、设计、施工、监理等合同内容。在项目验收阶段，主要关注监理日志、监测报告、设计变更等内容，关注中介机构对定额套用、取费标准、材料价格、变更项目等进行核实的情况以及中介机构的声誉，保障房的用途是否符合标准。

5. 政策落实情况

在政策落实方面，审计人员应审查保障性安居工程相关工作推进情况，关注推进过程中存在的突出问题，重点反映租赁住房与老旧小区改造升级文件要求的指导意见、范围、标准等相关政策未及时出台,以及资金分配、拨付、使用进度缓慢等问题。重点揭示建设单位违规将公租房资产进行融资抵押,主管部门违规将公租房资产进行担保,违规拆除公租房资产,公租房资产管理、财务管理不规范等问题。

8.3.3 完善保障房建设资金审计的建议

1. 完善住房保障立法及制度建设

在依法治国背景下,依法审计是开展审计工作的基本要求。住房保障制度是社会保障制度的重要组成部分,完善住房保障立法有利于推动我国社会保障制度的发展。除完善住房保障相关立法之外,政府应完善配套的财税政策、金融政策、土地政策等,建立健全住房保障制度。

2. 完善保障房建设资金绩效审计评价体系

目前,我国对保障性住房建设项目的审计主要采用跟踪审计的方式进行,缺乏对资金使用效率、效益的监督和评价。为满足经济性、效率性、效果性、公平性和环境性的审计目标,应将绩效审计和跟踪审计相结合。我国财政绩效审计评价指标和方法体系初步建立,但指标体系仍不完善。在审计实践中,应构建专门针对保障房建设资金的绩效审计评价体系,评价体系应包括评价目标、评价内容、评价指标以及评价模型等。

在对保障房建设项目进行项目跟踪审计时,可将审计关口前移,重点关注项目的立项批报程序、资金筹集与使用、工程招投标、项目竣工验收等环节。此外,应对保障房资金管理进行绩效审计,对保障房项目资金筹集、分配、使用和回收 4 个阶段的资金管理情况作出审计评价。将项目跟踪审计与绩效审计相结合,有利于提高财政资金的使用效率,提高保障房建设质量,完善我国的住房保障体系。

3. 建立统一的保障房建设数据平台

资格审核是保障房项目管理与审计工作的一个重点和难点,由于信息不对称,保障房管理部门在审核申请者资格时,难以获得准确全面的信息,这会造成住房保障资源的分配使用不合理。通过建立统一的保障房建设数据平台,可以有效整合各部门的信息资源,提高管理工作的效率以及促进各部门之间信息的交流与沟通。

4. 强化审计人员的素质培养

审计力量不足与审计人员专业素养难以满足保障房项目审计的需要,是阻碍国家审计机关对保障房建设资金采取有效的审计监督的一大障碍。国家审计机关要基于审计人员专业结构和工作分工,制定合理的培训计划,对于保障房建设资金审计过程中出现的跨专业、跨领域问题组织审计人员进行交流讨论,分析其原因并及时研究对策。同时,吸纳各领域尤其是具有工程建造、信息技术等专业背景的人才加入审计人员的队伍;还应积极整合现有审计资源,加强对审计人员的专业培养,全面提高审计人员的业务能力以适应保障房建设资金审计的要求。

5. 强化审计结果公告及运用机制

审计结果公告是政府披露审计结果信息的载体,社会公众对审计结果拥有知情权,保障房建设资金审计的结果公告将审计工作的成果向社会公开,接受社会监督,提高了保障房建设资金管理和审计的公开性和透明性,增强了审计监督权威性。审计署每年在《保障性安居工程跟踪审计结果》中公告对保障房建设资金审计的审计结果,包括政策实施的基本情况和主要成效以及审计发现的主要问题及初步整改情况。我国应大力推行审计结果问责制,使审计查出的问题有负责对象,审计成果得以切实运用。

6. 探索适当的审计业务外包

我国审计机关正在积极探索创新的审计组织形式。大量的实践表明,社会审计的技术方法和审计人员业务能力以及综合素养均处于领先水平,能够胜任国家审计的审计工作,在保证信息安全的情况下,将部分非核心的保障房建设资金审计外包给社会审计机构,或者聘任临时专职人员,不仅有利于提高审计工作的效率、节约审计资源,同时也有利于解决审计力量不足、专业技术人员短缺的问题,有利于实现审计监督的全覆盖。除了引入社会审计力量,还可以通过建立健全保障房建设资金的内部审计制度来保障资金安全,发挥资金规模效益,加强资金预算管理,提高资金使用效率。

8.3.4 保障房建设资金审计案例

案例一[①] 棚户区改造和公共租赁住房全流程审计

2018年12月至2019年3月,审计署组织对31个省、自治区、直辖市和新疆生产建设兵团所辖1 118个市县(包括县级市、区、旗、团场及地市本级,以下统称被审计地区)2018年棚户区改造和公共租赁住房的投资、建设、分配、使用和后续管理等情况进行了审计。审计发现:第一,部分地区存在套取或挪用资金、税费减免未落实等问题。如以提供虚假资料等方式骗取、侵占拆迁安置补偿等资金;通过多报目标任务、多头申报等套取财政资金;财政资金、市场化融资被挪用于经营性投资、对外出借、弥补人员和办公经费等支出。第二,部分地区安居工程资金使用绩

---

① http://www.audit.gov.cn/n5/n25/c133003/content.html.

效不高或管理不够规范。如财政等部门未及时将专项资金分解下达或明确到具体项目;安居工程财政资金未及时安排使用;项目贷款、企业债券等市场化融资未在规定期限支付使用;财政资金、银行贷款等市场化融资的支出范围因管理不够规范而扩大了。第三,部分地区安居工程建设管理不规范。如园区开发、城市建设带来的拆迁安置和土地征收未按规定管理;安居工程建设用地闲置或规划用途被改变。第四,部分地区安居工程住房分配管理不严格。如违规享受公租房实物保障;公租房被违规销售、转租,或被挪用于办公、经营等。

案例二①　全国安居工程与"民"息息相关

2017年12月至2018年3月,审计署组织地方各级审计机关对2017年全国保障性安居工程(含公共租赁住房等保障性住房和各类棚户区改造、农村危房改造,以下统称安居工程)的计划、投资、建设、分配、运营及配套基础设施建设等情况进行了审计,重点审查了安居工程项目1.77万个,共涉及项目投资2.52万亿元,并对13.03万户农村危房改造家庭作了入户调查。审计发现:第一,部分地区存在骗取、侵占安居工程资金和住房等违法违规问题。如套取挪用或骗取、侵占安居工程资金;违规扩大保障范围或提高补偿标准;未依法履行招投标程序等。第二,部分地区安居工程住房和资金管理使用绩效不高。如住房未分配或分配后无法入住;财政专项资金、银行贷款等市场化融资未及时安排使用。第三,部分地区安居工程政策和扶持措施未落实到位。如项目未按规定享受应减免税费;违规享受税费减免政策等。

8.4　扶贫资金审计的关键问题

8.4.1　扶贫资金审计存在的问题

1. 扶贫资金审计的广度和深度不够

扶贫项目的资金在划拨、分配、使用、监管的过程中涉及多个部门,每一个环节都存在权力寻租的机会,也可能存在资金的截留、挥霍和浪费的情况。扶贫资金审计作为监督财政扶贫资金使用过程中公共权力运作的重要手段,其监督效力大大影响扶贫资金审计效果。从广度上来说,由于审计资源的限制,"上审下""交叉审"等模式的实施较少,无法实现对扶贫资金审计的全覆盖,而且无法对扶贫资金审计进行事前、事中审计和审后跟踪。从深度上来说,扶贫资金审计的内容主要是合规

---

① http://www.audit.gov.cn/n5/n25/c123563/content.html.

性审计,关于扶贫资金的使用效益、生态效益和社会效益方面的内容较少。扶贫资金审计忽视了对扶贫过程中的经济、社会和自然环境全面协调发展的关注。

出现审计定性或处理依据不清晰的主要原因包括三个方面:一是存在审计人员以相关扶贫工作会议精神为审计依据,但缺乏根据会议精神出台相关的法律法规文件的情况;二是在各主管部门印发的文件中,均提及审计机关要加强对扶贫资金管理与使用的监督,但不同部门的文件要求不同,部分内容冲突;三是扶贫审计效益定性方面的文件相对缺失。上述原因使审计人员在实际审计过程中对审计结果无法统一定性,致使责任主体界定不明确,处理处罚依据不准确,进而形成审计风险。

2. 审计主体独立性缺乏,人员力量不足

根据免疫系统论,扶贫资金审计是保证扶贫资金正常运行,并确保其安全和有效的"免疫系统"。独立和专业是扶贫资金审计具备审计有效性的必需条件,若审计独立性不够强,则审计监督权力的发挥会受到限制,也会影响扶贫资金审计监管的有效性。扶贫资金审计主体以政府审计机关为主,会计师事务所参与较少,由于扶贫资金的管理部门隶属于政府,扶贫资金审计可能受到一定程度的政府干预,这易降低政府审计在审计公告和审计发现方面的质量,引发社会对政府审计质量的特殊关注。

扶贫资金审计涵盖教育、住房、医疗、工程项目等多个方面内容,横跨多个领域、多个部门,涉及的相关政策、法律法规多,内容分散、杂乱,但基层审计人员大多偏重掌握财务方面的知识,缺乏法律、工程、计算机等专业知识,且参与的扶贫资金审计专业培训较少,因此,存在对扶贫政策把握不够到位的情况。随着扶贫资金审计的落幕,为更好地迎接乡村振兴审计,培育一批既懂财务又懂法律、工程等现代审计所需要的专业知识,且掌握计算机技术应用技术的复合型人才刻不容缓。在"财政资金投到哪里,审计就要跟踪到哪里"的要求以及机构改革的大背景下,审计任务量逐年递增,上级党委、政府抽调审计人员辅助完成工作的频率也在不断增加,人员少、任务重的现实矛盾依旧突出。尤其是胜任主审工作的一线主审数量不足,即使着重培养年轻主审,由于主审的培养需要几年的长期努力,也无法快速补充主审数量。扶贫资金审计内容多、任务重、时间紧,人员配比不足造成审计调查外延短缺、深度不够,从而影响扶贫审计质量和水平。

3. 扶贫资金信息质量不高

第一,扶贫对象、扶贫资金的分配管理部门与扶贫资金审计部门之间信息沟通不畅,他们之间存在严重的信息不对称。扶贫对象需要资金,资金分配部门拥有对资金拨付时间、金额、分配的权力,两者之间的对接格外重要。监督部门不清楚资金如何使用,其与资金分配部门之间存在天然的联系。扶贫资金分配管理部门如果存在私利、短期利益考虑,则容易出现拨付不及时、违规分配、挪用等情况。扶贫资金审计项目工作方案一般由市级审计部门统一编制,贫困县与非贫困县通用一套工作方案,内容主要起到宏观的指导性作用,各审计组在编制扶贫资金审计实施方案时,仅仅依靠市局下发的工作方案,往往思路受限,缺乏创新,重点模糊,无法做到对县级扶贫政策落实及扶贫资金管理使用情况因地制宜地审计。

第二,由于审计成本和审计风险的约束等原因,审计部门在审计抽查时往往只对重点和重大项目进行合规性审计。同时由于扶贫资金审计是事后审计,相关审计方法和审计程序无法审查全部涉及扶贫项目的账、证、表所存在的问题。当前,涉及扶贫资金项目审计的公开审计公告较少,扶贫资金审计报告难以发挥预期的作用。

第三,扶贫对象是处于贫困状态的扶贫资金的最终受益者,由于贫困的限制,他们难以掌握政府扶贫资金的支持方向、支持力度、支持方式;政府对于需要贫困资金的对象进行筛选时,贫困对象的贫困程度是否属于资助范围是关键。扶贫对象、扶贫资金分配和拨付者之间一定程度上所存在的信息不对称耗费了监管合力。

4. 扶贫资金的绩效审计缺乏

近年来,国家审计对于扶贫资金的审计工作侧重于财务收支审计,并没有在真正意义上展开绩效审计工作。审计工作更多的是对扶贫资金的结余和收支数目及其真实合法的程度进行审计,没有涉及单独项目的绩效审计。审计整改一般要求被审计单位在审计报告出具后的60天内整改完毕,并及时上报整改报告。但是扶贫资金审计作为政策落实类型的审计,与日常开展的预算执行审计和领导干部经济责任审计项目不同,查出的问题不是由相关部门独立解决,而是需要问题单位将问题上报县政府,由县政府出台制度或长期计划解决,这就会导致需要整改的问题不能及时解决或难以追究责任,使被审计对象没有真正在规定时间内根据审计结果整改到位。而且,我国目前对于相关部门对审计查出的问题整改慢、整改不到位、屡审屡犯等情况,缺乏相应的处理处罚依据。审计项目结束后,审计机关又会因为审计力量不足,无法跟踪检查被审计对象是否真正整改到位。多方面的综合原因导致扶贫资金审计查出的问题的整改结果很难得到充分利用,影响了审计整改成效,降低了审计的权威性。

8.4.2 扶贫资金审计关键点

脱贫攻坚战是党的十九大提出的三大攻坚战之一。针对精准脱贫攻坚,习近平总书记提出:坚持精准方略,提高脱贫实效。总书记强调,必须坚持精准扶贫、精准脱贫,坚持扶持对象精准、项目安排精准、资金使用精准、措施到户精准、因村派人(第一书记)精准、脱贫成效精准。在审计过程中,主要关注以下几个方面。

1. 扶贫政策落实情况

在扶贫政策方面,审计人员应重点关注产业扶贫、健康扶贫、教育扶贫政策措施,财政涉农资金统筹整合,扶贫资金阳光化管理等落实情况;配套设施以及后续扶持政策措施的落实情况;相关衔接、数据共享是否顺畅;金融扶贫政策制定和落实情况(如制度完善程度、投放精准度、贷款闲置率等)。

2. 扶贫资金管理情况

在资金管理方面,审计人员应重点关注扶贫资金重复发放、资金套取、资金闲置、以权谋私、贪污私分、优亲厚友、侵占挪用、挥霍浪费等问题,扶贫资金用于非扶贫领域情况(如扶贫资金用于日常经费支出、常规市政建设、发放绩效、"形象工程""政绩工程"等),扶贫资金使用及管理制度的完善程度,扶贫资金分配是否合理,扶贫资金申报、申领问题,定点扶贫、东西部扶贫协作、对口支援等专项资金的使用,资金监管情况(问责机制、资料审核等)。

3. 扶贫资金绩效情况

在资金绩效方面,审计人员应重点关注:扶贫项目的进度,扶贫项目的完成率,扶贫项目使用率,扶贫项目对脱贫的贡献率,扶贫项目的工程质量(后期维护、质量控制等),重大决策失误率,扶贫损失情况,资金分配与贫困人口的衔接情况(对象筛选等),扶贫项目的立项、执行、采购、完成情况。

8.4.3 完善扶贫资金审计的建议

1. 规范扶贫资金审计流程

为确保扶贫资金投入、使用、绩效等审计评价的可信性,规范审计流程是基本保障。扶贫资金投入或使用的多少,依赖于前期深入的评估和研究,评估标准的详细性以及项目的可操作性和效益性是关键,这也是为了保证扶贫资金的使用效果。而扶贫资金审计的前期准备、执行、公告的流程,以及审计流程关注应注意的问题是审计效果的保障。扶贫资金审计可与经济责任审计相结合,对权利的行使和义务的履行进行监控,重点关注扶贫中的温饱问题、医疗问题、基础设施问题,要将扶贫资金的投入真正落到实处,促进地区经济发展和地区经济改革的推行。

2. 强化扶贫资金的绩效审计

国家扶贫资金的使用应强调效率性、经济性、效果性、公平性、生态性,既要关注短期效益,也要重视长期效益,为经济的可持续发展提供有力支持。在绩效审计过程中,审计人员应重点关注财政资金的投入比重、方向、效果,确保扶贫资金投入非形式化,而与经济发展紧密联系,实现扶贫资金审计的动态性,做到持续跟踪。另外,审计应重点揭露资金管理和使用中存在的管理不善、决策失误、挤占挪用、损失浪费问题,从体制、机制、制度入手,提出建议。针对接受扶贫资金的项目进行工程的实施验收,经济收益的核算、审查和经营管理监督等,使扶贫资金真正为经济发展所用。

3. 创新扶贫资金审计方式

创新扶贫资金审计方式一方面是指实现交叉审计、异地审计、专项审计的方式,这有利于解决审计公告、审计应用问题,而且审计意见和建议的质量更高。通过开展交叉审计,可以有效地整合审计资源,提高扶贫资金审计的质量。创新扶贫资金审计方式另一方面是指加大计算机技术在扶贫资金审计中的应用,开展联网审计,建立扶贫项目数据库,为扶贫审计工作建立良好的资料和信息基础,为扶贫工作提质增效。构建联网审计,一是要实现从事后审计向事前、事中审计相结合转变;二是要实现从静态审计向静态和动态审计相结合转变;三是要实现从现场审计向现场和远程审计相结合转变;四是要实现从财务审计向财务和业务审计相结合转变。

8.4.4 扶贫资金审计案例

案例一① 乡村振兴政策的落实审计

2020年第三季度,审计署对于乡村振兴相关政策落实情况开展了审计,组织国家审计机关对19个省的44个县农产品仓储保鲜冷链设施、粮食产后服务、高标准农田、人居环境整治和农村道路建设等相关政策和资金进行了审计。审计发现,部分地方在落实落细乡村振兴政策措施和提高项目资金绩效等方面还存在一些问题。如农产品仓储保鲜冷链设施建设进展慢、质量不达标或设施设备闲置;粮食产后服务项目建设进展慢、质量不达标或未发挥作用;高标准农田建设管理不规范或建成后管护不到位等;农村厕所、生活污水垃圾处理设施未如期完成或运行效果不佳,农村道路养护、安全防护工程建设不到位;惠农补贴和涉农项目资金资产存在闲置、未及时发放、被挤占挪用等问题。2020年第二季度,对于乡村振兴相关政策落实情况,审计署审计了18个省的198个县高标准农田建设、粮食生产保障、农村人居环境整治等相关政策落实和资金使用管理情况。审计发现,农田建设项目管理不规范、质量不达标、后续管护不到位;粮食和生猪生产项目慢、财政补贴和农业保险等扶持政策落实不到位;农村厕所改造、生活污水和垃圾治理等效果不佳;职

---

① http://www.audit.gov.cn/n5/n25/c142989/content.html.

业农民培训、农民工返乡创业等扶持政策不到位;惠农补贴和涉农资金滞拨、闲置等。2020年第一季度,审计署扶贫审计重点抽查了17个省的24个县。审计发现,部分地区在医疗保障、易地扶贫搬迁后续扶持等方面还存在不足,部分资金管理绩效不高;部分地区落实高标准农田建设、粮食和生猪生产保障、农村人居环境整治等政策措施不到位。

2019年1月至3月,审计署组织对13个省乡村振兴相关政策措施落实和资金分配管理使用情况进行了审计,重点抽查了52个县,并对黑土地保护、秸秆综合利用、废旧农膜回收利用等重点事项在相关试点地区的落实情况开展了专项调查。审计发现,在规划方案编制和制度建设方面,存在方案编制滞后、内容不全面、目标不科学等问题,有的规划或方案引领指导性不强,甚至无法实施;涉农相关部门规章未及时出台,肥料登记管理制度、资源化利用配套政策措施未按要求及时修订。在农村人居环境整治方面,工作推进不力、多头管理等;农村厕所改造和污水垃圾处理设施闲置未发挥效益。在农业绿色发展方面,未按时完成提升黑土耕地质量的具体任务;废旧农膜回收率未达到约束性指标;未完成秸秆综合利用目标任务。在新型农业经营主体发展方面,部分农民专业合作社未发挥合作带动作用;新型农业经营主体信贷扶持措施落实不到位;部分合作社运营不规范。在农村一、二、三产业融合发展方面,农产品产地初加工补助项目进展缓慢;信息进村入户工程建设的益农信息社发挥作用不佳。在相关涉农专项资金管理使用方面,涉农专项资金统筹整合不到位、资金下达晚或项目推进缓慢;存在挤占涉农专项资金并将其违规用于弥补单位经费等情况;存在骗取套取或违规获取涉农专项资金问题;资金绩效考核开展不到位。此外,审计还发现部分涉农项目存在违反政府采购和招投标管理规定、转包分包等违反建设程序或核算管理不规范问题。

2018年1月至3月,审计署组织各级审计机关重点对20个省(自治区、直辖市)的145个国家扶贫开发工作重点县(含集中连片特殊困难地区县,以下简称贫困县)2017年扶贫政策措施落实和扶贫资金管理使用情况,以及部分东部省份落实东西部扶贫协作相关政策情况进行了审计。审计中抽查扶贫资金625.85亿元,涉及1159个乡镇、4013个行政村和2603个单位,审计人员入户走访了1.52万个贫困家庭。审计发现,部分地方脱贫攻坚规划和计划难落实,涉农资金统筹整合不够到位;部分地方落实教育、健康、产业、金融等精准扶贫政策措施不够到位;部分地方扶贫资金管理存在薄弱环节;部分扶贫项目绩效不佳、管理不规范;部分地方存在脱贫工作不实等问题。

案例二　精准扶贫政策落实跟踪审计评价

审计部门根据公共政策生命周期理论，基于政策落实的整个周期进行评价指标的设计，分别选取了政策制定—政策落实—政策产出效果这三个阶段设计评价指标，并立足于政策的前期制定、中期落实和后期产出效果的审计开展审计评价，且力求数据可得，具有实践可操作性。

第一，政策制定阶段审计评价指标体系的构建。

在政策制定阶段，前期形成的政策法规资料是扶贫资金管理、项目建设运营的主要依据，因此，应对政策法规中的核心内容和要素进行严格把关，以期在摇篮中解决潜在问题、规避可能的利益损失。根据此维度，审计评价指标体系主要包括精准识别、精准制政和精准协调三个方面。其中，精准识别指标包含贫困人口识别率和精准识别错评、漏评率 2 个二级指标；精准制政包含制定过程符合规定、制定内容贴合实际、制定主体具有权威性、符合贫困地区扶贫要求、符合上级部门政策要求、符合国家客观政策要求等 6 个二级指标；精准协调包含部门架构完整度、信息系统兼容性、信息系统更新度、数据基础完备性等 4 个二级指标。

表 8-1　　　　　　　　政策制定阶段审计评价指标体系

一级指标	二级指标	指标解释	属性
精准识别	贫困人口识别率	建档立卡贫困人口与实际需要帮扶的贫困户之比	定量
	精准识别错评、漏评率	在动态调整过程中发现的错评、漏评人数与原已建卡立档贫困人口之比	定量
精准制政	制定过程符合规定	政策制定过程符合相关的制度，按规定制定政策	定性
	制定内容贴合实际	政策内容既能满足政策执行的现实需要，又能以贫困人口的利益为导向	定性
	制定主体具有权威性	政策的制定主体由国家权力机关或上级国家行政机关授权	定性
	符合贫困地区扶贫要求	地方政府制定的精准扶贫政策是根据扶困地区的实际情况制定	定性
	符合上级部门政策要求	地方政府按照上级部门要求制定相应的政策，并且制定的政策与上级部门政策不存在冲突	定性
	符合国家宏观政策要求	当地精准扶贫政策的制定符合国家的宏观要求，按照要求制定政策	定性

(续表)

一级指标	二级指标	指标解释	属性
精准协调	部门架构完整度	按政策规定成立相关部门机构并有效运行,如产业扶贫服务团	定性
	信息系统兼容性	建档立卡贫困人员信息与其他系统(如医保系统)贫困人口信息一致	定性
	信息系统更新度	建档立卡贫困人口信息系统及时动态调整	定性
	数据基础完备性	身份证号、残疾人证号等数据重复、错误出现次数	定量

第二,政策落实阶段审计评价指标体系的构建。

在政策执行阶段,审计更多的是对有关政府机构在政策贯彻、资金利用、项目管理等方面的监督和审查,因此,审计评价指标体系的设计也遵循两条线:第一是资金线,第二是项目线。据此,一级指标包含扶贫资金和扶贫项目两个方面。其中扶贫资金指标包含资金拨付周期效率、资金支出进度率、资金拨付规范性、资金的监督、资金信息公示、资金违规使用率和资金使用效率等7个二级指标;扶贫项目包含项目规模、项目可靠性、项目入库率、项目评审规范性、管理程序合规性、合同条款规范性、项目验收制度、项目建设完成率、完成项目实施率、项目严谨度、项目聚焦度等11个二级指标。

表 8-2　　　　　　政策落实阶段审计评价指标体系

一级指标	二级指标	指标解释	属性
扶贫资金	资金拨付周期效率	财政专项资金的拨付小于30日	定性
	资金支出进度率	已拨付资金与计划资金之比	定量
	资金拨付规范性	按照相关政策文件的要求拨付	定性
	资金的监督	政府部门是否组织开展财政监督检查和审计,是否设立并公告扶贫监督举报电话、是否及时办理完成举报件	定性
	资金信息公示	县级和乡级资金项目信息公开和公告公示制度建设情况	定性
	资金违规使用率	在审计或者各项检查中发现的违规使用经费总额与当年扶贫计划资金总额之比	定量
	资金使用效率	年末实际拨付资金与年初计划拨付资金之比	定量
扶贫项目	项目规模	下一年度项目库总投资规模,是否大于考评当年扶贫资金规模	定量

(续表)

一级指标	二级指标	指标解释	属性
扶贫项目	项目可靠性	邀请专家进行论证分析	定性
	项目入库率	入库项目的数量与所申报项目数量之比	定量
	项目评审规范性	评审程序、标准及评审专家组成满足《中华人民共和国招标投标法》等相关要求	定性
	管理程序合规度	串标、先开工后招标、围标、违法转包涉及的合同金额	定性
	合同条款规范性	合同条款与签订手续与《中华人民共和国合同法》一致	定性
	项目验收制度	验收程序规范、决算审核制度完善	定性
	项目建设完成率	在规定时间内完成的项目占总项目数量的比例	定量
	完成项目实施率	实际运行落地项目占已完成项目数量的比例	定量
	项目严谨度	收回、调整资金并中断的项目数量	定量
	项目聚焦度	项目实施方案、验收报告体现带动贫困户的相关内容	定性

第三,政策产出效果阶段审计评价指标体系的构建。

在这个阶段,指标体系的设计主要包含经济性、社会性和环境性3个公因子。第一个公因子为经济性,经济性是反映政策效果的关键维度,反映了贫困户经济发展水平,一般从收入、资产、就业等方面进行评价,包含GDP增长率、贫困发生率、农民人均收入增长率、贫困人口减少率和已脱贫人口返贫率这5个二级指标。第二个公因子为社会性,改善贫困人口的生活状况是实施精准扶贫政策的主要目标之一,具体可以从基本利益和生活质量两个角度来体现,评价因子包括贫困人口医疗保险报销额、异地搬迁项目实施增长率和贫困学生辍学率这3个二级指标。第三个公因子为环境性,评价因子包括耕地面积增长率和退耕还林还草面积增长率这2个二级指标。

表8-3   政策产出效果阶段审计评价指标体系

一级指标	二级指标	指标解释	属性
经济性	GDP增长率	当年GDP增长额/上年GDP总额	定量
	贫困发生率	当年建档立卡人数/当年人口总数	定量

(续表)

一级指标	二级指标	指标解释	属性
经济性	农民人均收入增长率	当年农民人均纯收入增长额/上年农民人均纯收入总额	定量
	贫困人口减少率	当年贫困人口减少数量/上年贫困人口总数	定量
	已脱贫人口返贫率	当年已脱贫人口返贫人数/当年贫困人数	定量
社会性	贫困人口医疗保险报销额	当年贫困人口医疗保险报销增长金额/上年贫困人口医疗保险报销金额	定量
	异地搬迁项目实施增长率	当年贫困户危房改造增长数量/上年贫困户危房改造数量	定量
	贫困学生辍学率	贫困学生中因各种原因辍学人数/适龄贫困学生总数	定量
环境性	耕地面积增长率	当年基本农田增长面积/上年基本农田面积	定量
	退耕还林还草面积增长率	当年退耕还林还草面积/上年退耕还林还草面积	定量

8.5 就业优先政策落实情况审计的关键问题

8.5.1 就业优先政策落实情况审计存在的问题

1. 审计人员对就业优先政策落实情况审计的认识不够深入

就业优先政策主要涉及新增就业、就业困难和再就业三个方面,在审计条件有限的情况下,审计机关难以统筹、协调以实现审计全覆盖。如果审计时间短,对就业优先政策的思想认识不够,审计机关和相关人员在审计配合上敷衍应付会给审计工作质量和效率带来影响。另外,缺乏全面的法律法规对审计相关的行为进行约束,审计工作开展有一定的难度。

2. 审计人员对就业优先政策落实情况审计与其他项目审计融合不够

由于与就业优先相关的政策多、更新快、项目多等因素,审计人员如何选择项目、节约审计力量、找准关键点和发力点,做到正确发力、精准发力又同时避免重复审计,客观上存在难度。审计人员面对多个行业、多个领域的实际情况,缺乏多个专业方向的知识,综合素质有待提升。人员优势和特长的发挥不够充分,对就业优先政策落实情况审计与项目跟踪审计、政策跟踪审计融合的探究不够成熟,"一审多果""一果多用"还没有实现常态化。

3. 审计人员对就业优先政策问题认识深度不够

由于就业优先政策面临时效性等约束,现场审计时间相对较短,审计人员对政策制定和执行过程中反映的常规性问题较多而深层次问题较少,对问题产生的原因分析不充分,责任主体划分不清晰。同时,审计人员对大数据的认识和利用不足,主要体现为未树立大数据审计思维,对问题主体的关联和数据的深入思考还不够,在大数据审计的操作和技术层面存在短板,大数据审计的成果体现不足。

8.5.2 就业优先政策落实情况审计的关键点

就业是最大的民生。就业优先政策既关系我国经济转型升级,也关系民生福祉。审计署对于就业优先政策审计,重点关注城镇新增就业、就业困难和失业人员再就业等情况,职业技能提升行动、创业带动就业、就业帮扶等就业保障政策落实情况,以资金管理使用为切入点,检查与资金密切相关的政策落实、制度执行和项目建设等情况。

1. 就业优先政策制定情况的审计监督

在审计过程中,审计人员应重点关注政策措施是否切实可行,相关政府及部门是否有效贯彻落实政策,是否加强组织领导,是否制定规划和实施方案,管理机制体制建立及运行的统筹协调机制是否健全,管理办法、监测评价体系、考核评估体系等规章制度是否完善,各部门的职能职责是否明确,各项机制体制是否运行有效,政策主管部门和地方政府履行促进就业主体责任情况以及各部门之间的协调配合情况。关注项目审批及计划下达是否及时,年度建设目标是否完成,招投标等建设程序是否合规,项目调整或项目重大变更审批程序是否规范等。

2. 就业培训政策情况的审计监督

在审计过程中,审计人员应重点关注就业培训针对性、就业培训方向与就业市场需求衔接性、就业培训对象的资格、就业培训制度完善程度、就业培训质量和效果,支持稳定和增加就业岗位,保障高校毕业生、长期失业人员、贫困劳动力、退役军人等重点群体就业,实施托底帮扶和提升技能等优化就业服务以及拓展就业空间等方面的情况。

3. 就业资金管理使用情况的审计监督

在审计过程中,在资金使用方面,审计人员应重点关注资金是否及时分配拨付、是否存在资金长期闲置、是否存在骗取套取资金以及资金挪用、财政性投资资金是否及时到位、资金使用是否合法合规;在资金运行效果及效益方面,关注资金的经济性、效率性和效果性,以促进就业政策精准落实、资金高效使用。

8.5.3 完善就业优先政策落实情况审计的建议

1. 以法律形式规范就业优先政策落实情况审计内容

国家应通过法律法规或规章制度,将就业优先政策落实情况审计纳入民生审计的范围,以提升被审计单位、审计人员以及社会对该审计的认可度,增强该审计的有效实施。高校毕业生、退役军人、农民工、灵活就业人员、新业态就业人员等重点群体就业保障是关系民生的重要内容,在减负、稳岗、扩就业的目标下,将对就业优先政策落实情况的审计作为民生审计的重要内容,有利于经济社会目标的实现。

2. 与其他相关项目审计融合,提升审计效率

在与其他相关项目审计融合方面审计人员应重点聚焦就业优先政策落实情况与扶贫、乡村振兴、社会保障等中央、省、市重大政策的落实情况相结合,主动把就业优先政策落实情况审计融入经济社会发展大局,运用审计成果,发挥审计作用,以审计助推促进就业优先政策落实到位,最终服务经济社会发展。一方面,探索审计主体的联动协作,实现资源"内外融合",积极发挥监督合力;另一方面,强化项目融合意识,细化审计实施方案,积极推动不同审计项目的横向合作,加强审计实施环节动态管理,切实提高审计资源融合配置效率。

3. 突出重点,充分利用大数据

审计人员应充分利用大数据分析明确重点,根据疑点数据准确定位审计重点,提高审计效率,减少现场审计时间。突出审计重点,对于就业失业监测、就业岗位、技能帮扶、资金绩效等领域进行监督,加强上下联动,现场和非现场核查相结合,精准发现问题。

8.5.4 就业优先政策落实情况审计案例

案例一[①]　高校就业政策落实情况审计

2019年第四季度,审计署在高校就业政策落实情况审计中发现了两大问题。一是部分地区落实高职扩招政策不到位。5个省的40所高职院校存在未及时足额保障办学经费、相关资助政策落实不到位和未对退役军人、下岗失业人员、农民工、新型职业农民等4类人员单列招生计划等问题;7个省的61所高职院校教学管理等工作薄弱,存在降低教学标准、未按要求实施分类教育管理等问题。二是部分就业补助资金、失业保险金管理使用不规范或效益不高。10个省违规向不符合条件的单位或个人发放就业补助资金492.62万元;3个省违规向不符合条件的人员

---

① http://www.audit.gov.cn/n5/n25/c139059/content.html.

发放失业保险金3 414.39万元;2个省挪用就业补助资金153.32万元用于会议费、人员工资等支出;5个省的就业补助资金使用效益不高,长期闲置或拨付不及时。

案例二①　地方就业政策落实审计

2019年第二季度,审计署重点抽查了31个省(自治区、直辖市)的就业补助资金使用情况和开展职业培训、支持企业稳定岗位、支持鼓励创业等稳就业政策落实情况。相关地区和部门认真贯彻落实就业优先政策,2019年中央财政安排就业补助资金538.78亿元,增长14.9%,并通过调整失业保险基金等支出结构,大力促进就业创业,上半年城镇新增就业达到737万人,完成全年目标任务的67%。6月份全国城镇调查失业率5.1%,稳定在5%左右的水平。部分地区就业相关资金管理不规范,5个省所属单位和地区存在就业相关资金结余较多、拖欠补助款项、效益不佳等问题;13个省(自治区、直辖市)的48家单位和660名个人骗取、坐支、挪用或在不符合条件的情况下享受就业扶持资金2 247.3万元。

案例三②　中央就业政策落实审计

2019年第一季度,审计署重点关注了中央就业补助资金管理使用、政府服务外贸外资企业、纳入国家"十三五"规划及获得中央财政投资的重大项目进展等与"六个稳"相关的政策措施落实情况。审计发现,被审计地区和部门积极采取措施扎实做好稳定和扩大就业、改善外商投资服务、推进重大项目建设等工作,取得了一定成效。但也发现4个省(自治区、直辖市)相关地区的4项就业创业政策落实不到位;4个省(自治区、直辖市)部分地区的创业担保贷款贴息、稳岗补贴等财政资金使用不规范,涉及金额1 661.92万元;2个省(自治区、直辖市)商务备案与工商登记"一口办理"工作推进不力;20个省(自治区、直辖市)和1户央企的7个国家"十三五"规划重大工程项目以及96个基础设施、民生等项目存在逾期未开(完)工、长期停工、闲置及未达到预期效果等问题,涉及投资459.1亿元。

案例四③　地方就业政策落实问题亟须关注

2020年度,云南省对5个市2019年1月至2020年6月促进就业优先政策落

---

① http://www.audit.gov.cn/n5/n25/c134057/content.html.
② http://www.audit.gov.cn/n5/n25/c133006/content.html.
③ 云南省、广东省审计部门公布的地方审计公告。

实情况进行了专项审计,审计发现:一是3个市的4.02亿元就业补助资金拨付不及时。二是4个市已逾期的1.81亿元创业担保贷款未及时清收。三是363名财政供养人员、企业人员违规申领或同一贷款主体违规重复申领创业担保贷款,获得创业担保贷款3 907万元,涉及财政贴息413.29万元。

广东省组织对全省各市促进就业优先政策落实情况进行审计,审计发现:一是有2个市申领失业保险稳岗补贴的企业仅占符合申领条件企业数的1.71%、2.04%,稳岗补贴覆盖面较低。二是有6个市和3个县超额超范围向259家企业发放失业保险稳岗补贴,涉及资金420.58万元。三是有2个县未开展创业担保贷款工作;有1个市未按规定对超过6个月未开展创业担保贷款业务的3家银行收回担保基金,并取消其经办资格。四是有3个市和1个县就业困难人员认定系统数据更新不及时,已就业的192人仍显示为失业状态,已达法定退休年龄的272人仍未被取消就业困难人员身份。五是有2个市和16个县未开展职业技能提升、失业青年见习等工作;有1个市和1个县的职业技能提升行动资金闲置时间分别为16个月和9个月,涉及金额6 868.04万元。

8.6 卫生健康体系建设和改革推进情况审计的关键问题

8.6.1 卫生健康体系建设和改革推进情况审计存在的问题

1. 数据标准化程度不高,数据分析结果不精确

卫生健康体系各个环节计量单位不统一,造成数据分析结果不准确。部分医疗机构基础工作差,信息录入不完整,造成数据分析结果可用性不大。另外,虽然地方审计机关方便获取当地的数据资料,但各地之间未搭建数据共享平台,受审计职权范围影响,地方审计机关获取异地数据资料难度较大。而且由于医疗机构可能存在众多的药品耗材供应企业,医保结算方式相对复杂,延伸调查涉及的数据量大。

2. 上下游存在串通作假可能,审计获得有力证据难度大

药品耗材供应商和医疗机构是一个利益整体,甚至个别医疗机构就是由药品耗材供应商投资成立的。如果医疗机构虚构药品进销存数据,且同药品耗材供应商同步作假,审计机关很难从两套同时作假的数据资料中,分析出骗保的蛛丝马迹。

3. 审计力量与审计要求不匹配

党中央、国务院提出审计"全覆盖"要求,对基层审计机关的挑战越来越大。审

计力量与审计任务的要求不匹配,审计人员业务能力相对于已实现信息化管理的医疗卫生机构较为滞后。随着计算机审计的大力推广,被审计单位为了满足审计要求,往往"被迫"提供比较"完善"的业务数据和财务数据,对审计而言,可发现的审计疑点较少。加之审计人员的审计经验和业务知识有限,对医疗行业又缺乏深度了解,难免出现审计思路狭窄的困境。

8.6.2 卫生健康体系建设和改革推进情况审计的关键点

卫生健康体系建设和改革推进情况审计主要围绕公共卫生体系建设、医疗服务与保障能力提升、国家基本药物制度等方面的资金投入和管理使用情况,重点关注重大疫情防控救治体系、基层公共卫生体系、应对突发公共卫生事件能力和分级诊疗体系等建设,以及医药卫生体制改革推进情况。

突发公共事件是指突然发生,造成或者可能造成严重社会危害,为防止损失扩大或造成不可预见的后果,需要采取紧急处置措施予以应对的各种人为和自然灾害造成的事故灾害及事件。我国宪法、审计法规定,审计机关有权对各项公共资金、国有资产、国有资源、领导干部经济责任履行情况进行审计,这些法律规定和政府要求为国家审计参与应对突发公共事件提供了法律依据。国家审计具有常态化"经济体检""治已病、防未病"的功能作用。国家审计通过重点领域和关键环节的审计监督,开展常态化"经济体检"工作,对政府在应对突发公共事件中各种专项资金加强审计专项监督检查和重大政策落实开展跟踪审计,对突发公共事件的风险隐患、诱因进行揭示和反映,发挥"治已病、防未病"作用,健全完善体制机制、堵塞漏洞,降低突发公共事件发生的概率,以实现政府应对突发公共事件的资源消耗最小化。突发公共卫生事件是卫生健康领域的突发公共事件。

1. 关注医疗机构欺诈骗保行为

审计人员对医疗机构欺诈骗保行为应关注以下方面:一是关注患者冒名就医、医患勾结或隐瞒不报;二是关注医保基金支付范围以外的医疗费用;三是关注虚列项目、虚增费用;四是关注虚构医疗服务,伪造医疗文书和票据等资料;五是关注非定点医疗机构提供刷卡记账服务或将非定点医疗机构发生的费用纳入医保支付范围;六是关注不属于医疗保障范围的人员等。

2. 日常专项资金审计

审计人员日常专项资金审计应关注以下方面:一是针对卫生健康事业发展中存在的弱项、短板,加强财政预算执行和其他财政财务收支审计、卫生健康事业发展专项资金审计等项目安排,加强审计监督力度,对发展公共医疗卫生事业是否存在财政投入不足、资金管理不善等问题予以揭示和披露,督促被审计单位加强审计整改,补足短板弱项。二是加大对公共医疗卫生基础设施重大项目建设、重大医疗设备配置情况的审计监督力度,对重大项目建设推进不力导致的交付使用不及时、医疗设备采购未履行规定程序导致的设备价高质劣严重影响使用现象予以揭示和披露。三是通过对领导干部经济责任审计、卫生事业发展专项资金审计调查以及重大政策措施落实情况跟踪审计调查等审计监督,加强党和国家对卫生健康事业发展的重大政策措施和决策部署贯彻落实、医疗体系建设、各项医疗制度建设、医疗技术和医药用品研发投入力度等情况进行审计监督。

3. 关注国家重大公共卫生事件的相关审计

对国家重大公共卫生事件的相关审计,审计人员应关注以下方面:一是关注重大公共卫生事件投入和捐赠款物审计,通过跟踪审计监督,摸清财政资金投入和接受捐赠款情况,揭示各项资金筹集分配管理中存在的问题。开展常态化"经济体检"工作,通过日常审计监督,揭示和反映经济运行存在的重大风险隐患,及时整改,防患于未然,降低或减少风险隐患,避免突发重大公共卫生事件的发生。比如,中央为应对新冠疫情,当年新增财政赤字1万亿元,发行抗疫特别国债1万亿元,国家审计对这些资金的使用有检查的权力。国家审计通过对新增财政资金分配、拨付下达、管理使用及绩效情况开展全过程跟踪审计,检查资金是否及时拨付,有无拨付不及时或层层滞留而未按要求直达市县基层直接惠民利民的问题。检查资金使用是否体现疫情防控和助企纾困导向,是否达到资金政策目标绩效,有无资金闲置沉淀、损失浪费的问题。二是对专项资金延伸审计应明确专项资金延伸审计的目标,有针对性地开展调查、访谈、取证等工作,确保专项资金使用安全高效,准确把握专项资金延伸审计触角。例如,对公共卫生和重大疫情防控救治体系建设、应急物资保障体系建设等重大项目建设,审计人员应关注项目建设是否未按规定程序进行、建设质量是否达标,有无项目建设进度滞后、交付不及时并影响投入和使用的问题。审计机关开展常态化"经济体检"工作并对前阶段审计发现问题进行跟踪督促整改,做好审计"后半篇"文章,深入分析产生问题的原因,特别是找出公共危机爆发的原因,揭示出体制机制制度上的漏洞和缺陷,提出建设性意见建议,防止类似重大公共卫生事件再次发生。

8.6.3 完善卫生健康体系建设和改革推进情况审计的建议

1. 通过数据分析确定审计目标,突出审计重点

通过数据分析确定审计目标,突出审计重点,可以从以下方面着手。

一是通过医保结算费用分析,如统计总费用、个人账户、个人自付、统筹支付、大病支付金额、公务员补助等指标,分析占比和趋势变化情况,筛选总费用中统筹支付金额占比偏高的机构。

二是就医人次分析,如就医总人次、住院人次、门诊人次分析,可通过对比床位数等规模指标,关注日均就医人次远大于同类机构情况的机构。计算住院人次、门诊人次与就医总人次的比例,关注住院人次比例过高的情况。

三是药品耗材使用情况分析。审计人员可以对比药品费用与费用总金额,关注药品费用占比过高情况,关注药品耗材使用异常情况。

四是诊疗行为分析。审计人员可以分类汇总药品、耗材、诊疗项目、检查检验等各类费用,关注各类费用占比与其性质不匹配的医疗机构。

五是就医人员身份特征分析。审计人员可以分析就医人员所属单位是否集中、就医人员身份是否集中。

六是收集内外部数据,进行分析比对,判断医疗卫生机构是否虚列药品和耗材进销存数据套取医保资金、是否虚增诊疗服务项目套取医保基金。

七是加强对医疗卫生机构的审计,将由卫生部门负责的健康扶贫政策落实情况作为审计重点内容予以关注。在审计中,要注重与本地区的经济发展特点、各部门(单位)的职责范围相结合,揭示和反映影响政策落地的重大问题,查处影响政策落地的不作为、慢作为行为,提出改进建议,保障政策落地,促进国家卫生健康事业发展。

八是加大对重点专项资金的审计。审计人员应以"资金"为主线,关注卫生主管部门在资金分配和管理使用方面存在的问题,从体制机制层面理顺关系,进而发现应急处突能力和工作环节中的盲点,形成相对完善的制度规范,形成各部门协同联动作战局面,快速、有序应对解决突发事件,有效控制事件发展,充分发挥国家资金使用效益。

2. 优化整合审计资源

优化整合审计资源可从以下方面着手。

一是加强计算机人才培养。目前,基层审计机关正面临传统审计向大数据审计转型,加强基层审计人员计算机技术的专业培训势在必行,只有提高基层审计人员的计算机审计能力,才能为基层医疗机构审计奠定坚实基础。

二是充分利用内部审计力量。基层审计机关应加强对卫生主管部门内部审计工作的指导,推进卫生行业建立健全符合本系统、本单位的内部监督机制,制定内部审计工作制度,规范内部审计工作,促进基层医疗机构完善治理,改善医院经营管理,提高医院管理水平。

三是购买社会审计服务。当前,国家审计工作由单一的财政财务审计向综合性审计发展,已逐渐涵盖被审计单位的业务、政策等范畴。特别是对业务数据量大、数据结构复杂且相关业务政策性强的医疗卫生单位的审计,单靠审计机关自身力量难以完成。审计机关可通过购买审计服务的方式,聘请具有相关经验的中介机构和社会审计力量参与审计工作。审计机关通过加强对外聘社会审计力量的管理,督促其遵守审计纪律、保密制度,完成审计目标。

四是部门联动,审计、医保、食药监、公安、税务等部门要建立并完善部门间相互配合、协同监管的综合监管机制,推进部门间的信息共享和互联互通。加大对药品耗材生产商、供应商为医疗机构欺诈骗保提供便利条件的打击力度,建立完善"黑名单"机制,将配合医疗机构欺诈骗保的药品耗材生产商、供应商列入失信清单,面向社会公示,提高违法违规成本,净化市场风气。卫生健康体系不仅接受政府机关的审计监督,同样也可以接受各大社会公益组织的监督。如果能够借助当地的社会公益组织的力量,对卫生健康体系进行社会监督,在社会监督的辅助下审计机关更能够提升自身审计成果的可信度,同时也促进政府政策得到进一步深入落实。

3. 强化专项资金的延伸审计

专项资金延伸审计对审计时效性和精准度要求较高,这就要求审计人员在宏观认识、逻辑思维上要更加清晰、严谨,在方式方法上要大胆创新,要善于抓住延伸审计工作重点。

一是明确专项资金延伸审计目标。审计人员要坚持解放审计理念与思路,认真贯彻落实审计全覆盖要求,围绕审计既定工作目标和重点,有针对性地开展调查、访谈、取证等工作,确保专项资金使用安全高效。同时,要合理安排审计时间、进度与资源,避免审计人员分散精力和注意力,偏离延伸审计目标,错失发现问题线索的机会,导致审计风险增加。

二是准确把握专项资金延伸审计触角。审计人员要坚持以资金流向为主线,向被审计单位内部部门或下属单位延伸,向以前或以后年度延伸,认真审查专项资金拨付、使用的真实情况,相关政策落实、执行情况以及专项资金预期效益等。例如,在疫情防控专项资金延伸审计中,审计人员在关注疫情防控专项资金实际使用情况的同时,审查资金是否被挤占、挪用和浪费,相关部门在采购疫情防控物资和服务中是否存在优亲厚友、营私舞弊等行为;在审查被审计单位会计凭证的同时,特别关注大额支付、人员补助和与疫情防控物资发放相关的票据等。

三是确保专项资金延伸审计证据充分。审计人员要保持严谨的逻辑思维和较强的职业敏感性,审计取证尽量使用原始材料,通过大数据技术捕捉疑点线索,善于对审计证据进行比较分析与加工汇总,确保审计证据相互印证,形成"证据链",以支持审计工作底稿中对问题的定性结论。同时,在审计文书中要注意观点明确、逻辑严谨、表述清楚,让未参加审计取证的人员了解事实原委,看清审计结论和审计证据之间的关系。

四是强化大数据分析,提升审计质效。审计机关应加强大数据分析平台建设,筑牢审计监督"一张网",为审计监督提供有力的信息技术支撑。同时,审计人员要树立科技强审意识和大数据审计思维,通过现场审计实施系统(AO),善用巧用数据分析,通过 SQL Server 等技术筛选疑点线索,从关联数据中发现规律或特点,拓宽审计监督范围,深化审计监督领域,推动审计资源效能最大化,提升审计工作质效。

五是加强问题分析,提升审计服务。审计人员要对审计查出的问题加强综合分析,深入揭示问题背后的机制缺陷、制度漏洞等。例如,问题是某项制度不健全导致的,还是相关部门执行不到位导致的;违规行为是个别人的行为,还是集体行为等。针对审计发现的问题,审计人员应结合工作实际,提出可行性审计建议,进一步完善企事业单位内部控制及管理,充分发挥审计"决策参谋""以审促帮""整改问效"等服务职能,做到在审计监督中体现服务,在审计服务中强化监督。

8.6.4 卫生健康体系建设和改革推进情况审计的案例

案例一[①] 重大公共卫生事件的专项审计

2003 年 7 月至 8 月,审计署对筹集、分配和管理使用防治非典专项资金、社会捐赠款物的情况进行了专项审计。审计发现,一些单位管理不够规范:部分专项资金分配较为分散、结算不够及时,有的地方和单位多头接受捐赠款物或接受捐赠物资的手续不完备,部分捐赠款物入账或上缴财政专户不及时。2008 年,审计署公告了关于汶川地震抗震救灾资金物资的审计情况。审计发现,河南省安阳县工商业联合会主要负责人擅自将 27.11 万元捐赠资金用于购买救灾物资,其中涉嫌以

---

① https://www.audit.gov.cn/n5/n25/c63442/content.html;https://www.audit.gov.cn/n5/n25/c63469/content.html。

权谋私;中国工商银行绵阳涪城支行用"抗震救灾特别费"为本行职工购买名牌运动鞋;在一些地方发生涉嫌利用手机短信骗取赈灾募捐款的问题。在救灾款物审计中发现,社会捐赠款物结存于多级和多个部门、单位;个别地区抗震救灾物资存在积压或不适用的情况;少数地方和个别单位在发放补助时存在搭便车收费、自行提高标准的现象;个别地区活动板房建设与灾区实际要求衔接不够;在救灾款物使用中,少数地方和个别单位存在上缴不及时、挤占挪用救灾资金等违规问题,个别基层干部存在优亲厚友现象。在捐赠款物筹集、管理、分配等方面,审计发现,有些地方在抗震救灾初期对捐赠款物的管理等工作不够规范;非地震灾区接受的社会捐赠资金上缴有关中央部门和单位统筹安排或拨付灾区不够及时,结存量大;一些捐赠物资与灾区实际需求脱节;少数捐赠物资存在质量问题;有些捐赠款物管理不规范;个别部门接受的非定向捐赠资金未纳入专户管理,有的直接拨付到在灾区的本系统单位用于救灾工作。

案例二[①] **农村医疗卫生服务体系审计**

2011年6月至9月,审计署对北京、天津、辽宁、黑龙江、上海、安徽、山东、湖北、广东、四川10个省(直辖市)所辖的45个县农村医疗卫生服务体系建设情况进行了专项审计调查,重点抽查了76个县级医院、131个乡镇卫生院、677个村卫生室以及148个建设项目。审计发现,部分地区和医疗卫生机构在人员队伍、项目建设以及药品管理等方面还存在一定问题:一是卫生人员队伍建设相对滞后,县、乡两级医疗机构卫生技术人员比例偏低,村卫生室具有乡村医生执业资质的人员数量还不能完全满足需要;二是部分项目建设资金管理使用和建设程序不完全符合规定,影响资金使用效益和项目建设效果;三是部分地区在药品管理中还存在一些薄弱环节。

8.7 高质量教育体系建设和改革推进情况审计的关键问题

教育质量关系未来的人口素质,高质量教育体系建设是"十四五"规划的内容之一,主要涉及基础教育、职业教育、普通高等教育等领域。审计主要围绕专项资金管理使用情况,学前教育普及普惠优质发展、义务教育均衡发展和城乡一体化、职业教育改革、高校"双一流"建设等政策落实情况,从经费保障、教育质量、教师队伍建设、人才培养等方面服务经济社会发展。

---

① https://www.audit.gov.cn/n5/n25/c63575/content.html。

8.7.1 高质量教育体系建设和改革推进情况审计存在的问题

1. 审计内容有待于进一步拓展

高质量教育体系建设和改革推进情况审计是推动教育发展的外部机制,审计中需要明确审计的重点内容和问题,实行精细化作业,着力提高审计精准度。在审计内容方面,就审计对象而言,除了要对基础教育、职业教育、普通高等教育情况进行审计,还需要延伸至与教育相关的其他机构,如升学、公务员、职业资格等教育培训机构。同时,审计人员需要明确高质量教育体系建设的评价体系及针对教师、学生、学校层面的详细的评价指标。除了教育资金,还需要从教育质量和社会评价方面进行审计。再者,对于教育基础工程,经济责任审计、财务收支审计较多,但内部控制、制度建设、教育管理等方面的审计则较少。"审什么"是做好高质量教育体系建设和改革推进情况审计的基础,由于政策多、项目多、涉及面广等原因,如何选对项目、找准关键点和发力点,做到正确发力、精准发力又同时避免重复审计,客观上存在难度。而且,高质量教育体系建设和改革推进情况审计工作的权责并未明确,部分审计内容与其他审计的重复,造成审计资源的浪费。

2. 审计主体单一

由于教育的性质,涉及教育方面的审计主体,一方面是来自教育机构的内部审计人员;另一方面是来自审计署、审计厅和审计局的政府审计人员。特别地,在乡村振兴背景下,基层的基础教育、技能教育是关键,在基础设施建设、资源供给、教育保障等方面需要大量的审计人员。另外,乡村教育审计与扶贫、振兴政策落实审计内容有重合,审计人员较少,审计质量难以保证。再者,要实现教育审计工作的高质量开展,关键是审计主体的独立性,相对而言,社会审计主体参与,将促进审计监督权力的有效发挥。

3. 被审计单位对审计的认识有待提高

审计是促进国家治理现代化的重要力量。高质量教育体系内容复杂多样,这就要求审计人员突出源头整合、优化审计流程、创新组织方式,以机动灵活的形式拓展审计覆盖面,在充分结合审计资源的前提下,实现对高质量教育体系建设和改革推进的审计。在实际工作中,被审计单位对高质量教育体系建设和改革推进审计的思想认识有待提高,认为现场审计时间短,存在拖一拖就过了的思想,配合力度不够,部分机关单位、相关人员在审计配合上敷衍应付,给审计工作质量和效率带来影响。

4. 审计评价体系亟须完善

党的十九届五中全会明确了"建设高质量教育体系"的导向和要求,而高质量教育体系建设和改革推进审计的前提是有一个全面合理的评价体系。当前,教育系统审计主要涉及财政资金,对于人才培养、师德师风、社会跟踪和反馈等方面的社会价值则较少涉及。

8.7.2 高质量教育体系建设和改革推进情况审计关键点

1. 高质量教育体系建设的政策措施制定及落实情况

审计人员应重点检查有关政策措施是否切实可行,相关政府及部门是否有效贯彻落实,是否加强组织领导,是否制定完善的建设规划和实施方案。

2. 高质量教育体系建设的管理机制体制建立及运行情况

审计人员应围绕政策检查统筹协调机制是否健全,管理办法、监测评价体系、考核评估体系等规章制度是否完善,各部门的职能职责是否明确,各项机制体制是否运行有效。

3. 高质量教育体系建设的项目建设管理情况

审计人员应检查项目审批及计划下达是否及时,年度建设目标是否完成,招投标等建设程序是否合规,项目调整或项目重大变更审批程序是否规范等。

4. 高质量教育体系建设的资金使用情况

审计人员应关注资金到位和管理使用情况,检查有关财政性投资资金是否及时到位,资金使用是否合法合规,是否存在因资金未及时到位影响项目进度的情况,资金是否按用途使用,资金效益是否有效发挥等。

5. 高质量教育体系建设的运行效果

审计人员应检查教育项目建成投用情况,检查相关主体是否按照方案相关要求完成建设任务,检查项目建设的经济效益和社会效益(产出、人才等)是否达到了预定的目标,是否存在因项目建成后闲置、毁损及管理不善造成损失的情况。

8.7.3 完善高质量教育体系建设和改革推进情况审计的建议

1. 完善高质量教育评价体系

由于教育政策执行过程的复杂性、广泛性,被审计单位贯彻落实教育政策的好坏是没有可参照的标准的。同时,高质量教育评价体系不完善,较难对高质量教育进行科学、准确评价,这需要不断完善审计评价体系。建立长期、有效的高质量教育审计机制,形成事前—事中—事后的循环机制,是落实教育政策的保障。

2. 创新大数据审计方式

大数据分析是提高审计效率和审计质量的有效途径,是审计发展的必然趋势。审计人员在高质量教育体系建设和改革推进情况审计中运用大数据分析,尽可能地获得总体而又利于审计的信息,从而实现对教育政策多维度、深层次的评价。在大数据时代,以高质量教育政策跟踪审计目标为导向,审计机关建立云平台基础数据库系统,运用大数据技术全程、全方位进行动态监测,有利于及时发现问题,提高审计效率。由于大数据审计正处于初级阶段,各级审计机关对大数据的采集标准不统一,这既耗费审计人员大量的时间、精力,又影响数据分析的精确性和可靠性,若是要充分利用好大数据审计,则应加快建立大数据采集标准化。

3. 完善审计整改机制

审计整改是审计成果的体现,督促整改、落实责任是避免"屡审屡犯"现象的重要手段。审计人员应充分认识审计整改工作的重要性,坚持问题导向、结果导向,建立高质量教育体系建设和改革推进情况审计项目发现问题整改跟踪反馈机制,加大对被审计单位发现问题整改情况、骗取套取资金追回情况、相关责任处理情况的跟踪监督,随机抽查被审计单位进行审计回访,确保审计所发现的问题得到全面整改。审计整改可以有效促进被审计单位健全和完善内部控制制度,提高资金使用效益,堵塞管理漏洞。审计人员应建立健全审计整改考核问责机制,将高质量教育审计整改责任落实到人,将整改情况纳入目标考核,增强审计整改问责力度,提升审计工作价值。

8.7.4 高质量教育体系建设和改革推进情况审计案例

案例一[①]　城乡义务教育补助审计

2020年第四季度,审计署重点审计了17个省本级、1个计划单列市本级和48个县(市、区、旗,以下统称县)城乡义务教育补助经费管理使用等情况。总的来看,相关地区已做到不断完善投入机制,优化资金使用结构,规范资金使用管理。但审计也发现部分地区存在以下三方面问题。

一是部分地区资金申报不精准、分配不合理、拨付不及时。1个计划单列市和3个省的3个县多获得教育补助经费9 548.31万元;1个省本级和1个省的2个县未按标准或范围分配教育补助经费,造成2 003.3万元资金闲置、41所学校生均公用经费低于国家基准定额标准;2个省本级和12个省的16个县未按规定时间及时分解拨付教育补助经费。

二是部分资金被挤占挪用或闲置。因地方财政安排不足等原因,1个省本级和12个省的22个县挤占挪用教育补助经费1.97亿元,用于人员经费、偿还债务

[①] https://www.audit.gov.cn/n5/n25/c144075/content.html.

等支出;1个省的1个县的1 308.93万元教育补助经费闲置超过2年。

三是部分项目进展缓慢,资金绩效评价工作不到位。4个省的5个县的184个项目存在逾期1年以上未开(完)工或建成后闲置,3个省本级、1个计划单列市本级和3个省的5个县未同步分解资金绩效目标、未开展绩效评价或自评数据不准确。

在多获得教育补助经费方面,山东省青岛市申报教育补助经费时测算数据与实际情况差距较大。2020年,青岛市将家庭经济困难寄宿生贫困面确定为30%,据此申报中央家庭经济困难学生生活补助资金2 818万元,该市2020年春季和秋季认定家庭经济困难寄宿生实际贫困面分别为11.19%和8.63%,造成中央教育补助经费1 423.33万元无法按用途支出。2019年至2020年,河南省巩义市、云南省宣威市和广西壮族自治区都安县的财政部门或学校申请教育补助经费时多报学生人数,多获得上级教育补助经费8 124.98万元。

在未按标准或范围分配教育补助经费方面,吉林省财政厅在分配2019年和2020年中央营养改善计划补助资金时,将中央财政给予地方试点地区的营养改善计划补助资金2 003.3万元分配给了国家试点地区,截至2020年年底,上述2 003.3万元资金闲置在国家试点地区财政部门。2019年至2020年,黑龙江省肇东市及通河县教育部门将各学校公用经费按比例统筹后进行二次分配,导致41所学校的生均公用经费低于国家基准定额标准;由于二次分配不合理,导致县域内学校实际生均公用经费标准差异较大,2019年,通河县生均经费最低及最高保障额度分别为每人每年477.14元、8 642.27元,最高保障额度约是最低保障额度的18倍。

在未按规定时间及时分解拨付教育补助经费方面,截至2020年年底,辽宁省沈阳市皇姑区、西丰县,宁夏回族自治区西吉县,江西省南昌市新建区、吉安县,安徽省颍上县,黑龙江省肇东市、青冈县,福建省莆田市秀屿区,河南省伊川县,四川省成都市锦江区,海南省临高县等12个县财政或教育部门未足额安排预算、未及时分配资金指标或批复用款计划、未按标准拨付教育补助经费,共涉及教育补助经费2.06亿元,个别学校正常运转已受到影响。黑龙江省和贵州省财政部门在分解2019年和2020年中央教育补助经费时,有26.92%的中央教育补助经费超过规定时间才分解下达。2019年至2020年,贵州省纳雍县、黑龙江省肇东市、福建省霞浦县、云南省昆明市官渡区、广西壮族自治区平南县等5个县未及时下拨农村义务教育学生营养改善计划补助资金、生均公用经费等1.66亿元,部分地区在12月份下拨当年教育补助经费或于2020年下拨2019年教育补助经费,个别学校正常运转已受到影响。

在挤占挪用教育补助经费方面,2020年,福建省莆田市秀屿区共收到上级财政下达的教育补助经费6 431.95万元,当年实际支出877.79万元,剩余5 554.16万元资金被挤占用于平衡预算。截至2020年年底,该区教育局和36所义务教育阶段学校向该区财政局申请拨付的1 249笔共3 186.87万元教育补助经费仍未拨付。截至2020年年底,云南省本级和辽宁省沈阳市皇姑区、沈河区,江西省南昌市新建区、吉安县、遂川县,贵州省纳雍县,黑龙江省肇东市、青冈县,福建省莆田市秀屿区,河南省巩义市等10个县的教育部门挤占挪用教育补助经费8 348.98万元用于部门人员经费、非义务教育阶段学校基建支出等方面的支出。2019年至2020年,辽宁省沈阳市沈河区、法库县、西丰县,宁夏回族自治区西吉县,江西省南昌市新建区、吉安县,安徽省临泉县,黑龙江省哈尔滨市松北区、肇东市、依安县、安达市,青海省化隆回族自治县、湟源县,四川省宣汉县,吉林省长春市朝阳区,青岛市即墨区等16个县的部分学校违规将5 788.97万元生均公用经费等教育补助经费用于人员经费、偿还债务等支出。

在教育补助经费闲置超过2年方面,截至2020年12月底,江西省吉安县教育体育局专户中有校舍安全保障长效机制中央专项资金1 308.93万元闲置超过2年未及时使用。

在项目逾期1年以上未开(完)工或建成后闲置方面,截至2020年年底,因项目前期准备不充分、建设方案调整等原因,贵州省凯里市、黑龙江省安达市的4个校舍安全工程等项目逾期1年以上未开工或完工;安徽省临泉县、颍上县和海南省临高县的180个学校校舍维修、学生宿舍维修改造、食堂改造等项目闲置或存在安全隐患,未发挥应有效益。

在未同步分解资金绩效目标、未开展绩效评价或自评数据不准确方面,2019年至2020年,吉林省、青岛市和辽宁省沈阳市铁西区的财政部门在下达教育补助经费预算指标时,未按规定同步分解下达绩效目标;江西省,黑龙江省,贵州省凯里市、纳雍县,河南省巩义市、伊川县等地区财政部门未按规定开展教育补助经费绩效评价或绩效评价指标设置不合理;吉林省财政厅和贵州省纳雍县财政局向上级相关部门上报2019年教育补助经费绩效评价时,项目资金总额及预算执行数等自评数据不准确。

案例二[①]　职业教育资金审计

2020年第一季度,审计署发现,部分地区职业教育资金安排不合理,资金项目

[①] https://www.audit.gov.cn/n5/n25/c140424/content.html.

绩效不高。10个省存在职业教育资金预算安排、拨付使用等不够合理规范，资金闲置甚至被挤占挪用等问题；10个省职业教育专项资金相关项目进展缓慢，绩效目标完成效果不佳。

在职业教育资金预算安排、拨付使用等不够合理规范，资金闲置甚至被挤占挪用等方面，2017年至2019年，江苏、辽宁2个省在分配现代职业教育质量提升计划中央专项资金时，未充分考虑农村、贫困等地区或现代农业、先进制造业等国家急需特需专业等因素。2018年，江苏省徐州市、泰州市、连云港市未按要求和标准拨付用于奖补兼职教师所在学校的现代职业教育质量提升计划中央专项资金，而是拨付给自行选定的单位，合计120万元。由于资金使用方案、项目计划编报或审核不及时等，2017年至2019年，湖南、江苏、湖北、广东、山西、重庆6个省（直辖市）的省级财政和吉林、浙江的30个市县财政共49.63亿元现代职业教育质量提升计划和学生资助等中央专项资金超期下达，最长超出规定期限14个月。2016年至2019年，陕西、湖南、辽宁、山西、重庆5个省（直辖市）的7所学校违规将中央和省级职业教育专项资金6852.59万元，用于发放职工绩效工资、偿还债务、公务接待、新校区建设等。

在职业教育专项资金相关项目进展缓慢、绩效目标完成效果不佳方面，因项目前期准备不足、地方财政配套资金不到位、项目多头管理协调难度大等，截至2020年3月底，山东、吉林、湖南、江苏、辽宁、山西、云南、天津、重庆9个省（直辖市）的36个职业教育专项资金项目逾期未完（开）工或未投入使用，涉及中央及省级专项资金8.44亿元。广东省教育厅未统筹推动本地区全面建立完善公办高职院校生均财政拨款制度，截至2020年3月底，广东省汕头、湛江、茂名、肇庆、汕尾、河源、阳江、揭阳、云浮9个地级市仍未建立公办高职院校生均财政拨款制度，涉及11所公办高职院校，有5所院校2019年（其中2所连续3年）生均拨款不足1.2万元。2018年至2019年，中央补助云南、江苏、山西3个省职业院校教师素质提高计划教师国培专项资金7077.92万元，由于前期准备工作程序复杂、时间较长等，3个省2019年度培训项目尚处于确定参训名单或网上报名等阶段，未开始培训；江苏省2018年度中职院校教师国培项目仅培训547人，完成率为77%。截至2020年3月底，吉林省未建立学生资助资金结转结余处理机制，抽查发现，2所高职院校学生资助资金结余1470.04万元，有3371名家庭经济困难学生未获校级学生资助，其中209名家庭经济困难学生未获任何资助。

9 构建以审计为核心的问责机制

问责制不仅是现代民主治理的标志,而且是民主治理的必要条件。问责机制是否设立并较好地执行是民主质量的重要体现。审计机关是重要问责主体之一,由于其具有专业性、权威性等特点,其问责结果可以为其他问责主体实施问责提供重要基础和前提。本章将探讨如何构建以审计为核心的问责机制从而保障公民知情权、推动我国民主政治进程,并进一步提出中国制度背景下完善问责机制的主要审计路径。

9.1 问责机制、治理机制与民主政治

9.1.1 问责的含义

从词源角度看,问责一词在我国古已有之,宋朝《三朝北盟会编》记载,靖康元年,右谏议大夫兼侍讲杨时上书反对割地与金求和,并建议朝廷"以肃王为问,责其败盟",即建议追究肃王赵枢违反约定的责任。1915 年,梁启超因北洋政府与日本签订"二十一条"激愤不已,写下《痛定罪言》,文中有"人民不问责于政府而谁问者"的诘问。英文中问责对应的单词是"accountability",该词的产生可追溯至古希腊和古罗马时期,原指借贷关系中借款人对贷款人的解释说明责任。到中世纪时期,管家向庄园主汇报委托事项的进展也称为"accountability"。"accountability"在《牛津词典》中作为名词有三种词义:一是"负责任的特质";二是"对其行为、履职情况作出解释说明的义务";三是"责任"。近代以后,"accountability"多用于表达委托-代理关系中委托人授权与监督、代理人履职与报告的机制。

我国对"问责"一词的正式使用和问责制度的形成受到内外因素的共同影响。我国政府于 2003 年年底签署并于 2005 年批准《联合国反腐败公约》,《联合国反腐败公约》英文本三处讲述了"accountability",联合国和我国全国人大常委会官方中文本均将其译为"问责制"。2003 年暴发的非典疫情引发社会各界关于建立党政领导干部问责制的讨论。《现代汉语词典》2005 年正式收录"问

责",其意被描述为"追究责任"。党的十九大把"问责"写入党章,此后诸多中央党内法规设置了问责追责条款或者专章。《中华人民共和国监察法》规定,监察机关依法对履行职责不力、失职失责的领导人员进行问责。这些部署共同推动"有权必有责、有责要担当、失责必追究"的思想观念、履职氛围和系统机制的形成。

问责在不同的研究领域被赋予不同的含义。公共领域的责任问题极为复杂,它关注复杂治理系统的所有规范、价值和偏好,其中存在着重叠甚至矛盾并不断发展变化的责任观(珍妮特·V.登哈特和罗伯特·B.登哈特,2010)。问责通常会被冠以一些修饰成分出现在公众的视野中,如政治问责、行政问责、公共问责或政府问责等,这些名词展示了不同授权群体对公共行政人员行为活动的关注。Klingner 等(2002)认为,问责就是在公共行政人员与其相关联的不同的授权群体之间,通过相应的程序、机制和战略安排传达后者期望的过程。

2011 年出版的《政治学国际百科全书》指出,问责是在公共管理和民主理论两个领域内都十分关键的概念,但学术界对问责并未形成较为具体且达成共识的概念界定,只给出了一个虽然宽泛但符合大多数情况的定义:保证履行义务的责任。Schedler(1999)对政治问责的概念进行了经典阐释,他认为,政治问责是官员对自己的行为或者活动负责,即官员有义务告知和解释他们正在从事的活动。官员有义务和责任提供关于他们的行动或者决策的信息,包括正在做什么、准备做什么、已经做了什么,并就这些活动或者决策提供合理的解释,问责机构也要求官员提供这些活动或者决策的信息并给出合理的解释。进一步地,他提出,问责在本质上包含答复(answerability)与制裁(enforcement)两个维度,答复是指公共官员有义务告知与解释其行为,制裁是指问责机构(accounting agency)有能力对违反公共职责(duties)的权力行使者实施强行制裁。Bovens(2007)结合问责的词源学和历史渊源——问责这个词来源于 accounting(会计),把问责定义为"一个行动者(actor)与一个公共讨论会(forum)之间的一种关系,在这个讨论会中,行动者有义务为他的行为进行解释、辩护,该讨论会的成员可以提出问题和作出评判,该行动者将承担行动后果"。上述两个界定从本质上讲是一致的,都包含了信息、解释和惩罚三个重要成分。

9.1.2 问责机制与治理机制

问责之所以重要,是因为它被寄予了实现治理承诺的期望(王柳,2016)。Cleveland(1919)提出稳定有效的民主政府需具备四个基本条件:①对共同理想达成共识并试图去实现;②保障理想得以实现的组织;③领袖;④使组织和领袖的行为与共同理想和人民的需求保持一致的控制机制。中国现行的政府治理模式以问责权为主导性权力,并将绩效考核、人民承诺和政治责任融为一体,在治理体系中构建了以问责权为核心的新责任体系。这一责任体系是近年来诸多民生工作得以完成的关键。从这里可以看出问责机制是保障治理目标实现的控制机制。

问责机制是治理的重要工具,也是治理的最后一环。正如早期古典理论家所言,在政治生活中,首先出现的是权力,随之而来的是控制权力的需要(Schedler,1999)。如果人都是天使,就不需要任何政府了;如果是天使统治人,就不需要对政府有任何外来的或内在的控制了;在组织一个人统治人的政府时,最大困难在于必须首先使政府能管理被统治者,然后再是政府管理自身(Hamilton 和 Robertson,1980)。来自洛克、孟德斯鸠和联邦党人的自由主义传统,让人们一直在考虑,如何控制权力,如何驯化权力,如何防止权力的滥用,如何让权力遵循一定的程序和规则。如今,对权力行使的调查、制约和监督这一理念集中体现在问责这个概念上(Schedler,1999)。

关于对如何问责这个问题的探讨可以追溯到 20 世纪 40 年代初公共行政领域卡尔·J. 弗里德里希(Carl J. Friedrich)和赫尔曼·芬纳(Herman Finer)之间的一次著名辩论,这场争论围绕"在民主体制中保证对公职人员问责的最有效的方式是什么"这一问题展开,这次的争论对问责概念的形成产生了深刻的影响,同时奠定了问责研究的基本思路。弗里德里希认为可以根据职业标准和技术知识建立内部核查机制来保证问责有效执行。芬纳则认为,公共专业人员无法决定什么样的适当行为可以保证公共物品的提供,内部核查容易在公共管理过程中导致腐败,实现有效问责的方式应该是建立一套外在约束机制来施以惩戒。弗里德里希强调内部控制,他认为考虑到当代政府日益增长的规模和复杂性,根本不可能创造一个可以发现并控制所有权力滥用的结构体系,唯一可能的途径就是吸收各种正直的人到公务员队伍中,给他们灌输公共服务的价值观,强化专业理念和个体责任感。芬纳则强调外部控制机制,其实这是问责机制的两个重要方面:一是以职业标准和理念的形式确立的内部控制机制;二是以法律和程序的形式建立的外部控制机制(Friedrich,1940;Finer,1941)。成功的问责制度主要包括以下三方面内容:明确国家公职人员的公共职责,要求国家公职人员树立履行职责的责任意识,设置激励国家公职人员为公共利益而行动的奖惩措施。

9.1.3 问责机制与民主政治

1. 问责是民主政治的逻辑必然

权为民所系,权为民所赋,权为民所用,权为民所谋。人民是国家权力的主体,政府及公共权力产生于人民的授权。政府通过人民的授权获得行使公共权力的合法性,同时需要向人民提供有质量的服务,对人民负责。不同政体尽管对人民授权及立法、行政、司法权力的关系的界定不同,但是以人民主权作为自己的宪政原则和政府权力的逻辑起点,这一点是共通的。

民主和责任是公共行政的基本价值。权为民所赋是问责的法理基础(秦勤,2011)。按照公共行政基本原则即权责一致、权责对等,政府官员在获得权力的同时便担负了责任,人民有权利知悉政府官员的行为活动是否与人民的意志保持一致,并收回未按照人民意志行使公共权力的授权对象掌控的权力。因此,问责是民主政治的逻辑必然,民主行政是完善问责制的重要向度(刘重春,2005)。

2. 问责机制是保障和促进民主发展的重要工具

前已述及,民主政治是建立在规范、有效的国家治理基础上的,以现代化的制度体系为保障,以促进公民"参与权""决策权""知情权""监督权"的实现为目标的一种社会状态。人类社会在长期的民主实践中,逐步形成了民主选举、民主决策、民主监督等民主制度形式。问责机制作为民主监督制度的重要组成部分,对民主的实现具有重要意义。问责机制要求政府各级领导干部对其履责情况进行说明与解释,并对其违反职责要求的行为承担相应的责任。它是政府为加强自身内部控制采用的一种预防和纠错制度。问责主体有权对问责对象进行询问、质询并追究其责任。这一方面有利于问责主体了解问责对象的职责履行情况并对其进行监督;另一方面也有利于问责对象了解问责主体的要求,从而改进履责行为。这意味着问责机制在实现权力制约时,分为两个层面:一是纠正负面行为,即抑制权力滥用,防止权力异化;二是促进正面行为,即促进问责对象履行好自身职责,保障职责履行。从第一个层面看,问责机制对民主起到的是保障作用。政府官员的公共权力来自人民的授权,权力异化一旦发生,权力会沦为追求私利的工具,公民的权利无从保障,民主政治便遭到破坏。问责机制可以对领导干部进行有效的制约和监督,防止和纠正权力异化,因此,可以实现对民主的保障作用。从第二个层面看,问责机制对民主起到的是促进作用。民主无法只通过权力异化约束来实现,还需依赖领导干部的积极作为,履行相应的职责。只有这样,才能从根本上维护和增进人民的根本利益,促进民主的实现。

9.2 审计在问责机制中的地位与作用

9.2.1 国家审计与问责机制

1. 国家审计本质上是对公共受托经济责任的查验

责任监督是审计活动所固有的功能,而国家审计本身即是对公共受托经济责任的查验,查验的内容随着政府责任范围即公共受托经济责任内容的拓展而拓展,其深度受到民主政治进程和国家公共行政模式的共同制约。审计侧重于责任的查验,其他问责机制侧重于责任追究(马志娟,2013)。美国审计署根据自身的发展经验,提出了审计机关成熟度模型,如图9-1所示。该模型体现审计机关最基础的职能是打击腐败、提升政府透明度、确保问责制(推进问责),更为成熟的审计机关可以提升政府效能、服务政策制定、预测未来国家治理中遇到的风险并为政府未来的规划提供有益的建议(前瞻功能)。可见,推动问责是审计机关最基本的职能之一。

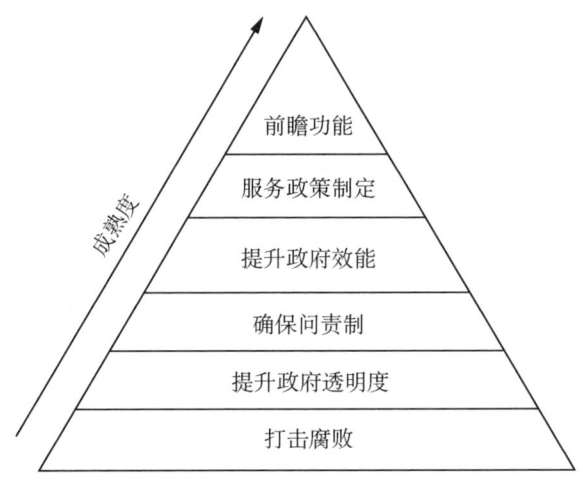

图 9-1 审计机关成熟度模型

审计可以为其他问责机制提供有效的问责基础。马志娟(2013)认为,在腐败治理中,政府问责制与经济责任审计密不可分,经济责任审计是政府问责制进行问责之前的必不可少的一环,责任追究是建立在责任查验基础上的,而责任查验的结果需要通过责任追究的效果来体现。

2. 审计机关是重要的问责主体

从问责的本质上看,问责主体是唯一的,只能是赋予政府权力的人民。但人民作为一个宽泛的群体,缺乏具体的实体,人民中的绝大多数个体不具备问责公共权力行使者的足够动机和必备专业胜任能力等条件,这会使问责机制无法有效实行。因此,政府内部和外部就出现了很多代表或帮助人民问责的机构和机制,而审计机关就是其中重要的一员。Larry 和 Leonardo(2004)在界定民主质量时,将问责分为垂直问责和横向问责。其中,垂直问责是指自下而上的问责,涉及权力来源、受托者明确的利益关系和责任关系,其问责主体主要是选民和社会组织(媒体、利益集团、智库等)。横向问责机构包括立法部门中的反对派、立法机构组建的特别调查委员会、法院、审议机关、反腐败委员会、中央银行、独立的选举机关、政府调查舞弊的官员以及其他旨在检查和限制执政者权力的部门。Bovens(2007)基于问责主体的不同,将问责分为政治问责、法律问责、行政问责、专业问责和社会问责。其中,政治问责是指政府接受经选举产生的代表、政党、选民和媒体的问责;法律问责是指政府接受法院的问责;行政问责是指政府接受审计员、监察员和管理员的问责;专业问责是指政府接受专业同行的问责;社会问责是指政府接受利益集团、慈善组织和其他利益相关者,包括公民社会组织的问责。

从上述分类可以看出,审计机关是重要的问责主体之一,但由于审计机关仅具有少量实质性处理处罚权,因此,审计在问责机制中主要发挥着信息鉴证的作用。问责主体确定问责目标及问责标准之后,审计则将基于公共行政人员对自己行为的报告和解释,将其行为和问责标准进行对比,寻找审计证据,确立两者的差距,出具审计意见,形成审计报告。一方面,审计可以弥补其他问责主体专业性方面的不足,尤其是在涉及财务问责相关的问责目标时。另一方面,审计的问责结果可以为其他问责主体提供问责基础。例如,纪检监察部门追究领导干部滥用职权、贪污腐败等失职行为时,往往需要国家审计提供相关的渎职证据。国家审计不能为其他外部监督机制所替代,而是与其他监管机制互为补充。

3. 国家审计是问责系统健康运行的重要保障

国家审计机关是具有较强专业性和权威性的经济责任问责主体,其审计结果同时也是党内问责、行政问责、司法问责等的重要问责依据。这一点在多个官方文件中都有所体现。《关于加强审计工作的意见》(国发〔2014〕48 号文件)第十三条明确指出"要建立健全审计与纪检监察、公安、检察以及其他有关主管单位的工作协调机制";2015 年,《关于完善审计制度若干重大问题的框架意见》(中办发〔2015〕58 号)第二节第七条提出,要"把审计监督与党管干部、纪律检查、追责问责结合起来";《中国共产党党内监督条例》第六章对党内监督与外部监督的结合作出了具体规定;《中国共产党巡视工作条例》第二十一条强调"巡视组开展巡视前,应当向同级纪检监察机关、政法机关和组织、审计、信访等部门和单位了解被巡视党组织领导班子及其成员的有关情况",第三十四条规定"纪检监察机关、审计机关、政法机关和组织、信访等部门及其他有关单位,应当支持配合巡视工作"。

此外,国家审计是问责主体,同时也拥有对其他问责主体的审计权,即国家审计是问责系统的外部控制机制。2015 年,中共中央办公厅、国务院办公厅印发了《关于完善审计制度若干重大问题的框架意见》及《关于实行审计全覆盖的实施意见》,两份文件提出对公共资金、国有资产、国有资源和领导干部履行经济责任情况实行审计全覆盖,为国家审计对其他问责主体的公共受托经济责任履行情况的审计提供了进一步的制度支持。2018 年 2 月,美国审计署公布了《美国审计署 2018—2023 年战略规划》,其总体目标三提出帮助联邦政府转型以应对国家挑战,其中包括识别欺诈、浪费和滥用,改进内部控制来支持政府问责。美国审计署通过依法审计、内部控制审查以及对联邦项目和资金的特别调查,帮助政府发现和防止欺诈、浪费和滥用。此外,美国联邦预算办公室曾表示,单一审计法案及修正案①是实现联邦财政转移支付资金问责的核心保障。单一审计法案及修正案改善了联邦资助机构的财务管理状况,增强了其内部控制。美国审计署曾发现联邦财政转移支付流程的内部控制系统存在薄弱环节,包括准备和审批阶段的关键控制存在漏洞,实施阶段的内部控制存在风险,对收尾阶段转移支付资金的监督不力,联邦财政转移支付资金管理存在问题。

9.2.2 以审计为核心的问责机制与公民权益保障

以审计为核心的问责机制要求政府各级领导干部对其履责情况进行说明与解释,并对其违反职责要求的行为承担相应的责任。领导干部的受托责任的委托方即人民,因此,以审计为核心的问责机制是公民权益的重要保障。问责机制关注领导干部的履责情况并进行报告,这有助于保障公民的知情权,进而要求领导干部对其违反职责的行为承担责任,这是公民参与权、决策权和监督权得以实现的表现。

---

① 为提高审计资源利用效率和效果,对联邦财政转移支付资金提供统一的审计标准,并确保转移支付资金的使用效率,改善州和地方政府专项资金的管理效率,美国制定了单一审计法案及修正案(the Single Audits Act)。单一审计是指由身份独立的注册会计师根据综合了财务审计和合规审计要求的统一标准,以对一个审计单位的一次审计替代多次拨款审计的做法。通过实施单一审计,可以确保财政转移支付相关机构遵守联邦、州、地方的法律规定及具体项目的有关规定。

民主制政府的官员永远都要遵守告诉人民事实真相的承诺(Shapiro,2003)。模糊的、不透明的政府无法保障公民的知情权,这会使违背公民意愿的寻租和资源浪费行为的实施更加便利。已有研究表明,与处在非民主体制的政府官员相比,处于民主体制的政府官员更倾向于提高政府透明度,以便于向投票者传递信息也避免被冤枉地赶下台。但也有研究表明,由于处于民主体制的政府官员更注重公民的满意度,而选择隐瞒一些信息,如官员会选择公布一些符合公民需求的政策,而隐藏可能违背大多数公民意图的政策(Kono,2006)。Mani和Sharun(2007)的研究表明,相比专制的政府,民主制的政府更倾向于将资源分配到高度可见的公共物品中,而非不可见的公共物品。因此,民主意味着公民的意愿在政府决策中享有重要地位,但并非意味着一定透明。

为保障公民知情权、参与权、决策权和监督权的实现,问责机制必不可少。Peter Rosendroff在《透明的提供与民主》一文中提出透明度随着问责的增加而提高。一方面,政府官员接受选举人不受约束的问责可以有效限制官员违背公民意愿的决策行为;另一方面,问责机制可以发现政府官员违背公民意愿的行为,并要求其承担行为后果。在我国,党的政治建设依托委托—代理框架运作,也面临因代理人寻求自身利益最大化而导致的代理失责问题。王立峰和潘博(2019)基于问责承诺理论提出问责机制主要通过输入阶段的控制与正直承诺、过程阶段的适当行为与民主承诺、输出阶段的绩效与公正承诺嵌入党的政治建设,并通过自身功能实现来破解代理失责问题。审计是重要的问责主体之一,为其他问责主体提供了问责的证据,同时增加了问责机制整体运行的有效性。综上,以审计为核心的问责机制是公民权益的重要保障和实现路径。

9.3 构建以审计为核心的问责机制的初步构想

国家审计是党和国家监督体系的重要组成部分。2014年10月,党的十八届四中全会通过的《中共中央关于全面推进依法治国若干重大问题的决定》提到将审计监督与党内监督、人大监督、民主监督、行政监督、司法监督、社会监督和舆论监督相并列,共同构成党和国家的八大监督体系。2019年11月,党的十九届四中全会通过的《中共中央关于坚持和完善中国特色社会主义制度　推进国家治理体系和治理能力现代化若干重大问题的决定》就如何坚持和完善党和国家监督体系,强化对权力运行的制约和监督指出,"以党内监督为主导,推动各类监督有机贯通、相互协调。推进纪律监督、监察监督、派驻监督、巡视监督统筹衔接,健全人大监督、民主监督、行政监督、司法监督、群众监督、舆论监督制度,发挥审计监督、统计监督职能作用"。因此,我们认为一个合理的问责机制是一个众多功能不同的问责主体相机组合而成的系统。如前所述,国家审计作为经济责任的查验机制,是众多问责主体进一步问责的前提和重要依据,因此,国家审计是问责信息的重要生产中心。此外,国家审计拥有对其他审计主体的审计权,可以对其他问责主体能否较好地履行其问责责任进行监督,因此,国家审计也是问责质量的控制中心。综合以上论述,我们认为,国家审计可以作为问责机制的核心。

本节探索构建一个以审计为核心的问责机制,基本的设计如图9-2所示。问责机制的几个层面整体呈现为由两个底面重合在一起的圆锥体构成的几何体,包括顶端的问责目标、中间的问责主体和底部的问责对象三个组成要件。

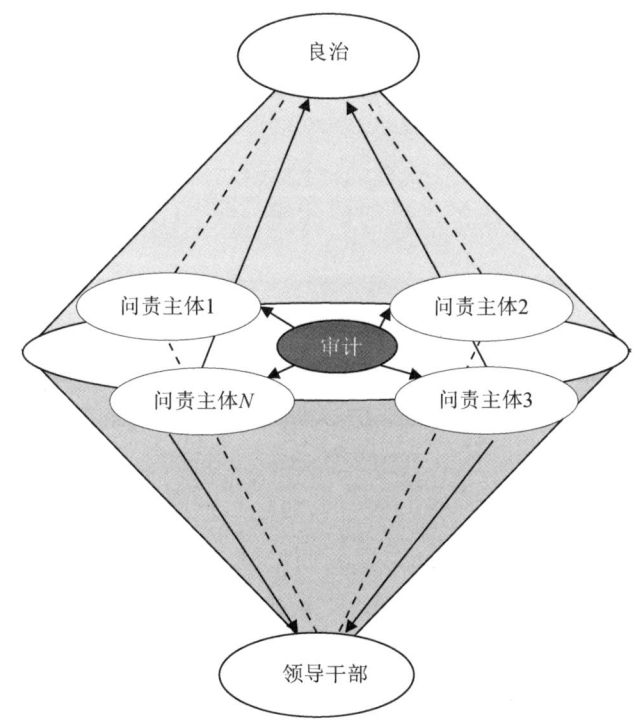

图9-2 以审计为核心的问责机制

9.3.1 问责目标

顶层的问责目标为良治。问责的目的是促使权力或者财富的代理人行为更加符合委托人的利益,具体到国家治理领域就是促进公职人员恪尽职责,为人民谋福利,实现政府良治。2013年10月,世界审计组织第二十一届大会通过《北京宣言——最高审计机关促进良治》,该宣言提出了世界审计组织中各国最高审计机关所要发挥的作用和目标,即推进政府实现良治,推进全球治理。审计是国家治理的基石,是实现政府良治的重要治理机制。依据我国审计法第四十条,审计机关可通过向司法机关、主管机关等移交线索和违规人员实现问责。2018年2月,美国审计署公布了《美国审计署2018—2023年战略规划》,其总体目标三提出帮助联邦政府转型以应对国家挑战,其中包括识别欺诈、浪费和滥用,改进内部控制来支持政府问责。美国审计署通过依法审计、内部控制审查以及对联邦项目和资金的特别调查,帮助政府发现和防止欺诈、浪费和滥用。此外,美国联邦预算办公室曾表示,单一审计法案及修正案是实现联邦财政转移支付资金问责的核心保障。单一审计法案及修正案改善了联邦资助机构的财务管理状况,增强了其内部控制。GAO曾发现联邦财政转移支付流程的内部控制系统存在薄弱环节,包括准备和审批阶段的关键控制存在漏洞,实施阶段的内部控制存在风险,对收尾阶段转移支付资金的监督不力,联邦财政转移支付资金管理存在问题。在问责目标实现上,审计作为重要的国家治理机制,其职能目标与问责机制的整体目标是一致的,都是促进政府良治,维护人民利益,因此,以审计为核心的问责机制的顶层目标是实现良治。

9.3.2 问责主体

问责主体由审计和其他问责主体共同构成,这是由公共受托经济责任领域问责主体的多元化决定的。从问责的本质上看,问责主体是唯一的,只能是赋予政府权力的人民。但人民作为一个宽泛的群体,缺乏具体的实体,人民中的绝大多数个体不具备问责公共权力行使者的足够动机和必备专业胜任能力等条件,这会使问责机制无法有效实行。因此,政府内部和外部就出现了很多代表或帮助人民问责的机构和机制,而审计机关就是其中重要的一员。Larry和Leonardo(2004)在界定民主质量时,将问责分为垂直问责和横向问责。其中,垂直问责是指自下而上的问责,涉及权力来源、受托者明确的利益关系及责任关系,其问责主体主要是选民和社会组织(媒体、利益集团、智库等)。横向问责机构包括立法部门中的反对派、立法机构组建的特别调查委员会、法院、审议机关、反腐败委员会、中央银行、独立的选举机关、政府调查舞弊的官员以及其他旨在检查和限制执政者权力的部门。Bovens(2007)基于问责主体的不同,将问责分为政治问责、法律问责、行政问责、专业问责和社会问责。其中,政治问责是指政府接受经选举产生的代表、政党、选民和媒体的问责;法律问责是指政府接受法院的问责;行政问责是指政府接受审计员、监察员和管理员的问责;专业问责是指政府接受专业同行的问责;社会问责是指政府接受利益集团、慈善组织和其他利益相关者,包括公民社会组织的问责。

审计在问责体系中扮演着重要的角色。一是审计机关拥有一定的处理处罚权,对于一般的违规行为,审计机关有权制止,因此,审计可以直接对被审计对象进行问责;二是在问责机制中审计主要在审计评价环节中发挥作用,主要发挥的是鉴证和评价作用,具体可概括为信息鉴证作用和责任评价作用。

1. 信息鉴证

鉴证是审计的基本职能之一,是指审计机构和审计人员对被审计单位会计报表及其他经济资料进行检查和验证,确定其财务状况和经营成果是否真实、公允、合法、合规,并出具书面证明,以便为审计的授权人或委托人提供确切的信息,并取信于社会公众的一种职能。相比其他问责主体,审计机关具备更强的权威性和专业性,在受托人履责行为相关的信息鉴证上具备先天的优势。基于此,审计可以为其他问责主体提供可靠的信息基础,推动整个问责体系的运转。

2. 责任评价

责任评价是审计所固有的职能。审计评价的内容随着政府责任范围即公共受托经济责任内容的拓展而拓展,其深度受到民主政治进程和国家公共行政模式的共同制约。马志娟(2013)认为,审计侧重于责任的查验,其他问责机制侧重于责任的追究。在腐败治理中,政府问责制与经济责任审计密不可分,经济责任审计是政府问责制进行"问责"之前的必不可少的一环,责任追究是建立在责任查验基础上的,而责任查验的结果需要通过责任追究的效果来体现(阮滢,2011)。责任评价是审计在问责机制的重要作用之一。审计机关将基于公共行政人员对自己行为的报告和解释,对其行为和问责标准进行对比,寻找审计证据,确立两者的差距,形成审计意见,出具审计报告。责任评价侧重于责任查验,为其他问责机制的追责提供依据。查验即意味着评价。

因此,审计在问责体系中处于核心位置,为其他问责主体提供可靠的信息和责任评价结果。审计结果公告可以促进社会监督机制发挥作用。公共权力相关的问责机制涉及的主要审计机制是国家审计。国家审计具有法定性、独立性、专业性和全面性等特征,与其他监管制度有着本质的区别,其他任何部门、机构、组织的相关监管、监督工作,都不能称为国家审计(彭新林和刘誉泽,2015)。审计机关是重要的问责主体,与其他问责主体互为补充,但无法被任何问责主体替代。

9.3.3 问责对象

问责机制的问责对象是广义的领导干部,涵盖所有行使公权力的公职人员,包含党内问责对象和经济责任审计的对象等,这是问责主体的多元化决定的。《中华人民共和国监察法》规定监察的对象是所有行使公权力的公职人员。2019年9月4日,中共中央印发修订后的《中国共产党问责条例》,条例中界定的问责对象是党组织、党的领导干部,重点是党委(党组)、党的工作机关及其领导成员,纪委、纪委派驻(派出)机构及其领导成员。《党政主要领导干部和国有企事业单位主要领导人员经济责任审计规定》(中办发〔2019〕45号)第一章第四条指出领导干部经济责任审计的对象包括:地方各级党委、政府、纪检监察机关、法院、检察院的正职领导干部或者主持工作1年以上的副职领导干部;中央和地方各级党政工作部门、事业单位和人民团体等单位的正职领导干部或者主持工作1年以上的副职领导干部;国有和国有资本占控股地位或者主导地位的企业(含金融机构,以下统称国有企业)的法定代表人或者不担任法定代表人但实际行使相应职权的主要领导人员;上级领导干部兼任下级单位正职领导职务且不实际履行经济责任时,实际分管日常工作的副职领导干部;党中央和县级以上地方党委要求进行经济责任审计的其他主要领导干部。因此,问责机制的问责对象是所有问责主体的问责对象的集合,即所有行使公权力的公职人员。

9.4 构建和完善问责机制的审计路径

9.4.1 政府预算执行情况审计

9.4.1.1 我国政府预算审计现状考察

1. 政府预算执行情况审计现状

许多国家都在宪法和财政相关的法律法规中对预算相关信息的披露进行了详细规定。例如,巴西的宪法(1988)和预算相关法律法规如《新信息自由法》(2009)都对信息公开进行了明确规定,广泛提及预算透明公开及参与性等问题。巴西《财政责任法》(*Fiscal Responsibility Law*)明确规定预算是财政管理透明的工具,应公开先期预算陈述、居民预算、立法预算、年度报告和年终报告等预算资料。南非《公共财政管理条例》(1999)中规定,财政部门要在每月结束30天内公布当月公共资金的使用情况,并要求该披露至少要涵盖政府收支情况、债务情况等细节,政府预算要予以公布,经公众讨论才能通过。南非《地方财政管理法》(2003)则规定与预算相关的政府官员应向公众公开预算执行情况文件及支撑性文件,并且邀请非政府组织对公布的文件进行第三方公开评价。

2014年8月,《中华人民共和国预算法》重新修订,新预算法提出各级政府应积极探索编制权责发生制的政府财务报告,并对预算报告的披露作出了详细规定。目前我国预算报告包括五张预算表(收支预算总表、公共预算收入表、公共预算支出表、财政拨款支出预算表和政府性基金预算收支表)和"三公经费"预算表,如图9-3所示。决算报告中需公布五张决算表(公共预算收入支出决算总表、公共预算收入决算表、公共预算支出决算表、公共预算财政拨款支出决算表和政府性基金预算支出决算表)和"三公经费"决算以及行政经费决算。部分政府部门还会在决算报告中公布决算年度的工作成效。

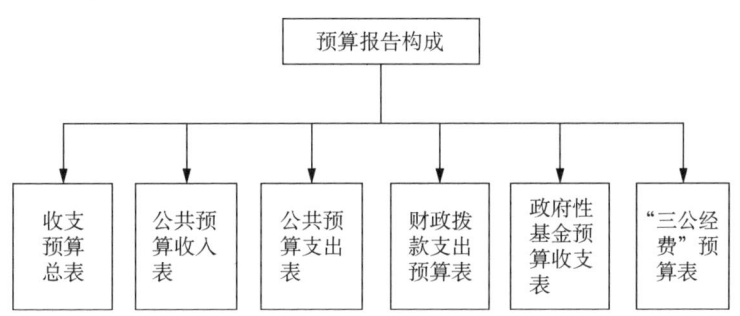

图9-3 预算报告构成

新预算法规定所有的政府性收支纳入预算审计,并对政府预决算等财务信息的披露作出了明确详细的规定。这意味着政府预算报告将是涵盖我国所有财政收支财务信息的报告,政府预算报告公开是政府信息披露的重要组成部分,政府预算报告的质量高低是我国政府财务信息公开成败的关键。

预算执行情况审计是我国预算审计的主要内容。我国现行预算核算以收付实现制为主。政府预算报告和审计结果公告是各国政府推进预算透明度的重要技术载体。我国审计署每年都会发布年度中央预算执行和其他财政收支的审计工作报告。根据审计署官方网站公布的年度中央预算执行和其他财政收支的审计工作报告,我们将2016—2020年政府预算执行审计发现的问题列示在表9-1中。

表 9-1　国务院关于 2016—2020 年度中央预算执行和其他财政收支的审计工作报告部分内容汇总

项目	2020 年	2019 年	2018 年	2017 年	2016 年
中央财政管理审计情况	1. 财政资源统筹工作有待改进； 2. 财政支出标准的基础作用发挥不充分； 3. 中央与地方财政关系尚未理顺	1. 财政支出效率还不够高； 2. 有些财政基础性工作还不够扎实； 3. 转移支付改革还未完全到位	1. 中央决算草案未披露3个事项； 2. 预算管理不够全面规范； 3. 转移支付制度体系不够健全； 4. 全面预算绩效管理机制尚不完善	1. 中央决算草案编制不够准确完整； 2. 预算分配管理存在薄弱环节； 3. 转移支付管理仍不够完善； 4. 部分财税领域改革有待深化	1. 部分预算分配和管理还不够规范； 2. 转移支付管理还不完全适应改革要求； 3. 财税领域部分事项改革亟待深化
中央部门预算执行审计情况	1. 部门预算不够完整准确； 2. 违反中央八项规定精神和过"紧日子"要求； 3. 预算管理存在薄弱环节	1. 落实过"紧日子"要求还不够到位； 2. 项目支出"花旧补新"或往来账款长期未清理； 3. 资产管理仍存在薄弱环节； 4. 部门信息系统建设绩效有待提高	1. 预算编制管控基础尚未夯实； 2. 相关改革配套体系有待完善； 3. 预算执行和绩效评价约束缺乏刚性	1. 预决算编报还不够准确； 2. 资金资产管理还不够规范； 3. "三公经费"和会议费管理不严问题在一些部门依然存在； 4. 一些部门和单位依托管理职能或利用行业影响力违规收费	1. 预算及资产资金管理还有薄弱环节； 2. 个别部门公务用车、会议管理和办公用房清理等工作还不够到位； 3. 利用部门影响力或行业资源违规收费问题仍然存在

从表 9-1 中我们可以看出，目前我国中央预算执行和其他财政收支的审计工作报告主要在中央财政管理审计情况和中央部门预算执行审计情况两块内容列示与预算管理和执行相关的问题。中央财政管理审计情况部分披露的问题主要涉及中央预决算草案的编制、预算分配、财政资源的统筹等方面。中央部门预算执行审计情况部分披露了预算编制、执行、资金资产管理等方面的内容。除此之外，国务院每年的中央预算执行和其他财政收支的审计工作报告还会报告重点民生和项目审计情况、三大攻坚战相关资金审计情况等公众较为关注的重大资金使用情况。这些都为公民知情权的实现提供了重要保障。

2. 政府预算绩效审计现状

西方绩效审计又称"3E"审计,即关于资源使用的经济性(economy)、效率性(efficiency)和效果性(effectiveness)的审计。随着审计环境的改善,国外政府绩效审计目标研究提出增加环境性(environment)、公平性(equity)等目标,由"3E"变为"5E",但无论怎样,"3E"目标仍是核心。

审计署在"十二五"规划中提出,要在全国范围内广泛推行政府预算绩效审计,即将"绩效审计"理念纳入政府预算执行审计,采取多种方式和方法进一步提高财政资金和政府管理活动的经济性、效率性和效果性,继续推进政府绩效评估制度的建立,提升绩效管理水平,完善政府部门责任追究制,到2012年,所有审计项目都要实施预算绩效审计。"十二五"规划提出,在2009年建立起中央部门预算执行绩效审计评价体系,2010年建立起财政绩效审计评价体系,2012年基本建立起符合我国发展实际的绩效审计方法体系。"十二五"规划还指出,对中央部门预算执行审计应注重将部门预算执行的真实性、合法性审计与绩效审计相结合,进一步完善与部门预算执行审计相结合的部门决算(草案)审签制度,推动建立部门预算项目库,建立统一、规范、科学的预算定额、支出标准和开支渠道,促进部门预算管理更加规范,推进部门预算公开,不断提高财政资金绩效水平。2011年6月颁布的《审计署"十二五"审计工作发展规划》明确指出要探索创新审计方式和方法,构建和完善绩效审计评价及方法体系,不断摸索和总结预算绩效审计经验和方法,在2012年年底前建立起中央部门预算执行绩效审计评价体系,2013年年底前建立财政绩效审计评价体系和其他审计绩效审计方法体系。我国预算执行审计的审计目标已从合规性逐步发展到合规性和绩效性并重,公共预算资金使用的绩效性越来越受到重视,这使绩效审计在预算审计中所占比重越来越大。

2021年6月,中央审计委员会办公室、审计署在《"十四五"国家审计工作发展规划》中指出,财政预算执行及决算草案审计应围绕财政预算执行过程和结果,每年对各级政府预算执行及决算草案进行审计,预算执行和绩效管理是重点关注内容之一。同时,在重点专项资金审计中也提出要注重重点领域预算绩效管理,促进重点专项资金提质增效。

1) 政府预算绩效审计的内容及要求

我国政府(财政)预算的绩效审计工作主要由各级人民代表大会及其常务委员会负责,并通过划分审计小组的方式对各项财政资金项目进行审计,最终将资金执行状况以报告的方式呈现,形成预算执行绩效审计报告。具体来说,预算执行绩效审计的主要内容及要求包括如下方面。

第一,关注行政支出的经济性、效率性和效果性。主要包括行政支出的合理性,即是否按照预算用途合理使用,预算编制是否科学,物资设备是否有效利用,人员安排是否合理,是否贯彻节约原则等。重点关注行政支出是否符合经济性、效率性和效果性,即分析年初的预算安排中行政管理支出占全部财政预算支出的比重是否合理、行政管理费增长率是否合理,分析政府集中采购制度是否达到节约支出的目的,分析行政支出提供的公共服务是否达到了预期效果。在评价行政机关的绩效时,最主要的是要看该部门是否存在职能缺位和越位,是否提供了优质的公共服务产品。

第二,关注投资项目"事前、事中、事后"全过程跟踪审计。城市化建设的推进使公共投资建设项目的规模和资金数额逐渐增大,国家财政资金的投资效益和效果也受到人民群众的广泛关注。在投资项目的预算执行审计过程中要以经济效益和社会效益为切入点,实现"事前预防、事中控制、事后问责"的全过程审计。通过事前审计,评估经济事项是否经过了科学的决策、内部控制制度是否健全、风险控制机制是否建立,将防范风险的关口前移,保障经济活动的正常开展和预算资金的安全有效使用;通过事中审计,及时发现经济活动运行中的漏洞,及时向有关部门反馈并提出改进建议,以达到纠正偏差、实现控制的目的;通过事后审计,建立问责机制,及时发现和处理问题并评价履行责任、追究责任。

第三,关注转移支付资金的安全高效使用。转移支付等公共资金的分配使用,也是预算绩效审计的内容与要求。要确保公共资金使用的安全、高效,严防浪费、贪污等违法行为,审计机关需要把绩效的理念贯穿于审计工作的始终。审计机关要密切关注转移支付资金的存量和增量,盘活存量资金并减少资金沉淀,推动财政资金的合理配置和高效使用;重点对"三公经费"、会议费使用和楼堂馆所建设等方面进行审计,促进其规范管理和节约。

在对转移支付资金的审计中,审计机关要关注以下几点:一是转移支付支出的规范性,即转移支付是否符合公共财政支出的要求,是否以实现公共服务均等化为目标;二是一般转移支付金额的确定是否科学;三是专项转移支付是否按照支付标准和分配方法,是否确保资金高效运作;四是要看转移支付资金发挥的社会效益如何,是否起到促进经济社会均衡发展的作用。

第四,关注民生资金的安全高效使用。审计机关应当充分认识到,维护公众利益、关注民生安全是审计机关的职责所在,并把维护好落实好人民群众的切身利益作为新时期审计工作的出发点和落脚点。审计工作要围绕党委和政府的总体部署,并结合本地实际情况,坚持全面审计、突出重点,切实加强对"三农"、社会保障、教育、文化、医疗、扶贫、救灾、保障性安居工程等重点民生资金和项目的绩效审计,做到审计全覆盖,确保民生政策落到实处。审计机关还应重点关注相关政策的执行情况及其效果,重点关注相关资金是否健全,资金分配使用是否合规,程序是否公开透明,有无挤占挪用、克扣截留、虚报冒领,是否存在损失浪费等问题。

第五,关注生态环境安全和生态文明建设。政府预算绩效审计通过开展"三农"资金审计,土地、矿产等自然资源审计,以及大气、水、固体废物等污染治理和环境保护情况的审计,深入分析财政投入与项目进展等情况,关注生态资源环境等方面经济和社会发展中出现的种种不协调的问题,推动惠民、资源、环保政策落实到位,从而促进经济、人口、资源、环境的协调发展。审计机关应重点关注国家投入的资金是否及时足额到位、资金使用的效益如何,以及各项政策措施是否有效落实等。

2)政府预算绩效审计的开展情况

在西方发达国家,预算执行审计和绩效审计基本上是脱离的。例如,在美国,预算执行审计主要由驻联邦政府部门的总监察长负责部分预算执行审计,美国审计署并不直接负责。在澳大利亚,政府设有专门的绩效审计局负责绩效审计,预算资金决算审计则由其他部门进行审计。与西方发达国家不同,我国政府预算资金绩效审计将财政财务收支审计和绩效审计相结合,审计署在开展绩效审计伊始,就从预算执行审计与绩效审计结合处入手,如从促进部门施政水平提高的角度来深化部门预算执行审计,通过预算审计的结果确定专项资金的审计项目。同时,我国政府职能部门和财政部门具有政府预算的编制和审批权,国家审计机关对这两类机关都有权进行审计,并对预算配置效率发表审计意见。

目前我国政府预算绩效审计工作较好地落实了以社会关注热点问题和重大项目绩效评价为切入点,深入开展了中央和地方预算绩效审计。从我国近期各级审计机关披露的预算审计报告中可以看出,审计机关围绕党和国家中心工作,对稳增长、促改革、调结构、惠民生、防风险等政策措施的贯彻落实情况,以及公众关注的"三公经费"、会议费事项和楼堂馆所建设等方面逐步进行了绩效审计。审计工作一直紧贴经济社会发展大局,关注人民群众切身利益,突出对重点事项、重点部门和重点资金的审计监督,将主要精力集中在事关发展大局、政府领导关注、人民群众关心的重要工作上;充分利用现有的财政监督机制,通过对会计集中核算和国库集中收付的内控制度检查,实现对部门预算执行真实合法总体情况的审计评价。审计的关注点从政府部门的财务会计账表转移到财政政策目标的有效实现、部门运用财政资金对政府中心工作的支持效果,以及转移支付资金的使用绩效上。

北京市从 2014 年起加大了政府预算绩效审计力度,旨在促进政府部门提质增效和厉行节约。其从单一关注市级财政部门具体组织预算执行情况,逐渐过渡到对一般公共预算、政府性基金预算、国有资本经营预算、社会保险基金预算的审查;部门预算执行情况审计数量连续 2 年保持在 40 家以上。为促进区县预算管理和政府绩效管理,各区县审计机关政府预算执行绩效审计范围不断扩大,基本已实现审计机关对一般公共预算、政府性基金预算、国有资本经营预算、社保基金预算的全口径审计监督。2019 年,为了推动预算绩效管理,北京市审计局发布了《关于进一步加强对财政支出预算和政策及预算绩效管理审计监督的实施意见》,强调加强聚焦政府预算、部门单位预算、政策和项目全过程绩效管理以及预算绩效管理制度建设情况,强化绩效审计。

此外,我国部分地方审计机关还积极开展多部门协同联动的预算绩效管理审计。例如,2021 年 5 月,山东省财政厅、山东省审计厅联合制定《财政审计协同联动　推进全面预算绩效管理实施方案》,提出充分发挥财政、审计部门各自职能优势,加快构建全方位、全过程、全覆盖管理体系,合力推进预算绩效管理工作。

3)政府预算绩效审计存在的问题

我国财政预算绩效审计仍存在诸多问题,由于绩效审计难度大、审计单位过多、审计资金覆盖面广等,并且没有形成可遵循的统一而具体的标准,审计工作的顺利开展受到影响,具体表现在几个方面,如图 9-4 所示。

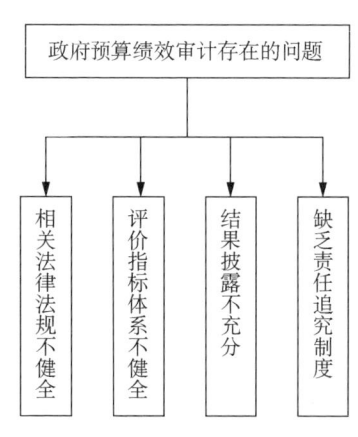

图 9-4　预算绩效审计存在的问题

第一,政府预算绩效审计相关法律法规不健全。我国目前还没有出台针对政府预算绩效审计的相关法律法规,系统、完整的预算绩效审计理论和配套体系尚未形成,政府预算绩效审计工作在实际开展过程中缺乏法律依据、制度保障和刚性约束,加大了审计风险。

第二,政府预算绩效审计评价指标体系不健全。目前我国政府预算绩效审计评价指标体系的设计和应用仍处于探索阶段。由于审计对象的千差万别,衡量审计对象经济性、效率性和效果性的标准无法统一起来,审计结果也缺乏可比性。同时,目前我国政府预算绩效审计结果仍基本上是数字的简单堆积和罗列,缺少客观的分析和科学的评价;只有经济指标,没有社会指标;只有历史指标,没有未来指标;综合性指标多,单项指标少;并且缺乏预警指标,缺乏科学性和实用性。评价指标体系的不健全导致审计人员无法对被审计单位的经济性、效率性和效果性进行客观、准确评价。

第三,政府预算绩效审计结果披露不充分。从目前来看,政府通过各种途径向公众披露的预算审计结果公告中,主要是对合规性审计结果的披露,对预算绩效审计结果的公告只占很小一部分,也就是说,政府预算绩效审计的信息未充分传递和体现出来,公众无法了解预算资金的使用效益情况,更不用说对其实施有效监督。审计结果披露的不充分,也使审计发现的问题难以被公众知晓,查出的问题得不到解决。

第四,政府预算绩效审计缺乏责任追究制度。在以往开展的预算绩效审计工作中,审计人员发现许多投资项目存在低水平建设、损失和浪费严重等问题,但是审计人员对发现的问题仅仅停留在披露和评价的层面,查出问题只能要求被审计单位整改,并未对相关责任人进行责任追究,这使被审计单位和相关责任人对审计结果不予重视,审计权威性大打折扣。

9.4.1.2 政府预算审计与问责机制

政府预算的基本功能就是以预算的方式把对公共权力的监控确立下来。治理即预算(Wildavsky,1988)。预算是行政机构的生命之源,控制住预算也就控制住了政府,预算是最恰当的政府治理之"笼"。政府预算能够反映经济活动的全过程,尤其是政府支出预算,它能够反映政府履行职能的全过程。公共权力的滥用在一定程度上表现为对公共资源的不合理分配和使用,而预算是具有法定意义的公共资金使用规划,因此,对公共部门预算各节点的合规性和绩效性的审计无疑扼住了权力滥用的"咽喉"。对政府预算执行情况的审计,实际上是审计机关代表人民大众,依照法律法规和相关制度对政府部门利用公共资源为公民提供社会公共产品、履行职责情况进行对照检查,并提出意见与建议的监督活动。也就是说,通过预算审计,人民群众能够监督公共资源是否得到有效利用,从而确定是否进行问责。

政府预算审计既是民主政治发展到一定阶段的产物,也是问责机制的有力武器。综观我国审计发展史,只有民主政治发展到一定阶段,我国国家审计机关才得以建立,并得到对政府部门和国有企业等单位进行审计的授权,并通过审计结果公告,向人民负责。我国改革开放以后,民主政治建设蓬勃发展,民主的制度化和法律化得到快速推进。在此背景下,我国国家审计制度于1982年被宪法正式确立。社会主义民主法治的基本要求是人民当家作主,政府的公共管理行为体现人民的意志,政府的公共受托责任由此而来,于是催生了国家审计。保证公共资金的合理有效使用是公共受托责任的重要组成部分,这使政府预算审计得以存在。伴随着我国民主政治的进一步发展,我国政府预算审计已经由合规性审计转为合规和绩效并重的审计,且通过与专项审计和其他类型审计相结合以达到完善国家治理的作用。

政府预算审计是问责机制的重要组成部分,同时也可以为问责官员提供重要的依据。政府预算审计是为保证预算的合规性和绩效性而对从预算编制到决算的整个过程进行审计监督,并将审计结果公告的过程。预算审计有助于完善公共预算管理,制约公共权力的滥用,促进节约、廉洁、高效、透明政府的建立。公开审计的结果可以保障公民的知情权,提供公共资金使用信息服务,对维护和保障公民权利具有重要作用。国家审计基于公共受托责任的产生而产生,其本质是确保公共受托经济责任得到有效履行的一种制度安排。美国审计署2011年发布的政府审计准则明确国家审计是对政府的计划、政策及行政工作的合规性、经济性与有效性作出客观、独立和无偏的评价。俄罗斯法律规定任何形式的机构只要获取了联邦预算的资源就要接受联邦审计。在我国,2015年12月中共中央办公厅、国务院办公厅印发的《关于完善审计制度若干重大问题的框架意见》指出,要对公共资金、国有资产、国有资源和领导干部履行经济责任情况实行审计全覆盖。新预算法将所有的政府性收支均纳入预算管理,为政府预算审计服务问责机制提供了便利。

9.4.1.3 政府预算审计推进顶层问责目标实现的路径分析

顶层问责目标是政府实现良治进而保障公民权利的实现。政府预算审计是公民权利的有力保障。首先,政府预算审计可以理解为审计机关受公众委托对公共部门公共资金使用情况的审查。审计机关代替公众行使监督权,并将审查结果予以公告,保障了公民的知情权和监督权。其次,随着信息技术的飞速发展,以较低的成本从公众那里获得反馈已成为可能,公众可以在审计机关审计过程中提供审计线索,参与到审计中来。最后,审计机关对审计的结果进行反馈,帮助被审计单位完善自身管理机制和决策,这是公民参与权和决策权的重要体现。

王祯昌和闫泽滢(2012)依据利益相关者与审计之间是否存在正式的直接影响关系(如审计关系、领导关系、监督关系),将中国政府预算审计的利益相关者分为两级:第一级利益相关者是审计机关、被审计的预算单位、本级政府、本级人大及其常委会;第二级利益相关者是社会公众、媒体及国际信用评级机构。社会公众在理论上是预算审计最根本的利益关切者。现代政府预算制度体现了国家与公民之间存在着一种隐性契约关系,即国家为了公民的利益组织政府,公民要向国家纳税以保证政府的正常运转,政府则通过运用相应的资源向公民提供公共产品。政府预算就是要总括反映公民的纳税情况和政府对公共资金的使用情况。在这种关系中,提供公共财政资金的公民自然有权全面了解政府如何使用纳税人的税款,监督政府是否有效利用了纳税人提供的资源。政府预算审计通过三个方面来实现对公民权利的保障,如图9-5所示。

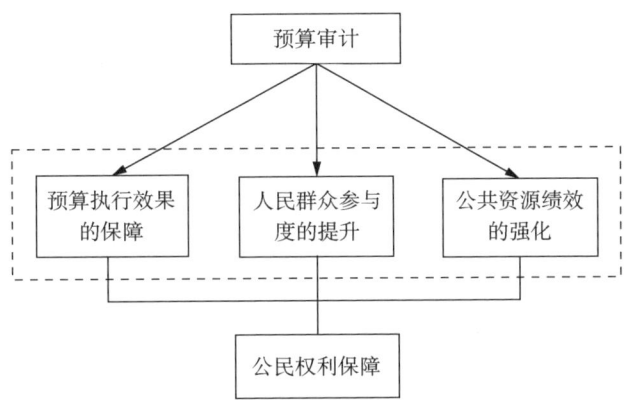

图9-5 政府预算审计保障公民权利的实现路径

第一,政府预算审计确保预算执行的效果,进而实现对公民权利的保障。审计机关通过对本级政府预算管理、决算草案和预算执行效果以及下级政府管理情况进行审计和审计调查,维护财政经济秩序,促进预算执行效果和财政资金使用效益提高,揭示财政运行中的不安全因素和潜在风险,从而维护财政安全,保障经济社会健康发展。

第二,政府预算审计的开展增强人民群众的参与度,进而实现对公民权利的保障。审计机关通过开展政府预算审计,对财政资金预算执行过程中存在的不合理等方面提出建议,并将审计结果向人大报告和向社会公告,加强人大和社会的监督,促进各级政府提升透明度。社会对政府各部门的预算执行审计结果愈发关注,这是公众对国家审计寄予厚望的体现,他们希望依靠审计的力量保障自身权利。

第三,政府预算审计强化公共资源的效益性,进而实现对公民权利的保障。政府预算执行审计过程关注预算资金使用和资源利用的效益性,把预算执行审计与绩效审计有机结合,在向同级人大报送政府预算执行审计报告时,让绩效评价成为人大监督的主要内容之一,以此促进各级政府对不适应发展需要的体制和制度进行改革,促进政府各项政策高效推进,从而提高公共资源的使用效益,保障公民权利。

9.4.1.4 政府预算审计推进顶层问责目标实现相关政策建议

基于前文的分析,本节对于政府预算审计推进顶层问责目标实现提出如下政策建议。

1. 完善政府预算执行情况审计

我国2015年修订的预算法总结和继承了分税制改革以来预算管理创新与实践的经验,并根据党的十八届三中全会提出的深化财税改革的总体要求,在立法宗旨、全口径预算管理、预算审查、预算责任、预算公开、债务监管等多个方面作出了重大调整。其进一步明确控制、约束政府的预算权,监督政府如何"花钱","让权力在阳光下运行",实现国家分配公共资源的制度化、规范化、程序化。预算法的制定和实施,对各级审计机关和审计人员提出了更新、更高的要求,特别现实中的预算支出刚性约束、全口径预算管理、强化预算公开和审计结果公开,都对审计人员进一步做好财政预算执行审计工作提出了新的要求。

图9-6展示了本卷提出的完善政府审计预算执行情况审计的建议。

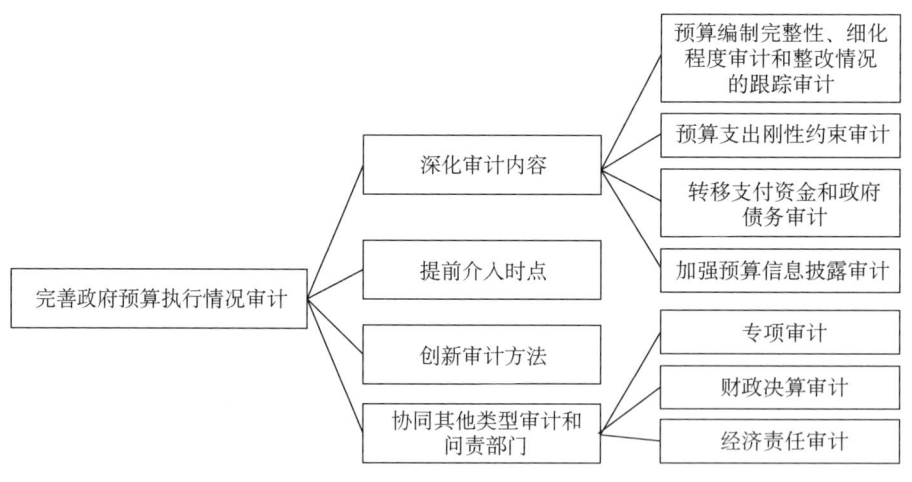

图9-6 完善政府预算执行情况审计的建议

(1)深化政府预算执行情况审计的内容。预算法规定,所有的政府性收支都将纳入预算管理。预算执行审计在我国财政监督中占有更为重要的地位。在此背景下,政府预算执行情况审计应进一步深化其审计内容。

第一,政府预算执行情况审计应加强预算编制完整性、细化程度的审计和整改情况的跟踪审计。预算法将所有政府性收支均纳入预算管理,这一方面为预算编制的完整性和细致程度提供了一定政策条件,另一方面也对预算编制的规范性提出了更高的要求。

第二,加强预算支出的刚性约束审计。预算法第十三条规定,"经人民代表大会批准的预算,非经法定程序,不得调整。各级政府、各部门、各单位的支出必须以经批准的预算为依据,未列入预算的不得支出"。审计过程应坚持所有支出项目以批准的预算为执行依据的审计原则。审计应重点关注财政部门及有关单位在资金支出使用过程中是否存在跨预算项目、预算级次或项目进行资金调用,是否存在超范围或者改变资金原定用途的行为,是否存在套骗财政资金或利益寻租等问题。

第三,加强专项转移支付的全过程审计,即从设立到最后执行效果的审计和政府债务的合法合规审计。

第四,推动预算信息披露审计,比如关注预算信息是否按照预算法规定的内容、时间、范围和要求向社会公开有关信息,公开的内容是否和实际内容一致,披露的方式是否考虑了公众的可获取性等,从而提高预算信息披露质量。

(2)把审计在各预算管理环节的介入时点提前。我国目前的政府预算审计依旧以事后审计为主,更多地发挥了揭示作用,预防作用发挥不足。例如,预算编制环节的审计目前已经包含了对预算编制完整性和细致程度的审计,也揭示了预算内容不全、未按政府收支分类来规范财政收支编制工作、细致程度不够导致预算后期随意调整等问题。我们认为,为解决预算编制不规范的问题,我国目前事后揭发性的审计发挥的实际作用还是有限的,应通过提前审计介入预算编制环节的时点,如在被审计单位编制预算时就安排国家审计介入,既可以为被审计单位提供建议,也可以监督其将预算编制得更为规范准确。我们认为应逐步加强事前及事中审计,在审计资源的允许下考虑预算管理全流程跟踪审计,形成从预算编制到决算和预算执行效果的全过程审计。

(3)创新政府预算执行审计方法。随着信息技术的发展,面对庞大繁杂的审计任务,政府预算执行审计应充分利用信息技术和大数据的优势,全面更新提升审计方法。一方面,政府预算执行审计可以通过数据分析先对海量的中央部门或者政府部门财务数据进行多维度、多层次的分析,尝试建立全国中央部门和各级政府不同的预算审计数据分析模型和评价标准体系,为实现审计全覆盖提供良好的数据基础。另一方面,政府预算审计部门可以根据数据分析结果制订合理的审计计划,科学地进行审计资源分配,进而引导审计组织方式的创新,提高审计效率。

(4) 加强政府预算执行审计与其他类型审计和问责部门的协同。从审计实践来看,我国政府审计机关正逐步加强政府预算审计与专项审计、财政决算审计和经济责任审计等重要审计类型的有效结合,以提高预算执行的审计效率,加大审计结果的执行力度。审计人员应进一步寻找本级预算执行审计与下级预算审计在审计目标、内容、方法上的结合点,在项目计划、进点时间、组织实施等方面统一部署,以财政资金收支的真实、合法、效益为基础,做到收入与支出并重、反映与处理并重、监督与分析并重,进一步深化预算执行审计。

目前,审计机关拥有的处理处罚权尚且有限,与问责部门实现协同是实现审计目标的重要手段。新预算法第九十二条仅规定,"各级政府及有关部门有下列行为之一的,责令改正,对负有直接责任的主管人员和其他直接责任人员追究行政责任",却没有说明责任的大小及处罚的轻重,在审计实务中可操作性并不强。然而,对负有直接责任的主管人员和其他直接责任人员依法开展经济责任审计是对领导干部在掌管政府财政资金及本单位财政收支活动中履行经济责任的情况进行审计的行为,其中对预算的执行情况是经济责任审计的重要考核内容,加强预算执行审计成果在经济责任审计中的运用,有利于增强预算执行审计的威慑力和权威性,对于规范财政资金使用、加强预算管理等目标的实现具有重要意义。

2) 完善政府预算绩效审计

绩效审计是促进受托经济责任中的效益责任(包括节约责任、效率责任和效果责任等)、环境责任(包括环境保护和环境管理责任等)和社会责任得到全面有效履行的一种控制机制,其内涵和外延都经历了发展。

我国应建立具有中国特色的绩效审计模式,将绩效审计与财务收支真实、合法审计,环境审计和社会责任审计相结合,将利润目标导向和投资报酬率导向相结合,建立综合目标导向的绩效审计模式,从而促进运用公共资金的政府及其部门的活动在法律、制度和政策框架内有效运行。

建立健全绩效管理制度,全面推进政府预算绩效审计从以下几点推进。

(1) 以绩效目标为导向,建立起全方位、多层次、全过程的政府预算绩效审计。审计机关应深入研究绩效目标的确定方式与方法,为绩效审计评价提供科学、合理的导向与依据。同时,审计机关应贯彻《关于完善审计制度的框架意见》的要求,将政府履行受托公共责任所支配的全部财政资金纳入国家审计的范畴,全面监督公共预算资金使用、分配、管理等各个环节的情况,充分揭示各级政府和部门在这些环节中存在的违法违规问题,推动预算法的进一步修改完善,督促各级政府尽快建立起全口径的公共预算体系,把所有的预算外资金纳入预算盘子。政府预算绩效审计监督既要覆盖预算的决策和执行全过程,又要将工作的着力点适当前移,进一步提高预算编制环节审计审签制度的执行力度,将预算编制的决策与国家宏观治理政策有机结合,切实保障财政预算资金向医疗、教育、社保、环保等民生领域倾斜。

(2) 设计绩效评价体系。绩效评价体系的设计要充分考虑全面、协调、可持续的一般原则,即要全面反映经济、社会和人的全面协调发展,不能片面地用经济指标进行评价;在兼顾公平的原则下,将定量指标与定性指标相结合,尤其对经济指标的设置,要注重经济和社会发展的可持续性。审计机关应完善政府预算绩效审计的法律法规,对政府预算绩效审计的对象、职能范围、审计内容、审计处理处罚办法等进行明确规定,制定政府预算绩效审计准则和评价指标体系,对绩效审计的程序、实施、评价、成果运用等方面进行规范。审计机关应充分利用大数据背景下的信息,将全部财政信息系统纳入评价范围,汇总绩效审计成果,搭建大数据平台并完成审计数据资源体系建设。在推进审计"全覆盖"的过程中,审计人员应做到对所有财政资金"无盲点、无缝隙"的绩效评价,取得审计效率和质量的双提升。

(3) 构建绩效监控体系。绩效监控体系是绩效管理制度的重要组成部分。组织的所有行为活动都应围绕绩效目标而展开。国家审计应利用宏观优势,调动社会审计和内部审计资源,构建以国家审计为主导的绩效监控体系。同时,审计机关应完善相关制度确保公众获得参与的途径,主动吸引公众参与到公共预算审计过程的各个环节中,包括审计目标的确定、审计方案的拟订、审计数据信息的收集、审计技术的选择、审计意见的反馈等,虚心吸收包括专家、企业、民间组织、个人以及媒体部门在内的不同方面利益主体的意见建议,利用调研座谈、听证、网络和新闻媒体公示等各种形式,为公众搭建起提供信息和咨询建议的平台和渠道。

(4) 建立绩效责任追究机制。责任追究机制是绩效管理制度的重要机制保障。建立绩效责任追究机制需注意:明晰各责任主体的权责;建立公正、科学、合理的绩效责任评价机制(蔡春等,2012)。进一步健全预算审计公告制度,在不涉及国家安全的情况下,确保公众能及时了解、有效监督政府管理和使用财政资金的情况,促进政府预算信息的公开、民主和透明。同时,责任追究应以转变方式方法为助力,提升审计整改实效,打破以往偏重于被审计单位提供整改情况书面材料的惯例,在审计整改工作中,变"被动接受"为"主动出击",整改通知发出后,及时采取电话回访、座谈等形式,加大对整改材料完整性的跟踪督查力度,实施对重要整改证据的核查和实地走访落实,确保证明性材料齐全、证据真实可靠、整改切实到位。

3) 完善政府预算审计结果公告制度

预算审计结果公告是国家审计实现其审计效果的重要方式。英国审计署对审计结果只有建议权、没有处理权,审计建议没有强制性,但是审计署会将报告提交议会并公开发表,通过此种方式来推进审计建议的落实。完善政府预算审计结果公告制度对于提高政府预算审计质量有重要意义。我们认为,完善政府预算审计结果公告制度主要从以下方面着手。

(1) 建立螺旋式审计整改报告。审计建议和审计整改落实是审计发挥治理效应的重要路径。在加拿大和美国等发达国家,国家审计尤其是公共政策审计,十分强调审计整改的跟踪审计,形成"审计、改进、再审计、再改进"的螺旋式程序。具体来讲,前一次审计建议如果在本次审计中全部或部分未被采纳,审计机关会参照实际情况在新的审计报告或者审计建议中继续提出,并会对被审计单位未接受建议而产生的消极后果作出再评价;相反,如果被审计单位较好地落实了审计建议,则审计机关会在新的报告中指出被审计单位已经采取的措施和作出的改进。这种逐步推进、螺旋上升式的审计整改落实模式能够大大提高审计结果的运用程度,为国家审计在国家治理机制中发挥作用提供重要保障机制。

(2) 建立和完善审计项目、审计产品公开制度。审计计划和审计过程的透明化是国家审计提高审计效率、保障审计质量的重要举措,也是政府预算审计服务民主政治的重要形式。

国家审计机关可以在官方网站或者通过部分专业媒体向公众披露未来(如1年)政府预算审计计划,公众可以获取相关信息,从而参与到政府预算审计的各环节中来。具体来说,国家审计机关可以先在公开渠道公布政府预算审计计划信息,给公众一个反应期,同时可邀请部分重点单位进行座谈,多渠道收集整理公众的意见建议,最终依据国家相关法律法规,考虑项目的重要性和公众关注度,确定年度政府预算审计项目计划。同时,考虑到国家审计力量的限制和审计全覆盖的新要求,可以将一些重要或者受关注度高且长期存在的项目列入滚动审计计划,制订相关的审计计划,在未来的几年中实现审计全覆盖。

关于审计过程的公开,美国审计署的做法值得借鉴。美国审计署每年向国会提供多种审计产品,主要包括审计报告、审计建议、审计证词等,这些文件都会在其官方网站进行公布。此外,美国审计署的网站也会公布除涉及商业秘密以及隐私之外的所有审计评估结果,包括审计评估过程,这有利于处于信息劣势的公民及媒体及时掌握政策执行信息,有效参与政府治理;审计建议的被采纳情况是政策审计评估效用的直接体现,审计建议的被采纳情况不仅披露被审计单位基于建议的整改进程、执行差异,而且陈述利益相关方的意见和建议。

9.4.2 政府信息披露审计

1. 政府信息披露审计的核心内容

《中华人民共和国政府信息公开条例》中所称的政府信息是指行政机关在履行职责过程中制作或者获取的,以一定形式记录、保存的信息。政府信息披露制度即政府信息公开制度,是许多发达国家民主政治逐渐发展的产物,目前世界上已经有十几个国家建立了关于政府信息公开的法律制度,其中北欧国家在政府信息公开的制度建设与实施方面领先于其他欧美国家。

在我国,政府信息公开起步于20世纪80年代中后期。按照政务公开的程度,我国政府信息公开的发展历程可划分为试点时期、逐步推广时期、全面推行时期。随着世界各国民主政治的发展,作为"善治"政府重要治理内容之一的政府信息透明度问题受到各界学者的关注及研究。那么,政府信息披露的核心内容是什么呢?需要披露哪些信息才能实现财政透明呢?我们认为政府信息披露的核心内容包括以下几个方面的内容。

第一,政府一般基金预算信息的公开。它主要包括政府总预算信息的公开和政府分级预算信息的公开。政府总预算信息的公开主要涉及预算收入和预算支出信息的公开。政府分级预算信息的公开包括分级预算汇总信息和分级预算明细信息的公开。

第二,政府性基金信息的公开。政府性基金收入是我国财政收入的重要组成部分,政府性基金信息是政府信息披露的重要内容之一。我国当前对政府性基金信息公开还不够详细,依然需要进一步细化,比如,除了将政府性基金总决算支出按功能予以分类,还应按照部门和经济性质予以分类。

第三,政府部门财政信息的公开。政府部门的职责是履行公民赋予的政府职能,为了向社会公众传递其已经真实勤勉地履行了相应的职责,有必要公开其部门信息,主要包括政府部门行政收支及相关信息、政府部门预算信息等。"三公"消费作为我国政府部门执政过程中广受诟病的问题之一,其透明度问题日益受到社会公众的关注,我国政府也自2011年起,开始陆续公布各部门的"三公经费"预算与支出情况。

第四,国有企业信息的公开。国有企业信息的公开旨在使作为所有者的社会公众、政府部门以及其他利益相关者能够利用所披露的信息了解企业现有的财务状况、经营成果以及经营政策,监督国有企业经营者,防止其为了个人利益作出损害整个企业的行为。国有企业信息公开的内容包括基础信息、预算信息以及主要财务信息。

第五,社会保障基金信息的公开。社保基金取之于民、用之于民,社会公众需要知晓他们应当知晓的信息,主要包括财务信息、参保人员信息、缴费、给付与投资管理的决策与管理信息、社保基金未来50年或70年的收支精算报告。

政府信息披露的核心内容如图9-7所示。

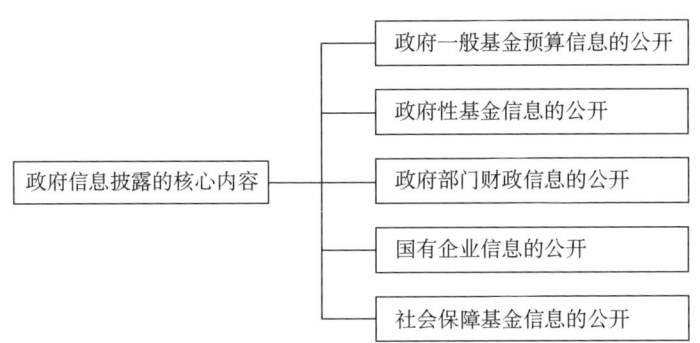

图9-7 政府信息披露的核心内容

2. 政府信息披露审计与问责机制

如前所述,问责在本质上包含答复(answerability)与制裁(enforcement)两个维度(Schedler,1999),只有官员披露政府信息即告知其具体的行为和活动,问责机制才能得以运行。如果没有这些信息,政府就是看不见的政府,就不可能让它变得对人民负责。审计是提高信息质量的有效手段,政府审计是提高政府信息披露质量的重要机制。政府的信息披露是国家审计履行其责任鉴证职能的基础,审计是保证政府信息披露质量特征的有效措施,是政府信息披露推进民主进程的催化剂。政府要提高财政透明度,一方面需完善信息披露制度,提高信息披露的完整性和及时性,扩大信息披露的范围;另一方面应加强政府审计机关信息披露审计,提高信息披露的质量。因此,政府信息披露审计是完善问责机制的重要审计路径。

国际货币基金组织将建立审计制度作为"财政透明度良好做法"的四项基本原则之一。西方发达国家多已建立了严格的政府财务信息审计制度和程序,以保证政府所披露信息的公允可靠。在新西兰,每一个政府部门必须保持登记或有负债,记录所有或有负债的详细情况。每个政府部门的部长每年要出具两次证明,说明该部门对或有负债的规划是完整的并且达到了其所能达到的精确度。新西兰审计长也向议会报告每个政府组织在管理具体财政风险方面的业绩。在英国,审计署在权责发生制会计的成功实施过程中起到了不可低估的作用。由于权责发生制会计有一套复杂的制度,而且还要求会计人员进行一系列新的判断。(例如,关于资产的价值与使用期、配比问题、谨慎性、重要性与持续经营的判断等)。这使审计师的责任与人们对他们的期望都发生了很大的变化。早在20世纪90年代,美国几乎每个州政府都发布经过审计的以GAAP(一般公认会计原则)为基础的财务报表。我国已经建立起政府审计制度,但负责审计和出具报告的机构本身是政府的职能部门,其监督效果可能会受到影响。

从政府信息的外部使用者(公众)来看,他们主要通过政府工作报告、预算执行情况报告、国民经济和社会发展计划执行情况报告以及各类统计年鉴来获得自身所需要的各类信息。报告或年鉴中复杂的会计信息会降低信息的明晰性,加大信息使用者理解会计信息的难度,大部分的使用者都不具备全面理解和把握政府信息的能力。为保证政府信息披露的真实性和合法性,需要建立相应的审计制度,这种审计制度本身就是政府信息披露的制度中必不可少的环节,是信息披露质量的重要控制机制。政府所披露的信息只有在内容上满足真实性、相关性、可比性、及时性和重要性等质量特征要求,表述上具有一定的可理解性,才能成为公民决策有用的信息。因此,信息披露的内容质量特征要求和表述质量特征要求是公民在实现知情权之后行使监督权和参政议政权的前提,政府所披露的信息也只有在同时满足这两种质量特征时才能发挥信息作为一种有价值的资源的重要作用,才能促进"透明政府"的构建,并推动问责机制的实施。

政府信息披露审计是一种较高层次的审计形式,是建立在对公共部门的财政预决算报告、政府财务会计报告、"三公经费"报告及其公务活动的合法性、真实性及效益性等财务和非财务政府信息审计基础上的审计活动。政府审计的具体目标是对政府披露信息的合法性、公允性以及效率性发表审计意见,为政府披露信息质量提供保证,通过推动透明政府的建立,进而为问责提供良好的信息基础。

3. 政府信息披露审计结果在问责中的运用案例分析——以"三公经费"为例

审计的本质功能是通过对经济活动的监控来保障和促进公共受托经济责任的全面有效履行,"三公经费"信息公开作为我国政府信息公开乃至政府治理中的一项重要措施,仍然处于探索与完善阶段,也存在许多方面的问题,政府公务活动信息披露审计将在揭露和杜绝这些问题中发挥重要作用。因此,有必要探究"三公经费"信息的审计理论框架,探究如何强化保证"三公经费"信息披露质量以及问责机制的实行,使政府信息公开真正起到改善政府治理效率、提升政府治理效果的作用。

"三公经费"信息披露审计监控体系的构建应与政府会计改革的方向相一致。随着我国预算管理的推进以及预算法的重新修订,我国预算管理体系逐步完善、全口径预决算审查监督工作逐步深化,政府预算执行审计将更加突出完整性要求,向着对各类财政收支全覆盖的全口径预决算审计转型。"三公经费"作为政府的行政成本,反映了政府的费用支出情况,是政府年度预算收支情况的流量信息,随着政府财务报表的编制范围逐渐扩大,编制涵盖"三公经费"的政府收入费用表将成为政府会计改革的一个方向。将"三公经费"的审计结果记入领导干部的执政档案,以此评价领导干部行使公共权力是否合法合规是"三公经费"审计的个体层面目标。我们认为"三公经费"审计的内容包括基于"三公经费"的预算审计以及基于"三公经费"的领导干部经济责任审计。

1)"三公经费"审计目标

在我国,政府信息使用者主要包括全体人民、各级人民代表大会及常务委员会、各级政府或行政部门、上级财政主管部门、审计部门、财政部门、税务部门等。政府披露信息的目的是反映其公共受托经济责任的履行状况,比如,对公共资源的配置和使用结果、公共资金流向及公共资金运用的效率和效果。"三公经费"是政府公共部门履行行政职能时发生的行政成本,"三公经费"合理与否决定了其能否解除受托责任。谢柳芳(2013)认为,"三公经费"披露审计的总体目标,即本质目标是确保政府公共受托经济责任的全面、有效履行;具体目标是对"三公经费"披露信息的合法性、公允性及效率性发表审计意见。田冠军(2013)认为,从国家和社会治理系统的角度看,"三公经费"作为行政经费的重要组成部分,在其使用过程中,从社会公众到财政资金使用单位内部之间存在多层委托代理关系,国家审计主要对第二层委托代理关系进行控制,即政府及其所属部门接受委托向社会提供公共品,"三公经费"是其在此过程中所付出行政成本的重要组成部分。不同的学者对"三公经费"的审计目标有不同阐述,但是我们认为这几种划分方法具有本质上的一致性。基于此,我们将"三公经费"信息披露审计的目标划分为总体目标和具体目标。总体目标是确保政府按照委托人的意志利用"三公经费",并披露高质量的"三公经费"信息,以保证其公共受托经济责任的全面、有效履行;具体目标分为两个层次,包括基于"三公经费"的预算审计目标和领导干部经济责任审计目标。图9-8展示了"三公经费"审计的具体目标。

(1) 基于"三公经费"的预算审计目标。由于"三公经费"被纳入预算管理,在预算控制下,政府预决算报告信息披露审计的目标包括三个层次:一是内容质量特征审计,主要是符合性鉴证,即检查政府部门的"三公经费"支出是否真实存在且无差错、舞弊、虚假之行为,预决算报告是否在所有重大方面按照预算法及相关法律法规规定编制,预算执行是否合法合规,是否按照全口径预算的要求披露了应予披露的内容;二是表述质量特征审计,检查政府预决算报告的披露能否达到披露的目标;三是绩效质量特征审计,即对预算控制的绩效进行审计,考察"三公经费"预算的执行是否切实提高了政府部门使用公共资源的经济性、效率性和效果性,是否有助于降低低效的资源浪费。

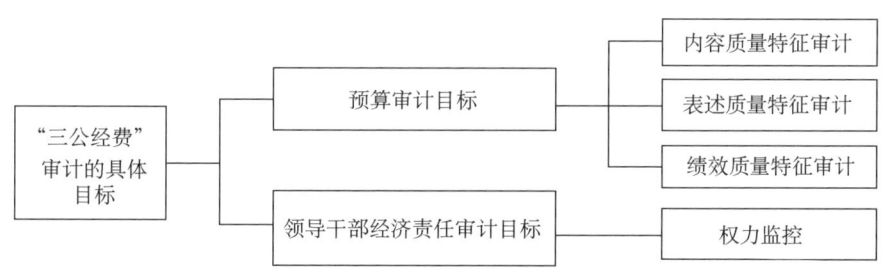

图9-8 "三公经费"审计的具体目标

(2) 基于"三公经费"的领导干部经济责任审计目标。领导干部经济责任审计的核心是对领导干部行权情况的监控,就"三公经费"的审计而言,其审查的目标根据"三公经费"的预算执行情况及信息披露状况评价领导干部行使公共权力是否合法合规,将"三公经费"的审计结果记入领导干部的执政档案,为政府部门合理任用官员提供依据。同时,经济责任审计对有腐败行为的党政干部进行问责,塑造清明廉洁的党政领导班子。

2)"三公经费"审计依据

政府预决算报告信息披露审计的审计依据应包括预算法、审计法及其他与预决算报告信息披露、审计制度等相关的法律法规。2014年新修订的预算法规定政府的全部收入和支出都应当纳入预算,并对预算、决算的编制、审查、批准、监督,以及预算的执行和调整作出了详细的规定。作为一般公共预算支出一部分的"三公经费"支出也应该严格按照预算法的规定予以执行。2015年12月8日,中共中央办公厅、国务院办公厅印发《关于完善审计制度若干重大问题的框架意见》及相关配套文件,对实现审计全覆盖作出了详细的说明,包括对公共资金和领导干部履行经济责任情况实行审计,做到应审尽审、凡审必严、严肃问责。2016年4月2日,《国务院办公厅关于印发2016年政务公开工作要点的通知》(国办发〔2016〕19号)提出,"深入推进预决算公开。在做好各级政府预决算公开工作的同时,重点推进省、市、县三级使用财政资金的部门和单位预决算公开,公开内容应包括本单位职责、机构设置、一般公共预算收支、政府性基金预算收支、机关运行经费等情况。除涉密信息外,部门预决算支出应当公开到功能分类项级科目,一般公共预算基本支出细化公开到经济分类款级科目"。

随着依法治国的不断推进,为了更好地发挥审计在党和国家监督体系中的重要作用,党中央将关于政府部门"三公经费"审计的相关制度逐步提升到法律法规的高度,以保障审计机关能够独立地行使审计监督的职权。因此,"三公经费"的审计依据是各类审计法律法规及与预决算报告相关的法律法规。

3)"三公经费"审计内容

"三公经费"审计的具体内容包括两个方面:一是基于"三公经费"的预算审计,另一个是基于"三公经费"的领导干部经济责任审计。这两种审计各有其自身审计内容和侧重点,如图9-9所示。

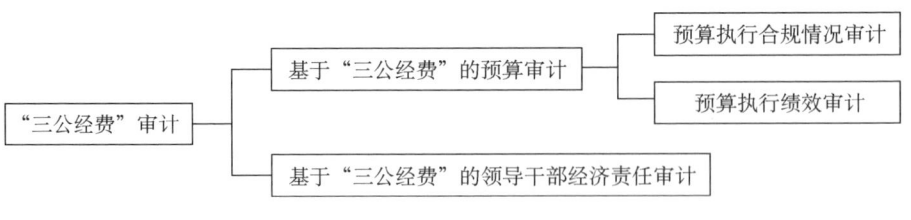

图9-9 "三公经费"审计内容

(1)基于"三公经费"的预算审计。随着"三公经费"被纳入预算管理,"三公经费"审计的对象逐渐稳定为政府部门的预算执行合规情况及预算执行绩效。

① 预算执行合规情况审计。预算即控制。我国将"三公经费"纳入预算管理，其根本目标就是实现对"三公经费"支出的有效控制，抑制政府官员公款消费、浪费国家公共财政资金。虽然我国已出台了各种政策法规，但是其实际执行情况如何，政府部门是否真的按照法律法规的规定真实公允地履行其行政职责，还需要审计监督预算的执行过程，并以审计报告的形式向社会公布，以增强"三公经费"信息的可信性。

"三公经费"预算执行合规情况审计的重点包括以下几点。

第一，预算的编制是否合法合规，是否履行了必要的预算审查和审批程序，预算调整的审批手续是否规范。

第二，预算的批复及下达是否及时、合规。

第三，各政府部门的"三公经费"支出是否以经批准的预算为依据执行，是否有未列入预算的支出。

第四，对于"三公经费"决算报告，重点关注"三公经费"开支的真实性、合规性，具体审查其是否与实际执行情况相符，是否与预算相符，对于差异的原因进行重点分析和调查。例如，公务用车运行费用是否超过定额标准单，车修理、油耗费用是否与实际履职需求相符。

第五，是否存在将"三公经费"分解列入项目经费、转移到其他科目或者向下属单位转移的情形。

第六，相关的原始凭证和单据是否合法合规，是否足以支撑账务处理情况，是否有将实际发生的"三公经费"隐藏在行政性费用当中。

审计署每年都会公布中央预算执行和其他财政收支审计工作报告，将"三公经费"在审计报告中单独列明是从 2013 年的审计报告开始的。本卷总结了 2013 年"三公经费"预算执行审计情况、2014 年"三公经费"预算执行审计情况及审计查出问题的整改情况，如表 9-2、表 9-3 所示。《国务院关于 2014 年度中央预算执行和其他财政收支的审计工作报告》披露，在因公出国（境）方面，5 个部门和单位的 8 个团组擅自更改行程或境外停留时间，甚至向审计人员提供虚假行程单，还有一些部门超范围、超标准列支或安排企事业单位等承担出国（境）费用；在公务用车和公务接待方面，有些部门和单位存在长期占用其他单位车辆，以租赁方式变相配备公务用车，挤占其他支出用于车辆购置、运行维护，以及违规发放交通补贴，超标准列支或由其他单位承担公务接待费等问题。

表 9-2   2013年"三公经费"预算执行审计情况

项目	预算执行中的问题	
	违规方式	违规金额（万元）
出国（境）经费	违规组织"双跨"（跨地区、跨部门）出国考察	—
	擅自更改行程、延长境外停留时间	—
	长期占用下属单位和其他单位车辆145辆，还通过租赁等方式变相配备公务用车62辆	—
	由企事业单位承担出国（境）费用	1 568.75
车辆购置及运行费	公务用车配备超编制289辆、超标准123辆	—
	无预算、超预算列支公务用车费用	1 094.15
	转嫁或摊派公车运行费用	66.72
公务招待费	转嫁或摊派、自行调剂项目或其他支出用于公务接待	266.85

注："—"表示未披露或者不适用（下同）。
数据来源：《国务院关于2013年度中央预算执行和其他财政收支的审计工作报告》。

表 9-3   2014年"三公经费"预算执行审计情况及审计查出问题的整改情况

项目	预算执行中的问题		预算执行问题的整改情况		
	违规方式	违规金额（万元）	整改措施	整改金额（万元）	整改程度
出国（境）经费	出国（境）团组擅自更改行程或延长境外停留时间问题	—	个人承担有关费用、取消相关人员出访代表资格；完善部门因公出国相关管理办法	—	全部整改
	超范围、超标准列支或由企事业单位等承担出国（境）费用	1 105.33	退回由企事业单位承担的出国（境）费用、调整账目、强化预算约束和完善监管机制	—	全部整改

（续表）

项目	预算执行中的问题		预算执行问题的整改情况		
	违规方式	违规金额（万元）	整改措施	整改金额（万元）	整改程度
车辆购置及运行费	占用或租赁公务用车122辆	—	退还车辆或解除租赁合同、申请划转指标、办理产权变更手续	—	全部整改
	挤占其他支出用于车辆购置、运行维护、违规发放交通补贴	1 058.19	归还原资金渠道、清退或停发交通补贴、调整账目	940.16	88.8%已整改，其余正在整改
公务招待费	超标准列支或由其他单位承担公务接待费	169.66	归还资金、调整账目、完善审批流程	169.66	全部整改

数据来源：《国务院关于2014年度中央预算执行和其他财政收支的审计工作报告》《国务院关于2014年度中央预算执行和其他财政收支审计查出问题整改情况的报告》。

② 预算执行绩效审计。对"三公经费"实施预算管理的目的是通过预算的手段将其控制在合理的范围内，使与"三公经费"有关的公共财政支出的耗费与其产生的社会效益、经济效益相匹配，杜绝不合理的浪费。然而，想知道政府部门的"三公经费"开支是否真的如民所愿，则需要政府审计对被审计单位或者项目资产管理和使用的经济性、效率性和效果性进行检查和评价，从而提高预算管理的成效，并为问责政府提供依据。

"三公经费"预算执行绩效审计的重点与预算执行合规情况审计不同，主要从以下几个方面实施审计监督。

第一，审查"三公经费"开支是否为某一部门业务所必需的，如确为必需的，审查其开支是否适当，是否产生了与支出水平相适应的经济效益、社会效益、管理效益。例如，出国（境）费支出是否有利于政府部门履行其职责，出国事项的预定目标是否达到，事后评估的结果是怎样的；公务用车购置及运行费支出是否合理，有无出现公车私用的情形。

第二，公务招待费支出的发生是否有合理的原因，招待人员数量与发生的支出金额是否相匹配，有无超标准招待的情形，对于发生招待支出的事项是否做好事后的评估与反馈。

(2) 基于"三公经费"的领导干部经济责任审计。2015年中共中央办公厅、国务院办公厅印发的《关于实行审计全覆盖的实施意见》指出,"建立审计成果和信息共享机制,加强各级审计机关、不同审计项目之间的沟通交流,实现审计成果和信息及时共享,提高审计监督成效",将"三公经费"审计结果与领导干部的经济责任审计需求相结合,是实现审计资源统筹整合的需求。"三公经费"审计并不是孤立的审计监督,最终需要通过政府问责机制保证审计目标的实现,正如全国人大常委会原副委员长成思危所指出的:经济责任审计是重要的问责方式。因此,将"三公经费"审计与领导干部经济责任审计相结合也是完善政府问责机制的需要。

基于"三公经费"的领导干部经济责任审计的侧重点主要表现在几个方面,如图9-10所示。

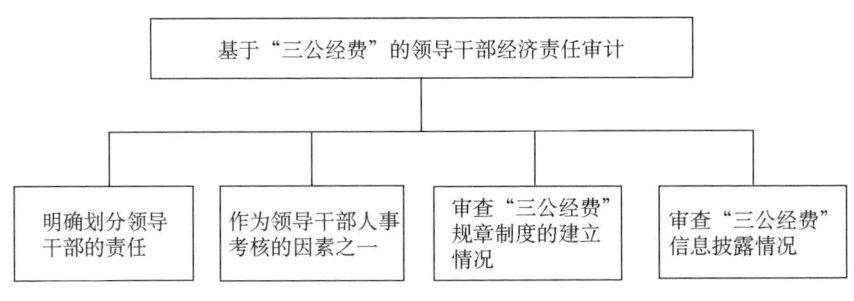

图9-10 基于"三公经费"的领导干部经济责任审计

第一,将针对"三公经费"的合规合法性审计中发现的问题,明确地划分为领导干部应承担的直接责任、主管责任和领导责任,并依此对相应责任人进行惩处。例如,《国务院关于2014年度中央预算执行和其他财政收支审计查出问题整改情况的报告》就对违反"三公经费"等财经问题的相关责任人进行了通报批评,取消了其出访代表资格。

第二,将领导干部任职期间的"三公经费"支出情况作为评价领导干部称职程度的指标之一,并将其任职前后的"三公经费"支出与其他可比部门的"三公经费"支出进行对比,分析领导干部任职期间对"三公"消费的控制程度及"三公"消费的合理性。

第三,对领导干部在任职期间针对"三公经费"的规章制度建立情况进行审查,考核其实际执行效果,并以此作为评价领导干部管理水平和任职绩效的依据。

第四,审查领导干部所在部门"三公经费"信息披露情况,包括审查所披露信息的及时性、真实性、准确性、完整性,以及存在问题的整改情况。

"三公经费"审计中发现的问题可以作为经济责任审计的重点和突破口,审计人员可以基于这些问题检查领导干部遵守党风廉政建设有关规定的情况,并把审计发现的问题写入领导干部的个人信息档案,为领导干部的人事考核与人事任命提供依据。

4. 通过政府信息披露审计推进问责顶层目标实现的政策建议

政府信息披露审计是对政府信息披露质量的鉴证,不仅对政府信息披露报告的真实全面性、合法公允性发表审计意见,还着重披露审计发现的被审计单位违反国家规定的财政收支、财务收支行为和其他重要问题的事实、定性、处理处罚意见以及依据的法律法规和标准。审计结果公告制度是重要的政府责任追究机制之一。同时,审计只有与其他问责机制协同运作,才能最大化审计的治理效应。

1) 合理落实信息披露责任,确定责任人

落实责任追究机制的前提是确定要追究谁的责任。审计机关依法对政府信息披露的审计情况以审计结果公告的形式公布出来,通过多种形式将审计结果公告向社会公众传播,社会公众就可以通过审计结果公告了解政府部门及相关责任人的具体履职情况。受托责任观认为,政府信息披露的目标是反映公共受托责任的履行情况,即政府需要向社会公众反映其对受托公共资源的管理及使用情况。政府部门与政府工作人员则是管理和使用公共资源的具体执行者。因此,问责对象应为政府部门与政府工作人员。根据相关责任的不同,可将其划分为直接责任人、间接责任人和连带责任人。

2) 将政府信息披露审计与政府工作人员业绩考核相结合

我国可以通过立法将政府信息披露审计与政府工作人员的业绩考核结合起来,将审计评议纳入行风评议、干部考核范畴,这样不仅能促进被审计单位和个人高度重视审计结果,也能发挥政府信息披露审计的监督作用。审计报告中不仅包括审计过程中发现的问题及建议,还包括审计期间被审计单位对审计发现问题的整改情况、被审计人员对于审计发现问题承担的责任。对于不落实审计决定的单位和个人,可以取消其各项评优资格,对未纠正的违纪违规行为加重处罚。领导干部经济责任审计发现的领导干部任期内出现的问题,会影响其干部考核结果。因此,将政府信息披露审计与政府工作人员与领导干部业绩考核相结合可以体现审计激励因素。

3) 将政府信息披露审计与经济责任审计相结合

经济责任审计的关注重点是党政领导干部的经济责任,重点对领导干部任期内经济责任的履行情况进行审计,经济责任审计是加强干部监督管理、预防和惩治腐败、推进民主法治建设的重要手段。对经济责任审计结果的运用是发挥经济责任审计作用的关键。然而,当前的政府信息披露对经济责任审计结果公告的披露非常少,且对经济责任界定不清晰,审计问责内容狭窄,领导干部常常以"集体决策"为借口,逃避其个人所应承担的责任。同时,经济责任审计通常针对的是离任干部的经济责任履行情况,适用范围狭窄,审计信息滞后,不利于审计证据的取得。

经济责任审计与政府信息披露审计都是对政府部门以及政府部门工作人员受托经济责任履行情况进行审计监督,政府信息披露审计在一定程度上反映了领导干部在其任期内的经济责任履行情况,因此,将政府信息披露审计与经济责任审计相结合,有利于扩大经济责任审计问责的范围,将经济责任审计提前为事中审计,提高审计信息的利用效率。

9.4.3 领导干部经济责任审计

1. 领导干部经济责任审计的产生与发展

经济责任审计是一项具有中国特色的经济监督制度,在惩治和预防腐败,深化干部人事制度改革、建立健全干部选拔任用和管理监督机制,落实问责制度,建立责任政府,促进政治体制改革、发展社会主义民主政治、建设法制社会等方面发挥了重要作用。2019年7月,中共中央办公厅、国务院办公厅印发《党政主要领导干部和国有企事业单位主要领导人员经济责任审计规定》,明确指出经济责任审计是中国特色社会主义审计监督制度的重要组成部分,是强化对权力运行的制约和监督,加强领导干部管理监督,促进领导干部履职尽责、担当作为,确保党中央令行禁止的重要工具。

审计基本理论认为,受托经济责任乃现代会计、审计之魂,受托经济责任关系的存在是审计产生、发展的首要前提。公共受托经济责任是受托经济责任的一种重要类型。关于公共受托经济责任的含义,最高审计机关亚洲组织(ASOSAI)在《东京宣言》里提到,公共受托经济责任是指管理公共资源的个人或当局报告资源管理情况和说明其履行所承担的财务、经营和计划责任的义务。美国审计署认为,它是指受托管理并有权使用公共资源的政府和机构向公众说明他们的全部活动情况的义务。美国政府会计准则委员会(GASB)在第1号概念公告《财务报告的目标》中将受托经济责任解释为"有责任解释某人的行为,以证实其所做的事情是合理的"。受托经济责任要求政府向公民回答,以证实公共资源的取得及其使用目的是正当的。如果按照受托经济责任的定义,公共受托经济责任也应强调行为责任与报告责任两大方面,即公共受托经济责任是指特定的主体按照特定要求或原则运用公共权力去经管公共资源、资金并报告其经管状况的义务。随着政府支出规模的扩大、公民参与政治的愿望加强以及资源配置要求的提高等,公共受托经济责任的行为责任按照经济性、效率性、效果性、社会性、环境性、控制性和宏观性等要求不断拓展,相应地,报告责任也在不断拓展,从而与行为责任相匹配。

经济责任审计的基本理论依据是特定受托经济责任关系的存在,受托经济责任关系更明确指向行为人本身,即依法属于审计机关、作为审计监督对象的国家机关和其他单位的主要负责人。《党政主要领导干部和国有企事业单位主要领导人员经济责任审计规定》对经济责任的界定是领导干部在任职期间,对其管辖范围内贯彻执行党和国家经济方针政策、决策部署,推动经济和社会事业发展,管理公共资金、国有资产、国有资源,防控重大经济风险等有关经济活动应当履行的职责。可见,经济责任审计是现代审计理论与方法结合中国特色的审计实践形成的一种制度创新,是现代审计制度在中国实现的一种创新。

从审计署2010—2014年度绩效审计报告中可以看出:审计署2010年对33名领导干部进行了经济责任审计(13位部长、6位省长、4位副省级城市市长和10家中央企业领导人员);2011年审计35名领导干部;2012—2014年分别审计31、29、26名领导干部(地方省级领导干部分别为6、6、3人,中央部门领导干部分别为8、8、7人,高校校长分别为4、3、0人,中央企业领导人员分别为10、9、14人,金融机构领导人员分别为3、3、2人)。同时,2011—2014年分别对审计系统11、11、11、8名司(局)级领导干部进行了经济责任审计。审计中,着重检查了领导干部经济责任履行情况,把债务管理、民生改善、环境治理、生态效益、节能减排、科技创新、廉政建设等作为审计的重要内容和评价的重要方面,切实推动追责问责。进行国家审计尤其是对领导干部进行经济责任审计,促使一批重特大案件得以揭露查处;全国审计机关得以及时发现和揭露经济社会发展各个领域中出现的矛盾和问题并提出政策建议,为深化改革、促进机制体制完善发挥了重要作用;审计机关积极开展民生项目和社保资金审计,较好地维护了人民群众的切身利益,促进了民主政治的发展。因此,民主政治的建设和发展与领导干部经济责任审计的实行及发展有着密切的联系。

如图 9-11 所示,领导干部经济责任审计是对"人"的审计,这一点是它与其他审计本质的区别。领导干部经济责任审计可以实现公共经济权力监控(领导干部权力)、腐败治理(权力滥用)、政府问责(领导干部责任)。领导干部经济责任审计作为特殊的审计类型,其本质也是一种经济控制,是为了保证经济责任审计对象即领导干部在不断变化的外部条件下和内部环境中能够全面有效地履行人民赋予的经济责任,一旦受托经济责任审计对象的行为发生了偏离,经济责任审计就要使审计对象对其进行复原,或者引导审计对象的行为,使其完成预定的目标。基于受托经济责任观,领导干部经济责任的重点与落脚点在于责任人,相应地,领导干部经济责任审计的重点与落脚点在于负有相关责任的领导干部,其应当履行委托人赋予的目标经济责任,领导干部经济责任审计本质上是确保作为责任人的领导干部全面有效履行目标经济责任的一种特殊的经济控制。

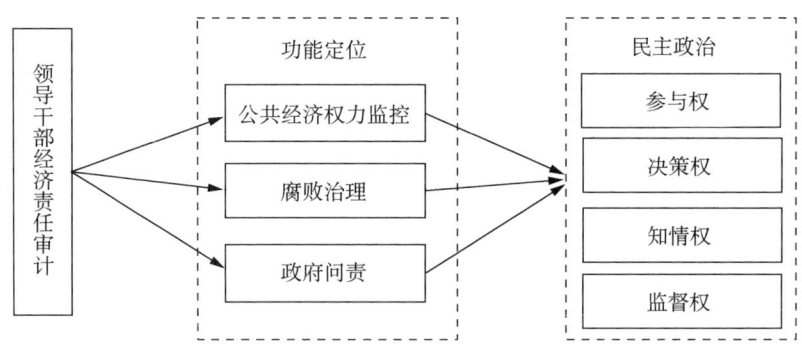

图 9-11 领导干部经济责任审计与民主的关系

2. 领导干部经济责任审计与问责机制

政府问责已成为一种社会常态,特别是党的十八大以来,完善问责机制的呼声越来越高。政府问责的本质是要促进政府信息的透明和公开,而领导干部经济责任审计对公共经济权力的监控作用之一是促进公共经济权力运行的阳光,两者的本质是一致的。

经济责任审计是中国特色的优秀审计实践。2019年《党政主要领导干部和国有企事业单位主要领导人员经济责任审计规定》进一步强化了对经济责任审计结果的运用。在第六章审计结果运用中,第四十四条指出:"各级党委和政府应当建立健全经济责任审计情况通报、责任追究、整改落实、结果公告等结果运用制度,将经济责任审计结果以及整改情况作为考核、任免、奖惩被审计领导干部的重要参考。经济责任审计结果报告以及审计整改报告应当归入被审计领导干部本人档案。"同时第四十六条规定:"由纪检监察机关和组织、机构编制、审计、财政、人力资源社会保障、国有资产监督管理、金融监督管理等部门组成联席会议,其他成员单位应当在各自职责范围内运用审计结果。"[①]截至2019年3月,绝大多数的省份都相应出台了经济责任审计结果运用办法或类似文件,强化了经济责任审计结果在干部管理和综合考核中的运用。经济责任审计的审计内容既包含领导干部守法、守纪、守规、尽责情况的审计,也包含领导干部任职期间所在地区、部门(系统)、单位财政收支、财务收支以及有关经济活动的真实、合法和效益情况。综合来看,经济责任审计是上级政府了解下级政府经济运行状况的重要信息通道,能降低上下级之间的信息不对称程度。经济责任审计是上级政府了解政府官员履责情况的重要手段,其审计结果会影响官员考核、选任。因此,在中国制度背景下,经济责任审计是影响地方政府官员行为的重要信息机制和监督机制。同时,在审计全覆盖推行和高压反腐的背景下,领导干部经济责任审计成为全面覆盖所有党政领导干部的常态化的审计类型。由于经济责任审计的本质是合理确保领导干部经济责任的有效履行,因此,经济责任审计与政府问责之间必然有着紧密的联系。

  从制度内容上来看,经济责任审计关注领导干部目标责任完成、重大经济决策、贯彻执行党和国家有关经济方针政策和决策部署等,而政府问责的适用情形包括决策严重失误,管理和监督不力,滥用职权,对群体性、突发性事件处置失当等。也就是说,经济责任审计和政府问责侧重点一致,即领导干部个人的责任履行。从制度目标上来看,经济责任审计与政府问责具有一致性。经济责任审计是为了促进领导干部推动本地区、本部门(系统)、本单位科学发展,以领导干部任职期间本地区、本部门(系统)、本单位财政收支、财务收支以及有关经济活动的真实、合法和效益为基础,重点检查领导干部守法、守纪、守规、尽责情况,加强对领导干部行使权力的制约和监督,推进党风廉政建设和反腐败工作,推进国家治理体系和治理能力现代化。政府问责是为了加强对党政领导干部的管理和监督,增强党政领导干部的责任意识和大局意识,提高党的执政能力和执政水平。从制度实施过程来看,经济责任审计侧重于责任发现,如评价责任是否得到履行,而政府问责则侧重于责任承担,如对责任人的处罚。因此,经济责任审计制度是一种实现政府问责目标的保障,因为经济责任审计的常态化可以更好地促进政府问责的实施。也就是说,经

---

① 此处的联席会议即经济责任审计工作联席会议,联席会议由纪检监察机关和组织、机构编制、审计、财政、人力资源社会保障、国有资产监督管理、金融监督管理部门等组成。

济责任审计制度是政府问责的一种制度保障。

3. 领导干部经济责任审计在政府问责中的作用

理论上,由于信息不对称,政府问责对责任人应承担的责任披露可能不充分,而且社会大众也无法判断责任人应履行什么责任。特别地,经济责任审计结果的报告很少对外公布,社会大众无标准或依据判断政府问责报告。审计报告公开化的基本着眼点在于唤醒公民权利保护意识,依宪法立审计制度之基础,体现的原则是国家审计要维护国家的根本利益,对公众负责。在民主社会中,国家审计结果的公开,可以让公众以品德标准为基础对领导干部的履责情况作出判断与决策,形成强大的社会道德约束。审计报告公告制度是促使经济责任审计信息得到充分利用的重要安排,是经济责任审计目标得以更好实现的必要条件。建立政府领导干部经济责任审计报告模式和经济责任审计公告制度后,审计机关在实施经济责任审计后,可以通过必要的载体,在必要制度支持下顺利将审计信息传递给审计信息使用者,信息使用者据此作出决策、建议,针对发现的问题采取改进措施,可以充分利用经济责任审计工作的成果,发挥经济责任审计的效能,最终实现经济责任审计的目标。经济责任审计结果公告的义务主体主要是国家审计机关,权利主体主要是社会公众,结果公告主要采取主动向社会公开的形式。从目前来看,我国还没有针对经济责任审计公告制定或者出台专门的法规,在实践中,关于经济责任审计结果要不要公告、应该公告哪些内容、应该在多大范围内公告、公告应该遵循何种程序等基本问题还存在很大的争议。

经济责任审计可以有效促进政府问责的实现,当政府问责披露不充分时,社会公众可以依据经济责任审计报告对政府问责报告提出质疑;当经济责任审计报告披露后,政府问责可以提高效率,而且也会促使政府问责报告披露更多的内容。经济责任审计报告与政府问责报告的内在联系如图 9-12 所示。

经济责任审计的实施有利于问责文化环境的形成。由于经济责任审计主要针对责任人,因而,经济责任审计的常态化可以使相关责任人积极面对社会的诉求,问责文化将内化于责任人或社会大众的潜意识中。问责文化的形成是一个长期的过程,我国在政府问责宣传的过程中,也要考虑经济责任审计的普及,从而达到文化建设的目的。在良好的问责文化环境中,政府问责将在社会大众中形成公信力,有利于问责制度的发展。因为问责文化具有凝聚力,促使责任人正常履行经济责任;问责文化具有向心力,促使社会关注政府问责。随着问责文化的逐渐深入人心,政府问责将成为一种社会常态,并带来持续的关注。在特定的问责文化环境

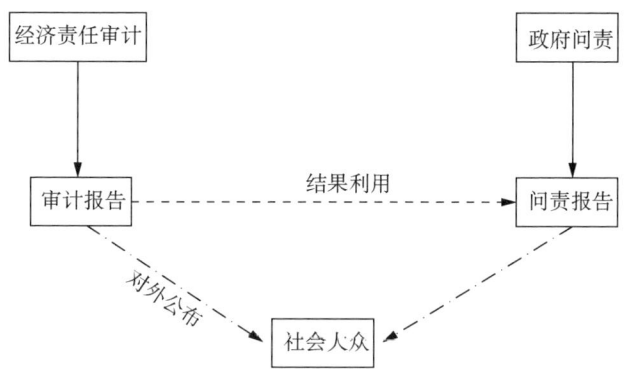

图 9-12　经济责任审计与政府问责

中,政府问责质量也会随之提高。

经济责任审计的实施有利于强化问责力量。政府问责单靠政府力量,其公信力难以保障,需要公众的参与,从而在社会监督下以打造透明政府。经济责任审计机制可以让社会参与,在强化审计民主的同时,更能体现领导干部在人民监督的条件下行政。由于经济责任审计重视发现领导干部存在的问题,轻视问责目标,而政府问责重视领导干部的责任承担,轻视发现的问题,因此,经济责任审计与政府问责的结合能更好地实现问责目标,同时,也强化了问责力量。

经济责任审计的实施有利于问责标准的完善。政府问责能否说服被问责人,政府问责的质量如何,其重要的前提是问责标准是否完善。如果对于不同的人适用不同的标准,那么政府问责就无公信力可言,因此,只有完善问责标准,政府问责公信力才能逐步提高。在问责过程中,经济责任审计的评价体系有利于全面概括领导干部所履行的经济责任,确保发现问题的准确性,因而,在政府问责标准不完善的条件下,经济责任审计评价体系是政府问责的重要依据之一。

经济责任审计的实施有利于问责范围和对象的明确。在信息不对称情况下,人民不明白谁是主要责任人,因而,在政府问责过程中会出现替罪羊的情况,即由非问责对象来承担事故责任。另外,由于问责范围和对象的不确定性,对于政府问责而言,只有在事件备受关注的时候,相关责任人才会受到关注。经济责任审计的重要特点之一就是界定相关领导干部的经济责任,因此,经济责任审计有利于社会明确领导干部的经济责任范围。也就是说,在问责过程中,人民群众可以依据经济责任审计的内容,明确问责中相关的责任人及责任范围。最终,人民群众也可以判断政府问责是否公平、公正。

经济责任审计与政府问责公信力的内在联系如图 9-13 所示。

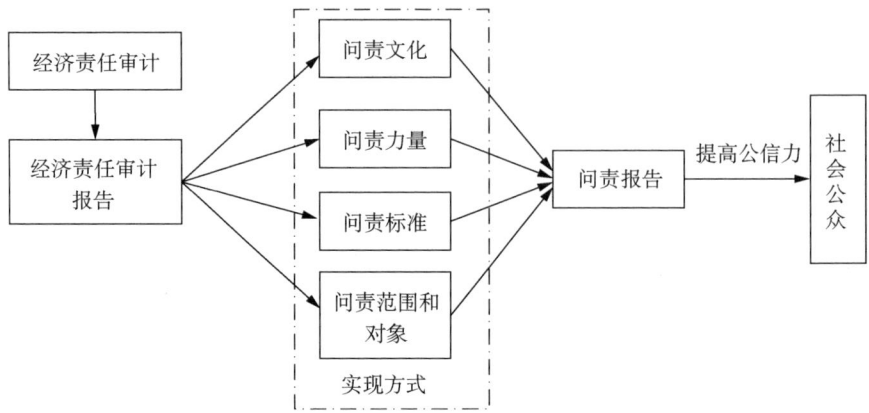

图 9-13　经济责任审计与政府问责公信力

10 国外学术研究成果分享

10.1 关于选举问责的文献分享

选举问责与腐败：来自地方政府审计的经验证据。[①]

本篇文章由作者 Claudio Ferraz 和 Frederico Finan 于 2011 年发表在《美国经济评论》第 101 卷第 4 期。

10.1.1 研究问题

近年来，许多政客通过寻租以及腐败而滥用权力，这对许多现代国家民主政治制度的有效运行产生了严重威胁。尤其在发展中国家，政客通过转移公共服务的资金来实现个人收益。而选举制度可以在一定程度上用来解释不同国家腐败水平为何存在差异性。基于此，作者研究了选举制度是否会影响现任政客的腐败水平，并使用巴西政府审计报告来构建衡量地方政府腐败水平的指标，从而检验选举问责是否会影响现任政治家的腐败行为。

10.1.2 理论分析与研究假设

许多发展中国家存在政客为了私人利益而转移资金的案例，已有文献主要对腐败如何影响经济发展进行了论述，但鲜有文献对腐败产生的原因进行探讨。而选举制度可以在很大程度上用来解释不同国家腐败水平存在差异性的原因。选民可以使腐败的政客下台，因此选举问责可以限制腐败政客的行为。尽管以往一些研究分析了政治体制为什么会影响腐败，但以往研究主要有以下两个缺陷：首先，以往研究是基于观念视角而非实际的政客腐败的衡量指标进行检验；其次，以往研究主要是基于跨国分析，因此无法识别一个国家的整体制度安排对腐败的影响。

选举制度的差异性可以在很大程度上解释各国腐败水平之间的差异性。选民可以通过选举投票来惩罚腐败的政客，使腐败的政客下台。对于腐败和非腐败政

[①] 文献来源：American Economic Review，2011，101(4)。本部分内容是由西南财经大学硕士研究生陈露编写的，刊载在中国政府审计研究中心公众号 CCGAR 审计重要文献分享栏目第 9 期。

客而言,一位具有连任动机的市长会抑制自己的寻租行为,表现得更加清廉,并提供更多的公共商品。因此,选举制度与政治责任挂钩可以有效抑制政客的腐败行为。在本文的研究分析中,作者假定选民可以通过直接观察或通过公共物品的供应情况来推断市长的腐败程度。由于连任两期的市长不再具有再任动机,相较于新上任的市长会表现得更为腐败。

因此,选举问责可以作为有利的机制使得政客的行为与选民的行为保持一致。基于以上的分析,作出本文研究假设:

H1:选举问责能够很好地抑制政客的腐败行为。

10.1.3 研究设计

文章选用巴西作为研究对象主要有以下原因:(1) 1997 年巴西通过了宪法修正案,允许市长在 2000 年选举中进行连任,由此引入了连任动机;(2) 巴西政府于 2003 年 5 月发动了反腐败运动,审计师会对政府使用资金的情况进行调查,并出具审计报告,通过审计报告可以建立衡量腐败水平的客观指标;(3) 市长可能出于个人利益而进行商品和服务采购中的欺诈、资金转移以及商品和服务的过度消费等活动。因此,本文研究了选举问责是否会对巴西地方政府的腐败产生影响。

为了检验 H1,本文构建了如下模型:

$$\gamma_i = \beta I_i + X_i \varphi + Z_i \gamma + \varepsilon_i$$

因变量 γ 衡量的是市政府的腐败水平。本文将腐败分为以下三大类:(1) 欺诈采购公共物品和服务;(2) 为私人利益转移公共资金;(3) 虚开货物和服务的发票。作者用与这三类腐败活动相关的金额总额占市政府获得的联邦资金拨款总额之比来衡量腐败程度。本文还报告了另外两个衡量腐败的指标:与腐败有关的违规行为数量;与腐败有关的违规行为数量除以审计的服务项目数量。

自变量 I 是一个哑巴变量,衡量的是市长是否处于第一任期。控制变量 X 是一个向量,代表了一系列市政府的特征。控制变量 Z 也是一个向量,代表一系列市长的特征。

10.1.4 研究结论

本文研究结果发现,53.6%的市政府有转移资金行为,57.6%的市政府有非法采购的行为,7.1%的市政府有虚开发票的行为,但 98.6%的市政府都实施了一些难以被察觉和选民不太关注的违法行为(即管理不善行为)。本文进一步将第一任期与第二任期市长的腐败行为数量进行了对比,发现第二任期市长的腐败行为数量比第一任期市长的腐败行为数量高 1.9%。结果表明,第一任期市长的腐败水平比第二任期市长要低 47.1%。当用与腐败有关的违规行为数量除以审计的服务项目数量作为替代指标时,结论依旧成立。另外,在研究政治能力和经验是否会对腐败水平产生影响时发现,政治经验所引发的腐败行为学习效应不会影响第一任期市长与第二任期市长的腐败水平。进一步研究发现,在信息不对称的城市和司法处罚可能性较低的城市中,第一任期市长的腐败行为与处于第二任期市长的腐败行为之间的差异更为明显。

本文的研究可以为选举制度的制定提供理论依据。通过加强选民与政客之间信息的有效沟通,可以使选民更好地掌握政策的实施情况从而抑制政客的腐败行为,并进一步保障公民的利益。本文还解释了选举问责对于腐败行为的影响机制,丰富了以往文献的研究。本文研究的局限性在于无法解释为什么市长连任两期对于减少腐败行为是最好的。如果市长连任三期或更多期他将怎样表现,是今后研究的一个话题。

10.1.5 英文摘要

Electoral Accountability and Corruption: Evidence from the Audits of Local Governments

Abstract

We show that political institutions affect corruption levels. We use audit reports in Brazil to construct new measures of political corruption in local governments and test whether electoral accountability affects the corruption practices of incumbent politicians. We find significantly less corruption in municipalities where mayors can get reelected. Mayors with reelection incentives misappropriate 27 percent fewer resources than mayors without reelection incentives. These effects are more pronounced among municipalities with less access to information and where the likelihood of judicial punishment is lower. Overall, our findings suggest that electoral rules that enhance political accountability play a crucial role in constraining politician's corrupt behavior.

10.2 关于政府审计抑制腐败的文献分享

政府审计会减少腐败吗?基于揭露腐败政客的影响研究。[①]

---

① 文献来源:Journal of Political Economy,2018,126(5)。本部分内容是由西南财经大学硕士研究生冯诗媛编写的,刊载在中国政府审计研究中心公众号 CCGAR 审计重要文献分享栏目第 13 期。

本篇文章由作者 Eric Avis，Claudio Ferraz 和 Frederico Finan 于 2018 年发表在《政治经济学》第 126 卷第 5 期。

10.2.1 研究问题

世界范围的政治家每年都会挪用高达数亿美元的政府资金，有相关文献研究表明，政治机制，尤其是选举行为，可以抑制政府官员的寻租行为。另一部分研究表明，司法机构的作为使得寻租的后果变得更加严重，也可抑制寻租行为。以上这些机制的实现，最终需要依靠政府去执行。那么，政府怎么去预防呢？审计行为不仅增加了发现腐败的概率，还为选民投票决策提供了一份参考。因此，本文研究了政府审计行为通过选举问责和司法问责渠道在抑制腐败方面的作用。

10.2.2 理论分析与研究假设

本文选择巴西为研究对象。巴西是世界上最民主的国家之一，每一年，各州将会收到联邦政府分配的数百万美元用于公共服务，民选市长将和当地的立法机构共同决定如何分配这些资源，因为联邦政府受到的监察很少，所以巴西的腐败问题很严重。2003 年，巴西联邦政府为了抑制腐败行为，设立了 Office of Comptroller-General，并赋予其宪法权力，该部门成立之后，就针对市政府发布了反腐败计划。审计过程如下：一旦某个市被选中，该部门会搜集近几年来州政府被分配的财政资金，然后生成随机的检查清单。每一个检查清单都会对应具体的项目，如学校建设、购买机器等。审计人员将针对每一个检查清单，去调查具体事项，收集审计证据。

政府审计减少腐败的可能渠道主要有以下三个：第一个渠道是连任的市长的政治选择效应，如果审计允许选民惩罚腐败的市长并奖励好的市长，那么我们可以认为在选举之前被任命者接受了审计并仍然当选的城市拥有更好的政治家；第二个渠道是选举纪律效应，如果审计增加了市长对自己连任的担忧，则会减少其腐败的动机，如果同一城市的先前审计的经历强化了市长对这些成本的主观信念，那么这些市长将避免腐败行为；第三个渠道是政治进入效应，审计导致参加竞选的市长类型的分布发生变化，即参与进来的都是表现更好，并且没有腐败行为的市长。

文章推导分析还认为，一个城市曾经被审计的次数会影响选民和官员的行为。通过对以往审计情况的统计判断，一个城市随着被审计次数的增多，官员会提高对自身被惩罚可能性的预期，腐败的概率就会降低。同时，位于第一人气的官员会为了保证自身能够获得连任而约束自我行为，降低腐败概率。

10.2.3 研究设计

文章通过两种方法(设定两种模型)来探讨审计行为对腐败的影响。

1. 结构模型

市长:具有较高能力的市长能提取更多的租金,市长 i 的能力由 ε_i 表示(服从标准正态分布),市长面临两个任期的限制,因此市长将寻求最大化租金和自我效用 E 的现值。市长 i 的期限 t 的租金由市长的努力程度 e_i 和 ε_i 的总和表示。

效用:$\mu_{it}(e_i) = e_i + \varepsilon_i + E - c(e_i)$,$c(e_i) = \dfrac{e_i^2}{2\gamma}$

$c(e_i)$ 表示提取租金的成本,γ 表示租金,相当于成本参数的倒数;

选民的价值:

仍然选第一任期的市长:$V = \delta - e_2^* - \bar{\varepsilon}_i$;

选一位新市长:$V = -e_2^*$;

第一个任期的现任者选择了一个行动 e_1。现任者的能力 ε_i 实现,实际的第一期租金为 $\gamma_{i1} = e_1 + \varepsilon_i$。然后,选民以概率 χ 观察 γ_{i1} 并实现现任者的冲击 δ,第一次选举举行。在第二阶段,在位者选择动作 e_2,第二期租金是 $\gamma_{i2} = e_2 + \varepsilon_i$,其中,如果新的候选人当选,则 ε_i 更新。

求解完美的贝叶斯均衡:

市长预期第二任期的效用:

$$E[\mu_2 \mid e_1] = \int E[\mu_2 \mid e_1, \varepsilon_i, R=1] P(R=1 \mid e_1) f(\varepsilon_i) \mathrm{d}\varepsilon_i$$

$$= \int \left(\dfrac{\gamma}{2} + \varepsilon_i + E\right) \left[\dfrac{1}{2} + \eta\mu - \chi\eta(e_1 - e_2^* + \varepsilon_i)\right] f(\varepsilon_i) \mathrm{d}\varepsilon_i$$

$$= \left(\dfrac{\gamma}{2} + E\right) \left[\dfrac{1}{2} + \eta\mu - \chi\eta(e_1 - e_2^* + \varepsilon_i)\right] - \chi\eta\sigma^2$$

第一任期市长选择的努力程度:

$$e_1^* = \gamma\left[1 - \beta\chi\eta\left(\dfrac{\gamma}{2} + E\right)\right]$$

审计产生的影响:

$$E[\gamma_1] = \gamma - \beta\chi\eta\left(\dfrac{\gamma}{2} + E\right)$$

$$E[\gamma_2] = \gamma - \dfrac{\chi\eta\sigma^2}{\dfrac{1}{2} + \eta\mu}$$

从上述两式可以看出,审计行为通过导致非选举成本(γ)的变化或导致选民发现市长提取租金行为的概率(χ)的变化等,影响市长预期提取租金的行为。

2. 线性回归模型

$$Corruption_{mst} = \alpha + \beta PastAudit_{mst} + X'_{mst} + f(nos)_{mst} + \nu_s + \delta_t + \varepsilon_{mst}$$

被解释变量 $Corruption$ 指在 m 州 s 市 t 期审计中腐败的数量,解释变量 $PastAudit$ 指在 t 期审计前是否经历过审计。

$$Legal_{mt} = \alpha + \beta Audit_{mt} + V'_m + f(nos)_{mst} + \nu_s + \delta_t + \varepsilon_{mst}$$

被解释变量 $Legal$ 指在 m 州的第 t 年是否发生法律诉讼(如涉及政治腐败的镇压或市长因腐败而被定罪),解释变量 $Audit$ 指是否发生了审计。

10.2.4 研究结论

回归结果表明,以前经历过审计的城市,较之未经历过审计的城市,腐败程度减少7.9%,该结果在5%的水平上显著。另外,这个数值可能还低估了导致腐败减少的影响。考虑溢出效应,当存在媒体时,周围的城市也会感知到审计的作用,从而减少腐败行为。文章又考虑了电视媒体、广播媒体等变量,回归结果表明考虑这些后减少作用更为明显,并且结果是显著的。再进一步考虑审计对法律诉讼影响的研究结果表明,过去经历审计的城市面对法律诉讼的风险增加了0.5%,腐败行为数量增加1%,法律诉讼可能性增加8.8%。研究结果表明,巴西政府的反腐败计划确实减少了腐败。文章提出了三种审计减少腐败的机制:一是讨论了选举与非选举效应(选举效应:下一任将重新选举,并且会面临被审计的风险,因此会减少腐败的动机;非选举效应:不重新选举的情况下,也会考虑被起诉或者声誉的风险)的作用;二是选民以更高比例再次投票给市长,可以降低市长的腐败动机;三是讨论了进入效应(政治环境将变得更加健全)的可能性。此外,本文考虑了一些替代性解释:一是腐败其实是被更好地隐藏起来了,但实际上是不可能的;二是减少了市政当局从联邦政府获得的拨款数额,从统计数据来看没有该情况。

文章研究结果表明,反腐败审计可以成为打击腐败的有效政策;与未经审计的城市相比,过去接受过审计的城市的腐败率要低8%。当然,在存在溢出效应的情况下,结果可能低估了真实影响(邻近城市被审计和当地媒体扩散了信息的市政当局的腐败程度较低)。本文还表明,审计增加了司法机构对腐败市长采取的法律行动,增加了市长指令警察镇压或市长在法庭被定罪的可能性。通过强调审计如何有助于促进法律制裁,本文的调查结果提供了重要的政策建议。虽然现有文献表明,通过审计获得的信息有助于促进选举问责制,但从长远来看,仅靠这一渠道可能不足以减少腐败,特别是在公职人员能够调整其选举策略或找到腐败的替代行为的情况下。可持续地减少腐败可能需要国家提高侦查和起诉腐败政客的能力。本文的研究结果表明,政府向可以实施随机审计的反腐败机构提供资源是必要的。

10.2.5 英文摘要

Do Government Audits Reduce Corruption? Estimating the Impacts of Exposing Corrupt Politicians

Abstract

This paper examines the extent to which government audits of public resources can reduce corruption by enhancing political and judiciary accountability. We do so in the context of Brazil's anticorruption program, which randomly audits municipalities for their use of federal funds. We find that being audited in the past reduces future corruption by 8 percent, while also increasing the likelihood of experiencing a subsequent legal action by 20 percent. We interpret these reduced-form findings through a political agency model, which we structurally estimate. Our results suggest that the reduction in corruption comes mostly from the audits increasing the perceived nonelectoral costs of engaging in corruption.

10.3 关于审计程序政治化的文献分享

审计程序政治化:基于瑞典地方政府的政治关联审计师的案例[①]。

本篇文章由 Anna Thomasson 于 2018 年发表在《财务会计与管理》第 34 卷第 5 期。

10.3.1 研究问题

已有研究发现,由于内部审计过程和审计报告会影响利益相关者对被审计方的看法,执政政客有动机影响审计过程和审计结果的呈现,特别是内部审计过程。因此,审计过程尤其是内部审计过程和绩效审计需要学者更多地关注。尤其将审计过程政治化与去政治化相结合,既可以用来强调与政治相关的问题,也可以用来避免处理政治敏感性问题。以往对公共部门组织审计的研究主要集中在审计独立

---

① 文献来源:Financial Accountability & Management,2018,34(5)。本部分内容是由西南财经大学硕士研究生何陈吟编写的,刊载在中国政府审计研究中心公众号 CCGAR 审计重要文献分享栏目第 11 期。

性和审计人员的职能发挥上,本文则从审计过程和结果来审视公营机构的审计工作。运用政治化理论,本文有助于我们理解政客们如何将内部审计过程(去)政治化以作为一种策略,来影响利益相关者对审计过程的看法和被审计方身份的合法性。本研究具有一定的典型性,因为对瑞典地方政府进行绩效审计的内部审计人员是在政党成员中选举产生的,审计结果是由在议会拥有席位的政客提交的,并由他们管理,整个过程都涉及政治利益。

10.3.2 理论分析

政治化可以定义为"一个问题或制度从私人或技术领域转移到政治领域的过程"。将一个问题政治化是一种行为策略,该策略通过引入利益相互冲突的各方参与者,引发讨论,以提高决策过程的科学性和参与度。去政治化也是一种实现某种政治目标的策略,该策略通过强调或弱化被认为具有政治利益的问题,从而体现政客们对这些问题不那么感兴趣或者他们想避免承担该政治领域的责任。

民主制度的支柱是透明度和追究民选政客责任的能力。为了使审计过程有助于加强追究责任的能力,因此它必须是高度可信的,可信度的一个先决条件是审计独立性。Justesen 和 Skaerbeak(2010)认为,在分析绩效审计对组织的影响时,需要超越审计人员和被审计单位之间的二元关系,以了解审计过程及其对组织的影响。此外,他们认为有必要将各方参与者都包括在内。在审计人员独立性方面,Kells(2011)认为,一方面,绩效审计的目的是站在被审计方的角度,通过揭示现有问题来提高组织绩效;另一方面是站在审计方的角度,通过审计增加透明度,即实现对被审计方的监督。如此,绩效审计要实现的目标的组合可能会导致审计师的独立性受到质疑。在内部审计过程及其结果政治化的动机方面,Nickell 和 Roberts(2014)认为,选择审计的目的是提出问题和批评,以表明态度,但组织往往很难从讨论和决定转向实际行动。

10.3.3 研究设计

文章的主要研究方法是文件分析与访谈。文件分析对象为瑞典地方政府和区域协会(SALAR)的文件;访谈安排上,作者采访了内部审计员、为市政提供服务的特许会计师、市政委员会主席代表以及在区域协会工作的人员。本文选择的内部审计员不是根据其政治住址、性别和年龄来选择的,重点是采访来自不同城市、政治上多数派的代表。所有人的采访时间都限定在 40 到 90 分钟。除这些采访外,本文还采访了三名市政委员会主席的代表,并就相关问题对区域协会的专家进行了专访。数据分析主要分为四步:一是过程分类,即将材料分为不同的部分,对应审计过程的不同阶段；二是识别每个阶段中的不同模式的类别；三是比较分析，将第二步中发现的模式与之前对内部审计和审计过程的研究结果进行比较，即Silverman(2001)所称的常数比较法；四是应答验证，将本研究的最终结果分别在两个场合提交给代表不同瑞典地方政府的内部审计小组，并与他们进行讨论。

10.3.4 研究结论

1. 瑞典地方政府组织架构

瑞典的地方政府由市和县组成。瑞典地方政府具有高度的独立性。具体来说，他们可以自由选择税收和收费水平，以及自主决定如何组织并提供服务。此外，他们有自己的审计员和独立于审计署的审计程序，各县和市都由市议会管理，理事会成员每四年在大选中选举产生。各委员会和董事会成员由理事会选举，包括市或县的审计委员会和董事会。根据理事会决定的目标和预算，由各委员会和董事会负责对市或县提供的公共服务进行政治治理。①

根据瑞典市政法，地方政府理事会成员有义务任命至少五名审计员，审计员由在立法委员会中占有席位的政党成员提名。各政党提出提名后，这五名（或以上）审计员由理事会选出，组成审计委员会。这意味着当选的审计人员是政治家和外行人，而不是具有不同政治派别的特许会计师。这些审计人员不得在本市其他任何委员会或董事会占有席位。

2. 瑞典地方政府的内部审计

瑞典地方政府的审计目的主要是确保各委员会和董事会遵守理事会的决定，保护公民的利益。在审计对象上，由于缺乏资源，他们往往被迫选择一些讨论得较为深入的领域，并不得不缩短对其他委员会和董事会的访问时间。在审计方式上，瑞典的审计制度是建立在内部审计人员和外部审计人员相结合的基础上的。然而，内部审计师对审计过程负有重要责任，由他们签署报告并向市议会提交审计结果。内部审计师撰写完整的审计报告（包括内部审计报告），然后将审计报告提交给委员会或董事会，而该审计报告将列入理事会会议议程进行讨论。

3. 审计过程政治化

（1）审计人员任命过程。在对审计人员的任命过程作出分析后，作者认为瑞典的制度导致其内部审计结果的可信度是脆弱的，理由主要有以下三点：一是审计人员缺乏专业胜任能力。实践中，往往是缺乏经验的政客被他们的同僚任命为审计委员会成员，且任命审计人员的通常是最强大、最有影响力的政界人士，但由于

---

① 此处原文涉及理事会、委员会、董事会等不同机构，原文并未详细交代它们之间的关系。

这些政界人士日后可能被审计,他们没有动机选择优秀的审计人员,造成审计人员专业胜任能力不足。二是审计人员缺乏独立性。审计人员主要凭借其与提名审计委员会候选人的政党成员之间的关系当选,而非自身的能力,致使其缺乏独立性。例如,在选举决定作出之前,理事会不经讨论就接受提名各方的意见,选出的审计人员大都具有政治从属关系,缺乏审计独立性。三是政客对内部审计人员的实际职能以及为何存在这一职能缺乏专业认知,审计人员往往成为"道德掩护"工具或政治工具。

(2) 审计过程。引起审计程序风险的政治因素主要来自审计委员会成员、理事会主席以及理事会其他成员之间的关系。按照惯例,理事会主席负责领导审计委员会,并就委员会的预算作出决定。这直接影响到审计报告在理事会中被争论和公开承认的程度,除了对这些报告的承认程度外,理事会主席还通过决定审计预算,影响审计的次数。

(3) 审计结果。在审计结果方面,存在审计报告和审计结果的政治化与去政治化两种不同方向的力量。由于委员会和董事会的公开程度低于理事会会议,政客们认为在董事会提问题可能更安全,他们可以凭借公开的董事会会议议程,表示已经就公众关心的问题进行了讨论并作出决定。因此,将审计报告政治化可能更符合委员会和董事会成员的利益。

文章研究发现瑞典地方政府是一个存在内在冲突的系统:一方面,要求审计过程政治化;另一方面,迫使审计过程去政治化。就瑞典的制度而言,审计人员的任命过程可视为一种支持审计过程政治化的机制,但其可信度可能是脆弱的;审计程序中存在政治因素影响审计程序的风险,主要来自审计委员会成员、理事会主席以及理事会其他成员之间的关系;在政治化与去政治化的博弈下,瑞典地方政府对审计报告的结果缺乏应有的关注。研究结果表明,如果审计过程的任何部分受政治影响,就会对该过程的可信性和内部审计职能构成潜在的威胁。

10.3.5 英文摘要

Politicisation of the Audit Process: The Case of Politically Affiliated Auditors in Swedish Local Governments

Abstract

The purpose of this study is to investigate and analyse how the internal audit process as well as the outcome of that process is used for politically reasons. This will be accomplished by applying the political theory of politicization to the analysis of the internal audit process within Swedish local authorities. By applying the theory of politicisation, this study contributes to our understanding of how the internal audit process is open for the use of (de-) politicisation as strategies to influence stakeholders' perception of the audit process as well as the identity and legitimacy of the auditee. Especially interesting is perhaps how politicisation in combination with de-politicisation can be used to either put emphasis on issues of political relevance or avoid addressing issues that are politically sensitive. Previous research on auditing in public sector organisations has predominately focused on audit independence and the role of auditors. By applying a new perspective to the role of auditing in public sector organisations and by focusing on the process and the outcome instead of function, this study increases our understanding of auditing in politically governed organisations.

10.4 关于腐败治理审计的文献分享

腐败治理审计：巴西审计结果公告对选举结果的影响[①]。

本篇文章由作者 Claudio Ferraz 和 Frederico Finan 于 2008 年发表在《经济学季刊》第 123 卷第 2 期。

10.4.1 研究背景

在一个运转良好的民主政体中，公民能够获取信息以评价官员的政治表现，并要求对官员进行政治问责（Manin 等，1999），提高信息披露质量使得公民能够更有效地监督和追究官员的责任，促使现任官员更大程度地维护公众利益（Besley，2006）。大量理论性文献认为，改善信息披露质量有助于强化选民对官员的选举问责（Persson 和 Tabellini，2000；Besley 和 Pratt，2006），但由于受到诸多条件的限制，例如，官员信息分配的非随机性与缺乏独立可靠渠道传播信息，导致信息被政治操纵，致使选举效果大打折扣。目前，鲜有文献采用实证研究方法考察公民利用公开信息通过选票对官员进行政治问责。

巴西联邦政府于 2003 年 4 月开展了一项史无前例的反腐败行动，随机抽签选择地方政府对联邦资金使用情况进行审计，旨在防止公职人员滥用公共资金，并促进公民参与公共资金监督控制过程。为了保证抽签过程的公平、公正、公开、透明，

---

① 文献来源：The Quarterly Journal of Economics，2008，Vol. 123(2)。本部分内容是由西南财经大学硕士研究生马睛编写的，刊载在中国政府审计研究中心公众号 CCGAR 审计重要文献分享栏目第 52 期。

媒体、政党以及民间社会代表被邀请参与见证。审计项目完成后,联邦审计署(CGU)将审计报告递交给联邦审计法院(TCU)、检察院以及立法部门,并在主流媒体上公布审计调查结果。

由于联邦政府的审计计划具有高度独立性和随机性,其最终向公民公布的审计结果几乎不存在被操纵的可能性。基于此,本文利用联邦政府的反腐败行动作为外生冲击,实证检验了审计报告对地方政府腐败行为的公开披露是否会对巴西地方选举结果产生影响,以及媒体作为信息传播媒介的调节效应。

10.4.2 研究设计

1. 样本选择

截至 2005 年 7 月,被随机选取进行审计并可获得审计报告的城市共 669 个,由于本文研究审计结果公开对重新选举的影响,因此将样本限制在现任市长处于第一个任期内且拥有连任资格的城市,筛选后最终获得 373 个城市样本。

图 10-1 展示了审计报告中发现的腐败行为数量分布情况,横轴代表腐败行为的数量,纵轴代表审计发现存在该腐败行为数量的城市占总城市数量的比重,填充色条表示在选举前被审计的 168 个城市,空白色条表示在选举后被审计的 205 个城市。图 10-1 各指标基于 373 个城市样本数据计算得出,数据来自 CGU 发布的审计报告。

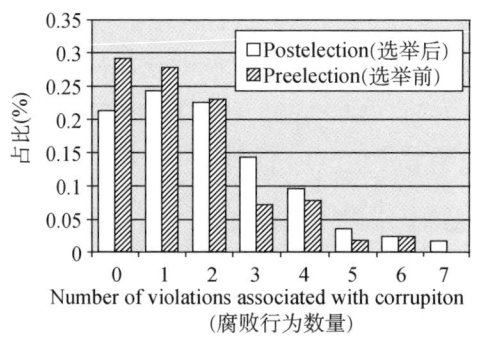

图 10-1 腐败行为数量分布图

图 10-2 展示了审计报告的披露时间分布情况。在 2004 年 10 月地方选举之前,审计署公布了 376 个城市的审计报告,选举后公布了 300 个城市的审计报告。

2. 数据来源

本文使用巴西联邦审计署公布的审计报告数据构建指标,将采购欺诈、挪用公

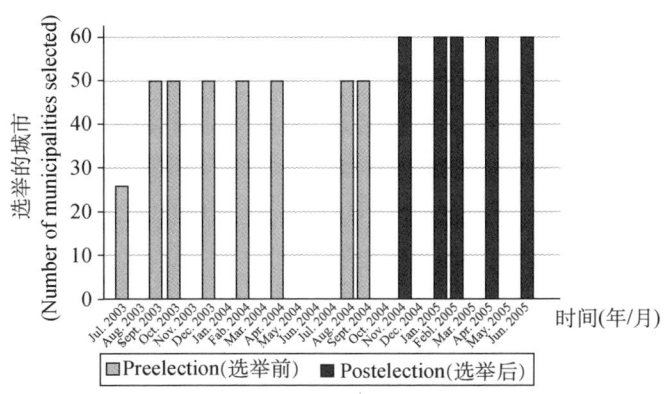

图 10-2　审计报告的发布时间

款以及虚开发票三类违规事项出现的次数进行加总以衡量腐败程度。政治特征数据和市长特征数据来自巴西最高选举法庭（TSE），城市特征数据来自巴西国家地理与统计局（IBGE）。

3. 实证模型

建立以下三个模型检验审计揭露腐败信息对选举结果的影响。

模型（1）检验连任选举前被审计对选举结果的影响。其中 E_{ms} 代表 s 州 m 市拥有连任资格的现任市长选举结果，分别用是否重新当选以及连任选举的结果特征作为衡量指标；A_{ms} 是虚拟变量，在 2004 年 10 月选举前被审计的城市为 1，选举后被审计的城市为 0；X_{ms} 为包括政治特征、城市特征的控制变量，v_s 代表州的固定效应，ε_{ms} 为随机扰动项。

$$E_{ms} = \alpha + \beta A_{ms} + X_{ms}\gamma + v_s + \varepsilon_{ms} \tag{1}$$

建立模型（2）检验腐败程度对上述结果的影响，β_2 表示连任选举前审计发现的腐败行为数量对选举结果的影响，C_{ms} 代表市政当局的腐败行为数量。

$$E_{ms} = \alpha + \beta_0 C_{ms} + \beta_1 A_{ms} + \beta_2 (A_{ms} \times C_{ms}) + X_{ms}\gamma + v_s + \varepsilon_{ms} \tag{2}$$

媒体是披露腐败信息的重要载体。一方面，若审计结果公开与媒体功能相辅相成，我们预计上述效果在有媒体的地区中更为明显；另一方面，若在传播官员腐败信息的过程中，审计结果公告起到替代性作用，则上述效果在没有媒体的城市中更为显著。在模型（2）中加入交乘项建立模型（3），进一步检验连任选举前是否被审计、腐败程度与媒体数量三者之间的相互作用，M_{ms} 表示城市广播电台数量。

$$E_{ms} = \alpha + \beta_0 C_{ms} + \beta_1 A_{ms} + \beta_2 M_{ms} + \beta_3 (A_{ms} \times M_{ms}) + \beta_4 (A_{ms} \times C_{ms}) + \\ \beta_5 (M_{ms} \times C_{ms}) + \beta_6 (A_{ms} \times C_{ms} \times M_{ms}) + X_{ms}\gamma + v_g + \varepsilon_{ms} \tag{3}$$

10.4.3 实证结果

1. 审计对选举结果的平均影响

本文对模型(1)进行回归后,发现在连任选举之前是否被审计对连任选举结果并无显著影响。本文预测审计结果对选举产生的影响可能取决于审计报告所披露的腐败程度及当地媒体的数量。

2. 腐败程度的调节作用

进一步检验审计对选举结果产生的影响是否会因为发现的腐败程度高低而有所不同。为了解腐败行为的披露会如何影响在职者的选举结果,本文首先用图 10-3 说明了未经调整的腐败行为数量与连任率的关系,三角形表示在选举前被审计的城市,圆圈表示在选举后受到审计的城市。

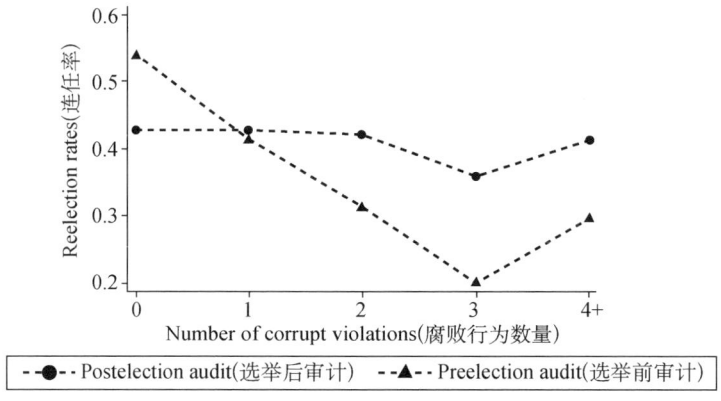

图 10-3 腐败行为数量与连任率之间的关系

如图 10-3 所示,在选举之前被审计并公布调查结果的城市中,连任率与腐败行为数量之间存在显著负相关关系:在未发现任何腐败行为的城市中,现任市长的连任率为 53%;在审计发现 1~3 起腐败行为的城市中,连任率随着腐败行为数量的增加而急剧下降,降至约 20%;在审计发现 4 次及 4 次以上腐败行为的城市中,连任率随着腐败行为数量的增加虽略有上升,但仍低于 30%(比样本平均水平低 10 个百分点)。总体来看,选民确实关心腐败问题,并要求腐败的政客承担责任。

连任率与腐败行为数量的关系,在选举前被审计与选举后被审计的城市之间形成了鲜明对比,在选举后被审计并公布调查结果的城市中,连任率与腐败行为数量之间不存在显著负相关关系。进行仔细比较后可见,在腐败行为数量小于1(样本中位数)时,与选举后被审计的城市相比,在选举前被审计的城市中当权者连任的概率更高,这可能是由于选民高估了当权者的腐败程度,审计发现的腐败程度低于选民预期,由此增加了当权者连任的概率;当超过这个交叉点时,与选举后被审计的城市相比,在选举前被审计的城市中当权者连任的可能性则大大降低,这可能是因为选民低估了当权者的腐败程度,审计发现的腐败程度高于选民预期,由此当权者遭到了选民的惩罚。总体而言,图10-3表明审计能够影响当权者连任的可能性,影响的大小取决于审计报告中披露的腐败程度。

(1) 回归结果分析。模型(2)的回归结果显示,交乘项的系数 β_2 为 -0.038,但在统计意义上并不显著,通过观测腐败程度与选举结果的折线图发现,β_2 不显著的原因可能为:一是腐败程度与选举结果的关系可能为非线性关系;二是异常值的影响。因此,重新建立模型加入二次项以估计非线性关系,剔除异常值进行回归。包含二次项模型的回归结果显示:二次项系数在10%的水平上显著为正,表明该非线性模型确实具有一定的预测能力;剔除腐败行为数量大于5的样本(少于样本量的3%)后回归发现,交乘项的系数 β_2 为 -0.07,增大到原来的2倍并在10%的水平上显著,进一步剔除腐败行为数量大于4的样本(少于样本的6%)后,交乘项的系数 β_2 变为 -0.088 并在5%的水平上显著。经过上述分析比较,作者认为 β_2 不显著是由异常值造成的,而非存在非线性关系。

(2) 排除审计师被贿赂的替代性解释。尽管审计计划以及选举的时间是外生的,但审计师仍有可能收到贿赂,特别是选举前被审计的官员有较为强烈的动机去贿赂审计师以获取对选举有利的审计报告。

文章认为上述情况不太可能出现,主要出于以下四点原因:一是这些审计师是联邦审计总署通过公开竞争选拔的,薪酬丰厚,因此被贿赂的可能性较小;二是审计项目主管没有发现审计师被贿赂的现象;三是若审计结果被操纵,处理组与对照组的腐败程度不可能达到均衡,统计分析结果排除这种可能性;四是对审计过程中的潜在差异加以控制。除此之外,文章也采用实证分析排除了这一个担忧。

若审计结果被操纵,选举前被审计的城市中有两类市长更有可能操纵审计结果:一是有政治关联的市长,其有能力贿赂审计师;二是第一次选举中险胜的市长,其有动机去贿赂审计师。实证结果显示,在选举前被审计的城市中这两类市长被查出的腐败行为数量并不显著低于其他城市。同时,在控制了上述两类市长的替代变量后,文章实证结果并未改变。

3. 腐败程度与地方媒体对审计效果的影响

模型(3)的实证结果表明,交乘项的系数至少在10%的水平上显著为负,证明了媒体传播腐败信息带来的调节效应,即审计结果对选举产生的影响在腐败程度较高以及广播电台较多的城市中更为显著。

为解决内生性问题,进一步控制人口规模和教育程度等特征、更换媒体变量的衡量方式以及检验其他媒体的存在是否有利于审计结果传播进而影响选举结果等情况,实证结果依然支持本文结论。

10.4.4 研究结论

本文以巴西联邦政府的反腐败行动作为外生冲击,对审计报告公开披露腐败信息与选举结果之间的关系进行研究,发现地方政府腐败信息的披露对当权者选举结果有显著负向影响,与选举后被审计的城市相比,在选举前被审计的城市中现任官员连任的可能性降低了7个百分点。另外,在有广播电台披露审计报告的城市中,上述负向影响更为显著,这是由于当腐败信息被披露时,地方电台的传播有助于强化上述效果,并增加清廉在职官员连任的可能性。

研究结论证实了信息披露对于官员问责的重要意义,与信息传播促进选举问责制的形成以及公共政策方面的文献相呼应;强调了当地媒体在影响选举结果方面发挥的重要作用,媒体有助于选民对腐败政治家进行政治问责,在选举中支持更为优秀的候选人;提供了公开披露审计结果能够提升官员整体素质、抑制腐败行为和改善公共政策的实践证据。

10.4.5 英文摘要

Exposing Corrupt Politicians: The Effects of Brazil's Publicly Released Audits on Electoral Outcomes

Abstract

This paper uses publicly released audit reports to study the effects of disclosing information about corruption practices on electoral accountability. In 2003, as part of an anticorruption program, Brazil's federal government began to select municipalities at random to audit their expenditures of federally transferred funds. The findings of these audits were then made publicly available and disseminated to media sources. Using a data set on corruption constructed from the audit reports, we compare the electoral outcomes of municipalities audited before versus after the 2004 elections, with the same levels of reported corruption. We show that the release of the audit outcomes had a significant impact on incumbents' electoral performance, and that these effects were more pronounced in municipalities where local radio was present to divulge the information. Our findings highlight the value of having a more informed electorate and the role played by local media in enhancing political selection.

10.5 关于政府审计改善公共卫生政策的文献分享

评估斯洛文尼亚儿童和青少年健康政策执行效果：基于审计结果的证据[①]。

本篇文章由作者 Tine Bizjak 和 Rok Novak 等人于 2020 年发表在《国际公共健康》第 65 卷第 8 期。

10.5.1 研究背景

2019 年《国际公共卫生杂志》发表一篇题为《合规性之外的审计：改善公共卫生状况的一种方式》的评论文章，该文章指出，公共卫生政策对社会的实际影响取决于其实施质量（Bizjakand Kontic，2019）。文章进一步指出，确保政策得到成功执行的关键在于建立一个由负责的主管部门组成的有效体系，这个体系能够确定问题的优先次序、明确职责分工且合理分配预算，同时也需要对这个体系不断进行监督以评价政策执行效果，识别政策执行过程方面存在的障碍（Kaur，2010；Usmanova 和 Mokdad，2013；van denDriessen Mareeuw 等，2015；Donkor 等，2018；Gulis，2019）。近年来，欧盟委员会提倡各国借鉴现有空气质量立法评价体系，定期对公共卫生政策进行监督评估（The Green Deal European Commission，2019）。尽管人们普遍承认政府审计的重要性，但鲜有研究展现政府审计在保障公共卫生政策有效性方面发挥的作用。

为证明政府审计是助推斯洛文尼亚公共卫生状况改善的有效方式，斯洛文尼亚国家公共卫生专业人员和审计小组在 2019 年达成一项协议，对 2012—2020 年与环境质量有关的国家儿童和青少年健康政策（简称"政策"）执行情况进行审计调查。

被审计小组选中进行审计的政策需具备以下条件：(1) 级别为国家级；(2) 以获得卫生和环境倡议方面的国际组织支持政策为基础（包括世界卫生组织、联合国环境规划署、联合国开发计划署、欧洲环境总署、欧洲食品安全局等）；(3) 附有政策实施的具体行动计划，包括优先目标、相关活动和检测指标等；(4) 成立政府间工作组，以

[①] 文献来源：International Journal of Public Health，2020，Vol. 65(8)。

跟踪政策实施情况,并定期向政府报告。审计期间为2019年9月至2020年4月。

10.5.2 政策介绍

斯洛文尼亚共和国于2010年签署了《帕尔玛宣言》,承诺保护青少年免受不利环境损害,并将《帕尔玛宣言》作为国家公共卫生和环境政策的组成部分。2010年7月29日,斯洛文尼亚政府成立政府间工作组负责执行该政策。政府间工作组的第一项任务是编制《青少年环境卫生行动方案》和《化学品安全行动方案》,这两项方案合并简称为《政策》。

该项《政策》确定了四个优先目标:(1)改善饮用水质量和加强城市废水管理以确保身体健康;(2)保障环境安全,督促健康饮食,开展体育活动,减少肥胖和有关疾病的发生率;(3)改善室内外空气质量,进一步预防相关疾病;(4)降低由化学、生物和物理因素导致的疾病发生概率。随后,政府进一步对实施活动的目标、持续时间、监测指标和负责机构进行详细说明,并确定重点领域。

《政策》规定,政府间工作组将每两年对政策的执行情况进行检查,同时向环境卫生管理局报告结果,用以规划调整未来的环境卫生政策。

10.5.3 研究方法

审计的关键事项和原则根据Cahill等(1987)、世界最高审计机关国际组织(2004)、化学过程安全中心(2011)和非洲经济委员会(2017)提供的定义和指南确定。借鉴Brownson等(2010)、Shankaret等(2011)和Bernet等(2018)的研究,对公共卫生政策领域进行了调整。图10-4介绍了此次审计计划的主要内容,其中,标准审计工具包括问卷、工作表和指南等,用于收集、整理、分析和检索审计信息。

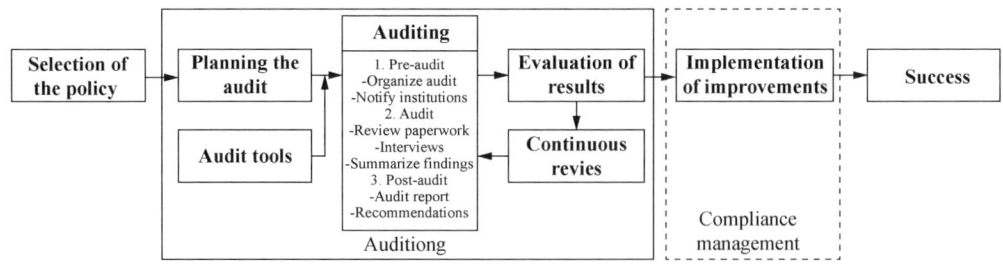

图10-4 审计程序的要素

本次审计以国家环境卫生委员会提供的《战略评估报告》和2012—2019年《环境质量和健康状况年度报告》为依据,对斯洛文尼亚公共卫生政策制定工作的人员进行采访,目的是核实有关部门间协调的具体政策信息。在审计前期,参与政策制定的各方专家举行了三次会议,讨论确定审计小组的调查范围。

首先,确定审计目的是评价《政策》实施后儿童和青少年的健康状况是否得到有效改善。

其次,公共卫生政策审计的内容包括行动方案与政策的一致性、实施过程的监督情况、成果特征、报告的透明度以及数据的可获得性等。

最后,将报告分为以下七个评价等级:

(1) G——良好,信息真实完整。

(2) W——较差,信息不明确/不透明,未完整记录。

(3) O——无法观测或评价,可用信息不完整,无法进行评价。

(4) X——不适用,评价指标不适用。

(5) Y——一致,行动方案与政策保持总体一致性。

(6) N——不一致,行动方案与政策不一致。

(7) P——部分一致,行动方案与政策部分保持一致。

评价结果显示,只有少数指标获得 G 等级,剩余大部分指标由于缺乏数据无法进行评价而获得 W 或 O 等级。

10.5.4 分析与讨论

医疗资源的有限性和相关问题使评估公共卫生政策的影响变得尤其重要(Mays 和 Smith,2011;Me'ndez 和 Osorio,2017;Bernet 等,2018;Saeedet 等,2019),在儿童和青少年健康政策制定方面,需着重强调儿童和青少年健康研究的重要性(Dratva 等,2018)。此次对政策和其行动方案的审计,为促进活动有效性的持续评估提供了一个框架,特别是与环境有关的儿童和青少年健康问题。

政策有效性(如通过支出、投资成本或时间来衡量)并非评价政策是否达到预期目标时所考虑的关键要素,然而,在评估公共卫生政策尤其是环境方面所面临诸多挑战,需要制定合适的指标来评估不同政策导致的健康状况变化(Kingdon,1995;Brownson 等,2010),这是审计的主要发现之一。评价结果显示,只有少数指标显示行动方案具有良好表现,大多数指标要么表现不佳,要么缺乏数据无法进行评价;在评估行动的有效性或成效方面,行动计划定义的几个指标不符合预期目的。例如,与饮用水质量和公共交通相关的城市空气污染有关指标的目标和预期用途不明确,因此无法评估它们对健康改善的影响。许多指标包括"提高认识"和"告知公众"的预期目的,但报告中并未提供实施活动与针对人群的细节。此外,大多数活动及其指标并非专门针对儿童或青少年,而是侧重于整个群体,导致在评估环境质量与特定儿童和青少年健康结果之间的关联时存在障碍。

此次审计突出了现有特定环境质量数据与健康结果之间存在不一致和间接关联的问题。这可以通过在审计期间观察到的几个例子来说明。图 10-5 显示了空气质量数据与健康结果之间的关联。其中,(a)描述了 2013—2018 年斯洛文尼亚共和国各年龄段因呼吸系统疾病而住院的年度人数;(b)描述了 2013 年至 2018 年 PM10(斯洛文尼亚共和国和卢布尔雅那市)和 PM2.5(卢布尔雅那市)浓度;(c)为 2011—2017 年斯洛文尼亚共和国 PM10 和 PM2.5 浓度,基于城市暴露人口计算得出;(d)为 2016—2019 年斯洛文尼亚共和国和卢布尔雅那市 20 岁以下儿童和青少年每年因哮喘住院的人数。

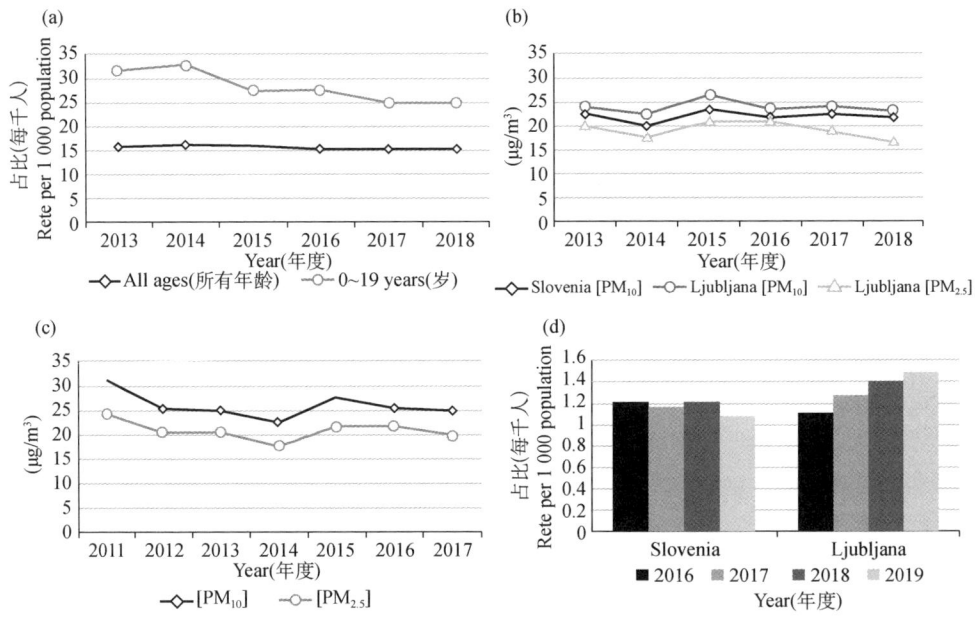

图 10-5 斯洛文尼亚空气质量和青少年健康状况

从图(b)、图(c)可见,PM10 和 PM2.5 水平在整个观测期间基本上保持稳定(±5 $\mu g/m^3$ 的季节性变化),但图(a)显示,儿童和青少年因呼吸系统疾病住院的人数有所下降。图(d)显示,在 2016—2019 年,卢布尔雅那市因哮喘住院人数增加了近 35%,但图(b)中的 PM10 和 PM2.5 浓度基本保持不变,甚至有所下降。呼吸系统疾病引起的住院情况变化与空气质量并无直接关联的原因可能包括:行为变化、流感季节的影响、卫生信息系统中记录的健康数据存在差异以及气象条件的变化等。此外，分析数据时还存在数据定义不一致的问题，如图（c）刻画了 PM10 和 PM2.5 浓度，而统计局将此数据定义为"人口暴露数据"，定义的不一致会影响政策评估过程的有效性。

对国际间工作组的预期工作与实际工作进行评估，发现报告中政策实施情况以及目标实现情况的信息透明度有待提高。此外，参与方信息的透明度尚不清楚。斯洛文尼亚共和国卫生部在 2015 年声明与各部门、非政府组织或青年组织之间进行合作，但审计并未发现能够证明合作有效性的相关信息。

10.5.5 研究结论

审计结果表明，2012—2019 年实施的政策并未在促进斯洛文尼亚儿童和青少年健康发展方面发挥积极作用。因此，我们对未来的工作开展提出如下建议：

（1）对政策实施情况及结果进行监督至关重要，在政策制定过程中应对评价指标衡量方式进行详细定义；

（2）环境健康指标应与政策初衷相契合；

（3）需提高跨部门合作的有效性，这对公共卫生政策成功实施至关重要；

（4）正确制定审计计划并系统地执行审计，审计是监督政策成功执行与否的重要手段，任何公共卫生政策都不能排除在审计之外；

（5）再次审计十分重要，如果没有定期进行重新审计，就无法了解前期纠正措施是否有效改善了政策的实施情况；

（6）应注意目前影响年轻人健康状况的因素，如睡眠和饮食习惯、经济移民、家庭结构变化、生育率下降、贫困等。

10.5.6 英文摘要

Evaluating the Success of Slovenia's Policy on the Health of Children and Adolescents: Results of an Audit

Abstract

Objectives The aims of this audit were twofold: (1) to demonstrate the contribution of the auditing process in evaluating the success of child and adolescent health policy in Slovenia between 2012 and 2019, and (2) to expand on the commentary published in the International Journal of Public Health in 2019 to demonstrate the benefits of auditing in improving public health policy in general.

Methods The audit followed health, safety and environmental approaches as per the standards of public health policy.

Results Due to poor inter sectoral coordination and weak associations between environmental and health indicators, no clear evidence could be established that child and adolescent health policy contributed to positive changes in child and adolescent health from 2012 to 2019.

Conclusions Auditing should become an essential component of measuring the success of public health policies. Attention should also be paid to the following issues affecting youth health: sleeping and eating habits, economic migration, poverty, etc.

附　录

附录1　《中国的民主政治建设》白皮书

新华网北京 10 月 19 日电　中国国务院新闻办公室 19 日发表了《中国的民主政治建设》白皮书。全文如下：

中国的民主政治建设

中华人民共和国国务院新闻办公室

二〇〇五年十月·北京

目　录

前言

一、符合国情的选择

二、中国共产党领导人民当家作主

三、人民代表大会制度

四、中国共产党领导的多党合作和政治协商制度

五、民族区域自治制度

六、城乡基层民主

七、尊重和保障人权

八、中国共产党民主执政

九、政府民主

十、司法民主

结束语

前　言

民主是人类政治文明发展的成果，也是世界各国人民的普遍要求。各国的民

主是由内部生成的,而不是由外力强加的。

回溯中国近代以来的历史,中国人民为争取民主进行了百折不挠的斗争和艰难探索,但只有在中国共产党的领导下,才真正获得了当家作主的权利。中国人民十分珍惜并坚决维护这来之不易的民主成果。

由于国情的不同,各国人民争取和发展民主的道路是不同的。中国共产党和中国人民根据自己的国情进行了新民主主义革命,在新中国成立后又从社会主义初级阶段的实际出发,实行有自己特点的社会主义民主。几十年来的实践证明,走中国人民自己选择的这条民主政治发展道路,中国人民不仅实现了当家作主的愿望,而且正在逐步实现把国家建设成为社会主义现代化强国的共同理想。

中国特色社会主义民主正在不断健全、完善和发展。自20世纪70年代末实行改革开放政策以来,中国在深化经济体制改革的同时,坚定不移地推进政治体制改革,中国的民主制度不断健全,民主形式日益丰富,人民充分行使自己当家作主的权利。中国特色社会主义民主政治建设正在与时俱进,不断呈现蓬勃生机和旺盛活力。

一、符合国情的选择

人类几千年政治文明史,反复印证了一个道理:一个国家实行什么样的政治制度,走什么样的民主道路,要与一国的国情相适应。中国的社会主义民主政治,植根于中华民族几千年来赖以生存和发展的广阔沃土,产生于中国共产党和中国人民为争取民族独立、人民解放和国家富强而进行的伟大实践,是适合中国国情和社会进步要求的选择。

中国有五千年文明史,有着与古埃及、印度、巴比伦文明并称于世的灿烂文明,为人类发展和进步作出了重大贡献。中华民族是勤劳、勇敢、智慧的民族,她的历史传承之久远、文化形态之完整,为世界所公认。

中国经历过漫长的封建社会时代,直到1840年后西方资本主义列强发动一次又一次侵华战争,由于封建统治阶级的腐朽衰败,才逐渐沦为半殖民地半封建社会。在此后的近110年时间里,中国成为全世界几乎所有大小帝国主义国家掠夺的对象。中华民族危难深重,外遭帝国主义的侵略,内受封建主义的压迫,人民根本没有民主权利。为改变国家和民族的命运,一代又一代中国人奋起反抗,进行了前仆后继的英勇斗争。

在救亡图存运动中,一些先进的中国人曾经把目光转向西方寻求救国救民的道路,在中国发动资产阶级民主革命。1911年中国民主革命的先行者孙中山先生领导的辛亥革命,终结了统治中国两千多年的君主专制制度。但是,辛亥革命后试图模仿西方民主制度模式建立的资产阶级共和国,包括议会制、多党制等,并没有实现中国人民要求独立、民主的迫切愿望,很快就在中外各种反动势力的冲击下归于失败。时人悲愤地感叹道:"无量头颅无量血,可怜购得假共和。"中国人民仍然处于被压迫、被奴役、被剥削的悲惨境地。中国的出路在哪里?中国人民在黑暗中思考着、摸索着、奋斗着。

中国人民从艰难曲折的探索和斗争中终于认识到,在中国,照搬西方资本主义政治制度是一条走不通的路,要完成救亡图存和反帝反封建的历史任务,必须以新思想新理论开创中国革命的新道路,建立全新的政治制度。领导中国人民找到这条新道路和建立新制度的重任,历史地落在了中国共产党身上。1921年,一批接受过民主与科学思想洗礼的先进知识分子,把马克思列宁主义同中国工人运动相结合,建立了中国共产党。此后,在中国共产党的领导下,中国革命进入了彻底反帝反封建反官僚资本主义的新民主主义发展阶段,经过长达28年的艰苦卓绝的英勇奋战,最终实现了民族独立和人民解放。

作为中国工人阶级的先锋队,同时是中国人民和中华民族的先锋队,中国共产党自成立起就以实现和发展人民民主为己任。中国共产党领导人民进行革命的目的是要实现大多数人的民主,而不是少数人的民主。中国共产党创造性地把马克思主义普遍真理与中国革命的具体实际相结合,先后提出了"工农民主"、"人民民主"、"新民主主义"等民主概念,不断丰富和发展马克思主义的民主政治理论,并先后以罢工工人代表大会、农民协会、工农兵代表苏维埃、参议会、各界人民代表会议等实践和组织形式,创造适合中国国情、能够保证人民当家作主的民主政治实现形式。这些与当时国民党的统治制度形成了鲜明对照,反映了人民的意愿并得到人民的拥护。

1949年9月,新中国成立前夕召开的中国人民政治协商会议第一届全体会议,是中国共产党和各民主党派、人民团体、无党派民主人士按照民主原则共商建国大计的一次重要会议,确立了新中国的国家制度和政权组织形式。会议通过的具有临时宪法地位的《中国人民政治协商会议共同纲领》明确规定:"中华人民共和国为新民主主义即人民民主主义的国家,实行工人阶级领导的、以工农联盟为基础的、团结各民主阶级和国内各民族的人民民主专政……";"中华人民共和国的国家政权属于人民。人民行使国家权力的机关为各级人民代表大会和各级人民政府。"

1949年10月1日中华人民共和国的成立,标志着中国人民在中国共产党的领导下取得了新民主主义革命的伟大胜利,中国人民的政治地位发生了根本变化。从此,中国人民开始真正当家作主,成为国家、社会和自己命运的主人。新中国的建立,使中国实现了从两千多年的封建专制政治、近代以来照搬西方民主政治模式的失败尝试向新型人民民主政治的伟大跨越。

新中国成立不久,1953年在全国范围内进行了中国历史上第一次规模空前的普选,人民通过选举自己的代表行使当家作主的权利,自下而上地逐级召开人民代表大会。1954年9月,第一届全国人民代表大会第一次会议的召开,标志着人民代表大会制度在全国范围内正式建立。此前经过全国人民广泛讨论并在这次会议上通过的《中华人民共和国宪法》,把工人阶级领导的、以工农联盟为基础的人民民主专政的国家制度和人民代表大会的政体制度,确立为中华人民共和国的根本政治制度,并明确规定:中华人民共和国的一切权力属于人民;人民行使权力的机关是全国人民代表大会和地方各级人民代表大会;全国人民代表大会、地方各级人民代表大会和其他国家机关,一律实行民主集中制。

人民代表大会制度的建立和《中华人民共和国宪法》的颁布施行,使中国人民行使当家作主的权利有了可靠的制度保障和宪法依据。到1956年,中国绝大多数地区基本上完成了对生产资料私有制的社会主义改造,完成了从新民主主义向社会主义的过渡,建立了社会主义的基本制度,实现了中国历史上最广泛最深刻的社会变革。但是,新中国的民主政治建设在探索中也走过弯路,特别是"文化大革命"(1966—1976年)的严重错误,使中国的民主政治建设经历了严重挫折,留下了沉痛教训。

20世纪70年代末实行改革开放政策以来,中国共产党深刻总结正反两方面历史经验,领导人民进入了中国社会主义民主政治建设的新时期。没有民主就没有社会主义,就没有社会主义的现代化;必须加强社会主义法制,使民主制度化、法律化;依法治国,建设社会主义法治国家;发展社会主义民主政治,建设社会主义政治文明;坚持共产党的领导、人民当家作主和依法治国的有机统一;以人为本,执政为民,构建社会主义和谐社会等,成为中国共产党和全国各族人民完善和发展社会主义民主政治的共识和前进指针。

近20多年来,中国社会主义民主政治建设在实践中取得了许多重大进展。人民代表大会制度、中国共产党领导的多党合作和政治协商制度、民族区域自治制度等国家民主制度不断完善和发展,城乡基层民主不断扩大,公民的基本权利得到尊重和保障,中国共产党民主执政能力进一步提高,政府民主行政能力显著增强,司法民主体制建设不断推进。国家领导制度、立法制度、行政管理制度、决策制度、司法制度、人事制度和监督制约制度等方面的改革取得了显著成效。在依法治国,建设社会主义法治国家目标的指引下,社会主义民主的制度化、规范化和程序化建设不断加强,以宪法为核心的中国特色社会主义法律体系初步形成,国家政治、经济、文化、社会生活的主要方面基本做到了有法可依。

中国的社会主义民主政治建设,始终坚持以马克思主义民主理论与中国实际相结合的基本原则为指导,借鉴了人类政治文明包括西方民主的有益成果,吸收了中国传统文化和制度文明中的民主性因素,因此,中国的社会主义民主政治具有鲜明的中国特色:

——中国的民主是中国共产党领导的人民民主。没有中国共产党,就没有新中国,也就没有人民民主,这是被历史证明了的客观事实。中国人民当家作主,是在中国共产党领导下经过艰苦卓绝的斗争实现的。中国的民主政治制度,是中国共产党领导中国人民创建的。中国民主政治制度的发展和完善,是在中国共产党领导下进行的。中国共产党的领导从根本上保证了人民当家作主。

——中国的民主是由最广大人民当家作主的民主。人民当家作主是中国社会主义民主的本质。在中国,公有制经济是社会主义制度的经济基础。在社会主义初级阶段,国家坚持公有制为主体、多种所有制经济共同发展的基本经济制度,坚持按劳分配为主体、多种分配方式并存的分配制度。这就从经济基础上决定了中国的民主不受资本的操纵,不是少数人的民主,是最广大人民的民主。在中国,享有民主权利的人民范围包括一切不被法律剥夺政治权利的人。

——中国的民主是以人民民主专政作为可靠保障的民主。人民民主专政,一方面要求在人民内部实行最广泛的民主,尊重和保障人权,保证国家权力掌握在人民手中,为人民服务;另一方面要求对破坏社会主义制度、危害国家安全和公共安全、侵犯公民人身权利和民主权利、贪污贿赂和渎职等各种犯罪行为,依法使用专政手段予以制裁,以保障最广大人民的根本利益。

——中国的民主是以民主集中制为根本组织原则和活动方式的民主。民主集中制是中国国家政权的根本组织原则和领导原则。实行民主集中制,就是要求充分发扬民主,集体议事,使人民的意愿和要求得到充分表达和反映,在此基础上集中正确意见,集体决策,使人民的意愿和要求得以落实和满足。实行民主集中制,还要求"尊重多数,保护少数",反对无政府主义的"大民主",反对把个人意志凌驾于集体之上。

二、中国共产党领导人民当家作主

中国共产党的领导地位,是在中国人民追求民族独立、国家富强、生活幸福的长期斗争和实践中逐步形成的,是历史的选择、人民的选择。中国革命、建设和改革的历程向世人昭示:是中国共产党领导人民找到了一条实现民族独立和人民解放的正确道路,是中国共产党领导人民找到了一条建设富强、民主、文明的现代化国家的正确道路。也正因如此,中国共产党的领导地位被明确载入了《中华人民共和国宪法》。

在当代中国,中国共产党的领导和执政,是中国发展和进步的客观要求。

——中国共产党的领导和执政,是推进社会主义现代化建设和实现中华民族伟大复兴的需要。摆脱国家贫穷落后面貌,实现现代化和民族复兴,是中国人民的百年追求和梦想。在中国共产党的领导下,经过新中国成立56年来的探索和奋斗,中国彻底改变了一穷二白的落后面貌,生产力迅猛发展,综合国力显著增强,人民生活明显改善,国际地位不断提高,国际影响日益扩大。特别是改革开放20多年来,中国创造了国内生产总值年均增长9.4%的经济奇迹,13亿中国人民生活总体上达到了小康水平。在中国共产党的领导下,朝着富强、民主、文明的社会主义现代化目标继续前进,是中国人民坚定不移的选择。

——中国共产党的领导和执政,是维护中国国家统一、社会和谐稳定的需要。历史反复证明,在中国,没有国家的统一和社会的稳定,就没有国家的繁荣富强和人民的安居乐业。近代中国,深受外国入侵、军阀混战和政局动荡之害。中国人民对此刻骨铭心。中国的统一和稳定,是中国人民之福,也符合世界各国人民的共同利益。维护国家统一和社会稳定,历来是中国各族人民最关切的头等重要的大事。中国共产党作为中国各族人民根本利益的忠实代表,以科学理论为指导,依靠其遍布全国的近350万个党组织和6 960万名党员,凭借其丰富的执政经验和驾驭全局的能力,统筹经济社会等各方面发展,努力构建社会主义和谐社会,维护了国家统一和社会和谐稳定。

——中国共产党的领导和执政,是保证政权稳定的需要。中国幅员辽阔,人口众多,且城乡之间、地区之间发展不平衡,差异较大,因此,保证政权稳定对中国意义非同寻常。只有保持政权的稳定,才能聚精会神搞建设,一心一意谋发展;才能使国家现代化的发展战略和奋斗目标,在长时间里得以一以贯之地实行;才能减少各种不必要的或不应有的政治内耗,最大限度地调动一切积极因素,集中一切资源、力量和智慧,解决关系国计民生的重大问题,保证经济社会的可持续发展。

——中国共产党的领导和执政,是把亿万人民团结凝聚起来,共同建设美好未来的需要。四分五裂,一盘散沙,是近代旧中国社会的真实写照。中国人民对此有着切肤之痛。在中国这样一个人口众多、情况复杂的大国,如果没有一个坚强有力的政治核心,没有一个能把全国各族人民凝聚起来共同奋斗的崇高目标,国家就会分崩离析,就不可能不断实现发展和进步。实践充分证明,在中国,是中国共产党把广大人民团结起来,使人民的积极性、主动性和创造性不断得到充分的发挥,为实现共同利益、共同事业、共同理想和中国更美好的未来,同心同德地共同奋斗。

中国共产党领导和执政,本质是领导、支持和保证人民当家作主。中华人民共和国的一切权力属于人民。这是中国民主政治建设的根本准则,也是中国共产党领导和执政的本质要求。在中国,中国共产党领导、支持和保证人民当家作主,就是从制度上、法律上保障这一根本准则在国家和社会生活中得到充分和切实的贯彻和体现。中国共产党领导人民制定宪法和法律,带头遵守和维护宪法和法律,坚决与一切违反宪法和法律的行为做斗争。

中国共产党领导、支持和保证人民当家作主的具体实现形式:一是领导人民通过人民代表大会制度掌握国家权力,以此保证国家制定的法律和方针、政策能够体现人民的共同意志,维护人民的根本利益,保障人民当家作主。二是领导人民依照宪法和法律规定,通过各种途径和形式,管理国家事务,管理经济和文化事业,管理社会事务,以此保证国家各项事业的发展符合人民的意愿、利益和要求。三是领导人民实行基层民主,由群众依法办理自己的事情,通过民主选举、民主决策、民主管理、民主监督,实行自我管理、自我教育、自我服务。四是领导人民严格贯彻公民在法律面前一律平等的原则,使公民享有法律上、事实上的广泛的自由和权利,尊重和保障人权,维护公平与正义。通过这些制度和法律保障,人民真正作为国家的主人,运用属于自己的公共权力和各项公民权利去维护和实现自己的利益。

三、人民代表大会制度

人民代表大会制度是中国人民当家作主的根本政治制度。人民通过全国人民代表大会和地方各级人民代表大会,行使国家权力。

中国根据自己的国情实行一院制,而不是西方国家实行的两院制。中国宪法规定:中华人民共和国全国人民代表大会是最高国家权力机关。在中国,国家行政机关、审判机关、检察机关都由人民代表大会产生,对它负责,受它监督。国家的重大事项由人民代表大会决定。行政机关负责执行人民代表大会通过的法律、决议、决定。法院、检察院依照法律规定分别独立行使审判权、检察权,不受行政机关、社会团体和个人的干涉。

全国人民代表大会和地方各级人民代表大会都由民主选举产生,对人民负责,受人民监督。中国宪法规定,年满18周岁的公民,不分民族、种族、性别、职业、家庭出身、宗教信仰、教育程度、财产状况、居住期限,除依法被剥夺政治权利的人外,都有选举权和被选举权。中国的县、乡两级人民代表大会代表都由选民直接选举产生,多年来享有选举权和被选举权的人数占18周岁以上公民人数的99%以上,参选率在90%左右。根据中国的实际情况,目前县以上的各级人民代表大会代表通过间接选举产生,即由下一级人民代表大会选举产生上一级人民代表大会代表。无论直接选举,还是间接选举,都依法实行差额选举。选民和选举单位有权依照法律规定的程序,罢免或者撤换自己选出的代表。目前全国各级人民代表大会代表共有280多万人。各级人大代表来自各民族、各行业、各阶层、各党派,具有广泛的代表性。各级人民代表大会中均有相当数量的工人、农民代表。第十届全国人民代表大会代表中,工人、农民代表占总数的18.4%。为保证国家的权力真正掌握在全体人民手中,代表在履行职责时,必须反映和代表人民的利益和意志。代表有权依法提出议案、审议各项议案和报告、对各项议案进行表决,在人民代表大会各种会议上的发言和表决受法律保护。

中国宪法和法律规定,全国人民代表大会、地方各级人民代表大会每届任期五年,全国人民代表大会会议每年举行一次,地方各级人民代表大会会议每年至少举行一次。中国选举法还规定,全国人民代表大会代表名额不超过3000人。由于全国人民代表大会代表人数较多,不便经常开会议事,根据中国宪法规定,全国人民代表大会设立了常务委员会,在全国人大闭会期间行使最高国家权力机关的职能。全国人大常委会一般每两个月举行一次会议。全国人民代表大会常务委员会由委员长、副委员长若干人、秘书长、委员若干人组成。第十届全国人民代表大会常务委员会组成人员为175人,其中委员长1人,副委员长15人。中国的县级以上地方各级人大也设立常委会,全国人大常委会和县级以上地方各级人大常委会组成人员由代表大会在代表中通过差额选举产生,每届任期同代表大会相同。

人民代表大会及其常务委员会充分发扬民主,集思广益,代表和反映人民的意志和根本利益。人民代表大会及其常务委员会表决各项议案实行绝对多数原则,即由全体组成人员的过半数赞成才能通过。全国人民代表大会对宪法的修改,须由全体代表的三分之二以上的多数通过。

人民代表大会及其常务委员会举行会议时,有关部门负责人可以列席会议,有关部门和个人可以旁听会议。列席会议人员有发言权,无表决权。旁听人员没有发言权,如果他们对常委会正在审议的议案有意见,可以书面向常委会工作机构提出。近年来,一些地方召开常委会会议时,按照公民报名顺序,确定旁听人选。

人民代表大会的职权主要有四项:立法、监督、人事任免、重大事项决定。这也是中国人民通过人民代表大会制度行使当家作主权利的主要体现。

——立法权。中国宪法规定,全国人民代表大会和全国人民代表大会常务委员会行使国家立法权,主要是修改宪法,制定和修改刑事、民事、国家机构的和其他的基本法律。省级人大及其常委会根据本行政区域的具体情况和实际需要,在不同国家宪法、法律、行政法规相抵触的前提下,可以制定地方性法规;较大的市的人大及其常委会根据本市的具体情况和实际需要,在不同国家宪法、法律、行政法规和本省、自治区的地方性法规相抵触的前提下,可以制定地方性法规,报省、自治区的人大常委会批准后施行;经济特区所在地的省、市的人大及其常委会根据全国人大的授权决定,可以制定法规,在经济特区范围内实施;民族自治地方的人民代表大会还有权依照当地民族的政治、经济和文化特点,制定自治条例和单行条例,对法律、行政法规的规定作变通。

从1949年中华人民共和国成立至1978年的30年间,全国人民代表大会曾制定法律134件,其中至今仍然有效的有16件。自改革开放以来,中国的社会主义民主法制建设进入一个崭新的时期。全国人大于1982年全面修改了宪法,以后又通过四个宪法修正案。全国人大及其常委会制定了200多件现行有效的法律和200多件关于法律问题的决定,地方人大及其常委会制定了7 500多件现行有效的地方性法规,民族自治地方的人民代表大会制定了600多件自治条例和单行条例。

近年来,中国的立法民主不断向前推进。几乎每一件法案的起草都采取专家座谈会、论证会等形式,听取专家的意见。有的法案还由立法机构直接委托社会研究部门起草。对于调整重要社会关系的立法项目,地方人大常委会还经常召开听证会,让不同利害关系方发表意见。中国立法法对立法听证会作出了规定。1982年以来,全国人大及其常委会在制定包括宪法修正案、婚姻法修改草案、合同法草案、物权法草案在内的10多项关系到人民切身利益的重要法律案过程中,都把草案向全民公布征求意见。人民群众直接参与法律的制定,不仅提高了立法质量,使法律能够充分体现人民的意愿和要求,而且增强了全社会的法律意识,通过后也能比较顺利地执行。

——监督权。监督宪法和法律的实施,是全国人大及其常委会行使监督权的主要内容。这种监督的基本形式是执法检查、法规备案审查。在执法检查方面,九届全国人大常委会先后22次对21件法律的实施情况进行了监督检查,十届全国人大常委会在2003年和2004年两年时间里,检查了10件法律实施情况。地方人大常委会也在本行政区域范围内对法律、有关法规实施情况进行了检查。人大常委会通过执法检查,进一步了解和掌握法律、法规实施中的真实情况和存在的问题,督促同级政府和法院、检察院改进执法工作,促进了法律实施主管机关依法行政、公正司法。在法规备案审查方面,截止到目前,报送全国人大常委会备案的地方性法规共7 500多件,自治条例和单行条例共600多件,经济特区法规近300件。十届全国人大常委会成立了专门的审查机构,使这项工作进一步规范化。省级人大常委会、较大的市人大常委会也依法开展了地方政府规章的备案审查工作。通过备案审查,撤销违反宪法和法律的法规、规章,督促有关制定机关纠正不适当的条文,对保障国家法制统一具有重要的作用。近年来,全国人大常委会开始对最高人民法院、最高人民检察院的司法解释进行备案审查。

监督同级政府和法院、检察院的工作,是人大及其常委会行使监督权的另一重要内容。听取和审议"一府两院"的工作报告,是人大及其常委会进行工作监督的基本形式。人民代表大会举行会议的时候,同级人民政府、人民法院、人民检察院向大会报告工作,人民政府还须向大会提出预算草案、国民经济和社会发展计划草案,预算草案须经大会审查批准。人民代表大会常务委员会召开会议时,经常就关系改革发展稳定全局的重大问题和同人民群众切身利益密切相关的热点难点问题,听取有关专题工作报告或汇报。九届全国人大的五年间,常委会共听取和审议了40个专题报告;十届全国人大的头两年,常委会共听取和审议了22个专题报告。

——人事任免权。人民代表大会及其常务委员会有权选举、决定、任免、撤换、罢免有关国家机构组成人员。全国人民代表大会选举国家主席、副主席,中央军事委员会主席;根据国家主席的提名,决定国务院总理的人选;根据国务院总理的提名,决定国务院副总理、国务委员、各部部长、各委员会主任、审计长、秘书长的人选;根据中央军事委员会主席的提名,决定中央军事委员会其他组成人员的人选;选举最高人民法院院长、最高人民检察院检察长。地方各级人民代表大会依法认真履行对地方有关国家机构组成人员的选举、决定、任免、撤换、罢免。

——重大事项决定权。全国人民代表大会依据宪法有权批准省、自治区、直辖市的建置,决定特别行政区的设立及其制度,决定战争和和平的问题,以及其他重大事项。对国家经济和社会发展中的重大问题,如长江三峡工程等,须全国人民代表大会作出决议后方可实施。近年来,地方人大及其常委会就本地区的城市建设规划、环境保护等重大事项行使了决定权。

实践充分证明,人民代表大会制度是符合中国国情、体现中国社会主义国家性质、能够保证中国人民当家作主的根本政治制度。它植根于人民群众,具有强大的生命力;它代表广大人民的共同意志和根本利益,动员全体人民以主人翁的地位投身国家建设,保证国家机关协调高效运转,维护国家统一和民族团结。中国各族人民通过人民代表大会制度牢牢地把国家和民族的前途命运掌握在自己手里。

四、中国共产党领导的多党合作和政治协商制度

实行何种政党制度是由国家性质、国情、国家利益和社会发展要求所决定的。中国的政党制度既不同于西方国家的两党或多党竞争制,也有别于一些国家实行的一党制,而是中国共产党领导的多党合作和政治协商制度。这一政党制度是中国共产党与各民主党派在中国革命、建设和改革的长期实践中确立和发展起来的,是中国共产党同各民主党派风雨同舟、团结奋斗的成果,是当代中国的一项基本政治制度。

中国目前共有九个政党。除中国共产党外,还有中国国民党革命委员会(1948年成立)、中国民主同盟(1941年成立)、中国民主建国会(1945年成立)、中国民主促进会(1945年成立)、中国农工民主党(1930年成立)、中国致公党(1925年成立)、九三学社(1945年成立)、台湾民主自治同盟(1947年成立)。由于这些政党大都成立于中国人民抗日战争(1937—1945年)和解放战争(1946—1949年)时期,是在争取实现民族解放和人民民主的斗争中建立的,因此被称为"民主党派"。在当今中国,民主党派是各自所联系的一部分社会主义劳动者、社会主义事业建设者和拥护社会主义爱国者的政治联盟。无党派人士也是中国政治生活中的一支重要力量。无党派人士是指没有参加任何党派、对社会有积极贡献和一定影响的人士,其主体是知识分子。

中国政党制度的显著特征是:中国共产党领导、多党派合作,中国共产党执政、多党派参政。各民主党派是与中国共产党团结合作的亲密友党和参政党,而不是

反对党或在野党。各民主党派参加国家政权,参与国家大政方针和国家领导人选的协商,参与国家事务的管理,参与国家方针政策、法律法规的制定和执行。

在中国,中国共产党与各民主党派有着共同的奋斗目标。中国宪法规定:"中国共产党领导的多党合作和政治协商制度将长期存在和发展。"中国共产党与各民主党派合作的基本方针是"长期共存、互相监督、肝胆相照、荣辱与共"。中国的国情和国家性质决定了中国共产党的领导是多党合作的首要前提和根本保证。同时,这种领导又不是简单的包办,而是政治领导,即政治原则、政治方向和重大方针政策的领导。中国共产党与各民主党派都以宪法为根本活动准则,负有维护宪法尊严、保证宪法实施的职责。

中国人民政治协商会议是中国人民爱国统一战线的组织,是中国共产党领导的多党合作和政治协商的重要机构,也是中国政治生活中发扬民主的重要形式。中国人民政治协商会议全国委员会由中国共产党、各民主党派、无党派人士、人民团体、各少数民族和各界的代表,香港特别行政区同胞、澳门特别行政区同胞、台湾同胞和归国侨胞的代表以及特别邀请的人士组成,设若干界别。中国人民政治协商会议全国委员会设主席、副主席若干人和秘书长,每届任期五年,全体会议每年举行一次。在中国,省、自治区、直辖市设中国人民政治协商会议省、自治区、直辖市委员会;自治州、设区的市、县、自治县、不设区的市和市辖区,凡有条件的地方,均可设立中国人民政治协商会议各该地方的地方委员会,每届任期五年,全体会议每年至少举行一次。人民政协围绕团结和民主两大主题开展工作,履行政治协商、民主监督、参政议政职能。中国人民政治协商会议在国家政治生活、社会生活和对外友好活动中,在进行现代化建设、维护国家统一和团结中,发挥着重要作用。中国共产党和各级政府就大政方针以及政治、经济、文化、社会生活中的重要问题,在决策之前和决策执行过程中在人民政协进行协商,广泛听取各方面意见,集思广益,这是中国共产党和各级政府实现决策科学化和民主化的重要环节。

中国共产党领导的多党合作和政治协商制度在国家政治和社会生活中的重要性不断增强,具体表现在以下几个方面:

——中国共产党与各民主党派、无党派人士的政治协商逐步制度化和规范化。中共中央在作出重大决策之前,一般都邀请民主党派主要领导人和无党派代表人士召开民主协商会、小范围谈心会、座谈会,通报情况,听取意见,共商国是。除会议协商外,民主党派中央可向中共中央提出书面建议。协商的主要内容包括:中国共产党全国代表大会、中共中央委员会的重要文件;宪法和重要法律的修改建议;

国家领导人的建议人选;关于推进改革开放的重要决定;国民经济和社会发展的中长期规划;关系国家全局的一些重大问题;通报重要文件和重要情况并听取意见,以及其他需要同民主党派协商的重要问题等。在2003年和2004年两年时间里,中共领导人亲自或委托有关部门召开的各种协商会、座谈会、通报会等共有36次,其中由中共中央总书记主持的有13次。

——民主党派成员、无党派人士在人民代表大会中发挥着重要作用。民主党派成员和无党派人士在全国人大代表、全国人大常委会及专门委员会中,均占适当比例。通过在人民代表大会中的活动,他们反映民意,参与国家重大决策,制定法律,监督政府。2003年换届后,他们中有17.6万人担任全国各级人大代表。其中,全国人大常委会副委员长7人,全国人大常委50人;省级人大常委会副主任41人,省级人大常委462人;市级人大常委会副主任352人,市级人大常委2 084人。

——民主党派成员和无党派人士担任各级政府和司法机关的领导职务。截至2004年底,共有3.2万多人在各级政府和司法机关担任县处级以上领导职务。其中,有19人担任最高人民法院、最高人民检察院和中央国家机关有关部委领导职务;全国31个省、自治区、直辖市中,有非中共党员副省长、副主席、副市长27人;全国397个市(州、盟、区)人民政府中有354人担任副市(州、盟、区)长;有19人担任省级法院副院长和检察院副检察长,有87人担任地市级法院副院长和检察院副检察长。他们与中国共产党干部互相支持,在国家机关中发挥着重要作用。

——民主党派和无党派人士在中国人民政治协商会议中发挥重要作用。各民主党派和各界代表人士通过参加人民政协,发表意见,提出提案和建议案,开展参政议政工作。民主党派成员和无党派人士在各级政协委员、常委和领导人中有较大比例。2003年换届后,他们中有33.7万多人担任全国各级政协委员。十届全国政协委员中,民主党派和无党派人士占60.1%,政协常委中占65.2%,副主席24人中占13人。

——民主党派和无党派人士通过多渠道、多形式对执政党的工作实行民主监督。监督的主要内容有:国家宪法和法律法规的实施情况;中国共产党和政府重要方针政策的制定和贯彻执行情况;中国共产党组织及党员领导干部履行职责、为政清廉等方面的情况。近年来,政府部门和司法机关通过聘请民主党派成员、无党派人士担任特约人员,吸收和组织民主党派和无党派人士参加党风廉政建设情况的检查、其他专项检查和执法监督工作,使民主监督的渠道进一步拓宽,监督工作不断加强。

——民主党派和无党派人士积极参与改革开放和现代化建设事业,为推动祖国统一大业和社会全面进步不断建言献策。1989年以来,各民主党派中央围绕中国共产党和国家的工作大局以及事关国计民生的重大问题进行考察调研,特别是围绕经济建设、和平统一两大任务,先后向中共中央、国务院及有关部门提出重大建议近180项,地方组织提出各项建议提案8万多件,其中许多都被采纳。民主党派各级地方组织共提供咨询服务项目4万多个,兴办各级各类学校1 000余所,培训各级各类专业人才约300万人次。

2005年2月,中国共产党颁发《中共中央关于进一步加强中国共产党领导的多党合作和政治协商制度建设的意见》,在总结多党合作和政治协商的历史经验和成功做法的基础上,进一步明确了多党合作和政治协商的原则、内容、方式、程序等,为健全完善中国特色社会主义政党制度指明了方向。

中国共产党领导的多党合作和政治协商制度的政治优势在于:既能实现广泛的民主参与,集中各民主党派、各人民团体和各界人士的智慧,促进执政党和各级政府决策的科学化、民主化,又能实现集中统一,统筹兼顾各方面群众的利益要求;既能避免一党执政缺乏监督的弊端,又可避免多党纷争、互相倾轧造成的政治混乱和社会不安定团结。

五、民族区域自治制度

中国是一个统一的多民族国家,迄今为止,通过识别并由中央政府确认的民族有56个。其中,汉族人口最多,其他55个民族人口较少,习惯上被称为少数民族。2000年第五次全国人口普查统计,少数民族人口为10 643万人,占全国总人口的8.41%。

世界上的多民族国家在处理民族问题方面有不同的制度模式,中国采用的是民族区域自治。民族区域自治是在国家统一领导下,各少数民族聚居的地方设立自治机关,行使自治权,实行区域自治。中国采用民族区域自治的办法解决民族问题,是根据本国的历史发展、文化特点、民族关系和民族分布等具体情况作出的制度安排,符合各民族人民的共同利益和发展要求。中国宪法和民族区域自治法,对民族区域自治及其实施作出明确规定。民族区域自治制度是中国的一项基本政治制度。

中国的民族自治地方分为自治区、自治州、自治县三级。中华人民共和国成立之前的 1947 年,在中国共产党领导下,已经解放的中国蒙古族聚居地区就建立了中国第一个省级民族自治地方——内蒙古自治区。新中国成立后,中国政府开始在少数民族聚居的地方全面推行民族区域自治。1955 年 10 月,新疆维吾尔自治区成立;1958 年 3 月,广西壮族自治区成立;1958 年 10 月,宁夏回族自治区成立;1965 年 9 月,西藏自治区成立。目前,中国共建立了 155 个民族自治地方,其中包括 5 个自治区、30 个自治州、120 个自治县(旗)。在 55 个少数民族中,有 44 个建立了自治地方,实行区域自治的少数民族人口占少数民族总人口的 71%。同时,中国还在相当于乡的少数民族聚居的地方建立了 1 173 个民族乡,作为民族自治地方的补充形式。11 个因人口较少且聚居区域较小而没有实行区域自治的少数民族中,有 9 个建有民族乡。

依据宪法和民族区域自治法的规定,民族自治地方的自治机关,是自治区、自治州、自治县的人民代表大会和人民政府,它们在行使同级地方国家机关职权的同时,拥有自治权。一是自主管理本民族、本地区的内部事务。中国 155 个民族自治地方的人民代表大会常务委员会中都有实行区域自治的民族的公民担任主任或副主任,自治区主席、自治州州长、自治县县长则全部由实行区域自治的民族的公民担任。民族自治地方的自治机关所属工作部门的其他组成人员中,依法合理配备实行区域自治的民族干部和其他少数民族干部。目前,全国少数民族干部总数达 290 多万人。二是享有制定自治条例和单行条例的权力。截至 2004 年底,民族自治地方共制定现行有效的自治条例 133 个,单行条例 418 个。民族自治地方根据本地的实际,对婚姻法、继承法、选举法、土地法、草原法等法律的变通和补充规定有 68 件。三是使用和发展本民族语言文字。目前,中国有 22 个少数民族使用 28 种本民族文字。2003 年,用少数民族文字出版的图书有 4 787 种,印数 5 034 万册;杂志 205 种,印数 781 万册;报刊 88 种,印数 13 130 万份。目前,蒙古、藏、维吾尔、朝鲜、彝等少数民族文字已有编码字符集、字型、键盘的国家标准,文字软件已实现 Windows 系统上的运行和激光照排。四是尊重和保护少数民族宗教信仰自由。截至 2004 年底,西藏自治区共有 1 700 多处藏传佛教活动场所,住寺僧尼约 4.6 万人;新疆维吾尔自治区共有清真寺约 2.39 万座,教职人员约 2.7 万人。此外,民族自治地方还有权保持或者改革本民族风俗习惯,自主安排、管理和发展本地方经济建设事业,自主管理地方财政,自主发展教育、科技、文化、卫生、体育等社会事业。

国家通过各种措施帮助和支持民族自治地方发展经济社会各项事业,主要包括:把加快民族自治地方的发展摆到更加突出的战略位置,优先合理安排民族自治地方基础设施建设项目,加大对民族自治地方财政投入和金融支持力度,重视民族自治地方的生态建设和环境保护,采取特殊措施帮助民族自治地方发展教育和科技事业,加大对少数民族贫困地区的扶持力度,增加对民族自治地方社会事业的投入,扶持民族自治地方扩大对外开放,组织发达地区与民族自治地方开展对口支援,照顾少数民族特殊的生产生活需要,等等。中国政府于2000年开始实施西部大开发战略,到2004年底,陆续开工60多个重点工程,投资总规模达8 500多亿元,涉及交通、能源、教育、卫生、环保等多方面。全国5个自治区、27个自治州以及120个自治县中的83个自治县被纳入西部大开发范围。国家制定的"八七扶贫攻坚计划"、"中国农村扶贫开发纲要",以及组织实施的东部沿海发达地区和西部地区对口支援行动、"贫困地区义务教育工程"、"少数民族贫困地区温饱基金"、"天然林保护工程"、广播电视"村村通工程"等,都将帮助民族地区加快发展作为重要内容。国家对西藏的发展给予特殊安排。1994—2001年,中央政府在西藏直接投资39亿元人民币,建设了30项工程。第十个五年计划(2001—2005年)期间,中央政府在西藏投资312亿元人民币,建设117个项目。

在国家和发达地区的大力帮助和支援下,民族自治地方充分发挥自身优势,保持了经济发展、政治稳定、社会进步、民族和睦的良好局面。1994—2003年,中国民族自治地方国内生产总值年均增速为9.87%,高于全国平均水平近1个百分点。1994年民族自治地方人均国内生产总值相当于全国人均的63.5%,2003年上升至66.3%。2003年,民族自治地方完成地方财政收入674亿元人民币,比1994年增加了2.3倍。同年,西藏人均国内生产总值为6 871元人民币,相当于全国人均的75.5%;新疆人均国内生产总值为9 700元人民币,相当于全国人均的106.6%。由于成功地实行民族区域自治制度,中国少数民族依法自主地管理本民族事务,民主地参与国家和社会事务的管理,保证了中国各民族不论大小都享有平等的经济、政治、社会和文化权利,共同维护国家统一和民族团结,反对分裂国家和破坏民族团结的行为,形成了各民族相互支持、相互帮助、共同团结奋斗、共同繁荣发展的和谐民族关系。

六、城乡基层民主

扩大基层民主,是完善发展中国特色社会主义民主政治的必然趋势和重要基础。随着中国的发展和进步,全国各地城乡基层民主不断扩大,公民有序的政治参与渠道增多,民主的实现形式日益丰富。

目前,中国已经建立了以农村村民委员会、城市居民委员会和企业职工代表大会为主要内容的基层民主自治体系。广大人民在城乡基层群众性自治组织中,依法直接行使民主选举、民主决策、民主管理和民主监督的权利,对所在基层组织的公共事务和公益事业实行民主自治,已经成为当代中国最直接、最广泛的民主实践。

(一) 农村基层民主政治建设

中国13亿人口中有8亿多在农村。如何扩大和发展农村基层民主,使农民在所在村庄真正当家作主,充分行使自己的民主权利,是中国民主政治建设的重大问题。经过多年的探索和实践,中国共产党领导亿万农民找到了一条适合中国国情的推进农村基层民主政治建设的途径,这就是实行村民自治。

村民自治是广大农民直接行使民主权利,依法办理自己的事情,实行自我管理、自我教育、自我服务的一项基本制度。它发端于20世纪80年代初期,发展于80年代,普遍推行于90年代,已成为在当今中国农村扩大基层民主和提高农村治理水平的一种有效方式。

中国宪法规定了村民委员会作为农村基层群众性自治组织的法律地位。中国的村民委员会组织法,对村民委员会的性质、职能、产生程序和任期等相关问题作了明确规定,使农村基层民主自治走上健康发展的轨道。目前,全国31个省、自治区、直辖市已经制定或修订了村民委员会组织法实施办法或村委会选举办法,使村民自治有了更加具体的法律法规保障。

民主选举、民主决策、民主管理和民主监督是村民自治的主要内容。

——民主选举。按照宪法、村民委员会组织法等法律法规,由村民直接选举或罢免村民委员会成员。村民委员会由主任、副主任和委员三至七人组成,每届任期三年。在选举过程中,村民委员会成员候选人由村民直接提名和参加投票选举,当场公布选举结果,做到公正、公开、公平。村民的参选热情高涨,据不完全统计,全国农村居民的平均参选率在80%以上,有的地方高达90%以上。截至2004年底,中国农村已建立起64.4万个村民委员会。全国绝大多数省、自治区、直辖市都普遍完成了五至六届村委会换届选举。

——民主决策。凡涉及村民利益的重要事项,都由村民会议或村民代表会议讨论,按多数人的意见作出决定。鉴于中国农村千差万别,村庄规模大小不一,在一些人数较多、居住分散的村庄,村民会议面临难组织、难召开、难议决的实际困难,通过设立村民代表会议,较好地解决了这个问题。目前,中国85%的农村已经建立了实施民主决策的村民会议或村民代表会议制度。

——民主管理。依据国家法律法规和有关政策,结合本地实际情况,由全体村民讨论制定或修改村民自治章程或村规民约。村民委员会和村民按照被形象地称为"小宪法"的自治章程,实行自我管理、自我教育和自我服务。目前,中国80%以上的村庄制定了村民自治章程或村规民约,建立了民主理财、财务审计、村务管理等制度。

——民主监督。村民通过村务公开、民主评议村干部、村民委员会定期报告工作、对村干部进行离任审计等制度和形式,监督村民委员会工作情况和村干部行为。特别是村务公开,得到了村民的普遍欢迎。

村民自治的成功实践,是中国共产党领导亿万农民发展中国特色社会主义民主政治的伟大创举。扩大农村基层民主,实行村民自治,大大激发了广大农民当家作主的积极性、创造性和责任感,掀开了中国农村民主政治建设的新篇章。

(二)城市社区民主政治建设

城市居民委员会是中国城市居民实现自我管理、自我教育、自我服务的基层群众性自治组织,是在城市基层实现直接民主的重要形式。

新中国成立后,即在全国各个城市普遍建立居民委员会,实现城市居民对居住地公共事务管理的民主自治。1982年,城市居民委员会制度首次写入中国宪法。1989年,全国人大常委会制定了《城市居民委员会组织法》,为城市居民委员会发展提供了法律基础和制度保障。1999年,国家在全国26个城区开展了社区建设的试点和实验工作。此后,在全国开展了社区建设示范活动。到2004年底,全国城市已经建立了符合新型社区建设要求的71 375个居民委员会。目前,城市社区建设正在由点到面、由大城市向中小城市、由东部地区向西部地区推进,以完善城市居民自治,建设管理有序、服务完善、环境优美、文明祥和的新型社区正在全国展开。

如同中国农村村民自治,城市社区居民自治的主要内容也是实行民主选举、民主决策、民主管理和民主监督。在民主选举方面,选举的形式经历了由候选人提名到自荐报名,由等额选举到差额选举,由间接选举到直接选举,并打破了地域和身份的限制,民主程度不断提高。近年来,城市社区居民直选蓬勃发展。国家有关部门对26个试点城区的调查表明,城市社区居民对社区居民委员会直选持积极参与的态度,超过九成选民参加了投票。通过直选成立的社区居民委员会呈现出年轻化、知识化和职业化的趋势。在民主决策方面,社区居民是民主决策的主体,通过社区居民会议、协商议事会、听证会等有效形式和渠道,对社区内公共事务进行民主决策。在民主管理方面,居委会依法办事,按照社区居民自治章程和规约规范工作,努力增强居民当家作主意识,实现"社区的事大家管"。在民主监督方面,实行居民委员会事务公开,凡是居民关心的热点、难点问题和涉及全体居民切身利益的重大事务,都及时向居民公开,并通过召开居民评议会,听取居民意见,接受居民监督。

(三) 职工代表大会制度建设

职工代表大会,是保证职工对企事业单位实行民主管理的基本制度。在中国,职工在企事业单位中享有的当家作主的民主权利,主要通过职工代表大会制度来实现。

新中国成立后即在公有制企业中实行了职工代表会议制度,1957年后在全国普遍推行了这一制度。中国宪法、全民所有制工业企业法、劳动法、工会法和全民所有制工业企业职工代表大会条例等法律法规,均对职工代表大会制度作了相应规定。依据有关法律,职工代表大会具有五项职权:对企业生产经营、发展计划和方案有审议建议权;对工资、奖金、劳动保护、奖惩等重要规章制度有审查通过权;对有关职工生活福利等重大事项有审议决定权;对企业行政领导干部有评议监督权;对厂长有推荐或选举权。

在中国,职工代表大会具有广泛的群众基础,代表中不仅有工人,而且有科技人员、管理人员和其他工作人员,能够代表全体职工民主管理企业。职工代表大会闭幕后,由企业工会委员会作为职代会的工作机构,负责职工代表大会的日常工作。从1998年起,厂务公开在国有企业、集体企业及其控股企业开始实施,并逐步向非公有制企业拓展。截至2004年底,中国已建立工会的企事业单位有173.2万个;全国基层工会所在企事业单位建立职工代表大会的有36.9万个,覆盖职工7 836.4万人;实行厂务公开的有31.6万个,覆盖职工7 061.2万人。目前,建立工会组织的公有制企业中有52.8%建立职工代表大会,覆盖职工3 502.6万人,占已建立工会公有制企业职工的72.9%;建立工会组织的非公有制企业中有32.6%建立职工代表大会,覆盖职工2 787万人,占已建工会非公有制企业职工的46.7%。

改革开放以来,职工代表大会和其他形式的企事业单位的民主管理制度在实行民主管理、协调劳动关系、保障和维护职工合法权益、推进企事业单位的改革发展稳定等方面发挥了不可替代的作用。国家坚持全心全意地依靠职工办企业的方针,随着改革开放的深入,将努力推动各类所有制企事业单位建立和完善民主管理制度,切实解决在这方面存在的突出问题,确保职工的民主权利和合法权益得到落实。

七、尊重和保障人权

2004年3月,中国十届全国人大二次会议审议通过的宪法修正案,将"国家尊重和保障人权"载入宪法,揭开了中国人权事业发展的新篇章。

尊重和保障人权,保证人民依法享有广泛的权利和自由,是发展社会主义民主的内在要求。社会主义民主,就是国家一切权力属于人民,人民切实享有宪法和法律规定的公民权利。中国的社会主义民主,是建立在公民各项权利得到保障和不断发展基础上的民主。

中国共产党作为中国人民根本利益的忠实代表,始终将维护国家主权和独立、保障和发展人民的各项权利作为根本任务,并将生存权、发展权作为首要人权。中国共产党坚持把发展作为第一要务,贯彻以人为本、全面协调可持续的科学发展观,努力促进经济发展和社会进步,不断满足人民的多方面需求,实现人的全面发展。

中国宪法全面规定了公民的基本权利和自由。以宪法为依据,中国制定了一系列保障人权的法律,建立了较为完备的保障人权的法律制度。在建国50多年经济社会发展成就的基础上,中国人民今天享有着过去从未有过的全面、真实和充分的人权。

——人民的生存权和发展权得到保障。中国共产党坚持以经济建设为中心,在解决人民生存权和发展权方面作出了巨大努力。经过50多年的奋斗,人民生活基本实现了从贫困到温饱、再从温饱到小康的两次历史性飞跃。中国用不到世界10%的耕地成功地解决了占世界22%人口的吃饭问题。从1979年到2004年,中国经济连续快速增长,国内生产总值由1473亿美元增加到1.65万亿美元,人均突破1200美元。城乡居民年均收入,城镇实际增长4.5倍,农村实际增长4.9倍。人均住房面积,城镇居民由6.7平方米上升到25平方米,农村居民由8.1平方米上升到28平方米。农村贫困人口由2.5亿人减少到2610万人。中国人民总体健康水平已超过中等收入国家的平均水平,处于发展中国家前列。平均期望寿命已从新中国成立前的35岁上升到2004年的近72岁;孕产妇死亡率从新中国成立前的1 500/10万下降到2004年的48.3/10万;婴儿死亡率由新中国成立前的200‰下降到2004年的21.5‰。近年来,中国政府颁布实施了《国家公共卫生监测信息体系建设规划》、《突发公共卫生事件医疗救治体系建设规划》等一系列法规措施,加大了对公民健康权、生命权的保护力度。

——公民权利和政治权利得到保障。中国宪法和法律保护公民的宗教信仰自由、言论出版自由、结社自由等权利,对公民的财产权、名誉权、姓名权、荣誉权、人格尊严权、人身及住宅不受侵犯权等权利予以确认和保护。为使公民享有充分的知情权、监督权和参与公共事务管理等民主权利,中国不断建立健全信息公开等相关制度。国家积极鼓励新闻出版事业的发展,2004年,中国出版发行全国性和省级报纸257.7亿份,各类期刊26.9亿册,图书64.4亿册(张)。近年来,中国互联网发展迅猛,截至2005年6月30日,上网用户总数突破1亿,其中宽带上网达5 300万人。国家尊重并保障公民宗教信仰自由,依法保障信仰宗教的公民、宗教团体和宗教活动场所的合法权益不受侵犯。据不完全统计,中国现有各种宗教信徒1亿多人,各种宗教教职人员约30万人,宗教活动场所10万多处。国家制定了《社会团体登记管理条例》、《民办非企业单位登记管理暂行条例》和《基金会管理条例》,依法保障公民结社自由。截至2004年底,中国有各类民间组织28.9万个,其中社会团体15.3万个、民办非企业单位13.5万个、基金会近900个。

——经济、社会、文化权利得到保障。中国宪法和法律法规对保障公民的劳动权、休息权、男女平等权、男女同工同酬权、知识产权、社会保障权、获得物质帮助权、受教育权、结婚和离婚自由权,以及从事和参加科学研究、文学艺术和其他文化活动的权利等,作出全面规定。近年来,国家通过各种措施,着力解决就业和再就业问题,加紧建立社会保障制度,加大对教育、科技、文化、卫生等社会事业的支持力度,努力将公民的经济、社会、文化权利落到实处。到2004年底,全国城镇参加基本养老、失业、医疗和工伤保险的参保人数分别达到1.64亿人、1.06亿人、1.24亿人和6 845万人,分别比上年底增加847万人、211万人、1 502万人和2 270万人;农村社会养老保险参保人数达到5 378万人,并呈较快发展态势;全国共有2 205万城镇居民得到政府提供的最低生活保障。中国已基本普及九年义务教育并基本扫除了青壮年文盲。2004年,中央政府用于农村义务教育的各类专项资金达100多亿元,比上年增长70%;全国各类高等教育在校人数超过2 000万人,高等教育毛入学率达19%。到2004年底,全国有广播电台282座,广播综合人口覆盖率为94.1%;电视台314座,电视综合人口覆盖率为95.3%。国家不断加强对农民工合法权益的保护力度,并于 2004 年制定了《建设领域农民工工资支付管理暂行办法》,全面清理和解决建筑领域拖欠工程款和进城务工农民的工资问题。

——妇女、老年人、未成年人等特殊群体和残疾人等弱势群体的合法权利得到保障。中国制定了妇女权益保障法、老年人权益保障法、未成年人保护法、残疾人保障法,对妇女、老年人、未成年人等特殊群体和残疾人等弱势群体的保护作出特别规定。在中国,妇女参与国家事务的权利得到保障。从 1975 年的第四届到 2003 年的第十届全国人民代表大会代表中,女代表比例均超过 20%。目前,妇女的就业规模、劳动报酬和受教育水平与男性基本相当。中国已进入老龄化社会,老年人受到政府和社会各方面的特殊关照。2004 年,全国发放企业退休人员基本养老金 3 031 亿元人民币,中央财政补贴 522 亿元人民币。中国有 18 岁以下未成年人 3.76 亿,超过总人口的四分之一。中国政府于 1992 年和 2001 年先后制定了《90 年代中国儿童发展规划纲要》和《中国儿童发展纲要(2001—2010)》,从健康、教育、法律保护、环境等领域,促进儿童发展。中国有残疾人 6 000 万,相当于一个中等国家的人数。2004 年,残疾人就业率达到 80%,有 330 多万残疾人得到不同程度的康复。

——少数民族权利得到保障。在中国,各少数民族同汉族一样,平等地享有宪法和法律规定的全部公民权利,以平等地位参与国家大事和各级地方事务的管理。同时,少数民族的权利还受到法律和有关政策的特殊保障。根据宪法和选举法,在国家最高权力机关全国人民代表大会中,各少数民族都有适当名额的代表,人口特别少的民族,至少有 1 名代表。从第一届全国人大开始,少数民族代表的比例一直保持在 14% 上下,大大高于少数民族占全国人口 8% 左右的比例。在地方各级人大中,在当地聚居和散居的少数民族都有代表参加当地人民代表大会,而且每一少数民族代表所代表的人口数可以少于当地人民代表所代表的人口数。各少数民族都可以担任国家机关和政府部门的各种职务。各民族都有使用和发展本民族语言文字的自由。国家尊重和保护少数民族的风俗习惯和宗教信仰自由。

中国政府重视国际人权公约在促进人权方面的积极作用。到目前为止,中国已参加 21 项国际人权公约,并采取多种措施认真履行公约义务。中国政府于 1997 年 10 月签署了《经济、社会及文化权利国际公约》,2001 年 2 月中国全国人大常委会批准了该公约,中国政府于 2003 年如期向联合国提交了首次履约报告,并于 2005 年 4 月接受联合国经济、社会及文化权利委员会审议。中国政府于 1998 年 10 月签署了《公民权利和政治权利国际公约》。目前,中国有关部门正在加紧研究和准备,一旦条件成熟,国务院将提请全国人大常委会审议批约问题。

八、中国共产党民主执政

在半个多世纪的执政实践中,中国共产党形成了关于民主执政的一系列重要思想,建立了民主执政的制度体系,并正在积极探索民主执政的新途径和新方法。中国共产党广大党员的民主意识不断增强,党的各级干部民主作风明显改善。

民主执政,就是中国共产党要坚持为人民执政、靠人民执政,保证人民当家作主,坚持和完善人民民主专政,坚持和完善党和国家的民主集中制,以发展党内民主带动和发展人民民主。2004年9月,中共十六届四中全会作出《中共中央关于加强党的执政能力建设的决定》,将民主执政与科学执政、依法执政一起,确立为中国共产党执政的基本方式,开启了中国共产党加强民主执政能力建设、提高民主执政水平的新阶段。

(一)改革和完善领导体制和工作机制

中国共产党对国家和社会的领导主要是政治、思想和组织领导,即按照党的基本理论、纲领和路线,通过制定大政方针,提出立法建议,推荐重要干部,进行思想教育,发挥党组织和广大党员的作用和影响,实现党的领导。

在实践中,中国共产党坚持科学执政、民主执政、依法执政,不断改革和完善领导体制和工作机制,按照执政党总揽全局、协调各方的原则,规范党委与人大、政府、政协和人民团体的关系。一方面,党委在同级各种组织中发挥领导核心作用,支持各方独立负责、步调一致地开展工作,通过这些组织中的党组织和党员干部贯彻党的路线方针政策,贯彻党委的重大决策和工作部署。另一方面,支持人民代表大会依法履行国家权力机关的职能,经过民主讨论和法定程序,使党的主张成为国家意志,使党组织推荐的人选成为国家政权机关的领导人员,并对他们进行监督;支持政府履行法定职能,依法行政;支持审判机关和检察机关依法独立公正地行使审判权和检察权;支持政协围绕团结和民主两大主题,履行政治协商、民主监督、参政议政的职能;加强同民主党派合作共事,充分发挥中国社会主义政党制度的特点和优势;支持工会、共青团和妇联等人民团体依照法律和各自章程独立自主地开展工作,更好地发挥党联系各方面人民群众的桥梁和纽带作用。

(二)发展党内民主

以发展党内民主带动人民民主的发展,是中国共产党民主执政的重要内容。近年来,中国共产党在发展党内民主方面不断取得新进展。

——努力建立健全保障党员民主权利的机制。2004年9月,中共中央颁发修订后的《中国共产党党员权利保障条例》,在党章规定的党员权利义务的基础上,通过总结党内民主发展的新鲜经验,完善了党员民主权利行使的程序,党员行使民主权利进一步制度化、规范化。

——健全和完善党的代表大会制度。中国共产党在县以上各级党组织设立党的代表大会制度。党的全国代表大会,省(自治区、直辖市)、设区的市和自治州,县(旗)、自治县、不设区的市和市辖区的党代表大会每五年举行一次。为进一步发挥党的各级代表大会的作用,从20世纪80年代末开始,中国共产党在5个省的12个市、县、区实行了党代表大会常任制的试点工作,取得明显成效。中共中央已决定建立党的代表大会代表提案制度,进一步扩大在市、县进行党的代表大会常任制的试点,并积极探索在党代表大会闭会期间发挥代表作用的途径和形式。

——发挥党的委员会全体会议的作用。中国共产党按照集体领导、民主集中、个别酝酿、会议决定的原则,努力健全完善党委内部的议事和决策机制,重点加强各级党委全体会议的作用。在中共十六届三中、四中、五中全会上,中共中央总书记代表中央政治局常委会向中央委员会报告工作。这是新一届中央领导集体进一步发挥全委会作用的重要举措。各级地方党委领导班子也按照中央的要求,向同级党委全委会述职和报告工作,接受全委会的监督。

——改革完善党内选举制度。中国共产党不断健全和完善党内选举候选人提名方式,经过民主推荐,把组织提名与党员提名结合起来。适当扩大差额选举的比例,逐步扩大基层党组织领导班子成员直接选举的范围。

——建立健全党内监督机制。2003年12月,中共中央颁发《中国共产党党内监督条例(试行)》,第一次以党内法规形式对党内监督重点、途径和办法等重大问题作出全面规定,明确提出党内监督的重点对象是各级领导机关、领导干部,特别是各级领导班子的主要负责人。2003年12月,中共中央颁发修订后的《中国共产党纪律处分条例》,对新形势下党员各种违纪行为的处理作出了全面具体的明确规定。

(三) 扩大干部人事工作中的民主

多年来,中国共产党不断改革干部人事制度,努力推进干部人事工作的科学化、民主化、制度化进程。

一是建立健全科学的干部选拔任用和监督管理机制。2002年,中共中央颁布《党政领导干部选拔任用工作条例》,对领导干部选拔任用工作的各个环节作出全面规定,使这一工作趋于完善。

二是推行公开选拔和竞争上岗制度。《党政领导干部选拔任用工作条例》和中共中央办公厅2004年颁布的《公开选拔党政领导干部工作暂行规定》、《党政机关竞争上岗工作暂行规定》,对公开选拔和竞争上岗的适用范围、选拔程序、考试考察方法、纪律和监督等作出明确规定,推进了这项工作的经常化、制度化。

三是完善党委对干部选拔任用的民主决策机制。在总结经验的基础上,2004年中共中央颁发《党的地方委员会全体会议对下一级党委、政府领导班子正职拟任人选和推荐人选表决办法》明确规定:市(地、州、盟)、县(市、区、旗)党委、政府领导班子正职的拟任人选和推荐人选,一般应当由上一级党委常委会提名并提交全委会无记名投票表决,全委会闭会期间急需任用时,应当征求全委会成员的意见。

四是推行国家公务员制度。从1993年10月《国家公务员暂行条例》开始实施起,一大批素质好、年纪轻、学历高的优秀人才通过公开考试、择优录用的办法进入了国家公务员队伍。2005年4月,全国人大常委会审议并通过了《中华人民共和国公务员法》,决定从2006年1月起正式实施这一法律。这部法律的颁布实施,是推进干部人事工作科学化、民主化、制度化的重大举措,对于贯彻依法治国方略和推进社会主义民主政治建设具有重大意义。

(四)加强对权力的制约和监督

按照建立结构合理、配置科学、程序严密、制约有效的权力运行机制的目标,中国共产党把加强对权力约束的制度建设与对干部的有效监督结合起来。一是加强对领导机关、领导干部特别是各级领导班子主要负责人的监督。包括对民主集中制和领导班子议事规则落实情况,领导干部重大事项报告、述职述廉、民主评议、谈话诚勉、回复组织函询等制度执行情况的监督。二是加强对重点环节和重点部位权力行使的监督。包括对干部选拔任用工作、财政资金运行的监督,以及对国有资产和金融的监管等。三是充分发挥各监督主体的作用,提高监督的整体效能。包括加强党内监督,支持和保证人大监督、政府专门机关监督、司法监督、政协民主监督和舆论监督等。

经过长期不懈努力,中国共产党初步探索出一套适合中国国情的制约和监督权力、反腐倡廉的制度、机制和办法。2005年1月,中共中央颁发《建立健全教育、制度、监督并重的惩治和预防腐败体系实施纲要》,按照标本兼治、综合治理、惩防并举、注重预防的方针,对建立健全教育、制度、监督并重的惩治和预防腐败体系作出全面部署。

近年来,中国共产党按照民主集中制的原则,逐步推行党务公开,建立和完善党内情况通报、重大决策征求意见、领导干部重大事项报告和收入申报等制度,充分发挥制度在反腐倡廉工作中的重要作用。中国共产党将进一步加强反腐败的制度化、法制化建设,不断完善反腐败领导体制、工作机制,制定反腐倡廉法规制度建设的总体规划和中长期计划,更好地用制度和法律规范权力的运行;推动国家立法机关加快廉政立法进程,研究制定反腐败的专门法律,修改完善刑法、刑事诉讼法等相关法律规定;继续深化干部人事制度、司法体制、行政审批制度改革和财政金融体制、投资体制、国有资产监管等方面的改革,以减少和消除产生腐败现象的土壤和条件。

中国共产党严肃查办党员干部违纪违法案件,坚决清除和惩处腐败分子。2003年12月至2004年11月,各级纪检监察机关共立案162 032件,结案160 602件,给予党纪政纪处分164 831人。其中县(处)级干部5 916人,厅(局)级干部415人,省(部)级干部15人。涉嫌犯罪被移送司法机关的有4 775人,占受党纪政纪处分人员总数的2.9%。

九、政府民主

中国政府是人民的政府。为人民服务、对人民负责,支持和保证人民行使当家作主的权利,是中国政府全部工作的根本宗旨。改革开放以来,特别是近年来,中国各级政府按照民主执政的要求,围绕"形成行为规范、运转协调、公正透明、廉洁高效的行政管理体制"的目标,大力加强行政能力建设。2005年2月经修改后公布的《国务院工作规则》,充分体现了科学民主决策、依法行政和加强行政监督的民主精神。

(一) 推进依法行政

1999年11月,中国国务院颁发《关于全面推进依法行政的决定》,明确了依法行政的任务和要求;2004年3月,印发了《全面推进依法行政实施纲要》,提出了用十年左右时间基本实现建设法治政府的目标。2004年7月1日,《中华人民共和国行政许可法》正式实施。这部法律按照合理与合法、效能与便民、监督与责任的原则,确立了行政许可的一系列原则和制度,在要求政府依法行政的同时,突出了政府行使权力的民主内涵。

——加强政府立法工作。1978年以来,中国国务院依法向全国人大常委会提请审议数百部法律议案,制定了650多件现行有效的行政法规。近几年,中国政府坚持以人为本,执政为民,高度重视直接关系人民群众切身利益的立法,促进经济和社会事业全面协调发展。国务院先后提请全国人大常委会审议安全生产法(草案)、传染病防治法(修订草案)、公务员法(草案)等法律议案,公布或修改公布了失业保险条例、城市居民最低生活保障条例、劳动保障监察条例、宗教事务条例、工伤保险条例、城市生活无着的流浪乞讨人员救助管理办法、婚姻登记条例、法律援助条例、道路交通安全法实施条例等行政法规。在立法中充分体现对社会困难群体的照顾,使政府行政体现更多的人文关怀。2005年,中国国务院重新修订《信访条例》并予以公布,依法保障公民的批评、建议、申诉、控告和检举权利,强化了政府信访工作的责任,突出了权责统一、公开便民、保障公民权利的精神。

——改善行政执法。中国政府强调严格按照法定权限和程序行使职权,全面推行行政执法责任制,严格追究执法过错责任,不断强化执法人员依法行政意识,减少和杜绝执法随意性。在执法过程中,注意依法保障当事人和利害关系人的权益,坚决纠正行政执法中损害群众利益和以权谋私等各种违法行为,切实做到严格执法、公正执法、文明执法。近年来,政府坚决纠正和严肃处理了在城镇房屋拆迁、农村土地征用和征收等方面侵犯群众权益的违法行政行为。

——完善行政监督制度。中国政府在接受人大、政协、司法、舆论和群众监督的同时,还建立和完善了一系列行政监督制度。一是建立行政决策责任追究制度。按照"谁决策、谁负责"的原则,对超越权限、违反程序决策造成重大损失的,严肃追究决策者责任。二是推行行政责任追究制,对政府官员的违法行政行为予以追究。三是实行行政复议制度以及规章、规范性文件的备案审查制度,及时有效地监督所属部门和下级政府严格依法行政。四是加强审计、监察等专门监督。国家审计署对中央财政预算执行和其他财政收支情况进行认真审计,向全国人大常委会和国务院作出报告,并对违反财政财务法规的问题作出审计处理决定。2005年,中国决定在继续进行省(部)级领导干部经济责任审计的同时,将经济责任审计范围扩大到厅(局)级领导干部。

(二)加快政府职能转变

中国政府按照民主行政的要求,加快政府机构改革和政府职能转变,大力推进行政管理体制和制度创新,着力提高行政效能,努力建设廉洁、高效、务实政府。

——依法界定政府的管理职能。按照凡是公民、法人或其他组织能够自主解决的,市场竞争机制能够调节的,行业组织或者中介机构通过自律机制能够调整的事项,行政机关不要通过行政管理去解决的原则,逐步理顺政府与企业、政府与市场、政府与社会的关系,把政府不该管的事情逐步交给企业、市场和社会。

——深化行政审批制度改革。为解决行政审批过多过滥的问题,努力从源头上防止腐败,中国政府大力推进行政审批制度改革,全面清理了行政审批项目并根据情况分别予以取消或作出调整。2002年到2004年,国务院分三批宣布取消和调整行政审批项目1 806项。到2004年底,国务院部门的审批事项已减少50.1%。同时,地方政府也大幅度精简行政审批项目,规范行政审批行为。今后,中国政府将继续深化行政审批制度改革,完善审批方式,加强后续监管,建立科学合理的行政管理和监控机制。

——加强社会管理和公共服务。中国政府努力完善社会管理体制和管理格局,维护社会秩序和社会稳定,促进社会公正。国务院公布《突发公共卫生事件应急条例》、《地质灾害防治条例》等行政法规,制订《国家突发公共事件总体应急预案》等106件应急预案,不断提高应对各类突发事件的能力。为建设公共服务型政府,中国政府更加重视回应社会的公共诉求,逐步健全和完善公共政策和公共服务体系,加大财政对教育、科技、文化、卫生等社会事业的支持力度,积极稳妥地推进部分公共产品和服务的市场化进程。

(三) 实行科学民主决策

中国政府不断改革和完善决策机制,努力推进决策的科学化、民主化,通过各种形式支持和扩大公众对政府决策的有效参与。

——建立政务公开制度。中国政府要求各级政府部门办理的行政事项,能够公开的都要向社会公开,提高政府工作的透明度,保障人民群众对政府工作的知情权、参与权和监督权。中国政府特别要求学校、医院和水、电、气、公交等与人民群众利益密切相关的公共部门和单位,要全面推行办事公开制度。近年来,通过推广政府门户网站为窗口的电子政务、建立健全政府新闻发言人制度和突发事件新闻报道机制等工作,政府工作透明度不断提高。目前,中国政府正在制定旨在增加政务管理透明度的法规,为规范政务公开提供制度保障。

——扩大公众对政府立法的参与程度。中国政府通过媒体公布法规草案、专家咨询论证、召开座谈会和听证会等多种方式,加快了政府立法公开化步伐,保证公众对政府立法的有效参与。在总结经验的基础上,《全面推进依法行政实施纲要》规定和完善了有关制度和机制,努力保证政府立法能够真正集思广益、体现民意。

——建立专家咨询和论证评估制度。中国各级政府在作出重大决策时,认真听取和吸纳专家的意见。近年来,国家组织专家完成了包括国家中长期科学与技术发展规划、农业科技发展规划、中国可持续发展水资源战略、公共卫生建设规划等若干重大发展战略的研究报告,为决策提供智力支持。国务院在制定或修订行政法规过程中,也广泛征求和吸收专家意见,努力做到符合实际和更具操作性。

——建立社会听证和公示制度。社会听证和公示已逐渐成为各级政府在作出决策时经常采用的方法。立法法、价格法、行政许可法和收费公路管理条例等法律法规对举行听证作出了明确规定,一些地方政府也就行政决策的听证制定了政府规章。2002年1月,政府有关部门第一次举行全国性的行政决策听证会,就"铁路部分旅客列车票价实行政府指导方案"进行听证,引起社会广泛关注。近年来各地举行的各类听证会达数千次,公众参与政府决策的积极性空前提高。

十、司法民主

中国的司法体制和制度,是社会主义民主政治制度的重要组成部分。多年来,中国不断建立和完善司法体制和工作机制,加强司法民主建设,努力通过公正司法保障公民和法人的合法权益,实现社会公平和正义。

中国在人民代表大会之下设立专门的审判机关和检察机关,实行审判机关与检察机关分开的司法体制。这一司法体制体现了人民当家作主的社会主义制度性质,同时也借鉴了其他国家司法体制建设的经验。中国司法机关以事实为依据,以法律为准绳,严格依法惩治违法犯罪,保障公民合法权益。

中国宪法和法律规定:人民法院、人民检察院依照法律独立行使审判权和检察权,对人民代表大会负责,受人民代表大会监督,不受行政机关、社会团体和个人的干涉;司法机关在法定职权范围内独立进行活动;任何干涉司法机关依法独立行使审判权和检察权的行为,都是违反宪法和法律的。据此,中国建立了法院依法独立行使审判权进行民事、行政和刑事审判的制度,检察院依法独立行使检察权进行批准逮捕、提起公诉、抗诉、监督法律实施的制度。

人民法院作为国家审判机关,以司法公正为审判宗旨,按照审判独立的原则,改革和完善审判制度,通过审判工作惩处犯罪、保护人民;在刑事审判中采用辩护制度,重证据、不轻信口供,注意保护被告人的权利;在民事审判中注意保护当事人的权利,为公民行使民主权利和当事人实现民事权利提供司法保障;在行政审判中保护公民的合法权利不受行政机关违法行为的侵犯。2004年,全国地方各级人民法院依法一审审结刑事案件644 248件,民事案件4 303 744件,行政案件92 192件。全国法院改判裁判确有错误的案件16 967件,占全年生效判决总数的0.34%。近年来,人民法院不断完善诉讼程序,保障公民和法人的合法权益;切实解决执行难的问题。

中国审判机关设立最高人民法院、地方各级人民法院以及军事法院等专门人民法院。截至2004年底,全国有各级人民法院和专门人民法院3 548个,法官190 627人。

人民检察院作为国家法律监督机关,担负着依法打击刑事犯罪、查办国家工作人员贪污贿赂和渎职侵权等职务犯罪的职责,并依法履行对诉讼活动的法律监督职责,维护司法公正和法制统一。在对刑事诉讼的法律监督中,全面开展立案监督、侦查活动监督、审判活动监督和刑罚执行监督,坚持打击犯罪与保障人权并重。在对民事诉讼和对行政诉讼的监督中,平等保护诉讼主体的合法权益,重点监督严重违反法定程序,贪赃枉法、徇私舞弊导致裁判不公的案件。近年来,检察机关全面推行检务公开,建立了诉讼参与人权利义务告知制度,不起诉案件、刑事申诉、民事行政抗诉案件的公开审查制度,以及保障律师在刑事诉讼中依法执业的工作机制,切实保障司法公正。2004年,检察机关对依法不应当逮捕的嫌疑人决定不准逮捕68 676人;作出不起诉决定26 994人;对侦查机关不应当立案而立案的,纠正2 699件;裁定提出抗诉的刑事判决3 063件;裁定提出抗诉的民事行政判决13 218件,提出再审检察建议4 333件;立案复查刑事申诉案件5 569件,改变原处理决定786件。

中国检察机关设立最高人民检察院、地方各级人民检察院和军事检察院等专门人民检察院。2004年底,共有各级人民检察院3 630个,检察官140 077人。

中国司法在制度和程序上,坚持法律面前人人平等和罪刑法定等原则,通过实行审级制度、回避制度、公开审判制度、人民陪审员制度、人民监督员制度、律师制度、法律援助制度、人民调解制度等,维护和实现司法公正,保障人民的民主权利和公民的合法权益。

——公开审判制度。中国宪法和有关法律规定了人民法院的公开审判制度。近年来,最高人民法院要求各级法院必须严格依法公开审判,做到公开开庭,公开举证、质证,所有案件公开宣判。各级法院进一步强化公开审判制度,除法律规定不应当公开审理的案件外,一律实行公开审理。对公开开庭审理的案件预先公告,允许普通公民和新闻媒体记者旁听审理过程。人民法院还主动邀请人大代表和政协委员旁听公开审理,保障人大代表监督和政协委员考察司法活动。

——人民陪审员制度。新中国成立之初,国家即在相关法律中规定了人民陪审员制度。此后在人民法院组织法等法律中,全面规定了人民陪审员制度。2004年8月全国人民代表大会常务委员会通过《关于完善人民陪审员制度的决定》,对陪审员参加审判的范围、陪审员的条件、陪审员的产生、陪审员的权利义务等事项进一步作出明确规定。按照法律和有关规定,人民法院认真执行人民陪审员制度,确保人民对司法活动的直接参与和监督。

——人民监督员制度。实行人民监督员制度,将检察工作置于人民群众的有效监督之下,体现了诉讼民主的要求。从2003年10月起,中国检察机关开始在全国10个省(自治区、直辖市)推行人民监督员制度试点工作。此后,这项改革措施扩大至全国86%的检察院。人民监督员由机关、团体、企事业单位推荐产生,主要职责是对检察机关办理直接立案侦查案件中拟作撤案、不起诉处理以及犯罪嫌疑人不服逮捕决定的案件进行独立评议,提出监督意见。同时还可以应邀参加人民检察院查办职务犯罪案件工作的其他执法检查活动,对于发现的违法违纪问题,可以提出处理建议和意见。截至2004年底,全国共选任人民监督员18 962人,监督结案3 341件。

——律师制度。1996年颁布的律师法初步确立了中国特色律师制度的基本框架,对律师在司法程序、行政程序以及其他社会生活中的活动权利义务作出规定。截至2004年底,中国执业律师共有11.8万多人,律师事务所11 691个;律师事务所也由单一的国资所变成合伙所、国资所、合作所等多种律师事务所并存,且合伙制律师所占总数的68.6%。有17个国家的148个外国律师事务所驻华代表处获准在中国境内执业,香港特别行政区也在内地设立了48个律师事务所代表处。2004年,全国律师办理诉讼案件150多万件,非诉法律事务80多万件。律师制度的建立和健全,使律师能够有效地运用法律手段维护当事人的合法权益和法律的正确实施,维护社会公平和正义。

——法律援助制度。法律援助是保障困难群体合法权益、实现司法公正的重要措施。中国自1994年起开始探索建立有中国特色的法律援助制度。刑事诉讼法、律师法等法律规定了法律援助制度的地位。2003年9月开始实施的《法律援助条例》,明确了法律援助制度的基本框架。截至2004年底,全国各地已建立政府法律援助机构3 023个,其中县区级地方占2 628个,初步形成了纵向到农村、横向基本覆盖各类困难群体的法律援助机构网络。全国有法律援助专职人员10 458名,其中4 768人为职业律师。各级政府财政对法律援助经费的投入逐年加大,从1999年的1 869万元增加到2004年的21 712万元,年增长率达212%。目前,中央和省级财政对贫困地区法律援助的转移支付制度正在建立。十年来,全国各地法律援助机构组织律师、基层法律服务工作者、志愿者共办理各类法律援助案件110多万件,160余万人获得了法律援助服务。近年来,还有许多社会团体、民间组织、高等法学院校参与了法律援助工作。

——人民调解制度。人民调解,是在依法设立的人民调解委员会的主持下,在纠纷当事人自愿的基础上,以国家法律、法规、规章、政策和社会公德为依据,通过充分说理、耐心疏导、消除隔阂,帮助当事人就纠纷的解决达成协议。目前,全国已建立人民调解委员会86万多个,有人民调解员660万人,平均每年调解各类民间纠纷约600万件,调解成功率达95%以上。

为进一步适应依法治国和构建社会主义和谐社会的要求,中国正按照公正司法和严格执法的要求,完善司法机关的机构设置、职权划分和管理制度,进一步健全权责明确、相互配合、相互制约、高效运行的司法体制,从制度上保障审判机关和检察机关依法独立公正地行使审判权和检察权,更好地维护司法权威,维护人民群众的民主权利和合法权益,维护社会的公平和正义。

结束语

中国的社会主义民主政治,使占世界约五分之一人口的这个东方大国的人民,在自己的国家和社会生活中当家作主,享有广泛的民主权利,这是对人类政治文明发展的重大贡献。

中国的社会主义民主政治符合中国的国情,保证了人民以国家和社会主人的身份充分发挥建设国家、管理国家的积极性、主动性和创造性,不断推动中国的经济发展和社会全面进步。同时,中国共产党和中国人民也清醒地看到,虽然中国社会主义民主政治建设取得了巨大成就,但仍有许多需要克服和解决的问题。这主要表现在:民主制度还不够健全,人民在社会主义市场经济条件下当家作主管理国家和社会事务、管理经济和文化事业的权利在某些方面还没有得到充分实现;有法不依、执法不严、违法不究的现象依然存在;官僚主义作风、腐败现象在一些部门和地方滋生和蔓延;对权力运行进行制约和监督的有效机制有待进一步完善;全社会的民主观念和法律意识有待进一步提高;公民有序的政治参与尚需扩大。

中国的民主政治建设还有很长的路要走,这将是一个不断完善和发展的历史过程。

人类政治文明发展的历史和现实情况说明,世界上并不存在唯一的、普遍适用的和绝对的民主模式。衡量一种政治制度是不是民主的,关键要看最广大人民的意愿是否得到了充分反映,最广大人民当家作主的权利是否得到了充分实现,最广大人民的合法权益是否得到了充分保障。

一百多年以来中国人民为争取实现民主而进行的艰辛探索和奋斗,特别是中国社会主义民主政治建设的成功实践,使中国共产党和中国人民深刻地认识到,中国的民主政治建设一定要从中国的实际出发,总结自己的实践经验,珍重自己的实践成果,同时借鉴其他国家政治文明的有益经验和成果,但绝不能照搬别国政治制度的模式。

中国的民主政治建设遵循以下原则:

——坚持中国共产党的领导、人民当家作主和依法治国的有机统一。这是中国发展社会主义民主政治最重要、最根本的原则。中国共产党的领导是人民当家作主和依法治国的根本保证,人民当家作主是社会主义民主政治的本质要求,依法治国是中国共产党领导人民治理国家的基本方略。在中国民主政治建设的实践进程中,只有坚持这三者的有机统一,才能保证中国民主政治建设坚持正确方向,实现社会主义民主政治的制度化、规范化和程序化。

——发挥社会主义制度的特点和优势。中国社会主义制度的最大特点和优势在于:在中国共产党的领导下,各族人民当家作主,充分发挥建设社会主义国家的积极性、主动性、创造性,为实现社会主义现代化和中华民族的伟大复兴团结一心,共同奋斗。坚持这一特点和优势,是亿万中国人民掌握自己的命运,创造更加美好幸福生活,建设富强、民主、文明的现代化国家的根本保证。

——有利于社会稳定、经济发展和人民生活水平的不断提高。社会稳定、经济发展和人民生活水平不断提高,是人民当家作主的重要目的,也是人民当家作主的必要条件。一个国家的政治发展、经济发展、文化发展是互为条件的。社会不稳定,经济就不能顺利发展。发展的目的,是使人民共享发展的成果。中国共产党和中国政府将紧紧抓住经济建设这个中心不动摇,为不断提高社会主义民主政治的实现程度和水平创造更加雄厚的物质文化基础。

——有利于维护国家主权、领土完整和尊严。中国人民争取民主,从一开始就与维护国家主权、领土完整和尊严紧密联系在一起。如果失去了国家主权、不能维护国家的领土完整和尊严这一全体人民的共同利益和根本利益,中国人民已经取得的民主成果就会丧失。

——符合渐进有序发展的客观规律。中国社会主义民主政治建设是一个不断提高人民当家作主的实现程度和水平的历史过程。完备的民主形态是不可能一蹴而就的。中国共产党和中国人民坚定不移地推进社会主义物质文明、政治文明、精神文明与和谐社会建设的全面协调发展,不断研究民主政治建设的新情况新问题,探索和创造实现人民当家作主的新机制新方式,按社会主义民主政治发展的客观规律,有领导、有步骤、有秩序地发展社会主义民主。

社会主义制度在中国的确立和发展只有几十年,与人类历史上其他社会制度相比,时间还很短。不断完善和发展社会主义民主政治,使人民日益充分地享有和行使当家作主的权利,是中国共产党和中国人民坚定不移的奋斗目标。在当前和今后一个时期,中国共产党和中国政府将通过积极稳妥地推进政治体制改革,坚持和完善社会主义民主制度,加强和健全社会主义法制,改革和完善中国共产党的领导方式和执政方式,改革和完善政府决策机制,推进行政管理体制改革,推进司法体制改革,深化干部人事制度改革,加强对权力的制约和监督,努力维护社会稳定,促进经济发展和社会全面进步。

中国特色社会主义建设取得的巨大成就,使中国共产党和中国人民对自己选择的政治发展道路充满信心。完全可以相信,随着中国经济的发展和社会的不断进步,中国的社会主义民主政治必将越来越完备,其巨大优越性和强大生命力必将越来越充分地展现出来。在未来的岁月里,中国人民将越来越多地享有更加丰硕的政治文明成果。

附录2　利马宣言——审计规则指南

编者按　1977年世界审计组织(INTOSAI)第9届大会颁布的《利马宣言——审计规则指南》(以下简称《利马宣言》),对最高审计机关的目的、地位、职责、职权和方法作了全面的概括性论述,被誉为国家审计/政府审计的大宪章,对世界范围内现代国家审计的整体发展、世界审计组织的机构壮大以及各国最高审计机关在国家治理中的作用发挥,都具有重要的引领和指导意义。

导　言

国际最高审计组织在利马召开第九届代表大会。

——鉴于恰当有效地使用公共资金是适当管理公共财政事务和保证主管当局决策有效性的先决条件之一；

——为了达到这一目的，每个国家都必须设置一个其独立性受法律保障的最高审计组织；

——鉴于各国已将其活动扩展到社会和经济的各个部门，其业务已大大超出了传统的财务工作范围，因此，更有必要设置这种审计组织；

——要保持各国的稳定和发展，达到联合国的目标，就必须实现审计工作的特定目标，如恰当有效地使用公共资金、建立健全财务管理、有条不紊地开展政府的各项活动、通过客观性报告的公布向公共当局和公众传播信息等；

——鉴于在上届最高审计组织代表大会全体会议上通过的决议已经所有成员方同意对其作广泛的宣传；

决定：出版并宣传《利马宣言——审计规则指南》。

第一章　总　则

第一节　审计的目的

公共资金的管理意味着一种委托关系，因此，有公共财务管理就一定要有审计。审计本身不是目的，而是控制体系不可缺少的组成部分。这种控制系统的目的是要及早地揭露背离公认标准、违反原则和法令制度及违背资源管理的效率、效果和经济原则的现象，以便在各种情况下尽可能及早采取改正措施，使当事人承担责任、赔偿经济损失或采取措施防止重犯，至少也要使今后更难发生。

第二节　事前审计和事后审计

1. 在行政管理或财务活动发生之前进行审计叫事前审计；反之，叫事后审计。

2. 要对受托的资金进行妥善的公共财务管理，就必须有有效的事前审计。事前审计可以由最高审计组织执行，也可由其他审计机构执行。

3. 事前审计的优点是可以防患于未然，缺点是需要的工作量过多并会模糊法律责任。事后审计着重于追究当事人的责任，可以补偿已造成的损失并防止再犯。

4. 最高审计组织是否进行事前审计取决于各国的法律状况、具体条件和要求。无论是否实行事前审计，事后审计总是各国最高审计组织必不可少的任务。

第三节　内部审计和外部审计

1. 内部审计机构建于各组织机构内部。外部审计机构则不是受审单位组织机构的组成部分。最高审计组织是外部审计机构。

2. 内部审计机构应当从属于所在单位的领导，但应尽可能在组织机构方面保持它在职能上和组织上的独立性。

3. 作为外部审计机构的最高审计组织，其任务是审查内部审计机构的工作效果。如果认为内部审计机构的工作是有效的，应在不损害最高审计组织权力的情况下开展全面审计工作，并在最高审计组织和内部审计机构之间实行最佳的分工协作。

第四节　传统审计和绩效审计

1. 最高审计组织的传统工作任务是审计财务管理与会计账目、会计工作是否符合法律和规章制度。

2. 除了其重要性和意义都不容置疑的财务审计之外，还有另一种类型的审计，即对公共当局的绩效、效果、经济性和效率进行审计。这种审计不仅包括具体的管理活动，而且还包括公共当局的组织机构和管理系统的全部活动。

3. 最高审计组织的审计目标——财务管理的合法性、合规性、效率、效果和经济性——基本上是同等重要的。究竟侧重于哪一方面，由最高审计组织决定。

第二章　独立性

第五节　最高审计组织的独立性

1. 最高审计组织必须独立于受审单位之外并不受外来影响才能客观而有效地完成其工作任务。

2. 国家机构是国家整体的一部分，因此，它不可能绝对地独立。但最高审计组织必须具备完成其任务所需的职能上和组织上的独立性。

3. 最高审计组织的建立及其独立性的程度应在宪法中加以规定。其细节可另外立法予以规定。特别是应由最高法院提供充分的法律保护，以保证最高审计组织的独立性和权威性不受损害。

第六节 最高审计组织成员和官员的独立性

1. 最高审计组织的独立性是和其成员的独立性密切关联的。所谓成员是指负责为最高审计组织作出决策的人员以及对这些决策向第三方负责的人员,通常是决策机构的成员或组织上集权的最高审计组织的领导。

2. 最高审计组织成员的独立性也应由宪法予以保障,尤其是罢免其成员的程序应列入宪法,以保证其独立性不受损害。最高审计组织成员的任免方法取决于各国的宪法规定。

3. 最高审计组织的审计人员在任职期间应独立于受审单位之外,不受该单位的影响。

第七节 最高审计组织财政上的独立性

1. 应向最高审计组织提供经费以保证其完成任务。

2. 如果需要,最高审计组织有权直接向制定国家预算的公共机关申请必要的经费。

3. 最高审计组织在自己职责范围内有权安排使用预算拨给的专项资金。

第三章 与议会、政府和行政机构的关系

第八节 与议会的关系

最高审计组织的独立性是由宪法和法律保障的,因此,它具有高度的主动权和自主权,即使在作为议会的一个办事机构和根据议会指示进行审计时也是如此。各有关国家的宪法应当根据各国的具体情况和需要明确规定最高审计组织和议会的关系。

第九节 与政府和行政机构的关系

最高审计组织的审计对象是政府及其所属各部门和各单位,但这并不意味着政府从属于最高审计组织,尤其是政府对其活动和过失要负全部责任。政府不能把责任归咎于最高审计组织的审计工作和审计专家的意见,除非审计专家的意见是以具有法律效力和强制裁决的形式提出的。

第四章 最高审计组织的职权

第十节 调查权

1. 最高审计组织有权查阅与财务管理有关的一切文件和记录,也有权要求受审单位以口头或书面形式提供任何它认为是必要的资料。

2. 最高审计组织有权根据自己的方便确定审计地点,确定是在受审单位还是在最高审计组织所在地进行审计。

3. 向最高审计组织提供资料或提交包括会计决算在内的有关文件和记录的期限应根据具体情况由法律或最高审计组织确定。

第十一节 最高审计组织审计结论的执行

1. 受审单位要在一定时间内对最高审计组织的审计结论表示意见并说明它根据审计结论采取了哪些相应措施。这段时间的长短通常由法律规定,在特殊情况下也可由最高审计组织规定。

2. 在最高审计机构不以有效的法律和强制的判断形式发表其审计结果时,它有权与有关当局联系,由当局采取必要措施,要求负有责任的一方承担责任。

第十二节 专家意见和其它协作权

1. 在某些重要情况下,最高审计组织可以在议会和政府部门的安排下,用专家意见的形式,利用其专业知识对拟定中的与财务问题有关的法律和条例提出意见。采纳和拒绝这些专家意见是行政当局的责任。此外,这项额外的工作不应影响最高审计组织未来的审计结论和其审计工作的有效性。

2. 另一方面,有关使会计程序恰当和尽可能统一的规章制度只有经最高审计组织同意之后才能通过。

第五章 审计方法、审计人员和国际知识交流

第十三节 审计方法和程序

1. 最高审计组织根据自己确定的方案进行审计,这不应影响某些公共机构在特定情况下要求进行一定的审计的权利。

2. 由于很难对受审单位的所有活动全面进行审计,通常有必要采用抽样方法。要按一定的模式进行抽样,抽样的数量应足够,以使判断管理部门工作的质量和合规性成为可能。

3. 审计方法必须适应管理科学和技术进步的要求。

4. 应准备内部审计手册,便于审计人员进行工作。

第十四节 审计人员

1. 最高审计组织的成员和审计人员应具备必要的资历和道德品质,以便更好地完成其工作任务。

2. 最高审计组织招聘工作人员时应适当重视较高的知识水平和能力及足够的专业经验。

3. 应当充分重视提高审计组织所有成员和审计人员的理论水平和实际工作水平。培训工作可在审计机构内部、各大学和国际范围内进行，要采取一切财政上和组织上可能的措施鼓励开展这项工作。培训工作要超出传统的法律、经济和会计学知识的范围，应包括其他企业管理技术，如电子数据处理在内。

4. 为保证审计人员具有良好的素质，在工资待遇上要力求适应审计工作的特殊需要。

5. 在某一最高审计组织的审计工作人员因为缺少某一方面的专业知识而不能处理一项特殊案例时，应从外界聘请专家。

第十五节 国际知识交流

1. 在国际最高审计组织范围内交流审计方面的意见和经验是帮助最高审计组织完成其任务的有效方法。

2. 实现上述目标的途径有：召开专业会议、与联合国和其他机构共同举办培训班、组织地区性的工作组和出版专业性刊物。

3. 加强和扩展这些工作和活动是非常必要的。重要的是要在比较法的基础上统一公共财务审计的术语。

第六章 报 告

第十六节 向议会和公众报告

1. 宪法授权和要求最高审计组织每年独立地将其审计结论向议会和其他公共机构报告。报告应予公布，以保证资料的广泛传播和深入开展讨论。同时公布报告也能给执行审计机构的结论创造一个更为良好的气氛。

2. 最高审计组织也有权在每次年度报告之间就特别重要的审计成果提出报告。

3. 年度报告应包括最高审计组织的全部活动。只有在某些方面的利益值得保护或者其利益受到法律保护的情况下，最高审计组织应慎重地权衡利害关系，决定是否予以公布。

第十七节 报告的方法

1. 报告应当以精炼、清楚的方式陈述事实和对事实的评价。报告的用语应准确易懂。

2. 应适当考虑受审单位和机构对最高审计组织审计结论的意见。

第七章 最高审计组织的审计职权

第十八节 审计职权的宪法依据、对公共财务管理的审计

1. 最高审计组织的基本职权应列入宪法,其细节由立法机关制定。

2. 应根据各国的要求和具体情况制定最高审计组织职权的具体条款。

3. 所有公共财务管理部门的收支,不论其是否反映或以什么形式反映在国家总预算中,都应由最高审计组织进行审计。公共财务管理部门未列入国家预算的部分也由最高审计组织进行审计,不属免受审计的范围。

4. 最高审计组织采用这种方法可以促使政府机构进行明确的预算分类,采用尽可能简单和精确的会计制度。

第十九节 驻外机构的审计

根据一般原则,设在国外的政府机关和其他驻外机构也应由最高审计组织进行审计。对这些机构进行审计时应适当考虑国际法的限制。然而,这些限制将随着国际法的发展而有所减少。

第二十节 税务审计

1. 最高审计组织有权最大限度地对征税工作进行审计。在进行审计时有权对个人的税务档案进行检查。

2. 税务审计属于传统的合法性和合规性审计。在审计税法的实施时,最高审计组织也要检查税收组织工作和效率以及收入预算的完成情况。如果必要的话,也可向立法机关提出改进建议。

第二十一节 承包合同和市政工程

1. 公共当局的资金有相当数量用于承包合同和市政工程,因此,对这些资金的使用应进行特别彻底的审计。

2. 向社会招标是在价格和质量上获得最有利条件的方法。如果发现未公开招标,最高审计组织就应追查原因。

3. 在进行市政工程审计时,最高审计组织应鼓励为工程的连续管理制订适当的标准。

4. 对市政工程进行审计不仅应包括支出的合规性,还应包括建筑工程管理的效率和建筑工程的质量。

第二十二节　电子数据处理设备的审计

应根据在电子数据处理设备上所花费用的情况进行适当程度的审计,这种审计建立在系统的基础上。要特别注意以下各方面:制订需求计划;经济地使用数据处理设备;设备应由专业人员使用,最好由受审单位管理部门的专业人员使用,获得适用的信息;防止使用不当。

第二十三节　对有政府投资的工商企业的审计

1. 政府常常采取参与根据私法创办企业的形式开展经济活动。如果政府握有这些企业的很多股份,最高审计组织就要对之进行审计,在政府握有多数股份或具有决定性影响时更应如此。

2. 这项审计宜以事后审计的形式进行,也应考虑经济性、效率和效果。

3. 为保守工商企业的秘密,向议会和公众提交的关于这些企业的报告要受某些限制。

第二十四节　对受资助单位的审计

1. 最高审计组织有权对从公共资金中支付的津贴的使用情况进行审计。

2. 如为了达到审计目的,在必要时——特别是津贴本身数额较大或者津贴数额占该单位收入或资本的很大比重时——可以把审计的范围扩大到受资助单位的全部财务管理活动。

3. 如有滥用津贴的现象应要求偿还。

第二十五节　对国际和超国家组织的审计

1. 对受会员国资助的国际和超国家组织的开支,也应进行与各国类似的外部的独立的审计。

2. 尽管这种审计要适应各个组织的结构和任务,但其方式应与成员国最高审计组织的审计相类似。

3. 为保证这种审计的独立性,外部审计机构的成员应主要从最高审计组织人员中任命。

所载来源:新浪爱问(https://ishare.iask.sina.com.cn/f/8544883.htm)

THE LIMA DECLARATION OF GUIDELINES ON AUDITING PRECEPTS

PREAMBLE

The IXth Congress of the International Organisation of Supreme Audit Institutions (INTOSAI), meeting in Lima:

• Whereas the orderly and efficient use of public funds constitutes one of the essential prerequisites for the proper handling of public finances and the effectiveness of the decisions of the responsible authorities;

• whereas to achieve this objective, it is indispensable that each country have a Supreme Audit Institution whose independence is guaranteed by law;

• whereas such institutions become even more necessary because the state has expanded its activities into the social and economic sectors and thus operates beyond the limits of the traditional financial framework;

• whereas the specific objectives of auditing, namely, the proper and effective use of public funds; the development of sound financial management, the proper execution of administrative activities; and the communication of information to public authorities and the general public through the publication of objective reports, are necessary for the stability and the development of states in keeping with the goals of the United Nations;

• whereas at previous INTOSAI congresses, plenary assemblies adopted resolutions whose distribution was approved by all member countries.

RESOLVES

To publish and distribute the document entitled "The Lima Declaration of Guidelines on Auditing Precepts."

Ⅰ. GENERAL

Section 1. Purpose of audit

The concept and establishment of audit is inherent in public financial administration as the management of public funds represents a trust. Audit is not an end in itself but an indispensable part of a regulatory system whose aim is to reveal deviations from accepted standards and violations of the principles of legality, efficiency, effectiveness and economy of financial management early enough to make it possible to take corrective action in individual cases, to make those accountable accept responsibility, to obtain compensation, or to take steps to prevent—or at least render more difficult—such breaches.

Section 2. Pre-audit and post-audit

1) Pre-audit represents a before the fact type of review of administrative or financial activities; post-audit is audit after the fact.

2) Effective pre-audit is indispensable for the sound management of public funds entrusted to the state. It may be carried out by a Supreme Audit Institution or by other audit institutions.

3) Pre-audit by a Supreme Audit Institution has the advantage of being able to prevent damage before it occurs, but has the disadvantage of creating an excessive amount of work and of blurring responsibilities under public law. Post-audit by a Supreme Audit Institution highlights the responsibility of those accountable; it may lead to compensation for the damage caused and may prevent breaches from recurring.

4) The legal situation and the conditions and requirements of each country determine whether a Supreme Audit Institution carries out pre-audit. Post-audit is an indispensable task of every Supreme Audit Institution regardless of whether or not it also carries out pre-audits.

Section 3. Internal audit and external audit

1) Internal audit services are established within government departments and institutions, whereas external audit services are not part of the organisational structure of the institutions to be audited. Supreme Audit Institutions are external audit services.

2) Internal audit services necessarily are subordinate to the head of the department within which they have been established. Nevertheless, they shall be functionally and organisationally independent as far as possible within their respective constitutional framework.

3) As the external auditor, the Supreme Audit Institution has the task of examining the effectiveness of internal audit. If internal audit is judged to be effective, efforts shall be made, without prejudice to the right of the Supreme Audit Institution to carry out an overall audit, to achieve the most appropriate division or assignment of tasks and cooperation between the Supreme Audit Institution and internal audit.

Section 4. Legality audit, regularity audit and performance audit

1) The traditional task of Supreme Audit Institutions is to audit the legality and regularity of financial management and of accounting.

2) In addition to this type of audit, which retains its significance, there is another equally important type of audit—performance audit—which is oriented towards examining the performance, economy, efficiency and effectiveness of public administration. Performance audit covers not only specific financial operations, but the full range of government activity including both organisational and administrative systems.

3) The Supreme Audit Institution's audit objectives—legality, regularity, economy, efficiency and effectiveness of financial management—basically are of equal importance. However, it is for each Supreme Audit Institution to determine its priorities on a case-by-case basis.

II. INDEPENDENCE

Section 5. Independence of Supreme Audit Institutions

1) Supreme Audit Institutions can accomplish their tasks objectively and effectively only if they are independent of the audited entity and are protected against outside influence.

2) Although state institutions cannot be absolutely independent because they are part of the state as a whole, Supreme Audit Institutions shall have the functional and organisational independence required to accomplish their tasks.

3) The establishment of Supreme Audit Institutions and the necessary degree of their independence shall be laid down in the Constitution; details may be set out in legislation. In particular, adequate legal protection by a supreme court

against any interference with a Supreme Audit Institution's independence and audit mandate shall be guaranteed.

Section 6. Independence of the members and officials of Supreme Audit Institutions

1) The independence of Supreme Audit Institutions is inseparably linked to the independence of its members. Members are defined as those persons who have to make the decisions for the Supreme Audit Institution and are answerable for these decisions to third parties, that is, the members of a decision-making collegiate body or the head of a monocratically organised Supreme Audit Institution.

2) The independence of the members, shall be guaranteed by the Constitution. In particular, the procedures for removal from office also shall be embodied in the Constitution and may not impair the independence of the members. The method of appointment and removal of members depends on the constitutional structure of each country.

3) In their professional careers, audit staff of Supreme Audit Institutions must not be influenced by the audited organisations and must not be dependent on such organisations.

Section 7. Financial independence of Supreme Audit Institutions

1) Supreme Audit Institutions shall be provided with the financial means to enable them to accomplish their tasks.

2) If required, Supreme Audit Institutions shall be entitled to apply directly for the necessary financial means to the public body deciding on the national budget.

3) Supreme Audit Institutions shall be entitled to use the funds allotted to them under a separate budget heading as they see fit.

III. RELATIONSHIP TO PARLIAMENT, GOVERNMENT AND THE ADMINISTRATION

Section 8. Relationship to Parliament

The independence of Supreme Audit Institutions provided under the Constitution and law also guarantees a very high degree of initiative and autonomy, even when they act as an agent of Parliament and perform audits on its instructions. The relationship between the Supreme Audit Institution and Parliament shall be laid down in the Constitution according to the conditions and requirements of each country.

Section 9. Relationship to government and the administration

Supreme Audit Institutions audit the activities of the government, its administrative authorities and other subordinate institutions. This does not mean, however, that the government is subordinate to the Supreme Audit Institution. In particular, the government is fully and solely responsible for its acts and omissions and cannot absolve itself by referring to the audit findings—unless such findings were delivered as legally valid and enforceable judgments—and on expert opinions of the Supreme Audit Institution.

Ⅳ. POWERS OF SUPREME AUDIT INSTITUTIONS

Section 10. Powers of investigation

1) Supreme Audit Institutions shall have access to all records and documents relating to financial management and shall be empowered to request, orally or in writing, any information deemed necessary by the SAI.

2) For each audit, the Supreme Audit Institution shall decide whether it is more expedient to carry out the audit at the institution to be audited, or at the Supreme Audit Institution itself.

3) Either the law or the Supreme Audit Institution (for individual cases) shall set time limits for furnishing information or submitting documents and other records including the financial statements to the Supreme Audit Institution.

Section 11. Enforcement of Supreme Audit Institution findings

1) The audited organisations shall comment on the findings of the Supreme Audit Institution within a period of time established generally by law, or

specifically by the Supreme Audit Institution, and shall indicate the measures taken as a result of the audit findings.

2) To the extent the findings of the Supreme Audit Institution's findings are not delivered as legally valid and enforceable judgments, the Supreme Audit Institution shall be empowered to approach the authority which is responsible for taking the necessary measures and require the accountable party to accept responsibility.

Section 12. Expert opinions and rights of consultation

1) When necessary, Supreme Audit Institutions may provide Parliament and the administration with their professional knowledge in the form of expert opinions, including comments on draft laws and other financial regulations. The administrative authorities shall bear the sole responsibility for accepting or rejecting such expert opinions; moreover, this additional task must not anticipate the future audit findings of the Supreme Audit Institution and must not interfere with the effectiveness of its audit.

2) Regulations for appropriate and as uniform as possible accounting procedures shall be adopted only after agreement with the Supreme Audit Institution.

Ⅴ. AUDIT METHODS, AUDIT STAFF, INTERNATIONAL EXCHANGE OF EXPERIENCES

Section 13. Audit methods and procedures

1) Supreme Audit Institutions shall audit in accordance with a self-determined programme. The rights of certain public bodies to request a specific audit shall remain unaffected.

2) Since an audit can rarely be all-inclusive, Supreme Audit Institutions as a rule will find it necessary to use a sampling approach. The samples, however, shall be selected on the basis of a given model and shall be sufficiently numerous to make it possible to judge the quality and regularity of financial management.

3) Audit methods shall always be adapted to the progress of the sciences and techniques relating to financial management.

4) It is appropriate for the Supreme Audit Institution to prepare audit

manuals as an aid for its auditors.

Section 14. Audit staff

1) The members and the audit staff of Supreme Audit Institutions shall have the qualifications and moral integrity required to completely carry out their tasks.

2) In recruiting staff for Supreme Audit Institutions, appropriate recognition shall be given to above-average knowledge and skills and adequate professional experience.

3) Special attention shall be given to improving the theoretical and practical professional development of all members and audit staff of SAIs, through internal, university and international programmes. Such development shall be encouraged by all possible financial and organisational means. Professional development shall go beyond the traditional framework of legal, economic and accounting knowledge, and include other business management techniques, such as electronic data processing.

4) To ensure auditing staff of excellent quality, salaries shall be commensurate with the special requirements of such employment.

5) If special skills are not available among the audit staff, the Supreme Audit Institution may call on external experts as necessary.

Section 15. International exchange of experiences

1) The international exchange of ideas and experiences within the International Organisation of Supreme Audit Institutions is an effective means of helping Supreme Audit Institutions accomplish their tasks.

2) This purpose has so far been served by congresses, training seminars jointly organised with the United Nations and other institutions, by regional working groups and by the publication of a professional journal.

3) It is desirable to expand and intensify these efforts and activities. The development of a uniform terminology of government audit based on comparative law is of prime importance.

VI. REPORTING

Section 16. Reporting to Parliament and to the general public

1) The Supreme Audit Institution shall be empowered and required by the Constitution to report its findings annually and independently to Parliament or any other responsible public body; this report shall be published. This will ensure extensive distribution and discussion, and enhance opportunities for enforcing the findings of the Supreme Audit Institution.

2) The Supreme Audit Institution shall also be empowered to report on particularly important and significant findings during the year.

3) Generally, the annual report shall cover all activities of the Supreme Audit Institution; only when interests worthy of protection or protected by law are involved shall the Supreme Audit Institution carefully weigh such interests against the benefits of disclosure.

Section 17. Method of reporting

1) The reports shall present the facts and their assessment in an objective, clear manner and be limited to essentials. The wording of the reports shall be precise and easy to understand.

2) The Supreme Audit Institution shall give due consideration to the points of view of the audited organisations on its findings.

VII. AUDIT POWERS OF SUPREME AUDIT INSTITUTIONS

Section 18. Constitutional basis of audit powers; audit of public financial management

1) The basic audit powers of Supreme Audit Institutions shall be embodied in the Constitution; details may be laid down in legislation.

2) The actual terms of the Supreme Audit Institution's audit powers will depend on the conditions and requirements of each country.

3) All public financial operations, regardless of whether and how they are reflected in the national budget, shall be subject to audit by Supreme Audit Institutions. Excluding parts of financial management from the national budget

shall not result in these parts being exempted from audit by the Supreme Audit Institution.

4) Supreme Audit Institutions should promote through their audits a clearly defined budget classification and accounting systems which are as simple and clear as possible.

Section 19. Audit of public authorities and other institutions abroad

As a general principle, public authorities and other institutions established abroad shall also be audited by the Supreme Audit Institution. When auditing these institutions, due consideration shall be given to the constraints laid down by international law; where justified these limitations shall be overcome as international law develops.

Section 20. Tax audits

1) Supreme Audit Institutions shall be empowered to audit the collection of taxes as extensively as possible and, in doing so, to examine individual tax files.

2) Tax audits are primarily legality and regularity audits; however, when auditing the application of tax laws, Supreme Audit Institutions shall also examine the system and efficiency of tax collection, the achievement of revenue targets and, if appropriate, shall propose improvements to the legislative body.

Section 21. Public contracts and public works

1) The considerable funds expended by public authorities on contracts and public works justify a particularly exhaustive audit of the funds used.

2) Public tendering is the most suitable procedure for obtaining the most favourable offer in terms of price and quality. Whenever public tenders are not invited, the Supreme Audit Institution shall determine the reasons.

3) When auditing public works, the Supreme Audit Institution shall promote the development of suitable standards for regulating the administration of such works.

4) Audits of public works shall cover not only the regularity of payments, but also the efficiency of construction management and the quality of construction

work.

Section 22. Audit of electronic data processing facilities

The considerable funds spent on electronic data processing facilities also calls for appropriate auditing. Such audits shall be systems-based and cover aspects such as planning for requirements; economical use of data processing equipment; use of staff with appropriate expertise, preferably from within the administration of the audited organisation; prevention of misuse; and the usefulness of the information produced.

Section 23. Commercial enterprises with public participation

1) The expansion of the economic activities of government frequently results in the establishment of enterprises under private law. These enterprises shall also be subject to audit by the Supreme Audit Institution if the government has a substantial participation in them—particularly where this is majority participation—or exercises a dominating influence.

2) It is appropriate for such audits to be carried out as post-audits; they shall address issues of economy, efficiency and effectiveness.

3) Reports to Parliament and the general public on such enterprises shall observe the restrictions required for the protection of industrial and trade secrets.

Section 24. Audit of subsidised institutions

1) Supreme Audit Institutions shall be empowered to audit the use of subsidies granted from public funds.

2) When the subsidy is particularly high, either by itself or in relation to the revenues and capital of the subsidised organisation, the audit can, if required, be extended to include the entire financial management of the subsidised institution.

3) Misuse of subsidies shall lead to a requirement for repayment.

Section 25. Audit of international and supranational organisations

1) International and supranational organisations whose expenditures are

covered by contributions from member countries shall be subject to external independent audit like individual countries.

2) Although such audits shall take account of the level of resources used and the tasks of these organisations, they shall follow principles similar to those governing the audits carried out by Supreme Audit Institutions in member countries.

3) To ensure the independence of such audits, the members of the external audit body shall be appointed mainly from Supreme Audit Institutions.

——世界审计组织官网(www.intosai.org)

参 考 文 献

彼得·豪尔,罗斯玛丽·泰勒,何俊智,2003.政治科学与三个新制度主义[J].经济社会体制比较,(5):20-29.

蔡春,2000.受托经济责任——现代会计、审计之魂[J].会计之友,(10):15.

蔡春,2007.受托经济责任的拓展与效益审计和环境审计的创新[J].财会学习,(8):19-20.

蔡春,陈晓媛,2007.关于经济责任审计的定位、作用及未来发展之研究[J].审计研究,(1):10-14.

蔡春,李江涛,2009.经济权力审计监控研究——审计理论研究的一个新领域[J].审计与经济研究,(5):3-8.

蔡春,李江涛,刘更新,2009.政府审计维护国家经济安全的基本依据、作用机理及路径选择[J].审计研究,(4):7-11.

蔡春,田秋蓉,刘雷,2011.经济责任审计与审计理论创新[J].审计研究,(2):9-12.

蔡春,朱荣,蔡利,2012.国家审计服务国家治理的理论分析与实现路径探讨——基于受托经济责任观的视角[J].审计研究,(1):6-11.

蔡春,谢柳芳,王彪华,2020.经济责任审计与地方政府治理——以环境污染为视角[J].厦门大学学报(哲学社会科学版),(2):91-104.

蔡定剑,2002.中国选举状况的报告[M].北京:法律出版社.

陈尘肇,孟卫东,朱如意,2009.国家审计结果公告制度的博弈分析[J].审计研究,(3):9-13.

陈家刚,2007.协商民主与政治协商[J].学习与探索,(2):85-91.

陈家刚,2008.协商民主研究在东西方的兴起与发展[J].毛泽东邓小平理论研究,(7):71-78,85.

陈平泽,2011.政府预算资金优先配置绩效审计探讨[J].南京审计学院学报,(4):70-74.

陈振明,1997.政策科学[M].北京:北京大学出版社.

罗伯特·A.达尔,2006.多元主义民主的困境[M].周军华,译.长春:吉林人民出版社.

罗伯特·达尔,1999.论民主[M].李柏光,林猛,译.北京:商务印书馆.

罗伯特·A.达尔,2006.民主及其批评者[M].曹海军,佟德志,译.长春:吉林人民出版社.

戴维·伊斯顿,1999.政治生活的系统分析[M].王浦劬,译.北京:华夏出版社.

道格拉斯·C.诺斯,1994.经济史中的结构与变迁[M].陈郁,罗华平,等译.上海:上海人民出版社.

邓小平,1994.邓小平文选:第二卷[M].北京:人民出版社.

董延安,2007.经济权力审计控制效果研究——以公共经济权力为重心的分析[M].成都:西南财经大学出版社.

冯均科,2003.基于国家治理的国家审计制度分析[M].北京:中国时代经济出版社.

本书选编组,2006.构建社会主义和谐社会学习参考[M].北京:中央党史出版社.

顾长浩,2007.中国听证制度研究[M].北京:法律出版社.

郭济,2004.行政哲学[M].哈尔滨:黑龙江人民出版社.

郝振平,2008.政府预算执行审计中审计目标的思考[J].中国审计,(19):43-45.

戴维·赫尔德,1998.民主的模式[M].燕继荣,等译.北京:中央编译出版社.

何艳玲,肖芸,2021.问责总领:模糊性任务的完成与央地关系新内涵[J].政治学研究,(3):114-126,163-164.

胡锦涛,2005.在省部级主要领导干部提高构建社会主义和谐社会的能力专题研讨班上的讲话[N].人民日报,06-27.

江明修,1997.公共行政学:理论与社会实践[M].台北:五南图书公司.

卡尔·J.弗雷德里奇,1963.人和政府[M].纽约:麦格劳·希尔出版公司.

卡罗尔·佩特曼,2006.参与和民主理论[M].陈尧,译.上海:上海人民出版社.

科恩,2007.论民主[M].聂崇信,朱秀贤,译.北京:商务印书馆.

康芒斯,1962.制度经济学[M].于树生,译.北京:商务印书馆.

李嘉明,刘永龙,2012.公共权力的委托代理与政府目标经济责任审计[J].审计研究,(6):45-49.

李江涛,苗连琦,梁耀辉,2011.经济责任审计运行效果实证研究[J].审计研究,(3):24-30.

李金华,2004.全面履行审计监督职责 积极推进依法行政[J].中国审计,(17):10-12.

李良栋,2011.自由主义旗帜下两种不同民主理论的分野——当代西方主要民主理论评述[J].政治学研究,(2):29-35.

李齐辉,2013.国家治理视角的制度审计探讨[J].审计研究,(5):29-34,105.

李松玉,2005.制度权威研究:制度规范与社会秩序[M].北京:社会科学文献出版社.

李铁映,2001.论民主[M].北京:中国社会科学出版社.

刘福元,2014.公民参与行政决策的平衡性探寻[J].国家检察官学院学报,22(2):80-93.

刘更新,2010.经济责任审计的运行机制及其治理效率研究[D].成都:西南财经大学.

刘家义,2008.以科学发展观推动审计工作全面发展[J].审计研究,(3):3-9.

刘勉义,2004.我国听证程序研究[M].北京:中国法制出版社.

刘重春,2005.民主行政视野下的问责制[J].政治学研究,(2):117-121.

陆晓晖,2015.美国审计署审计报告要素及其借鉴[J].中国内部审计,(4):86-89.

马德普,2014.协商民主是选举民主的补充吗[J].政治学研究,(4):18-26.

马学斌,2007.国家审计制约与监督权力运行:理论与实证[D].成都:西南财经大学.

马志娟,2013.腐败治理、政府问责与经济责任审计[J].审计研究,(6):52-56.

J. S. 密尔,1982.代议制政府[M].汪瑄,译.北京:商务印书馆.

约翰·奈斯比特,1984.大趋势[M].孙道章,等译.北京:新华出版社.

潘恩,1982.潘恩选集[M].马清槐,等译.北京:商务印书馆.

彭韶兵,周兵,2009.公共权力的委托代理与政府目标经济责任审计[J].会计研究,(6):18-22.

乔·萨托利,1993.民主新论[M].北京:东方出版社.

秦勤,2011.政府问责制度的法理基础及其政治意义[J].西南民族大学学报(人文社会科学版),32(9):211-215.

秦荣生,2003.审计与民主政治[J].中国审计,(Z1):26.

秦荣生,2011.政府审计新领域:经济政策执行效果审计[J].当代财经,(11):112-118.

青木昌彦,2001.比较制度分析[M].周黎安,译.上海:上海远东出版社.

任刚,2014.我国政府财务信息披露改进研究[D].北京:财政部财政科学研究所.

乔万尼·萨托利,2009.民主新论[M].阎克文,译.上海:上海人民出版社.

尚虎平,2009.从治理到政府治理绩效:数据挖掘视域下的政府治理绩效评估[J].辽宁师范大学学报(社会科学版),32(1):16-20.

审计署科研所课题组,2003.论国家审计对权力的监督[J].审计研究,(5):22-26.

孙永芬,2008.西方民主理论史纲[M].北京:人民出版社.

孙永尧,2006.论国家审计职能和作用[J].会计之友,(11):8-9.

托克维尔,1997.论美国的民主:上卷[M].董果良,译.北京:商务印书馆.

田冠军,2013."三公"经费的控制与审计探讨[J].审计研究,(4):74-78,84.

田国强,陈旭东,2015.中国经济新阶段的发展驱动转型与制度治理建设[J].中共中央党校学报,(5):71-81.

田秋蓉,2012.政府审计推动民主政治发展的作用研究[D].成都:西南财经大学.

王会金,2010,王素梅.国家审计"免疫系统"建设:目标定位与路径选择[J].审计与经济研究,(2):17-22.

王家新,等,2013.国家审计的政治经济分析[M].上海:上海三联书店.

王立峰,潘博,2019.党的政治建设中的问责机制嵌入研究——基于问责承诺的理论视角[J].河南社会科学,27(3):9-16.

王柳,2016.理解问责制度的三个视角及其相互关系[J].经济社会体制比较,(2):184-194.

王名扬,1997.英国行政法[M].北京:中国政法大学出版社.

王娜,2004.国家审计的支柱:民主·法治·科学——李金华审计长访谈录[J].中国审计,(1):12-14.

王绍光,2008.民主四讲[M].北京:三联·读书·新知三联书店.

王一星,2011.论党内问责制与党内民主的关系[J].求实,(5):17-20.

王祯昌,闫泽滢,2012.中国政府预算审计制度博弈分析——基于利益相关者理论的视角[J].审计与经济研究,(5):11-19.

威廉·韦德,1997.行政法[M].徐炳,等译.北京:中国大百科全书出版社.

文硕,1996.世界审计史[M].北京:企业管理出版社.

吴传毅,尹淑兰,2004.由行政许可法内容的透视看政府的角色定位[J].四川行政学院学报,(6):25-28.

吴秋生,上官泽明,2016.国家审计本质特征、审计结果公告能力与国家治理能力——基于81个国家的经验数据[J].审计与经济研究,(2):14-22.

伍启元,1989.公共政策[M].香港:商务印书馆.

席涛,2006.美国管制:从命令-控制到成本-收益分析[M].北京:中国社会科学出版社.

向佐群,胡美灵,2007.对我国农村政府信息公开的调查与思考[J].湖南社会科学,(5):79-83.

肖滨,2009.政治学导论[M].广州:中山大学出版社.

谢柳芳,2017.国家审计与国家治理研究——基于完善国家预算制度视角的分析[D].成都:西南财经大学.

谢柳芳,2013.政府审计、政府信息披露与政府治理效率研究——基于"三公经费"披露的视角[D].成都:西南财经大学.

谢柳芳,2015.政府审计与政府信息披露研究——基于提升国家治理能力的视角[M].成都:西南财经大学出版社.

辛向阳,2011.20世纪西方民主理论论析[M].济南:山东人民出版社.

许传玺,成协中,2012.公共听证的理想与现实——以北京市的制度实践为例[J].政法论坛,(3):95-106.

徐鸿武,郑曙村,宋世明,2000.当代西方民主思潮评析[M].北京:北京师范大学出版社.

颜廷锐,2003.透明政府的起源及其在当代的发展[J],理论与改革,(3):15-17.

晏维龙,2015.国家审计理论的几个基本问题研究——基于多学科的视角[J].审计与经济研究,(1):3-16.

杨光斌,2004.政治学导论[M].北京:中国人民大学出版社.

杨建顺,1998.日本行政法通论[M].北京:中国法制出版社.

杨时展,1997.杨时展论文集[M].北京:企业管理出版社.

杨肃昌,肖泽忠,2010.国家审计理论属性的探索[J].审计与经济研究,(1):18-23.

杨肃昌,2010.国家审计理论属性的探索[J].审计与经济研究,(1):18-23.

杨肃昌,2004.重新审视中国现行审计制度[J].兰州商学院学报,(4):1-8.

杨肃昌,2012.对构建国家审计理论体系的思考[J].审计与经济研究,(3):11-19.

杨欣然,2008.试论公民公共决策权[J].管理观察,(24):11-13.

应克复,金太军,胡传胜,1997.西方民主史[M].北京:中国社会科学出版社.

约瑟夫·熊彼特,1999.资本主义、社会主义与民主[M].吴良健,译.北京:商务印书馆.

亚历山大·隆德留司,2004.德国的立法听证的效果[J].人大研究,(7):20-22.

张金马,1992.政策科学导论[M].北京:中国人民大学出版社.

张俊民,胡国强,张硕,2013.国家审计服务国家治理实践研究:基于18份审计工作报告的分析[J].审计研究,(5):10-16.

张立民,聂新军,2006.构建和谐社会下的政府审计结果公告制度——基于政府审计信息产权视角分析[J].审计研究,(2):7-11.

张立民,张阳,2004.国家审计的定位与中国政治民主建设——从对权力的制约和监督谈起[J].中山大学学报(社会科学版),(3):93-99,126-127.

张立荣,2002.行政制度的含义、特征及功能探析[J].社会主义研究,(3):82-84.

张琼,2007.论宪法学视野下的知情权[J].武汉大学学报(哲学社会科学版),60(5):699-704.

赵成根,2001.民主与公共决策研究[M].哈尔滨:黑龙江人民出版社.

赵靖伟,司汉武,2008.关于制度的社会学研究综述[J].西北农林科技大学学报(社会科学版),(2):98-103.

赵小明,2005.审计:民主与法制建设的利器[J].审计与经济研究,(6):18-20,35.

珍妮特·V.登哈特,罗伯特·B.登哈特,2010.新公共服务:服务,而不是掌舵[M].丁煌,译.北京:中国人民大学出版社.

中共中央马克思恩格斯列宁斯大林著作编译局,1995.列宁选集(第三卷)[M].北京:人民出版社.

中华人民共和国国务院,2005.中国的民主政治建设白皮书[Z].新华社.

中国审计学会,2013.审计署重点科研课题研究报告2011—2012[M].北京:中国时代经济出版社.

周光辉,彭斌,2004.理解代表——关于代表的正当性与代表方式合理性的分析[J].吉林大学社会科学学报,(6):14-20.

周叶中,2005.代议制度比较研究[M].武汉:武汉大学出版社.

朱孟才,2011.中国行政决策听证制度优化问题研究[D].长春:吉林大学.

参考文献

ALADWANI A M, 2013. A cross-cultural comparison of Kuwaiti and British citizens' views of e-government interface quality[J]. Government Information Quarterly, 30:74-86.

ALISTAIR M B, 2006. The financial milieu of the IASB and AASB[J]. Australian Accounting Review, 16(1):85-95.

ALLAN T, 2007. Auditing the auditors: the Canadian democratic audit[J]. Canadian Public Administration, 50(4):635-653.

ANDREEVA G, ANSELL J, 2014. Government and accountability of public risk[J]. Financial Accountability Management, 30(3):342-361.

ANDREW B, IAIN B, STUART W, 2005. Democratic audit: good governance, human rights, war against terror[J]. Parliamentary Affairs, 58(2):408-423.

ARTER D, 2000. Report from the democratic audit of Sweden 1999: democracy the Swedish way[J]. West European Politics, (4):247-248.

BANNISTER F, CONNOLLY R, 2014. ICT, Public values and transformative government: a framework and programme for research[J]. Government Information Quarterly, 31(1):119-128.

BEETHAM D, WEIR S, 1999. Auditing British democracy[J]. The Political Quarterly, 2(1):128-138.

BEETHAM D, BYRNE I, NGAN P, WEIR S, 2003. Democratic audit: towards a broader view of democratic achievement[J]. Parliamentary Affairs, 56(2):334-347.

BERNARD MANIN, 1987. On Legitimacy and Political Deliberation[J]. Political Theory, 15(3):338-368.

BIZJAK T, NOVAK R, VUDRAG M, et al., 2020. Evaluating the success of Slovenia's policy on the health of children and adolescents: results of an audit[J]. International Journal of Public Health, 65(8):1225-1234.

BJORN U, 1990. Auditing the use of information technology in central government administration: the Swedish experience[J]. International Journal of Government Auditing, 17(1):11-14.

BLUME L, VOIGT S, 2011. Does organizational design of supreme audit institutions matter? A cross-country assessment[J]. European Journal of Political Economy, 27(2):215-229.

BONSON E, ROYO S, RATKAI M, 2015. Citizens' engagement on local governments' Facebook sites. An Empirical Analysis: The Impact of Different Media and Content Types in Western Europe[J]. Government Information Quarterly, 32(1):52-62.

BOVENS MARK, 2007. Analysing and assessing accountability: a conceptual framework 1[J]. European Law Journal, 13(4): 447-468.

BRENDAN O, JEFFREY U, 2008. The paradox of greater NGO accountability: a case study of amnesty Ireland[J]. Accounting, Organizations and Society, 33(7):801-824.

CHENNAI, 2004. Better accountability of public service agencies: listen to the voice of people[M]. Businessline, (6).

CHWASTIAK M, 2013. Profiting from destruction: the Iraq reconstruction, auditing and the management of fraud[J]. Critical Perspectives on Accounting, 24(1):32-43.

CLAUDIO F, FREDERICO F, 2011. Electoral accountability and corruption: evidence from the audits of local governments[J]. American Economic Review, 101(4):1274-1311.

CLAUDIO F, FREDERICO F, 2008. Exposing corrupt politicians: the effects of Brazil's publicly released audits on electoral outcomes[J]. The Quarterly Journal of Economics, 123(2):703-745.

CLEVELAND F A, 1919. Popular control of government[J]. Political Science Quarterly, 34(2): 237-261.

DAVID B, PAULINE N, STUART W, 2001. Democratic audit: labour's record so far[J]. Parliamentary Affairs, 54:376-390.

DAVID F, 1988. Philosophy and Principles of Auditing: An Introduction [M]. Oxford: Macmillan Education.

DAVID H, CAROLYN C, 2018. The value of public sector audit: literature and history[J]. Journal of Accounting Literature, 40:1-15.

DAVIS, 1982. Administrative law text[M]. St Paul: West Publishing

Company.

DEREK W, 2007. For the governors of tomorrow: a "democracy audit" of the policy process[J]. Social Policy Journal of New Zealand, 30:94-109.

DIAMOND L, MORLINO L, 2004. The quality of democracy: an overview [J]. Journal of Democracy, 15(4):20-31.

DORALYN R, ELIZABETH A S, 2011. Defining and achieving normative democratic values in participatory budgeting processes[J]. Public Administration Review, 72(1):56-66.

EBRAHIM A, 2003. Accountability in practice: mechanisms for NGOs[J]. World Development, 31(5):813-829.

ENGLISH L, GUTHRIE J, 1991. Public sector auditing: a case of contested accountability regimes[J]. Australian Journal of Public Administration, 50(3):347-360.

ERIC A, CLAUDIO F, FREDERICO F, 2018. Do government audits reduce corruption? estimating the impacts of exposing corrupt politicians[J]. Journal of Political Economy, 125(5):1912-1964.

FINER H, 1941. Administrative responsibility in democratic government [J]. Public Administration Review, 1(4): 335-350.

FRANZ F, 1992. Auditing and democracy[J]. International Journal of Government Auditing, 19(4):1-2.

FRIEDRICH C J, EDWARD S MASON, 1940. Public policy: a yearbook of the graduate school of public administration[M]. Harvard: Harvard University.

GAO X, SONG Y, ZHU X, 2013. Integration and coordination: advancing China's fragmented e-government to holistic government [J]. Government Information Quarterly, 30:173-181.

GIL-GARCIA J R, HELBIG N, OJO A, 2014. Being smart: emerging technologies and innovation in the public sector[J]. Government Information Quarterly, 31:11-18.

Commission on Global Governance, 1995. Our global neighbourhood: the report of the commission on global Governance[M]. Oxford: Oxford University Press.

GREIF A, 2006. Institutions: theory and history[M]. Cambridge: Cambridge University Press.

GUTHRIE J, PARKER L, ENGLISH L M, 2013. A review of new public financial management change in Australia[J]. Australian Accounting Review, 13(2):3-9.

GUY P B, 2001. From change to change: patterns of continuing administrative reform in Europe[J]. Public Organization Review, 1(1): 11-19.

HARTE G F, OWEN D L, 1987. Fighting de-industrialisation: the role of local government social audits[J]. Accounting, Organizations and Society, 12(2):123-141.

HAMILTON-SMITH E, ROBERTSON R, 1977. Recreation and government in Australia[R]. Melbourne: 175-189.

HELEN W, 2005. Human rights audit of mental health legislation — results of an Australian pilot[J]. International Journal of Law and Psychiatry, 28:99-125.

HERBERT L, 1979. Auditing the performance of management[M]. Cambridge: Wadsworth Inc.

HOLLYER J R, ROSENDORFF B P, VREELAND J R, 2011. Democracy and transparency[J]. The Journal of Politics, 73(4): 1191-1205.

IAIN B, STUART W, 2004. Democratic audit: executive democracy in war and peace[J]. 57(2):453-468.

JIN L, BIN L, 2012. Government auditing and corruption control: evidence from China's provincial panel data[J]. China Journal of Accounting Research, 5(2):163-186.

JON S T, 2013. Ensuring good governance in Singapore is this experience transferable to other Asian countries?[J]. International Journal of Public Sector Management, 25(5):401-420.

KIM B J, 2015. Political efficacy, community collective efficacy, trust and extroversion in the information society: differences between online and offline civic/political activities[J]. Government Information Quarterly, 32:43-51.

KIM K J, 2019. The role of auditing in the fight against corruption[J]. The

British Accounting Review, 51(5):1-11.

KLINGNER D E, 2002, et al. Politics, administration and markets: conflicting expectations of accountability[J]. American Review of Public Administration, 32(2):117-144.

KONO D, 2006. Optimal obfuscation: democracy and trade policy transparency[J]. American Political Science Review, 100: 369-384.

LAM K C K, MENSAH Y M, 2006. A reply to Randall E LaSalle: the civil justice system and going-concern audit report: comments on "Auditors" decision-making under going-concern uncertainties in low litigation-risk environments: evidence from Hong Kong[J]. Journal of Accounting and Public Policy, 25:746-754.

LARRY D, LEONARDO M, 2004. An overview of "The Quality of Democracy"[J]. Journal of Democracy, 15(3): 20-30.

LEHMAN G, 2007. The accountability of NGOs in civil society and its public spheres[J]. Critical Perspectives on Accounting, 18:645-669.

LORD C, 2004. Democratic audit of the European Union[M]. London: Palgrave Macmillan.

LU X B, 2000. Booty socialism, bureau-preneurs, and the state in transition: organizational corruption in China[J]. Comparative Politics, 32(3): 273-294.

MANI A, SHARUN M, 2007. Democracy, visibility and public good provision[J]. Journal of Development Economics, 83: 506-529.

MANUEL PEDRO RODRÍGUEZ BOLÍVAR, 2015. The influence of political factors in policymakers' perceptions on the implementation of Web 2.0 technologies for citizen participation and knowledge sharing in public sector delivery[J]. Information Polity, 20:199-220.

MARK S, REINER E, 2010. Auditors and fiscal policy empirical evidence on a little big institution[J]. Journal of Comparative Economics, 38(4):357-380.

MATT L, 2012. Public hearings ≠ public values[J]. Public Administration Review, 72(5):708-709.

MELO M A, PEREIRA C, FIGUEIREDO C M, 2009. Political and

institutional checks on corruption: explaining the performance of Brazilian Audit Institutions[J]. Comparative Political Studies(9): 1217-1244.

MICHAEL C M, 2010. Auditing citizen engagement in heritage planning: the views of citizens[J]. Canadian public administration, 5(1):87-106.

MICHAEL SHERER, DAVID KENT, 1983. Auditing and Accountability [M]. London:Pitman Books Ltd. .

MICHEL C, 2009. Civilizing markets: carbon trading between in vitro and in vivo experiments[J]. Accounting, Organizations and Society, 34: 535-548.

MIHKEL O, 2007. Extension of the National Audit Office's powers to audit of local governments: limitation or constitutional protectionof local democracy? [J]. Juridica International, 8:116-124.

MIKESELL J L, 1987. Privatization in public financial administration: quality effect of Property Tax Assessment Contract[J]. Public Administration Quarterly, 11(1):101.

MODLIN S, 2017. Increasing transparency through compliance: revisiting local government audit findings[J], Public Finance & Management, 17(4):325-340.

MORALES J, GENDRON Y, GUENIN-PARACINI H, 2014. State privatization and the unrelenting expansion of neoliberalism: the case of the greek financial Crisis[J]. Critical Perspectives on Accounting, 25:423-445.

MZENZI S I, GASPAR A F, 2015. External auditing and accountability in the Tanzanian local government authorities[J]. Managerial Auditing Journal, 30(6/7): 681-702.

PAOLO D R, VERENA K, 2011. Transparency and participation in public financial management: what do budget laws say[R]. IBP center on budget and policy priorities, Washington DC.

PAREKH B, 2001. A political audit of independent India[J]. The Round Table, 362:701-709.

PAUL N, 2007. Auditing a democracy: the australian model of public sector audit and its application to emerging markets[J]. Public Administration and Development, 27:92.

PAUL A C, EDWARD B D, 2014. Are governmental accounting measures value relevant to the citizenry? [J]. Public Budgeting, Accounting & Financial Management, 26(4):585-613.

PAUL A C, BRAD R, 2014. Local governments need to prepare for required pension disclosures[J]. Journal of Government Financial Management, 63(4):40-45.

PAUL N, 2007. Audit in a democracy: the australian model of public sector audit and its application to emerging markets[J]. Public Administration, 85(3): 879-881.

PETER M C, LI Y, GORDON D R, FLORIN P V, 2008. Revisiting the relation between environmental performance and environmental disclosure: an empirical analysis[J]. Accounting, Organizations and Society, 33:303-327.

PETER W, 1995. Performing auditors: assessing and reporting the performance of national audit offices—a three-country comparison[J]. Australian Journal of Public Administration, 54(4):421-430.

PODGER A, YAN B, 2013. Public administration in China and Australia: different worlds but similar challenges [J]. Australian Journal of Public Administration, 72(3):201-219.

PREM S, 1989. Philosophy and principles of auditing: an introduction[J]. The British Accounting Review, 21(2):200-202.

QUATTRONE P, 2004. Accounting for God: accounting and accountability practices in the society of jesus(Italy, XVI-XVII centuries)[J]. Accounting, Organizations and Society, 29:647-683.

RANDALL E L, 2006. The civil justice system and going concern audit reports: comments on "Auditors' decision-making under going concern uncertainties in low litigation risk environments: Evidence from Hong Kong"[J]. Journal of Accounting and Public Policy, 25:740-745.

REICHBORN-KJENNERUD K, 2013. Political accountability and performance audit: the case of the auditor central[J]. Public Administration, 91(3):680-695.

ROBERT H A, 2008. Public accountability is essential in an effective representative democracy [J]. The Journal of Government Financial Management, 57(4):8-9.

ROBERT M B, JOSEPH D P, 2006. Financial reporting incentives for conservative accounting: the influence of legal and political institutions[J]. Journal of Accounting and Economics, 42:107-148.

ROSENDORFF B P, 2004. Democracy and the supply of transparency[C]// Annual meeting of the International Studies Association in Montreal, Quebec, Canada.

SANDRA T, HENK J B, 2010. Performance auditing Improving the quality of political and democratic processes? [J]. Critical Perspectives on Accounting, 21:754-769.

SCHEDLER A, 1999. Conceptualizing accountability [J]. The self-restraining state: power and accountability in new democracies, 13:17.

SCHEDLER ANDREAS, LARRY JAY DIAMOND, MARC F PLATTNER, 1999. The self-restraining state: power and accountability in new democracies[M]. Boulden: Lynne Rienner Publishers.

SHAPIRO I, 2003. The moral foundations of politics[M]. New Haven, CT: Yale University Press.

SHNEIDER A, 2010. Analysis of professional standards and research findings to develop decision aids for reliance on internal auditing[J]. Research in Accounting Regulation, 22:96-106.

STEPHEN K A, 2011. An examination of government internal audits' role in improving financial performance[J]. Public Finance and Management, 11(4): 306-337.

STUHMCKE A, 2008. Changing relation between government and citizen: administrative law and the work of the Australian commonwealth ombudsman [J]. The Australian Journal of Public Administration, 67(3):321-339.

SUE K, 2007. Non-government organisations and the dialectics of state and civil society[J]. Futurcs, 39:185-199.

THOMASSON A, 2018. Politicization of the audit process: the case of politically affiliated auditors in Swedish local governments [J]. Financial Accountability and Management, 34(4):380-391.

TAMARA A S, 2006. Communication technology[J]. Canadian Journal of

Political Science, 39(2):184-185.

VALENTINOV V, 2011. Accountability and the public interest in the nonprofit sector: a conceptual framework[J]. Financial Accountability Management, 27(1):0267-4424.

VAUGHAN S R, 2008. Public secrecy in auditing: what government auditors cannot know[J]. Critical Perspectives on Accounting, 19:99-126.

VAUGHAN S R, 2011. Public secrecy in government auditing revisited[J]. Critical Perspectives on Accounting, 22:722-732.

WARWICK F, 2011. Keeping secrets? or what government performance auditors might not need to know[J]. Critical Perspectives on Accounting, 22:714-721.

WAYNE C, 2004. Public accountability: effectiveness, equity, ethics[J]. Australian Journal of Public Administration, 63(4):59-67.

WIJINHOVEN F, EHRENHARD M, KUHN J, 2015. Open government objectives and participation motivations[J]. Government Information Quarterly, 32:30-42.

WITESMAN E M, WISE C R, 2012. The reformer's spirit: how public administrators fuel training in the skills of good governance[J]. Public Administration Review, 9:710-720.